譯註
禮記補註

❷

檀弓上·檀弓下

譯註
禮記補註

❷

檀弓上·檀弓下

김재로金在魯 저
정병섭鄭秉燮 역

學古房

　본 역서는 조선 후기 때의 학자인 김재로(金在魯)의 『예기보주(禮記補註)』를 번역한 것이다. 역자는 2009년부터 『예기집설대전(禮記集說大全)』의 번역을 시작하였고, 2017년 구정연휴기간에 『예기집설대전』의 49번째 편인 「상복사제(喪服四制)」의 역서를 탈고하였다. 8년 이상 지속해온 작업을 마무리하고 나니 나도 모르는 사이 정신이 풀어지며 의욕이 생기지 않았다. 본래는 『예기』 번역을 마무리하고, 이어서 『의례정의』와 『주례정의』 번역에 착수하려고 계획했으나 좀처럼 몸이 움직이지 않았다. 고백하자면 이 책을 번역하기 시작한 것은 순전히 나태해진 몸과 마음을 일깨우기 위한 것이었다. 흐느적거리는 정신을 붙잡고 다시 책상에 앉아 번역의 즐거움을 만끽하기 위한 지극히도 사사로운 목적이었다. 본래의 계획은 삼례(三禮)의 번역을 마치고 한국 유학자들의 예학 관련 저서들을 번역하기로 계획했었으나 삼례 자체가 워낙 방대한 양이어서 막연한 기약만 했었는데, 사사롭기는 하지만 막상 책상 앞에 앉아 번역을 시작하니, 얼마 되지 않아 한 권 분량의 번역서가 완성되었다. 다시 열정이란 돌멩이가 뜨겁게 달궈지는 기분이다. 『의례정의』와 『주례정의』 번역의 병행으로 인해 『예기보주』의 번역에만 매진할 수 없는 상황이지만, 이왕 시작한 번역이니만큼 조만간 끝을 볼 계획이다. 지극히도 개인적이며 이기적인 목적으로 작성된 역서이지만, 이 책을 발판으로 더 좋은 번역이 나왔으면 하는 바람이다. 끝으로 『예기보주』를 출판할 수 있도록 허락해주신 도서출판 학고방의 하운근 사장님께도 감사를 전한다.

▌일러두기

- 본 책은 역주서(譯註書)로써, 『예기보주(禮記補註)』를 완역하고, 자세한 주석을 첨부했다.

- 『예기보주』는 『예기집설대전(禮記集說大全)』에 대한 주석서로, 『예기』의 경문(經文) 및 진호(陳澔)의 『집설(集說)』, 호광(胡廣)의 『대전(大全)』 기록 중에서 일부 표제어만 제시하고, 『보주(補註)』를 기록하고 있다. 표제어만 제시되어 있으므로, 『예기보주』의 본래 기록만 가지고는 관련 『보주』가 본래의 주석과 어떤 차이점이 있는지 확인하기 어렵다. 이러한 점을 해결하기 위해 표제어 앞에 관련 경문, 『집설』, 『대전』의 본문과 번역문을 함께 수록하였다.

- 『예기보주』에 기록된 표제어는 참고로 수록한 경문, 『집설』, 『대전』의 원문에 밑줄로 표시하고, 같은 문장에 여러 표제어를 제시했을 경우, ① · ② · ③ 등의 표시를 붙여 구분하였다.

- 『예기』 경문의 해석에 있어서 다양한 이견이 있는 경우가 있는데, 『예기보주』는 『예기집설대전』에 대한 주석서이므로, 진호의 『집설』에 따른 경문 번역을 수록하였다.

- 『예기보주』의 본래 목차는 『예기』 각 편에 대한 간략한 목차이므로, 『예기』 각 편의 장을 분류하여 별도의 목차를 수록하였다.

- 본 역서의 『예기보주(禮記補註)』 원문과 표점은 한국유경편찬센터의 자료를 사용하였다.(http://ygc.skku.edu)

- 『예기보주』의 주석 대상이 되는 『예기집설대전』의 저본은 다음과 같다. 『禮記』, 서울 : 保景文化社, 초판 1984 (5판 1995)

- **원문**으로 표시된 것은 『예기보주』에 기록된 본래의 기록이다.

- 補註로 표시된 것은 『예기보주』에 기록된 주석의 기록이다.

- 참고-經文으로 표시된 것은 『보주』의 내용이 『예기』 경문에 대한 것일 경우, 관련 경문을 수록해둔 것이다.

- 참고-集說로 표시된 것은 『보주』의 내용이 진호의 『집설』에 대한 것일 경우, 관련 『집설』의 기록을 수록해둔 것이다.

- 참고-大全으로 표시된 것은 『보주』의 내용이 호광의 『대전』에 대한 것일 경우, 관련 『대전』의 기록을 수록해둔 것이다.

- ① 등으로 표시된 것은 『예기보주』에 표시된 표제어에 해당한다. 관련 경문에 대한 첫 번째 표제어인 경우 ①로 표시하고, 두 번째 표제어인 경우 ② 등으로 표시했다.

- 원문 및 번역문 중 '▼'로 표시된 부분은 한글로 표기할 수 없는 한자를 기록한 부분이다. 예를 들어 '▼(罒/皿)'의 경우 맹(盟)자의 이체자인데, '明'자 대신 '罒'자가 들어간 한자를 프로그램상 삽입할 수가 없어서, '▼(罒/皿)'으로 표시한 것이다. 즉 '▼(A/B)'의 형식으로 기록된 경우, A에 해당하는 글자가 한 글자의 상단 부분에 해당하고, B에 해당하는 글자가 한 글자의 하단 부분에 해당한다는 표시이다. 또한 '▼(A+B)'의 형식으로 기록된 경우, A에 해당하는 글자가 한 글자의 좌측 부분에 해당하고, B에 해당하는 글자가 한 글자의 우측 부분에 해당한다는 표시이다. 또한 '▼((A-B)/C)'의 형식으로 기록된 경우, A에 해당하는 글자에서 B 부분을 뺀 글자가 한 글자의 상단 부분에 해당하고, C에 해당하는 글자가 한 글자의 하단 부분에 해당한다는 표시이다.

목차

禮記補註卷之四
『예기보주』 4권

「단궁하(檀弓下)」 제4편 • 252

禮記補註卷之三

『예기보주』 3권

「단궁상(檀弓上)」 제3편

補註 疏曰: "此在六國時, 以仲梁子六國時人, 此篇載仲梁子, 故知也."
又曰: "以其人善於禮, 故著姓名以顯之."

번역 소에서 말하길, "단궁(檀弓)은 육국(六國)[1]시대 때의 인물로, 중량자(仲梁子)라는 인물이 바로 육국시대 때의 사람인데, 이곳 「단궁」편에는 중량자에 대한 내용을 수록하고 있기 때문에,[2] 이러한 사실을 알 수 있다."라고 했다. 또 말하길, "단궁은 예를 잘 알고 있었기 때문에 그의 이름을 편명으로 삼아 드러낸 것이다."라고 했다.

補註 ○語類曰: 檀弓恐是子游門人作, 其間多推尊子游.

번역 ○『어류』에서 말하길, 「단궁」편은 아마도 자유의 문인이 작성한 문헌인 것 같으니, 내용 중에는 자유를 추존하는 기록이 많기 때문이다.

---

1) 육국(六國)은 전국시대 때 함곡관(函谷關) 동쪽에 있었던 여섯 개의 나라를 뜻한다. 여섯 나라는 한(韓), 위(魏), 제(齊), 초(楚), 연(燕), 조(趙)나라를 가리킨다. 『전국책(戰國策)』「조책이(趙策二)」편에는 "故竊爲大王計, 莫如一韓 · 魏 · 齊 · 楚 · 燕 · 趙, 六國從親以儐畔秦."이라는 기록이 있다.

2) 『예기』「단궁상」: 曾子曰: "尸未設飾, 故帷堂, 小斂而徹帷." 仲梁子曰: "夫婦方亂, 故帷堂, 小斂而徹帷."

참고−經文

公儀仲子之喪, ①檀弓②免焉. 仲子舍其孫而立其子, 檀弓曰, "③何居? 我未之前聞也." 趨而就④子服伯子於門右.

번역 공의중자(公儀仲子)의 상에 대해서, 단궁(檀弓)은 단문(袒免)¹⁾을 하고 조문을 갔다. 그가 이처럼 예법에 어긋나는 행동을 한 이유는 공의중자가 적손(嫡孫)을 버려두고, 서자(庶子)를 후계자로 대신 세웠기 때문이니, 단궁은 "이 무슨 까닭인가? 나는 이처럼 따르는 도리를 들어보지 못했다."라고 했다. 그리고는 곧 종종걸음으로 나아가서 문 오른쪽에 있었던 자복백자(子服伯子)에게 다가갔다.

① 檀弓.

補註 疏曰: 姓檀名弓.

번역 소에서 말하길, 성은 단(檀)이고 이름은 궁(弓)이다.

② 免焉.

補註 滄溪曰: 檀弓之於仲子, 安知其果非當免者耶? 此與子游爲衰之文, 文勢自別, 不必曲爲牽合也.

번역 창계가 말하길, 단궁은 중자에 대해서 어떻게 문(免)²⁾을 하지 말아야 함을 알 수 있었겠는가? 이 문장은 자유가 마최(麻衰)를 착용했다고 한 문장³⁾과는 문장의 흐름이 구별되니, 왜곡하여 억지로 견강부회할 필요는 없다.

---

1) 단문(袒免)은 상의 한쪽을 벗어 좌측 어깨를 드러내고, 관(冠)을 벗고 머리끈으로 머리를 묶는다는 뜻이다. 먼 친척이 죽었을 때, 해당하는 상복(喪服)이 없다면, 이처럼 '단문'을 해서 애도하는 마음을 표현하게 된다.

2) 문(免)은 '문(絻)'이라고도 부른다. 문포(免布)나 문복(免服)과 같은 뜻이다.

3) 『예기』「단궁상(檀弓上)」: 司寇惠子之喪, 子游爲之麻衰, 牡麻絰. 文子辭曰: "子

③ 何居.

補註 鄭註: 居, 讀爲姬姓之姬, 齊·魯間語助也.

번역 정현의 주에서 말하길, '거(居)'자는 '희성(姬姓)'이라고 할 때의 '희(姬)'자로 풀이하니, 제나라와 노나라 지역에서 사용하던 어조사이다.

④ 子服伯子.

補註 鄭註: 蓋仲孫蔑之玄孫子服景伯.

번역 정현의 주에서 말하길, 아마도 중손멸(仲孫蔑)의 현손인 자복경백(子服景伯)에 해당하는 것 같다.

辱與彌牟之弟游, 又辱爲之服, 敢辭." 子游曰: "禮也."

曰, "仲子舍其孫而立其子, 何也?" 伯子曰, "仲子亦猶行古之道也. 昔者文王舍伯邑考而立武王, 微子舍其孫①腯而立衍也. 夫仲子亦猶行古之道也." 子游問諸孔子, 孔子曰, "②否! 立孫."

번역 단궁(檀弓)이 묻기를, "공의중자(公儀仲子)가 적손(嫡孫)을 버려두고, 서자(庶子)를 후계자로 삼은 것은 무슨 까닭인가?"라고 하였다. 그러자 자복백자(子服伯子)가 대답하길, "공의중자 또한 고대의 도리를 시행하려고 했을 것이다. 옛날에 문왕(文王)도 적장자인 백읍고(伯邑考)를 폐하고, 무왕(武王)을 후계자로 삼았었고, 미자(微子)도 적손인 돈(腯)을 폐하고, 동생인 연(衍)을 후계자로 삼았었다. 따라서 공의중자 또한 고대의 도리를 시행하려고 했었던 것이다."라고 했다. 자유는 이러한 일화를 전해 듣고, 공자에게 이것이 맞는 말인지를 질문하였는데, 공자는 "아니다! 자복백자의 말은 틀렸다. 단궁의 말처럼 적손을 세우는 것이 올바른 예법이다."라고 했다.

① ○腯.

補註 字彙: 腯音突, 肥貌, 徒本切, 人名.

번역 『자휘』에서 말하길, '腯'자의 음은 '突(돌)'이니 살찐 모습을 뜻하며, '徒(도)'자와 '本(본)'자의 반절음으로 사람의 이름에 해당한다.

② 否立孫.

補註 按: 家語立孫上, 有周制二字.

번역 살펴보니, 『공자가어』에는 '입손(立孫)'이라는 기록 앞에 주제(周制)라는 두 글자가 더 기록되어 있다.

「단궁상」 3장

참고─經文

事親①有隱而無犯, 左右就養無方, ②服勤至死, 致喪三年. 事君有犯而無隱, 左右就養有方, 服勤至死, 方喪三年. 事師無犯無隱, 左右就養無方, 服勤至死, 心喪三年.

번역 부모를 섬길 때에는 허물을 덮어두고 면전에서 허물을 직접적으로 지적함이 없으며, 좌우로 나아가 봉양을 함에 특별히 정해진 제한이 없고, 힘든 일에 복무하며 목숨을 바쳐서 하고, 부모가 돌아가셨을 때에는 상례의 법도를 지극히 하여 삼년상을 치른다. 군주를 섬길 때에는 면전에서 허물을 직접적으로 지적하고 허물을 덮어주는 일이 없으며, 좌우로 나아가 봉양을 할 때에는 특별히 정해진 제한이 있고, 힘든 일에 복무하며 목숨을 바쳐서 하고, 군주가 돌아가셨을 때에는 부모에 대한 상례에 견주어서 삼년상을 치른다. 스승을 섬길 때에는 면전에서 허물을 지적하는 일도 없고 허물을 덮어주는 일도 없으며, 좌우로 나아가 봉양을 할 때에는 부모에 대한 경우와 마찬가지로 특별히 정해진 제한이 없고, 힘든 일에 복무하며 목숨을 바쳐서 하고, 스승이 돌아가셨을 때에는 심상(心喪)의 방법으로 삼년상을 치른다.

① ○有隱.

補註 小學註: 隱, 微諫也.

번역 『소학』의 주에서 말하길, '은(隱)'자는 은미하게 간언한다는 뜻이다.

② 服勤.

補註 小學註: 謂服行勤勞之事也.

번역 『소학』의 주에서 말하길, 수고로운 일을 시행한다는 뜻이다.

「단궁상」 4장

참고—經文

①季武子成寢, 杜氏之葬在西階之下, ②請合葬焉, 許之. 入宮而不敢哭. 武子曰: "合葬, 非古也, 自周公以來, 未之有改也. 吾許其大而不許其細. 何居?" 命之哭.

번역 계무자(季武子)가 자신의 침(寢)을 지었는데, 두씨(杜氏)의 무덤이 침의 서쪽 계단 아래에 놓이게 되었다. 그래서 두씨는 무덤을 합장(合葬)하길 청원하였고, 계무자가 그 일을 허락했다. 두씨가 궁(宮)에 들어섰는데도 감히 곡을 하지 않았다. 그러자 계무자는 "합장을 하는 것은 고대의 예법이 아니며, 주공(周公)으로부터 그 이래로 이것을 고친 자가 아직까지 없었다. 그런데도 내가 합장이라는 커다란 사안에 대해서 허락을 했는데, 곡을 하는 것처럼 사소한 사안에 대해서 허락하지 않을 리가 있겠소?"라고 말하고, 두씨에게 곡을 하도록 명령했다.

① ○季武子.

補註 鄭註: 魯公子季友之曾孫季孫夙.

번역 정현의 주에서 말하길, 노나라 공자 계우(季友)의 증손자인 계손숙(季孫夙)이다.

② 請合葬[止]命之哭.

補註 語類論天王來歸仲子之賵, 曰: "古人不諱死," 仍擧杜氏之葬在西階之下, 請合葬焉一段, 曰: "以一箇人家, 一火人扛箇棺槨入來哭, 豈不可笑? 古者大夫入國, 以棺隨其後, 看古人不諱凶事."

번역 『어류』에서 천자가 사신을 파견하여 중자에게 봉(賵)[1]을 보낸 일을 논

---

1) 봉(賵)은 부의를 보낸다는 뜻이며, 또한 부의로 보내는 특정 물건을 가리키기도 하다. '봉'은 상사(喪事)에 사용될 수레나 말을 부의로 보내는 것이다. 『예기』「문왕

의하며, "옛 사람들은 죽음에 대해 말하는 것을 꺼려하지 않았다."라고 했고, 곧이어 두씨의 장례를 서쪽 계단 밑에서 치르며 합장을 청원했다는 한 단락을 인용하였고, "일개 민가로 인해 횃불을 든 사람들이 관을 들고 들어와 곡을 하는데 어찌 웃지 않을 수 있겠는가? 옛날에 대부가 다른 나라로 들어가게 되면 관을 가지고 그 뒤를 따르도록 했으니, 옛 사람들을 살펴보면 흉사를 꺼려하지 않았던 것이다."라고 했다.

세자(文王世子)」편에는 "族之相爲也, 宜弔不弔, 宜免不免, 有司罰之. 至于贈賻承含, 皆有正焉."이라는 기록이 있는데, 이에 대한 진호(陳澔)의 『집설(集說)』에서는 "贈以車馬."라고 풀이했다.

「단궁상」 5장

참고―經文

①子上之母死而不喪, 門人問諸子思曰: "昔者子之先君子喪出母乎?" 曰: "然." "子之不使白也喪之, 何也?" 子思曰: "昔者吾先君子無所失道, 道隆則從而隆, 道汚則從而汚, 伋則安能! 爲伋也妻者, 是爲白也母; 不爲伋也妻者, 是不爲白也母." 故孔氏之不喪出母, 自子思始也.

번역 자사(子思)의 아들 자상(子上)의 모친이 죽었는데, 그녀에 대한 상례(喪禮)를 치르지 않아서, 문인들은 의혹이 들어 자사에게 질문을 하였다. "옛날에 선생님의 부친이신 백어(伯魚)께서는 집에서 쫓겨난 모친에 대해서 상을 치르시지 않았습니까?" 그러자 자사가 말하길, "상례를 치르셨다." 문인들이 재차 말하길, "선생님께서는 아들이신 백(白)으로 하여금 상례를 치르지 않게끔 하셨는데, 이것은 무슨 이유입니까?" 자사가 대답하길, "옛날에 나의 부친께서는 도에서 벗어나는 일을 한 적이 없으셨고, 단지 도에 따라 융성하게 해야 하면, 그에 따라 융성하게 시행하셨고, 도에 따라 낮춰서 해야 하면, 그에 따라 낮춰서 시행하셨으나, 내가 어찌 이러한 일을 잘 할 수 있겠는가! 나의 처가 된 자는 내 아들인 백(白)의 모친이 되고, 나의 처가 아닌 자는 백(白)의 모친도 아니다."라고 했다. 그러므로 공씨(孔氏)의 가문에서 출모(出母)를 위해 상을 치르지 않았던 것은 자사로부터 시작된 것이다.

① ○子上之母死而不喪.

補註 語類曰: "子思不使子上喪其出母. 以儀禮考之, 出妻之子爲父後者, 自是爲出母無服. 或人之問, 子思自可引此正條答之, 何故却自費辭? 恐是古者出母本自無服, 逮德下衰, 時俗方制此服, 故曰: '伋之先君子無所失道, 道隆則從而隆, 道汚則從而汚,' 是聖人固用古禮, 亦有隨時之義, 如伯魚之喪出母是也. 子思自謂不能如此, 但守古禮而已. 然則儀禮出妻之子爲母齊衰杖期, 只是後世沿情而制者. 雖疑如此, 未可如此斷定." 又曰: "其實子上是正禮, 孔子却是變禮."

번역 『어류』에서 말하길, "자사는 자상으로 하여금 출모의 상을 치르지 못하도록 했다. 『의례』를 통해 살펴보면 출처의 자식이 부친의 후계자가 된 경우 출모를 위해서는 상복을 착용하지 않는다고 했다. 혹자의 질문에 자사는 직접 이러한 경문의 내용으로 대답을 할 수 있었는데, 어떠한 이유로 직접 이러한 말을 했는가? 아마도 옛날에는 출모를 위해 본래부터 상복을 착용하지 않았는데, 덕에 따른 교화가 쇠퇴하게 되자 당시 세속에서는 출모에 대한 상복을 제정하였던 것이다. 그래서 '나의 부친께서는 도에서 벗어나는 일을 한 적이 없으셨고, 도에 따라 융성하게 해야 하면 그에 따라 융성하게 시행하셨고, 도에 따라 낮춰서 해야 하면 그에 따라 낮춰서 시행하셨다.'라고 했던 것이니, 성인은 진실로 옛 예법에 따르지만 또한 시의에 따르는 도의도 내포하고 있는 것으로, 백어가 출모의 상을 치른 경우가 여기에 해당한다. 자사는 스스로 이와 같이 할 수 없다고 했으니, 단지 옛 예법을 고수했던 것일 뿐이다. 그러므로 『의례』에서 출처의 자식이 모친을 위해 자최복(齊衰服)을 입고 지팡이를 잡고서 기년상(期年喪)을 치른다는 것은 단지 후세에 자식의 정감에 따라 제정한 예법일 뿐이다. 그러나 이와 같은 의심이 들더라도 아직 단정할 수는 없다."라고 했다. 또 말하길, "실제로 자상은 정규 예법에 따른 것이며, 공자가 오히려 변례에 따른 것이다."라고 했다.

「단궁상」 6장

①朱子曰: 拜而后稽顙, 先以兩手伏地如常, 然後引首向前扣地也. 稽顙而后拜者, 開兩手而先以首扣地, 却交手如常也.

번역 주자가 말하길, 절을 한 이후에 머리를 땅에 닿도록 할 때에는 먼저 일상적인 경우와 마찬가지로 양쪽 손을 모아서 땅에 대고 엎드린 이후에, 머리를 앞으로 숙이며 땅에 닿도록 하는 것이다. 머리를 땅에 닿도록 한 이후에 절을 할 때에는 양쪽 손을 벌려서 먼저 머리를 숙여 땅에 닿도록 하고, 그런 뒤에 평상시 절을 할 때처럼 손을 교차시켜 모으는 것이다.

① ○朱子曰[止]如常也.

補註 語類又曰: "頓首, 亦是引首少扣地. 稽首, 是引首稍久在地. 稽者, 稽留之意." 又曰: "稽顙而後拜, 謂先以頭至地, 而後下手, 此喪拜也. 若拜而後稽顙, 則今人常用之拜也."

번역 『어류』에서는 또한 "돈수(頓首)는 또한 머리를 당겨 조금 땅에 대는 것이다. 계수(稽首)는 머리를 당겨 보다 오랜 기간 땅에 대고 있는 것이다. 계(稽)자는 머무른다는 뜻이다."라고 했다. 또 말하길, "이마를 조아린 뒤에 절을 한다는 것은 먼저 머리를 땅에 댄 이후에 손을 밑으로 내려 땅을 짚는 것으로, 상례 때의 절에 해당한다. 만약 절을 한 이후에 이마를 조아린다면 이것은 오늘날 사람들이 일상적으로 절하는 방법이다."라고 했다.

「단궁상」 7장

참고-經文

孔子旣得合葬於防, 曰: "吾聞之, ①古也墓而不墳. 今丘也東
西南北之人也, 不可以弗識也." 於是封之, 崇四尺.

번역 공자는 부친의 묘(墓)가 있는 방(防) 땅에 모친의 영구(靈柩)를 합장(合葬)
하였다. 그런 뒤에 말하길, "내가 듣기로 고대에는 묘(墓)를 만들면서, 흙을 쌓아서
높이 솟은 모양으로 만들지 않았다고 했다. 그런데 현재 나는 이곳저곳을 돌아다니
며 유세를 하는 입장이므로, 이곳이 무덤이라는 것을 표시하지 않을 수가 없다."라
고 했다. 그런 뒤에 이곳에 흙을 높이 쌓아올려서, 그 높이를 4척(尺)으로 만들었다.

① 古也[又]封之.

補註 鄭註: 古, 謂殷時也. 封之, 周禮也. 周禮以爵等爲丘封之度.
번역 정현의 주에서 말하길, '고(古)'라는 것은 은나라 때를 뜻한다. 봉(封)을
하는 것은 주나라 때의 예법에 해당한다. 『주례』에서는 "작위의 등급에 따라
서 봉분을 쌓는 치수를 정한다."[1]라고 했다.

---

1) 『주례』「춘관(春官)·몽인(冢人)」: 以爵等爲丘封之度與其樹數.

「단궁상」 8장

①孔子先反, ②門人後, 雨甚, 至, 孔子問焉, 曰: "爾來何遲也?" ③曰: "防墓崩." 孔子不應. ④三, 孔子泫然流涕曰: "⑤吾聞之, 古不脩墓."

번역 공자는 무덤을 쌓은 이후에 제자들보다 먼저 돌아왔고, 제자들은 늦게 출발했는데, 비가 매우 많이 내렸다. 이후 제자들이 도착하니, 공자가 묻기를 "너희들은 어찌하여 이처럼 더디게 돌아왔는가?"라고 했다. 그러자 제자들은 "방(防) 땅에 조성했던 묘(墓)가 큰 비로 인해 무너졌습니다. 그래서 그것을 보수하느라 늦었습니다."라고 대답했다. 공자는 제자들의 대답을 듣고도 아무런 말을 하지 않았다. 그러자 제자들은 공자가 무덤이 무너진 사실을 알아듣지 못한 것으로 생각하여, 이 일을 세 차례나 아뢰었다. 그러자 공자는 묵묵히 눈물을 흘리며, "내가 듣기로 고대에는 무덤을 쌓을 때, 신중을 거듭하여 무너질 일이 없었으므로, 무덤을 보수하는 일이 없었다."라고 대답했다.

① ○孔子先反.

補註 鄭註: 當修虞事.
번역 정현의 주에서 말하길, 우제(虞祭)[1]의 일을 치러야 하기 때문이다.

② 門人後.

補註 鄭註: 待封也.
번역 정현의 주에서 말하길, 봉분을 쌓을 때까지 기다렸기 때문이다.

---

1) 우제(虞祭)는 장례(葬禮)를 치르고 난 뒤에 지내는 제사를 뜻한다.

③ 曰坊墓崩.

補註 鄭註: 言所以遲者, 修之而來.
번역 정현의 주에서 말하길, 제자들이 늦게 되돌아온 이유는 무덤을 보수하고서 돌아왔기 때문이라는 뜻이다.

④ 三.

補註 鄭註: 三言之.
번역 정현의 주에서 말하길, 세 차례나 그 일에 대해서 언급했다는 뜻이다.

⑤ 吾聞之古不修墓.

補註 疏曰: 自傷修墓違古, 致令今崩.
번역 소에서 말하길, 묘(墓)를 보수하는 일은 고대의 법도에 위배되는데, 현재 무덤이 붕괴되도록 만들어서 상심했던 것이다.

補註 ○陽村曰: 古也, 墓而不墳, 無事於修. 今反古道, 封之爲墳, 以致其崩, 自傷其不以古道事其親也.
번역 ○양촌이 말하길, 고대에는 무덤을 만들며 봉분을 쌓지 않았으므로 보수할 일이 없었다. 현재는 옛 법도를 거슬러 흙을 쌓아 봉분을 만들어 붕괴되는 지경에 이르도록 했으니, 옛 도리에 따라 부모를 섬기지 못했던 일을 상심했던 것이다.

補註 ○按: 此兩說與陳註異, 而兩說之釋修字又略有不同. 愚意則陳註爲長, 陽村說次之.
번역 ○살펴보니, 이러한 두 가지 주장은 진호의 주와는 차이를 보이며, 두 주장에서 수(修)자를 풀이한 해석에도 대략 차이를 보인다. 내가 생각하기에, 진호의 주장이 가장 뛰어나고 양촌의 주장이 그 다음이다.

「단궁상」 9장

孔子哭子路於中庭, 有人弔者, 而①夫子拜之. 旣哭, 進使者而
問故. 使者曰: "醢之矣!" 遂命覆醢.

번역 공자는 자로가 죽었다는 소식을 듣고서, 마당 가운데에서 자로를 위해 곡을
하였다. 자로를 조문하기 위해 찾아온 자가 있어서, 공자는 그에게 절을 하였다. 곡
하는 일을 끝내고, 찾아온 자에게 나아가서 자로가 죽은 연유에 대해서 물었다. 그
러자 조문하러 찾아온 자는 "자로가 죽은 뒤에, 사람들은 그의 시체를 젓갈로 담갔
습니다!"라고 말해주었다. 그러자 공자는 제자들에게 명령하여 집안에 있던 젓갈을
모두 내다버리게 했다.

① ○夫子拜之.

補註 鄭註: 爲之主也.

번역 정현의 주에서 말하길, 자로를 위해 상주의 역할을 자임했던 것이다.

子路死於①孔悝之難, 遂爲衛人所醢. 孔子哭之中庭, 師友之禮
也. 聞使者之言而覆棄家醢, 蓋痛子路之禍, 而不忍食其似也.

번역 자로는 공리(孔悝)의 변란 때 죽었으며, 결국 위나라 사람들에 의해 젓갈로
담기게 되었다. 공자가 마당 가운데에서 그를 위해 곡을 했는데, 이것은 스승이자
벗으로써 취했던 예법이다. 사신으로 찾아온 자의 말을 듣고서, 집안에 있던 젓갈을
뒤엎어 버린 것은 자로가 당한 재앙을 통탄하여, 차마 그 비슷한 것들을 먹을 수
없었기 때문이다.

① 孔悝之難.

補註 見左傳哀十五年.

번역 『좌전』애공 15년 기록에 나온다.[1]

---

1) 『춘추좌씨전』「애공(哀公) 15년」: 衛孔圉取大子蒯聵之姊, 生悝. 孔氏之豎渾良
夫長而美, 孔文子卒, 通於內. …… 閏月, 良夫與大子入, 舍於孔氏之外圃. 昏,
二人蒙衣而乘, 寺人羅御, 如孔氏. 孔氏之老欒寧問之, 稱姻妾以告, 遂入, 適伯
姬氏. 旣食, 孔伯姬杖戈而先, 大子與五人介, 輿豭從之. 迫孔悝於厠, 强盟之, 遂
劫以登臺. …… 子路入. 及門, 公孫敢門焉, 曰, “無入爲也.” 季子曰, “是公孫也,
求利焉, 而逃其難. 由不然, 利其祿, 必救其患.” 有使者出, 乃入, 曰, “大子焉用
孔悝?雖殺之, 必或繼之.” 且曰, “大子無勇, 若燔臺, 半, 必舍孔叔.” 大子聞之,
懼, 下石乞·盂黶適子路, 以戈擊之, 斷纓. 子路, “君子死, 冠不免.” 結纓而死.

「단궁상」 11장

附於身者, 襲斂衣衾之具; 附於棺者, ①明器用器之屬也.

번역 '부어신자(附於身者)'라는 것은 염(斂)과 습(襲)을 할 때 사용되는 옷들과 이불 등의 도구들을 뜻하며, '부어관자(附於棺者)'라는 것은 명기(明器)[1]와 용기(用器) 등의 부류를 뜻한다.

① ○明器用器.

補註 沙溪曰: 明器, 神明之器. 用器, 生時所用之器.

번역 사계가 말하길, 명기(明器)는 신이 사용하는 기물이다. 용기(用器)는 죽은 자가 생전에 사용하던 기물이다.

---

1) 명기(明器)는 명기(冥器)라고도 부른다. 장례(葬禮) 때 시신과 함께 매장하는 순장품을 뜻한다.

「단궁상」 12장

참고-經文

①喪三年以爲極, 亡則弗之忘矣. 故君子有終身之憂, 而②無一朝之患. 故③忌日不樂.

번역 자사(子思)가 계속해서 말하길, "상에서는 삼년상을 치르는 것을 가장 지극하다고 여기며, 장례를 치르게 되더라도 부모를 잊을 수가 없는 것이다. 그렇기 때문에 군자는 종신토록 품게 되는 근심이 있다고 하더라도, 하루아침에 발생하는 우환은 없는 것이다. 그래서 부모의 기일(忌日)에는 음악을 연주하지 않는 것이다."라고 했다.

① 喪三年以爲極.

補註 滄溪曰: 此承上文而言. 喪雖以三年爲限, 而親旣亡矣, 則終不可忘也, 故君子有終身之喪耳. 若以喪莫重於三年爲言, 與下文不貫屬.

번역 창계가 말하길, 이 문장은 앞 문장1)을 이어서 말한 것이다. 상은 비록 삼년으로 제한하지만 부친이 돌아가시게 되면 종신토록 잊을 수가 없다. 그렇기 때문에 군자에게는 종신토록 치르는 상이 있는 것이다. 만약 상 중에는 삼년상보다 중대한 것이 없다는 뜻으로 말한다면, 아래문장과 연결되지 않는다.

---

1) 『예기』「단궁상(檀弓上)」: 子思曰: "喪三日而殯, 凡附於身者, 必誠必信, 勿之有悔焉耳矣. 三月而葬, 凡附於棺者, 必誠必信, 勿之有悔焉耳矣." / 자사(子思)가 말하길, "상을 당하게 되면 3일이 지난 뒤에 빈소를 차리며, 시신에게 입히는 의복이나 이불 등에 대해서는 반드시 성심과 신의를 다해서, 후한이 될 것을 남겨서는 안 될 따름이다. 3개월이 지난 뒤에 장례를 치르며, 관(棺)에 부장하는 물건들에 대해서는 반드시 성심과 신의를 다해서, 후한이 될 것을 남겨서는 안 될 따름이다."라고 했다.

② 無一朝之患.

補註 鄭註: 毁不滅性.
번역 정현의 주에서 말하길, 몸이 수척하게 되더라도 생명을 해치지 않는다는 뜻이다.

補註 ○玄石曰: 恐當以論語一朝之忿, 忘其身以及其親之意, 通看.
번역 ○현석이 말하길, 아마도 『논어』에서 "하루아침의 분노로 자신의 본분을 잊어 부모에게까지 누를 끼친다."[2]라고 했던 뜻과 통괄해서 보아야 할 것 같다.

補註 ○類編曰: 一云此是古語, 子思引此, 只取上一句之義.
번역 ○『유편』에서 말하길, 한편으로는 이것은 옛날부터 전해져오던 말로, 자사가 인용한 것이니, 단지 앞의 한 구문의 뜻을 취한 것일 뿐이라고 한다.

③ 忌日不樂.

補註 鄭註: 謂死日, 言忌日不用擧吉事.
번역 정현의 주에서 말하길, 기일(忌日)은 부모가 돌아가신 날을 뜻하니, 기일에는 길사(吉事)를 시행할 수 없다는 뜻이다.

---

2) 『논어』「안연(顔淵)」: 樊遲從遊於舞雩之下, 曰, "敢問崇德, 脩慝, 辨惑." 子曰, "善哉問! 先事後得, 非崇德與? 攻其惡, 無攻人之惡, 非脩慝與? 一朝之忿, 忘其身以及其親, 非惑與?"

「단궁상」 13장

孔子少孤, 不知其墓, 殯於五父之衢. 人之見之者, 皆以爲葬也. ①
其愼也, 蓋殯也. 問於聊曼父之母, 然後得合葬於防.

번역 공자는 어렸을 때 부친을 여의어서 고아가 되었기 때문에, 부친의 묘(墓)가
어디에 있는지 알 수 없었다. 그래서 모친이 돌아가셨을 때, 오보(五父)의 길가에
가매장을 하였다. 사람들 중 이 모습을 본 자들은 모두들 공자가 모친의 장례를 치
르는 것이라고 여겼다. 그러나 관(棺)에 매단 끈은 가매장을 할 때 다는 끈이었다.
추만보(聊曼父)의 모친에게 부친의 묘가 어디에 있는지 물어본 이후에야, 그 장소
를 알게 되어서, 부친의 묘가 있는 방(防) 땅에서 모친의 영구를 합장할 수 있었다.

① ○其愼也.

補註 鄭註: "愼當爲引." 疏曰: "挽柩爲引."
번역 정현의 주에서 말하길, "'신(愼)'자는 마땅히 '인(引)'자가 되어야 한다."
라고 했다. 소에서 말하길, "영구(靈柩)를 끌어당기는 것을 '인(引)'이라고
부른다."라고 했다.

補註 ○語類: 問: "愼改爲引如何?" 曰: "若此處皆不可曉."
번역 ○『어류』에서 말하길, 묻기를 "신(愼)자를 인(引)자로 고친 것은 어떠
합니까?"라고 하자 "이와 같은 곳들은 이해할 수 없다."라고 했다.

不知其墓者, ①不知父墓所在也. 殯於五父之衢者, 殯母喪也.
禮無殯於外者, 今乃在衢, 先儒謂欲致人疑問, 或有知者告之

也. 人見柩行於路, 皆以爲葬, 然以引觀之, 殯引飾棺以②輤,
葬引飾棺以③柳翣, 此則殯引耳. 按家語孔子生三歲而叔梁紇
死, 是少孤也. 然顔氏之死, 夫子成立久矣, 聖人人倫之至, 豈
有終母之世, 不尋求父葬之地, 至母殯而猶不知父墓乎? 且母
死而殯於衢路, 必無室廬而死於道路者, 不得已之爲耳. 聖人
禮法之宗主, 而忍爲之手? 馬遷爲④野合之誣, 謂顔氏諱而不
告, ⑤鄭註因之以滋後世之惑, 且如堯舜瞽瞍之事, 世俗不勝
異論, 非孟子辭而闢之, 後世謂何? 此經雜出諸子所記, 其間不
可據以爲實者多矣. 孟子曰: "主癰疽與侍人瘠環, 何以爲孔
子?" 愚亦謂終身不知父墓, 何以爲孔子乎? 其不然審矣. 此非
細, 故不得不辨.

번역 "그 묘(墓)를 알 수 없었다."는 말은 부친의 묘가 어디에 있는지 알 수 없었다
는 뜻이다. "오보(五父)의 길가[衢]에 빈(殯)을 했다."는 말은 모친의 상례를 치르
며, 대렴(大斂)을 한 이후 가매장을 했다는 뜻이다. 예법에 따르면, 외지에 가매장
을 하는 경우가 없는데, 이곳 기록에서는 공자가 길가에 가매장을 했다고 언급하였
다. 선대 유학자들은 이 문제에 대해서, 사람들이 의혹을 품도록 하여, 혹시라도 부
친의 묘를 알고 있는 자가 있다면, 일러주기를 바랐기 때문이라고 풀이했다. 사람들
은 도로에서 시신을 실은 영구가 행차하는 것을 보고, 모두들 그 절차가 장례의 단
계라고 여겼다. 그러나 관(棺)을 끄는 줄[引]을 기준으로 살펴보면, 가매장을 할
때 관(棺)에 연결하는 끈은 천(輤)으로 만들고, 장례(葬禮)를 치르며 발인을 할 때
에는 유삽(柳翣)으로 관(棺)을 치장하니, 여기에서 말한 것은 가매장을 할 때 매단
끈일 따름이다. 『공자가어』[1]를 살펴보면, 공자가 태어난 후 3살이 되었을 때, 부친
숙량흘(叔梁紇)이 죽었다고 했으니,[2] 이것이 바로 어려서 고아가 되었다는 사실을

---

1) 『공자가어(孔子家語)』는 공자(孔子)의 언행 및 제자들과의 일화를 기록한 문헌이
다. 전한(前漢) 초기에 공안국(孔安國)이 이 책을 편집했다는 학설도 있지만, 현존
하는 『공자가어』는 일반적으로 왕숙(王肅)의 위작으로 인식된다.
2) 『공자가어(孔子家語)』「본성해(本姓解)」: 而私禱尼丘之山以祈焉, 生孔子, 故名
丘, 字仲尼. 孔子三歲而叔梁紇卒, 葬於防.

나타낸다. 그런데 모친 안씨(顏氏)가 죽은 것은 공자가 이미 성인(成人)이 된 후 한참이 지난 뒤였다. 성인은 인륜의 지극함을 실천하는 자인데, 어떻게 모친이 돌아가시기 전까지도 부친의 장례를 치른 장소를 찾지 않고, 모친의 시신을 가매장할 때가 되어서도, 여전히 부친의 묘가 어디에 있는지 알지 못할 수가 있는가? 또 모친이 죽었을 때, 길가에 가매장을 했다고 했는데, 이처럼 하는 것은 반드시 거처지가 없이 길가에서 죽은 경우에만 부득이하게 시행하는 방법일 따름이다. 성인은 예법을 창시한 종주가 되는데, 어떻게 이러한 행위를 참아낼 수 있는가? 사마천[3]은 숙량흘과 안씨의 야합(野合)을 통해 공자가 태어났다는 망령된 말을 만들어 내고, 안씨가 부친의 묘가 있는 장소를 숨기고 공자에게 알려주지 않았다고 했다.[4] 정현의 주에서는 이러한 기록에 따랐기 때문에, 후세의 의혹을 증폭시켰고, 또 요·순 및 고수 사이에 있었던 일화와 같이, 세간에서는 끝없는 이설들이 만들어지게 되었는데, 맹자가 설파를 하여 이러한 이설들을 물리치지 않았다면, 후세에서는 무어라 했겠는가? 이곳 경문은 제자백가들이 기록한 것 중에서 뒤섞여 나온 것으로, 그 기록들 중에는 실제 사실이라고 할 수 없는 것들이 많다. 맹자는 "옹저(癰疽)의 집과 시인(侍人)인 척환(瘠環)의 집에 머물렀다면, 어떻게 공자라고 할 수 있는가?"[5]라고 했다. 내 생각에도 또한 종신토록 부친의 묘를 알지 못했다면, 어떻게 공자라고 할 수 있는가? 따라서 실제 사실은 이곳 기록과 같이 않았음이 분명하다. 이러한 문제는 사소한 문제가 아니므로, 부득이하게 변론한 것이다.

① 不知父墓所在.

補註 疏曰: 不知其墓者, 謂不委曲適知柩之所在, 不是全不知墓之在處. 其或出辭入告, 總望本處而拜. 今欲合葬, 須正知處所, 故云不知其墓.

번역 소에서 말하길, "그 묘(墓)를 알 수 없었다."라고 한 말은 영구가 매장

---

3) 사마천(司馬遷, B.C.145?~B.C.86): 전한(前漢) 때의 사학자이다. 자(字)는 자장 (子長)이다. 부친은 사마담(司馬談)이다. 저서로는 『사기(史記)』가 있다.

4) 『사기(史記)』「공자세가(孔子世家)」: 紇與顏氏女野合而生孔子, 禱於尼丘得孔 子. 魯襄公二十二年而孔子生. 生而首上圩頂, 故因名曰丘云. 字仲尼, 姓孔氏. 丘生而叔梁紇死, 葬於防山. 防山在魯東, 由是孔子疑其父墓處, 母諱之也.

5) 『맹자』「만장상(萬章上)」: 吾聞觀近臣, 以其所爲主, 觀遠臣, 以其所主. 若孔子 主癰疽與侍人瘠環, 何以爲孔子?

된 장소를 자세하게 알지 못했다는 뜻이지, 묘(墓)가 있는 장소를 어렴풋하게라도 알지 못했다는 뜻이 아니다. 간혹 공자가 타지로 나가거나 다시 돌아왔을 때, 부친에게 아뢰게 되면 묘가 있을 것으로 추정되는 일대의 장소를 바라보며 절을 했다. 그런데 현재 상황에서는 합장(合葬)을 하고자 하여 묘가 있는 정확한 장소를 알아야만 했다. 그렇기 때문에 "그 묘가 있는 장소를 정확히 몰랐다."라고 말한 것이다.

補註 ○陽村曰: 以前章觀之, 古也墓而不墳, 則防墓亦無丘隴, 與地齊平, 其在平日望拜展掃而已, 及至合葬, 則必就其塋而穴其地, 不可有毫髮違失, 故雖知其兆正在乎此, 不敢以平日之所傳聞而自定也. 必待舊人明知其處者問之, 然後葬也. 此卽入太廟每事問之心. 雖知亦問, 敬愼之至也, 故其愼也之愼, 不必改爲引也. 苟不前知其所, 則雖有曼父之母之言, 豈敢遽信乎? 五父之衢, 必是近防所適之路, 曼父之母舊居是衢, 嘗見防墓而明知者也, 故經於五父之衢, 問於曼父之母, 其進遲回, 故當時見者不察而異之. 然記者, 猶能識此而曰其愼也, 但不知其非殯而曰殯, 以致後世之疑說者. 又不能知記者之意, 改愼爲引, 益致其誤.

번역 ○양촌이 말하길, 앞의 문장을 통해 살펴보면 고대에는 묘를 만들었지만 봉분을 쌓지 않았으니, 방(防) 땅의 묘에도 봉분이 없어 지면과 평평했던 것이며, 평상시에는 그것을 바라보며 절을 하고 그 일대를 청소했을 뿐이다. 그런데 합장을 하게 되었다면, 반드시 해당하는 묘의 정확한 지점으로 가서 땅을 파야 하니 조금의 차이도 있을 수 없기 때문이다. 그래서 비록 그 묘역이 이 일대에 있다는 것은 알고 있었음에도 평상시 전해 들었던 내용으로 스스로 확정할 수 없었던 것이다. 따라서 반드시 이전에 그 지점을 명확히 알고 있었던 사람에게 물어본 뒤에야 장례를 지낼 필요가 있었던 것이다. 이 것은 태묘에 들어가서 매사를 물어보았던 마음[6]에 해당하니, 비록 알고 있음에도 물어본 것은 공경과 신중을 지극히 하기 위해서이다. 그렇기 때문에

---

6) 『논어』「팔일(八佾)」: 子入太廟, 每事問. 或曰, "孰謂鄹人之子知禮乎? 入太廟, 每事問." 子聞之曰, "是禮也."

기신(其愼)에서의 신(愼)자는 인(引)자로 고칠 필요가 없다. 만약 앞서 대략적인 위치를 알고 있지 않았다면 비록 만보(曼父)의 모친이 해준 말을 들었더라도 어떻게 감히 그 말을 곧바로 믿을 수 있었겠는가? 오보(五父)의 길가는 분명 방(防) 땅과 가깝고 그곳으로 가는 도로일 것이며, 만보의 모친은 예전에 그 길가에 거처하여 일찍이 방(防) 땅의 묘를 직접 보아 명확히 알고 있었던 자이다. 그렇기 때문에 오보의 길가를 경유하여 만보의 모친에게 물어보았던 것이며, 그 나아감이 더디고 주위를 돌아보았기 때문에 당시 이 모습을 살펴본 자들은 자세한 사정을 살피지 못하고 기이하게 여겼던 것이다. 그러나 『예기』를 기록한 자는 오히려 이러한 사정을 알고 있었기 때문에 기신야(其愼也)라고 말한 것이다. 다만 가매장하는 것이 아님을 몰랐기 때문에 빈(殯)이라고 했던 것이고, 이것이 결국 후세 사람들의 의혹된 주장을 불러일으키게 되었다. 또 『예기』를 기록한 자의 의도를 파악하지 못하고 신(愼)자를 인(引)자로 고쳐, 오해를 더 늘리고 말았다.

補註 ○按: 陽村說儘有理. 但所謂不知其非殯而曰殯云者, 恐不然. 愚意, 此蓋謂其所以謹愼者, 乃停殯也, 非葬也.

번역 ○살펴보니, 양촌의 주장에는 매우 일리가 있다. 다만 "가매장하는 것이 아님을 몰랐기 때문에 빈(殯)이라고 했다."라고 했는데, 아마도 그렇지 않을 것이다. 내가 생각하기에 이것은 아마도 신중을 기하기 위해 머물며 임시로 가매장을 했다는 뜻이니, 장례를 치렀다는 뜻이 아니다.

② 輤.

補註 按: 輤, 卽雜記上所謂其輤有裧者也.

번역 살펴보니, '천(輤)'이라는 것은 『예기』「잡기상(雜記上)」편에서 "영구의 수레를 덮는 천(輤)에는 장식을 하니, 천의 네 방면에 천을 달아 늘어트린다."[7]라고 한 것에 해당한다.

___

7) 『예기』「잡기상(雜記上)」: 其輤有裧緇布裳帷, 素綿以爲屋而行.

③ 柳翣.

補註 周禮・縫人註: 柳之言聚也, 諸飾之所聚.

번역 『주례』「봉인(縫人)」편의 주에서 말하길, '유(柳)'자는 모은다는 뜻으로, 여러 장식들이 모여진 것을 뜻한다.

④ 野合之誣.

補註 史記索隱曰: 家語云, "梁紇娶魯之施氏, 生九女, 其妾生孟皮. 孟皮病足, 乃求婚於顏氏, 徵在從父命爲婚", 其文甚明. 今此云野合者, 蓋謂梁紇老而徵在少, 非當壯室及笄之禮, 故云野合, 謂不合禮儀. 論語云: "野哉由也", 又"先進於禮樂, 野人也", 皆言是不合禮耳.

번역 『사기색은』에서 말하길, 『공자가어』에서는 "양흘(梁紇)은 노나라의 시씨에게 장가를 들어 9명의 딸을 낳았고, 첩은 맹피(孟皮)를 낳았다. 맹피는 다리가 불구여서 안씨(顏氏)와 혼인을 요구하게 되었고, 징재(徵在)는 부친의 명령에 따라 혼인을 하게 되었다."라고 했으니, 그 문장이 매우 분명하다. 그런데 여기에서 '야합(野合)'이라고 말한 것은 아마도 양흘은 노인이었고 징재는 나이가 어려서, 남자의 나이가 30세가 되어 아내를 들이는 것과 혼인을 하여 비녀를 꼽는 등의 예법에는 해당하지 않았기 때문에 '야합(野合)'이라고 했던 것이니, 예법에 부합되지 않는다는 뜻이다. 『논어』에서는 "비루하구나, 유여"8)라는 말이 있고, 또 "선배들이 예악에 대해 했던 것은 촌스럽다고 한다."9)라고 했는데, 이 모두는 예법에 부합되지 않는다는 것을 뜻할 뿐이다.

---

8) 『논어』「자로(子路)」: 子路曰, "衛君待子而爲政, 子將奚先?" 子曰, "必也正名乎!" 子路曰, "有是哉, 子之迂也! 奚其正?" 子曰, "<u>野哉, 由也</u>! 君子於其所不知, 蓋闕如也. 名不正, 則言不順, 言不順, 則事不成, 事不成, 則禮樂不興, 禮樂不興, 則刑罰不中, 刑罰不中, 則民無所錯手足. 故君子名之必可言也, 言之必可行也. 君子於其言, 無所苟而已矣."

9) 『논어』「선진(先進)」: 子曰, "<u>先進於禮樂, 野人也</u>, 後進於禮樂, 君子也. 如用之, 則吾從先進."

⑤ 鄭註因之.

補註 鄭註: 郰叔梁紇與顔氏之女徵在野合而生孔子, 徵在恥焉, 不告.
번역 정현의 주에서 말하길, 추(郰) 땅의 숙량흘(叔梁紇)은 안씨(顔氏)의 여식 징재(徵在)와 야합(野合)하여 공자를 출생하였다. 그러나 안징재는 이 사실을 부끄럽게 여겨서 부친의 묘(墓)에 대해 알려주지 않았다.

「단궁상」 16장

참고-集說

瓦棺, ①始不衣薪也. 聖周, 或謂之土周; ②聖者, 火之餘燼, 蓋
治土爲甎而③四周於棺之坎也. 殷世始爲棺槨, 周人又爲飾棺
之具, 蓋彌文矣. 牆, 柳衣也. 柳者, 聚也, 諸飾之所聚也. 以此
障柩, 猶垣墻之障家, 故謂之牆. 翣, 如扇之狀, 有畫爲黼者, 有
畫爲黻者, 有畫雲氣者, 多寡之數, 隨貴賤之等.

번역 '와관(瓦棺)'은 애초부터 섶을 두르지 않은 것이다. '즐주(聖周)'는 '토주(土周)'라고도 부르는데, '즐(聖)'이라는 것은 불을 피우고 남은 불씨이니, 흙을 구워서 벽돌을 만들고, 관(冠)을 안치하는 구덩이 네 벽면을 벽돌로 두르게 된다. 은나라 때에는 처음으로 관(棺)과 외관인 곽(槨)을 만들었으며, 주나라 사람들은 또한 관(棺)을 치장하는 도구들을 만들었으니, 아마도 문식을 확장했기 때문일 것이다. '장(牆)'은 유의(柳衣)를 뜻하는데, '유(柳)'라는 것은 "모으다[聚].''는 뜻이며, 장식을 하는 여러 물건들이 모여진 것을 뜻한다. 이러한 장식물로써 영구를 가리는 것이 마치 담장으로 집을 가리는 것과 같기 때문에, 이것을 '장(牆)'이라고 부르는 것이다. '삽(翣)'이라는 것은 부채[扇]의 모습과 비슷한데, 보(黼) 모양을 그림으로 그린 것도 있고, 불(黻) 모양을 그림으로 그린 것도 있으며, 구름을 그림으로 그린 것도 있는데, 그 수량은 신분의 등급에 따른다.

① ○始不衣薪.

補註 易・繫辭: 古之葬者, 厚衣之以薪, 葬之中野, 不封不樹.
번역 『역』「계사전(繫辭傳)」에서 말하길, 고대에 장례를 치를 때에는 섶으로 옷을 두껍게 입혔으며, 들판에서 장례를 치렀고, 흙을 높이 쌓지 않고 나무도 심지 않았다.[1]

---

1) 『역』「계사하(繫辭下)」: <u>古之葬者, 厚衣之以薪, 葬之中野, 不封不樹</u>, 喪期无數, 後世聖人易之以棺槨, 蓋取諸大過. 上古結繩而治, 後世聖人易之以書契, 百官

② 聖者火之餘燼.

補註 鄭註: 火熟曰聖. 弟子職曰: "右手折聖."

번역 정현의 주에서 말하길, 불로 구운 것을 '즐(聖)'이라고 부른다. 『관자』「제자직(弟子職)」편에서는 "오른쪽 손으로 즐(聖)을 절단한다."라고 했다.

補註 ○陸曰: 管子左手秉燭, 右手折聖, 聖, 燭頭燼也.

번역 ○육덕명이 말하길, 『관자』에서는 "왼쪽 손으로 등불을 잡고, 오른쪽 손으로 즐(聖)을 절단한다."라고 했다. '즐(聖)'은 등불 끝에 있는 타고 남은 재이다.

③ 四周於棺之坎.

補註 按: 棺卽瓦棺, 其制未聞.

번역 살펴보니, '관(棺)'은 곧 와관(瓦棺)에 해당하는데, 그 제도에 대해서는 들어보지 못했다.

以治, 萬民以察, 蓋取諸夬.

「단궁상」 18장

夏后氏尙黑, 大事斂用昏, 戎事乘驪, 牲用玄. 殷人尙白, 大事 ①斂用日中, 戎事乘翰, 牲用白. 周人尙赤, 大事斂用日出, 戎 事乘騵, 牲用騂.

번역 하후씨 때에는 흑색을 숭상하여, 상사에서 염(斂)을 할 때에는 해가 저물녘에 했고, 전쟁과 관련된 일에서는 검은 말에 멍에를 메게 했으며, 제사 때 사용한 희생 물은 검은색의 것들을 사용했다. 은나라 때에는 백색을 숭상하여, 상사에서 염을 할 때에는 한낮에 했고, 전쟁과 관련된 일에서는 백색의 말에 멍에를 메게 했으며, 제사 때 사용한 희생물은 백색의 것들을 사용했다. 주나라 때에는 적색을 숭상하여, 상사에서 염을 할 때에는 일출 때 했고, 전쟁과 관련된 일에서는 적색의 털빛에 검 은색의 갈기를 가진 말에 멍에를 메게 했으며, 제사 때에는 적색의 것들을 사용했 다.

① 斂用日中.

補註 鄭註: 日中時白, 日出時赤.
번역 정현의 주에서 말하길, 한낮에 하늘의 색깔은 백색이 되고, 일출에 하 늘의 색깔은 적색이 된다.

「단궁상」 19장

穆公之母卒, 使人①問於曾子曰: "如之何?" 對曰: "申也聞諸申
之父曰: '哭泣之哀, 齊·斬之情, 饘粥之食, 自天子達. ②布幕,
衛也; 緣幕, 魯也.'"

번역 목공(穆公)의 모친이 죽자, 목공은 사람을 시켜서 증자의 아들인 증신(曾申)
에게 묻기를, "어떻게 치러야 합니까?"라고 했다. 증신이 대답하길, "제가 저희 부
친께 듣기로는 '곡을 하고 눈물을 흘리며 슬픔을 드러내는 것, 자최복(齊衰服)이나
참최복(斬衰服)을 입어서 정감을 드러내는 것, 다른 음식을 먹지 않고 죽만 먹는
것 등은 천자로부터 서인들에 이르기까지 누구나 따르는 공통된 예법이다. 다만 포
(布)를 이용해서 막(幕)을 만드는 것은 제후들이 따르는 예법인데, 비단을 이용해
서 막(幕)을 만든 것은 본래 천자가 따르는 예법으로, 이처럼 하게 되면 그 예법을
참람되게 사용한 것이다.'라고 했습니다."라고 했다.

① ○問於曾子.

補註 鄭註: 曾子, 曾參之子, 名申.

번역 정현의 주에서 말하길, '증자(曾子)'는 증삼(曾參)의 아들로, 이름은 신
(申)이다.

② 布幕[止]魯也.

補註 按: 魯·衛之政兄弟也, 故以衛之得禮, 諷魯之僭禮也.

번역 살펴보니, 노나라와 위나라는 정치적으로 형제관계이다. 그렇기 때문에
위나라에서 예법에 맞게 했던 것으로 노나라에서 참례를 저질렀던 것을 풍
자한 것이다.

使人辭於①狐突曰: "申生有罪, ②不念伯氏之言也, 以至於死.
申生不敢愛其死. 雖然, 吾君老矣, ③子少, 國家多難, ④伯氏
不出而圖吾君. 伯氏苟出而圖吾君, 申生受賜而死." 再拜稽首
乃卒. 是以爲⑤恭世子也.

번역 신생(申生)은 사람을 시켜 스승인 호돌(狐突)에게 사죄의 뜻을 알리며, "저는
죄를 지었는데, 이 모두는 선생님의 말씀을 깊이 새기지 않았기 때문에, 죽을죄를
얻는 지경에 이르게 된 것입니다. 저는 죽는 것을 애석하게 여기지 않습니다. 그러
나 저희 군주께서는 이미 나이가 많으시고, 군주의 아들은 너무 어리며, 국가에 환
란이 많은데, 선생님께서는 출사하여 저희 군주와 함께 국정을 도모하지 않고 계십
니다. 선생님께서 진실로 출사하여 저희 군주와 함께 국정을 도모하신다면, 저는
군주의 명령을 기꺼이 받아들여서 편안히 죽을 수 있겠습니다."라고 하였다. 그리
고 곧 재배(再拜)를 하며 머리를 땅에 조아리고 죽었다. 이러한 까닭으로 신생은
'공세자(恭世子)'라는 시호(諡號)를 얻었다.

① ○狐突.

補註 鄭註: 狐突, 申生之傅, 舅犯之父也.
번역 정현의 주에서 말하길, '호돌(狐突)'은 신생(申生)의 사부이며, 구범(舅
犯)의 부친이다.

② 不念伯氏之言.

補註 鄭註: "前此獻公使申生伐東山皐落氏, 狐突謂申生欲使之行." 疏
曰: "謂申生有愚短之罪, 不念伯氏之言, 出奔避禍. 今日被讒, 以至於死."
번역 정현의 주에서 말하길, "이 일에 앞서서 헌공(獻公)은 신생(申生)으로
하여금 동산(東山)의 고락씨(皐落氏)를 정벌하게 하였는데, 호돌(狐突)은

신생에게 충고하여, 그로 하여금 도망가도록 했다.[1]"라고 했다. 소에서 말하길, "신생에게는 지혜가 짧다는 죄가 있어서, 스승의 말을 깊이 새기지 못하여, 결국 쫓겨나서 화를 당하게 되었다. 현재 참소를 받아서, 죽음에 이르게 되었다."라고 했다.

③ 子少

補註 鄭註: 子, 驪姬之子奚齊.
번역 정현의 주에서 말하길, '자(子)'는 여희(驪姬)의 아들인 해제(奚齊)를 가리킨다.

④ 伯氏不出而圖吾君.

補註 鄭註: 圖, 猶謀也, 不出爲君謀國家之政. 然則自臯落氏反後, 狐突懼, 乃稱疾.
번역 정현의 주에서 말하길, '도(圖)'자는 "도모하다[謀]."는 뜻이다. 출사하여 군주를 위해서 국가의 정사를 도모하지 않는다는 뜻이다. 그렇다면 고락씨를 정벌하고 나서 되돌아온 이후, 호돌은 두려워하며 곧 질병을 핑계로 물러났던 것이다.

⑤ 恭世子.

補註 語類曰: 申生不辨驪姬看來亦未是. 若辨而走, 或可免於難.
번역 『어류』에서 말하길, 신생이 여희의 사람됨을 변별하지 못한 것으로 보면 또한 옳지 않다. 만약 변별하고서 도망을 갔더라면 아마도 어려움을 면할 수 있었을 것이다.

---

1) 『춘추좌씨전』「민공(閔公) 2년」: 晉侯使大子申生伐東山臯落氏. …… 先丹木曰, "是服也, 狂夫阻之. 曰'盡敵而反', 敵可盡乎? 雖盡敵, 猶有內讒, 不如違之." 狐突欲行.

「단궁상」 23장

朝祥, 旦行祥祭之禮也. 朝祥莫歌, 固爲非禮, 特以禮敎衰廢之
時, 而此人獨能行三年之喪, 故夫子抑子路之笑. 然終非正禮,
恐學者致疑, 故俟子路出, 乃正言之. 其意若曰: 名爲三年之
喪, 實則二十五月, ①今已至二十四月矣, 此去可歌之月, 又豈
多有日月乎哉! 但更踰月而歌, 則爲善矣. 蓋聖人於此, 雖不責
之以備禮, 亦未嘗許之以變禮也.

번역 '조상(朝祥)'은 아침에 상제(祥祭)[1]의 의례를 시행했다는 뜻이다. 아침에 대
상(大祥)에 대한 제사를 지내고, 저녁에 노래를 부르는 것은 진실로 비례(非禮)가
되는데, 다만 예악과 교화가 쇠퇴하고 피폐해진 시기에, 그 사람은 홀로 삼년상의
의례를 시행할 수 있었다. 그렇기 때문에 공자가 자로의 비웃음을 억눌렀던 것이다.
그렇지만 이러한 행위는 결국 정식 예법이라고 할 수 없고, 학생들이 의혹을 일으
키게 될 것을 염려하였기 때문에, 자로가 밖으로 나가는 것을 기다렸다가, 곧바로
말을 해준 것이다. 공자가 한 말의 속뜻은 다음과 같다. 부모의 상에 대해서 삼년상
이라고 했지만, 실제로는 만 25개월을 치르는 것인데, 현재 이미 24개월을 보낸 것
이니, 노래를 부를 수 있게 되는 달의 차이가 어찌 많은 기간이 남았다고 할 수 있
는가! 단지 다시금 참고 한 달만 넘겨서 노래를 불렀다면, 올바른 행위가 된다. 무
릇 공자는 이러한 일에 대해서 비록 정식 예법대로 맞춰야 한다고 책망하지 않았지
만, 또한 예법을 변화시키는 것에 대해서는 일찍이 허락하지 않았던 것이다.

① ○今已至二十四月.

補註 沙溪曰: 大祥實二十五月, 而此云二十四月. 石梁王氏亦曰: "二十

---

1) 상제(祥祭)는 대상(大祥)과 소상(小祥) 때의 제사를 뜻한다. '소상'에서의 제사는
부모가 죽은 지 만 1년 만에 지내는 제사이고, 대상(大祥)에서의 제사는 만 2년
만에 지내는 제사이다. 또한 소상(小祥)은 연제(練祭)라고 부르므로, '상제'를 대상
(大祥)을 뜻하는 용어로도 사용한다.

四月再朞, 其月餘日不數." [王氏說見三年問註.] 然則以日計其實數乎.

번역 사계가 말하길, 대상(大祥)은 실제로 25개월째가 되는데 이곳에서는 24개월이라고 했다. 석량왕씨[2] 또한 "24개월은 2주기가 되며 그 달의 남은 일수는 셈하지 않는다."라고 했다. [왕씨의 주장은 『예기』「삼년문(三年問)」편의 진호 주에 나온다.] 그렇다면 날짜로 그 실제의 수치를 셈한 것이다.

補註 ○按: 此蓋指已滿之月數也. 祥月盡後, 乃爲二十五月, 故云然歟.

번역 ○살펴보니, 이것은 아마도 이미 기간을 채운 달의 수치를 가리키는 것 같다. 대상(大祥)을 치르는 달을 넘긴 이후에야 25개월째가 된다. 그렇기 때문에 이처럼 말했던 것이다.

---

2) 석량왕씨(石梁王氏, ?~?) : 자세한 이력이 남아 있지 않다.

「단궁상」 24장

참고-經文

魯莊公及宋人戰于乘丘, 縣賁父御, 卜國爲右. 馬驚①敗績, 公
隊, 佐車授綏, 公曰: "②末之卜也." 縣賁父曰: "他日不敗績, 而
③今敗績, 是無勇也." 遂死之. 圉人浴馬, 有流矢在④白肉. 公
曰: "非其罪也." 遂誄之. 士之有誄, 自此始也.

번역 노나라 장공(莊公)은 송나라와 승구(乘丘) 땅에서 전쟁을 했는데, 현분보(縣
賁父)는 장공의 수레를 몰았고, 복국(卜國)은 수레에 함께 타는 호위무사가 되었
다. 그런데 도중 말이 놀라서 수레가 넘어지는 일이 발생하여, 결국 장공은 땅에
떨어졌고, 뒤따르던 예비 수레에서 새끼줄을 건네주어 장공이 그 수레에 타게 되었
다. 그러자 장공은 "복국은 못나게도 용기가 없구나!"라고 했다. 그 말을 들은 현분
보는 "다른 날에는 수레가 전도되는 일이 없었는데, 현재 수레가 전도되었으니, 이
것은 저희에게 용기가 없다는 것을 나타냅니다."라고 했다. 그리고는 곧 수레를 몰
아서 전쟁터로 달려 나갔으나, 전장에서 죽었다. 이후 말을 관리하던 자가 말을 목
욕시켰는데, 빗맞은 화살이 정강이 살에 박혀 있었다. 그 사실을 안 장공은 "수레가
전도된 것은 그들의 잘못이 아니었구나."라고 탄식하며, 결국 그들에게 뇌(誄)를
지어주었다. 사 계급에서 뇌를 짓게 된 것은 이로부터 시작되었다.

① 敗績.

補註 徐志修曰: 乘丘之戰, 左傳云: "大敗宋師", 而此云: "莊公敗績", 未詳.
번역 서지수가 말하길, 승구 땅의 전쟁에 대해 『좌전』에서는 "송나라 군대를
크게 격파했다."[1]라고 했는데, 이곳에서는 "장공이 무너져 패했다."라고 했
으니, 이유를 모르겠다.

---

1) 『춘추좌씨전』「장공(莊公) 10년」: 夏六月, 齊師・宋師次于郞. 公子偃曰, "宋師不
整, 可敗也. 宋敗, 齊必還. 請擊之." 公弗許. 自雩門竊出, 蒙皋比而先犯之. 公從
之. 大敗宋師于乘丘. 齊師乃還.

② 末之卜也.

補註 按: 鄭註以末之訓微哉, 恐文勢不然.

번역 살펴보니, 정현의 주에서는 '말지(末之)'라는 말을 용렬하다는 뜻으로
풀이했는데, 아마도 문장의 흐름상 그렇지 않은 것 같다.

補註 ○陽村曰: 卜, 當如此篇下文"扶君, 卜人師扶右"之卜, 讀作僕. 蓋
馬驚, 御者之罪, 非車右之責, 不當舍僕御之縣賁父, 而責車右之卜國
也. 苟責卜國, 則不應卜國無答辭, 而縣賁父乃自責而死之也. 舊說以爲
二子皆死, 然於經文未見有卜國亦死之意.

번역 ○양촌이 말하길, '복(卜)'자는 마땅히 「단궁상」편의 아래 문장에 나오
는 "군주를 부축함에, 복인(卜人)의 수장은 오른쪽을 부축한다."[2]라고 했을
때의 복(卜)자와 같은 것이니, 종을 뜻하는 복(僕)자의 뜻으로 풀이해야 한
다. 아마도 말이 놀란 것은 수레를 모는 자의 잘못이며, 거우(車右)의 책임
이 아니니, 수레를 몰았던 현분보를 내버려두고 거우를 맡았던 복국을 추궁
해서는 안 된다. 만약 복국에게 책임을 추궁했다면, 복국은 대답을 하지 않
아서는 안 되며, 현분보도 자책하며 목숨을 던져서는 안 된다. 옛 학설에서
는 두 사람 모두 죽었다고 여겼는데, 경문에는 복국 또한 자결했다는 뜻이
나타나지 않는다.

補註 ○類編曰: 卜, 如卜日之卜. 古者君出戰, 必卜御者及戎右, 如左傳
卜右慶鄭吉是已. 此言御者及戎右, 皆無勇而敗績, 是不能擇也, 嘆而責
之之辭.

번역 ○『유편』에서 말하길, '복(卜)'자는 날짜에 대해 점친다고 했을 때의 복
(卜)자와 같다. 고대에 군주가 출전하게 되면 반드시 수레를 모는 자와 우측
에 타는 호위무사에 대해서 점을 쳐서 뽑았으니, 『좌전』에서 거우에 대해
점을 쳤는데 경정(慶鄭)이 길하다고 나왔다고 한 것[3]이 이러한 경우에 해당

---

2) 『예기』 「단궁상(檀弓上)」: 扶君, 卜人師扶右, 射人師扶左. 君薨以是擧.
3) 『춘추좌씨전』 「희공(僖公) 15년」: 卜右, 慶鄭吉. 弗使.

한다. 이 문장은 수레를 모는 자와 전쟁용 수레에 타는 호위무사가 모두 용기가 없어 수레가 전복되었다는 것을 뜻하며, 이것은 제대로 선별하지 못해 한탄하며 책임을 묻는 말에 해당한다.

補註 ○徐志修曰: 恐與論語末之難也, 語法同. 若以卜爲卜國, 則古無稱姓而曰某也之文. 類編說似長.
번역 ○서지수가 말하길, 아마도 『논어』에서 "어려울 것이 없겠다."[4]라고 한 말과 어법이 동일한 것 같다. 만약 복(卜)자를 복국으로 여긴다면, 고대에는 성(姓)을 지칭하며 아무개라고 말하는 문장이 없다. 『유편』의 주장이 뛰어난 것 같다.

③ 今敗績.

補註 今, 新本誤作全.
번역 '금(今)'자를 『신본』에서는 전(全)자로 잘못 기록했다.

④ 白肉.

補註 鄭註: "白肉, 股裏肉." 疏曰: "以股裏白, 故謂之白肉, 非謂肉色白也."
번역 정현의 주에서 말하길, "'백육(白肉)'은 정강이 안쪽에 있는 살을 뜻한다."라고 했다. 소에서 말하길, "정강이 안쪽의 털은 희기 때문에, 그 부위를 '백육(白肉)'이라고 부르는 것이니, 살 자체의 색깔이 백색이라는 뜻은 아니다."라고 했다.

---

4) 『논어』「헌문(憲問)」: 子擊磬於衛, 有荷蕢而過孔氏之門者, 曰, "有心哉, 擊磬乎!" 旣而曰, "鄙哉, 硜硜乎! 莫己知也, 斯己而已矣. 深則厲, 淺則揭." 子曰, "果哉! <u>末之難矣.</u>"

「단궁상」 26장

참고─經文

童子曰: "華而睆, 大夫之簀與?" 子春曰: "止!" 曾子聞之, ①瞿然
曰: "呼!" 曰: "華而睆, 大夫之簀與?" 曾子曰: "然. 斯季孫之賜
也. 我未之能易也, 元起易簀." 曾元曰: "夫子之病革矣, 不可以
變. 幸而至於旦, 請敬易之." 曾子曰: "爾之愛我也不如彼. 君子
之愛人也以德, ②細人之愛人也以姑息. 吾何求哉? 吾得正而
斃焉, 斯已矣." 擧扶而易之, 反席未安而沒.

번역 동자가 증자(曾子)에게 말하길, "선생님께서 누우신 대자리는 화려하고도 광택이 나니, 대부들만 쓸 수 있는 대자리가 아닙니까?"라고 했다. 그러자 옆에 있던 악정자춘(樂正子春)은 "말을 멈춰라."라고 했다. 증자가 그 얘기를 듣고, 놀란 낯빛으로, "아! 그렇구나."라고 말했다. 그러자 동자는 재차 "대자리가 화려하고도 광택이 나니, 대부들만 쓸 수 있는 대자리가 아닙니까?"라고 했다. 증자는 "그렇다. 네 말이 맞다. 이 대자리는 예전에 계손(季孫)이 나에게 선물로 줬던 것이다. 내가 미처 이것을 바꾸지 못했구나. 원(元)아, 일어나서 이 대자리를 바꾸어라."라고 했다. 증원(曾元)은 "아버님의 병환이 위중하니, 아버님의 몸을 움직일 수가 없습니다. 다행히 아버님의 병환에 차도가 있으면, 내일 아침에 바꾸도록 하겠습니다."라고 했다. 그러자 증자는 "네가 나를 친애하는 것이 저 동자만도 못하구나. 군주가 사람을 친애하는 것은 덕으로써 하고, 소인들이 사람들을 친애하는 것은 구차하게 편안히만 하는 것으로써 한다. 내가 무엇을 원하겠는가? 나는 올바름을 얻고 죽겠으니, 바로 대자리를 바꾸는 것이다."라고 했다. 그래서 여러 사람들이 증자를 부축하고 난 뒤 대자리를 바꿨는데, 이후 증자를 재차 자리로 모셔옴에, 아직 편안히 눕지도 못했는데 죽고 말았다.

① ○瞿然曰呼.

補註 鄭註: 呼, 虛憊聲.

번역 정현의 주에서 말하길, '호(呼)'자는 앓는 소리를 할 때 내뱉는 소리이다.

補註 ○陸音: 呼音嘘, 吹氣聲.

번역 ○육덕명의『음의』에서 말하길, ‘呼’자의 음은 ‘嘘(허)’이며, 숨을 내쉴 때 나는 소리를 뜻한다.

補註 ○按: 陳註音吁, 蓋字書吁亦音虛故也. 續通解只載鄭註, 不載陸音, 蓋如字讀也. 愚意, 呼卽嗚呼之呼, 如字爲是.

번역 ○살펴보니, 진호의 주에서는 음을 ‘吁’로 읽었으니, 아마도『자서』에서 ‘吁’자의 음 또한 ‘虛(허)’자라고 했기 때문이다.『속통해』에서는 단지 정현의 주만 수록하고, 육덕명의『음의』를 수록하지 않았는데, 아마도 글자대로 풀이했기 때문일 것이다. 내가 생각하기에 ‘呼’자는 ‘오호(嗚呼)’라고 할 때의 ‘호(呼)’자에 해당하니, 글자대로 읽는 것이 옳다.

補註 ○滄溪曰: 聞之瞿然, 則蓋已略聞其語矣, 猶未詳也, 故曰呼. 呼者, 蓋使之更高聲而言也, 故童子復申前言, 註以呼爲嘆而嘘氣之聲, 則是曾子初聞童子之言, 只自瞿然而別無求問自處之意, 徒嘆嘘而已也. 豈其然乎? 且童子旣被子春禁止, 亦豈無端更言耶?

번역 ○창계가 말하길, “듣고서 놀랐다.”라고 했으니, 이미 간략하게만 그 말에 대해 들었던 것이지만 여전히 자세한 내용은 듣지 못했던 것이다. 그렇기 때문에 ‘호(呼)’라고 말했다. ‘호(呼)’라는 것은 그로 하여금 다시 큰 소리로 말하도록 시킨 것이다. 그렇기 때문에 동자가 다시 앞에서 했던 말을 거듭 말한 것인데, 주에서는 ‘호(呼)’자를 탄식하며 숨을 내쉴 때 나는 소리라고 했으니, 이것은 증자가 최초 동자의 말을 듣고서 스스로 놀라 별도로 스스로 처신하는 것에 대해 되묻고자 하는 뜻이 없고 단지 탄식만 한 것이다. 어떻게 그럴 수 있겠는가? 또 동자는 이미 악정자춘에 의해 말을 저지당했는데 어떻게 아무런 단서도 없이 다시 말을 할 수 있단 말인가?

補註 ○按: 曾子聞之, 瞿然嘆息, 欲有所命, 而童子恐其未聞更言之也. 其間不過毫忽之項, 而瞿然曰呼, 四字, 亦可謂善記聖人矣. 旣曰瞿然, 則已聞其說可知, 何待於使之更言乎? 且以呼之一字, 爲使之更言者, 亦未穩, 雖以文法言之, 古人之文必不如是促迫也. 嘗於講筵特進官李德壽擧滄溪說, 謂之甚是, 賤臣力辨其不然如右, 則自上以臣言爲然.

번역 ○살펴보니, 증자가 그 말을 듣고 놀라서 탄식을 했던 것은 명령을 내리고자 한 것인데, 동자는 증자가 듣지 못했다고 염려하여 다시 말을 한 것이다. 그 사이는 매우 짧은 시간에 불과한데도 '구연왈호(瞿然曰呼)'라고 했으니, 이것은 또한 성인에 대해 잘 기록한 것이라 평할 수 있다. 이미 놀랐다고 말했다면 이미 그의 말을 들었다는 사실을 알 수 있는데, 어떻게 그로 하여금 다시 말을 할 필요가 있겠는가? 또 호(呼)라는 한 글자를 동자로 하여금 다시 말하게 시킨 것이라고 여기는 것 또한 매끄럽지 못하다. 비록 문법을 기준으로 설명하더라도, 옛 사람의 문장은 분명 이와 같이 급박하게 기록하지는 않았을 것이다. 일찍이 경연에서 특진관(特進官)[1]이었던 이덕수[2]는 창계의 주장을 제시하며 매우 옳다고 했고, 미천한 소신이 그렇지 않음을 이와 같이 힘써 변별하였는데, 성상께서도 신의 말을 옳다고 하셨다.

② 細人之[止]姑息.

補註 鄭註: 息, 猶安也, 言苟容取安也.

번역 정현의 주에서 말하길, '식(息)'자는 "편안하다[安]."는 뜻이니, 구차하게 세속에 맞춰서 편안함을 취한다는 의미이다.

補註 ○芝峯曰: 尸子云, "紂棄黎老之言, 而用姑息之語", 註, 姑, 婦人, 息, 小兒也. 楊愼以此說爲是.

번역 ○지봉이 말하길, 『시자』에서 말하길, "주임금은 노인의 말을 내치고 고식(姑息)의 말만 들었다."라고 했고, 주에서는 '고(姑)'는 부인을 뜻하고,

---

1) 특진관(特進官)은 조선 시대 때의 관직이다. 경연(經筵)에 참관하여 임금의 고문 역할을 했던 관리이다.
2) 이덕수(李德壽, A.D.1673년~A.D.1744) : 본관은 전의(全義)이고 자는 인로(仁老)이며 호는 벽계(蘗溪) · 서당(西堂)이고 시호는 문정(文貞)이며 이름은 덕수(德壽)이다. 저서로는 『서당집(西堂集)』 등이 있다.

'식(息)'은 아이를 뜻한다고 했다. 양신은 이 주장이 옳다고 여겼다.

補註 ○按: 鄭註亦自好.

번역 ○살펴보니, 정현의 주 또한 그 자체로도 합당하다.

참고-大全

> 龍泉葉氏曰: 曾子之學堅定明篤, 雖神已離形而不變異, 死生若一致然. 且①攻過甚勇以正爲終, 是後學鑒照準程處也.

번역 용천섭씨[3]가 말하길, 증자(曾子)의 학문은 굳건하고 독실하여, 비록 정신[神]이 이미 육신[形]과 떨어졌지만 올바름을 바꾸지 않았으니, 생사(生死)가 일치된 것과 같았다. 또 잘못을 고치는데 매우 과감하여, 올바른 도리에 따라 생을 마쳤으니, 이것은 후학들이 거울삼아 살펴보고 법도로 따라야 할 점이다.

① 攻過甚勇.

補註 攻, 恐當作改.

번역 '공(攻)'자는 아마도 개(改)자가 되어야 할 것 같다.

---

3) 용천섭씨(龍泉葉氏, A.D.1050~A.D.1110) : =섭도(葉濤). 송대(宋代) 때의 학자이다. 자(字)는 치원(致遠)이다. 왕안석(王安石)의 사위이다.

「단궁상」 28장

魯僖公①二十一年, 與邾人戰於升陘, 魯地也. 邾師雖勝, 而死
傷者多, 軍中無衣, 復者用矢. ②釋云: "邾人呼邾聲曰婁, 故曰
邾婁." 夫以③盡愛之道, 禱祠之心, 孝子不能自己, 冀其復生
也. 疾而死, 行之可也; ④兵刃之下, 肝腦塗地, 豈有再生之理?
復之用矢, 不亦誣乎?

번역 노나라 희공(僖公) 21년에, 주(邾)나라와 승형(升陘) 땅에서 전쟁을 했으니,
이 땅은 노나라 땅이다. 주나라 군대는 비록 승리를 했지만, 사상자가 많았고, 군대
안에 옷이 없었으므로, 초혼을 할 때 옷 대신 화살을 사용했다. 『경전석문』에서는
"주(邾)나라 사람이 '주(邾)'자를 발음할 때에는 '루(婁)'라고 했다. 그렇기 때문에
'주루(邾婁)'라고 한 것이다."라고 했다. 무릇 친애함을 다하는 도와 기도를 하며
제사를 지내는 마음에 대해서, 자식된 자들은 제 스스로 그만 둘 수가 없으며, 그가
다시 살아나기를 희망하게 된다. 병에 걸려서 죽었을 때에는 초혼의 의식을 시행해
도 괜찮지만, 전쟁터에서 죽게 되면, 장기와 시신이 흙에 파묻히게 되는데, 어찌 다
시 살아나는 이치가 있을 수 있겠는가? 초혼을 하며 화살을 사용하는 것은 또한
업신여기는 일이 아니겠는가?

① ○二十一年.

補註 一, 當作二.

번역 '일(一)'자는 마땅히 이(二)자가 되어야 한다.[1]

② 釋云[止]曰邾婁.

補註 按: 釋云, 陸德明釋文也. 下篇邾婁考公 · 邾婁定公並與此同.

---

1) 『춘추』「희공(僖公) 22년」: 二十二年, 春, 公伐邾, 取須句. …… 秋, 八月, 丁未,
及邾人, 戰于升陘.

번역 살펴보니, '석운(釋云)'이라고 한 것은 육덕명의 『경전석문』을 가리킨다. 「단궁하」편에는 주루고공(邾婁考公)²⁾과 주루정공(邾婁定公)³⁾이라는 말이 나오는데, 이 모두는 그 음이 이와 동일하다.

③ 盡愛之道禱祠之心.

補註 下篇文.
번역 「단궁하」편의 기록이다.⁴⁾

④ 兵刃[止]誣乎.

補註 按: 朱子曰, "復不獨要活, 是要聚他魂魄以此, 則豈可以死於兵刃而不復乎?"
번역 살펴보니, 주자는 "초혼이라는 것은 살아나기만을 바라는 것이 아니며, 이를 통해 그의 혼과 백이 모이기를 바라는 것이니, 어찌 전쟁터에서 죽었다고 하여 초혼을 하지 않을 수 있겠는가?"라고 했다.

---

2) 『예기』「단궁하(檀弓下)」: 邾婁考公之喪, 徐君使容居來弔‧含, 曰: "寡君使容居坐含, 進侯玉, 其使容居以含."

3) 『예기』「단궁하(檀弓下)」: 邾婁定公之時, 有弒其父者, 有司以告. 公瞿然失席曰: "是寡人之罪也." 曰: "寡人嘗學斷斯獄矣. 臣弒君, 凡在官者, 殺無赦. 子弒父, 凡在宮者, 殺無赦. 殺其人, 壞其室, 洿其宮而豬焉." 蓋君踰月而後舉爵.

4) 『예기』「단궁하(檀弓下)」: 復, 盡愛之道也, 有禱祠之心焉. 望反諸幽, 求諸鬼神之道也. 北面, 求諸幽之義也.

「단궁상」 29장

魯婦人之髽而弔也, ①自敗於臺鮐始也.

번역 노나라의 부인들이 상을 치를 때 하는 머리모양인 좌(髽)를 틀고 조문을 한 것은 대태(臺鮐)의 전투에서 패배했던 일로부터 시작되었다.

① 自敗於臺鮐.

補註 鄭註: 臺, 當爲壺字之誤也. 春秋傳作狐鮐.

번역 정현의 주에서 말하길, '대(臺)'자는 '호(壺)'자의 오자가 된다. 『춘추 전』에서는 '호태(狐鮐)'로 기록하였다.

補註 ○續通解曰: 案襄公四年, "臧紇救鄪侵邾, 敗於狐鮐. 國人逆喪者 皆髽, 魯於是乎始髽." 註, "髽, 麻髮合結也. 遭喪者多, 故不能備凶服, 髽而已." 疏曰: "髽之形制, 禮無明文. 鄭衆以爲枲麻與髮相半結之. 馬 融以爲屈布爲之高四寸著於額上. 鄭玄以爲去纚而紒. 案檀弓稱南宮縚 之妻, 孔子之兄女也. 縚母喪, 孔子誨之髽曰: '爾無從從爾, 爾無扈扈 爾.' 鄭玄云: '從從, 謂太高. 扈扈, 謂太廣.' 若布高四寸則有定制, 何當 慮其從從扈扈而誨之哉? 如鄭玄云: '去纚而空露其紒', 則髮上本無服 矣. 喪服女子子在室, 爲父髽衰三年. 空露紒髮, 安得與衰共文而謂之髽 衰也? 魯人逆喪皆髽, 豈直露紒逆喪哉? 凶服以麻表. 髽字從髟, 是髮之 服也. 杜以鄭衆爲長, 故用其說. 言麻髮合結, 亦當麻髮半也. 於是魯師 大敗, 遭喪者多, 婦人迎子迎夫, 不能備其凶服, 唯髽而已. 同路迎喪, 以髽相弔. 傳言魯於是始髽者, 自此以後, 遂以髽爲弔服. 雖有吉者, 亦 髽而弔人也."

번역 ○『속통해』에서 말하길, 양공 4년 기록을 살펴보면, "장흘(臧紇)이 증 나라를 구원하려고 해서 주나라를 공격했지만 호태(狐鮐) 땅에서 패배하였다. 나라사람들 중 전사자를 맞이하는 자들은 모두 좌(髽)를 틀었으니, 노나라는 이 시기로부터 좌(髽)를 하는 방식이 시작되었다.”[1]라고 했다. 주에서는 “좌(髽)는 마를 이용해서 머리카락을 합쳐 묶는 것이다. 상을 당한 자가 많았기 때문에 상복을 제대로 갖출 수가 없어서 좌(髽)만 했을 따름이다.”라고 했다. 소에서는 “좌(髽)의 형태와 제도에 대해서는 『예』에 관련 기록이 남아있지 않다. 정중은 시마(枲麻)와 머리카락을 반반씩 섞어서 결속하는 것이라 했다. 마융[2]은 포(布)를 접어서 두건을 만드는데 4촌의 높이로 만든 뒤에 이마에 두르는 것이라고 했다. 정현은 머리싸개를 제거하고 상투를 트는 것이라고 했다. 「단궁(檀弓)」편을 살펴보면 남궁도(南宮縚)의 처에 대해 공자 형의 딸이라고 했다. 남궁도 모친의 상에서 공자는 그녀에게 좌(髽)에 대해 가르치며 ‘너는 좌(髽)를 틀 때, 너무 높게 틀지 말고, 너무 넓게 틀지도 말아야 한다.’[3]라고 했고, 정현은 ‘종종(從從)은 너무 높다는 뜻이다. 호호(扈扈)는 너무 넓다는 뜻이다.’라고 했다. 만약 포(布)로 만든 두건이 4촌의 높이라면 이미 정해진 제도가 있는 것인데, 어떻게 너무 높거나 넓게 할 것을 염려하여 가르쳐야만 했겠는가? 만약 정현이 ‘머리싸개를 제거하고 상투를 틀어 그것을 노출시킨다.’라고 한 말과 같았다면, 머리카락 위에는 본래 복식이 없는 것이다. 그런데 『의례』「상복(喪服)」편에서는 딸 중 아직 시집을 가지 않은 여자는 돌아가신 부친을 위해 좌최(髽衰)를 하고 삼년 동안 복상한다고 했다. 상투를 튼 머리카락을 노출시킨다면 어떻게 상복[衰]을 뜻

---

1) 『춘추좌씨전』「양공(襄公) 4년」: 冬十月, 邾人・莒人伐鄫, <u>臧紇救鄫, 侵邾, 敗於狐駘. 國人逆喪者皆髽, 魯於是乎始髽.</u> 國人誦之曰, “臧之狐裘, 敗我於狐駘. 我君小子, 朱儒是使. 朱儒朱儒, 使我敗於邾.”

2) 마융(馬融, A.D.79~A.D.166) : =마계장(馬季長). 후한대(後漢代)의 경학자(經學者)이다. 자(字)는 계장(季長)이며, 마속(馬續)의 동생이다. 고문경학(古文經學)을 연구하였으며, 『주역(周易)』, 『상서(尙書)』, 『모시(毛詩)』, 『논어(論語)』, 『효경(孝經)』 등을 두루 주석하고, 『노자(老子)』, 『회남자(淮南子)』 등도 주석하였지만 현재 전해지지 않는다.

3) 『예기』「단궁상(檀弓上)」: 南宮縚之妻之姑之喪, 夫子誨之髽, 曰: “<u>爾毋從從爾!</u> <u>爾毋扈扈爾!</u> 蓋榛以爲笄, 長尺而總八寸.”

하는 말과 함께 기록하여 좌최(髽衰)라 할 수 있겠는가? 노나라 사람들이 전사자를 맞이하며 모두 좌(髽)를 했다고 하는데, 어찌 상투만 노출시키고 전사자를 맞이했겠는가? 흉복은 마(麻)로 만들어서 그 슬픔을 표시하는 것이다. '좌(髽)'자는 표(髟)자를 구성요소로 하고 있으니, 이것은 머리카락에 대한 복식에 해당한다. 두예는 정중의 주장이 뛰어나다고 여겼기 때문에 그의 설명에 따른 것이다. 마를 이용해서 머리카락을 합쳐 묶는다고 했는데, 이것은 또한 마와 머리카락이 반반씩 섞인다는 뜻이다. 이 시기에 노나라 군대는 크게 패배하여 상을 당한 자가 많았는데, 부인들이 죽은 자식이나 남편의 시신을 맞이하며 제대로 상복을 갖출 수 없어서 오직 좌(髽)만 했을 따름이다. 같은 길에서 전사자를 맞이하여 좌(髽)를 하고서 서로 조문을 했다. 전문에서 노나라는 이 시기로부터 좌(髽)를 하는 방식이 시작되었다고 했는데, 이 시점 이후에는 결국 좌(髽)를 조문의 복식으로 여기게 되었던 것이다. 따라서 비록 길한 일이 있더라도 또한 좌(髽)를 하고서 상대를 조문했다."라고 했다.

참고-集說

①古時以纚韜髮, 凶則去纚而露其髻, 故謂之髽. 狐鮐之戰, 在魯襄公四年, 蓋爲邾人所敗也. 髽不以弔, 時家家有喪, 故髻而相弔也.

번역 길(吉)한 때에는 리(纚)를 이용해서 머리카락을 감싸서 숨겼고, 흉(凶)한 때에는 리(纚)를 제거하고, 머리카락을 노출시켰다. 그렇기 때문에 이러한 머리모양을 '좌(髽)'라고 부른 것이다. 호태(狐鮐) 땅에서의 전쟁은 노나라 양공(襄公) 4년에 일어났는데, 주(邾)나라에 의해 패배를 당하였다. 좌(髽)를 하고는 조문을 하지 않는데, 당시 집집마다 상이 발생했기 때문에 좌(髽)를 하고서 서로 조문을 했던 것이다.

① 吉時[止]謂之纚.

補註 按: 纚制, 已見曲禮下補註.
번역 살펴보니, 리(纚)에 대한 제도는 이미 『예기』「곡례하(曲禮下)」편의 보주에서 설명했다.

補註 ○又按: 此註纚訓, 勉齋已言不可從.
번역 ○또 살펴보니, 이곳 주석에서 설명한 좌(纚)에 대한 풀이에 대해 황간은 이미 따를 수 없다고 말했다.

「단궁상」 30장

참고—經文

①南宮縚之妻之姑之喪, 夫子誨之髽, 曰: "爾毋從從爾! 爾毋
扈扈爾! 蓋榛以爲笄, 長尺而總八寸."

번역 남궁도(南宮縚)의 아내는 공자의 조카가 되는데, 그녀의 시어머니가 죽자, 공
자는 그녀에게 좌(髽)를 트는 방법에 대해서 가르쳐주며, "너는 좌(髽)를 틀 때,
너무 높게 틀지 말고, 너무 넓게 틀지도 말아야 한다! 무릇 기년복(期年服)을 착용
할 때에는 개암나무로 만든 비녀를 꼽게 되니, 그 길이는 1척(尺)으로 만들고, 머리
를 묶고 난 뒤, 남은 머리를 늘어트릴 때에는 그 길이가 8촌(寸)이 되어야 한다."라
고 했다.

① 南宮縚.

補註 鄭註: 孟僖子之子, 南宮閱也.
번역 정현의 주에서 말하길, 맹희자(孟僖子)의 아들인 남궁열(南宮閱)이다.

補註 ○按: 閱左傳作說, 論語南容註, 居南宮, 名縚, 又名适, 字子容.
번역 ○살펴보니, '열(閱)'자를 『좌전』에서는 열(說)자로 기록했고,[1] 『논어』
의 남용(南容)에 대한 주에서는 남쪽 궁에 거주하였고 이름은 도(縚)이며
또한 괄(适)이라고도 불렀고 자는 자용(子容)이라고 했다.

---

1) 『춘추좌씨전』「소공(昭公) 7년」: 今其將在孔丘乎! 我若獲沒, 必屬說與何忌於夫
子, 使事之, 而學禮焉, 以定其位.

紾妻, 夫子兄女也. 姑死, 夫子教之爲髽. 從從, 高也. 扈扈, 廣
也. 言爾髽不可太高, 不可太廣, 又教以笄總之法. 笄卽簪也.
吉笄尺二寸, 喪笄一尺. 斬衰之笄用箭竹, 竹之小者也. ①婦爲
舅姑皆齊衰不杖期, 當用榛木爲笄也. 束髮謂之總, 以布爲之,
旣束其本末而總之, 餘者垂於髻後, 其長八寸也.

번역 '도처(紾妻)'는 공자 형의 딸을 뜻한다. 그녀의 시어머니가 죽자, 공자는 그녀에게 교육을 하여, 좌(髽)의 머리모양을 하도록 했던 것이다. '종종(從從)'은 높다는 뜻이다. '호호(扈扈)'는 넓다는 뜻이다. 즉 이 말은 너의 좌(髽)하는 머리모양을 너무 높게 해서는 안 되고, 너무 넓게 해서도 안 된다고 말한 것이며, 또한 비녀를 꼽고 머리를 묶는 법도를 가르친 것이다. '계(笄)'는 비녀[簪]를 뜻한다. 길(吉)한 때 꼽게 되는 비녀는 그 길이가 1척(尺) 2촌(寸)이고, 상(喪)을 당했을 때 꼽는 비녀는 그 길이가 1척(尺)이다. 참최복(斬衰服)에 꼽게 되는 비녀는 전죽(箭竹)을 사용해서 만드니, '전죽(箭竹)'이라는 것은 대나무 중에서도 그 크기가 작은 것을 뜻한다. 부인은 시부모를 위해서 모두 자최복(齊衰服)을 착용하며 지팡이는 잡지 않고 기년상(期年喪)을 치르니 마땅히 개암나무[榛]를 이용해서 비녀를 만들어야 한다. 머리카락을 묶는 것을 '총(總)'이라고 부르고, 포(布)를 이용해서 만드는데, 이러한 도구와 방식을 통해서, 이미 머리카락의 처음과 끝을 묶어서 감싸게 되며, 묶을 수 없는 나머지 머리카락들은 상투를 튼 곳 뒤로 내려트리게 되니, 그 길이는 8촌(寸)이 된다.

① 婦爲舅姑[止]不杖朞.

補註 按: 此儀禮正服. 至宋太祖時, 僕射魏仁浦始奏令爲舅姑三年.

번역 살펴보니, 이것은 『의례』의 기록에 따른 정규 복장에 해당한다. 송나라 태조 때에 이르게 되면 복야 위인포가 처음으로 시부모를 위해 삼년상을 치르자고 상소를 올렸다.

「단궁상」 31장

참고─經文

孟獻子禪, ①縣而不樂, 比御而不入. 夫子曰: "獻子加於人一
等矣."

번역 맹헌자(孟獻子)는 부모의 상을 치르면서, 담제(禪祭)[1]를 지냄에, 악기를 걸
어두기만 하고 연주를 하지 않았으며, 상의 기간이 끝나서, 그의 부인이 시중을 드
는 때가 되었는데도, 침소로 들어가지 않았다. 공자는 이러한 일들을 보고서, "맹헌
자는 남보다 한 등급 더 뛰어나구나."라고 칭찬했다.

① 縣而不樂.

補註 疏曰: 禮, 禪祭暫縣省樂而不恒作. 至二十八月, 乃作樂. 禪後吉祭,
乃復寢. 當時人禪後, 則恒作樂, 未及吉祭而復寢. 今獻子既禪, 暫縣省
樂而不恒作, 可以御婦人而不入寢, 雖禮是常, 而特異餘人, 故夫子善之.
번역 소에서 말하길, 예법에 따르면 담제(禪祭) 때에는 잠시 악기를 걸어두
고서 악기들의 소리 상태를 살펴보게 되지만, 항상 연주를 하는 것은 아니
다. 28개월째가 되어서야 처음으로 악기를 연주할 수 있다. 담제를 지낸 이
후 흉제(凶祭)가 길제(吉祭)로 변하게 되면, 자신의 침소로 돌아가게 된다.
그런데 당시 사람들은 담제를 지낸 이후 항상 악기를 연주하였고, 아직 길제
의 시기가 되지도 않았는데 자신의 침소로 되돌아갔다. 현재 맹헌자는 담제
를 끝냈음에도 잠시 악기를 걸어두고 그 상태를 살피기만 했고 항상 연주하
지는 않았으며, 부인에게 시중을 들도록 해도 되는데 침소로 들어가지 않았
으니, 비록 예법에 대해서 일상적인 규범을 따른 것이지만, 다른 사람들보다
남달랐기 때문에 공자가 그를 칭찬한 것이다.

---

1) 담제(禪祭)는 상복(喪服)을 벗을 때 지내는 제사이다.

孟獻子, 魯大夫仲孫蔑也. 禪, 祭名. 禪者, 澹澹然平安之意. 大
祥後間一月而禪, 故云①<u>中月而禪</u>. 或云祥月之中者非. 小記
云, "中一以上而祔", 亦謂間一世也. 禮, 大夫②<u>判縣</u>, 縣而不樂
者, 但縣之而不作也. 比御而不入者, 雖比次婦人之當御者, 而
猶不復寢也. 一說, 比, 及也. ③<u>親喪外除</u>, 故夫子美之.

번역 '맹헌자(孟獻子)'는 노나라 대부 중손멸(仲孫蔑)이다. '담(禪)'은 제사 명칭
이다. '담(禪)'이라는 것은 담담하고 평안하다는 뜻이다. 대상(大祥)을 지낸 이후,
1개월을 건너서 담제를 지낸다. 그렇기 때문에 "1개월이 지나고 나서 담제를 지낸
다."2)라고 한 것이다. 혹자는 대상을 지낸 그 달에 지낸다고 했는데, 이것은 잘못된
주장이다. 『예기』「상복소기(喪服小記)」편에서는 "1이상의 사이를 두고 부(祔)를
한다."3)라고 하였는데, 이 문장에서의 '중(中)'자 또한 한 세대를 건넌다는 뜻이다.
예법에 따르면, 대부는 판현(判縣)4)으로 한다고 했는데,5) '현이불악(縣而不樂)'이

---

2) 『의례』「사우례(士虞禮)」: 朞而小祥, 曰, "薦此常事." 又朞而大祥, 曰, "薦此祥
事." <u>中月而禪</u>. 是月也吉祭, 猶未配.

3) 『예기』「상복소기(喪服小記)」: 士大夫不得祔於諸侯, 祔於諸祖父之爲士大夫者,
其妻祔於諸祖姑, 妾祔於妾祖姑, 亡則<u>中一以上而祔</u>, 祔必以其昭穆.

4) 판현(判縣)은 악기를 설치할 때 두 쪽 방면에 설치한다는 뜻이다. 매달아두는 악기
인 종(鍾)이나 경(磬) 등을 중심으로 언급하였기 때문에 '현(縣)'자를 붙인 것이다.
경(卿)과 대부(大夫)들이 따랐던 형식이다. 참고적으로 천자가 악기를 설치하는 방
식은 궁현(宮縣)이라고 하며, 4면에 악기들을 설치하는 것이고, 제후가 악기를 설치
하는 방식은 헌현(軒縣)이라고 하며, 3면에 악기들을 설치하는 것이고, 경이나 대부
가 악기를 설치하는 방식은 '판현'이라고 하며, 2면에 악기들을 설치하는 것이고,
대부(大夫) 또는 사(士)가 악기를 설치하는 방식을 '특현(特縣)'이라고 부른다. 대부
가 경과 마찬가지로 '판현'을 설치한다는 주장에서는 '사' 계급이 '특현을 설치한다고
주장하며, 대부가 '특현'을 설치한다는 주장에서는 '사' 계급은 단지 금슬(琴瑟)만 설치
한다고 주장한다. 『주례』「춘관(春官)·소서(小胥)」편에는 "正樂縣之位, 王, 宮縣, 諸
侯, 軒縣, 卿大夫, 判縣, 士, 特縣."이라는 기록이 있고, 이에 대한 정현의 주에서는
정사농(鄭司農)의 주장을 인용하여, "宮縣, 四面縣, 軒縣, 去其一面, 判縣, 又去其
一面, 特縣, 又去其一面."이라고 풀이했다. 한편 가의(賈誼)의 『신서(新書)』「심미
(審微)」편에는 "禮, 天子之樂宮縣, 諸侯之樂軒縣, 大夫特縣, 士有琴瑟."이라는

라는 말은 단지 악기를 걸어두기만 하고 연주를 하지 않았다는 뜻이다. '비어이불입(比御而不入)'이라는 말은 비록 부인이 마땅히 시중을 들어야 하는 때가 되었는데도, 여전히 평소처럼 침(寢)으로 들어가지 않았다는 뜻이다. 일설에는 '비(比)'자는 "~에 이르다[及]."는 뜻으로, 부모의 상에서는 상의 기간이 끝나더라도, 슬픔이 지속되었기 때문에, 공자가 그를 칭찬했던 것이다.

① 中月而禫.

補註 疏曰: 祥禫之月, 先儒不同, 王肅以二十五月大祥, 其月爲禫, 二十六月作樂. 所以然者, 以下云祥而縞, 是月禫, 徙月樂, 又與上文魯人朝祥而莫歌, 孔子云: "踰月則其善", 是皆祥之後月作樂也. 間傳云: "三年之喪, 二十五月而畢", 士虞禮中月而禫, 是祥月之中也, 與尙書文王中身, 謂身之中間同. 又文公二年冬, 公子遂如齊納幣, 是僖公之喪, 至此二十六月. 左氏云: "納幣, 禮也." 鄭康成則二十五月大祥, 二十七月而禫, 二十八月而作樂. 鄭必以爲二十七月禫者, 以雜記云: "父在, 爲母爲妻十三月大祥, 十五月禫." 爲母爲妻尙祥·禫異月, 豈容三年之喪乃祥·禫同月乎? 若以父在爲母, 屈而不伸, 故延禫月, 其爲妻當亦不伸祥禫異月乎? 若以中月爲月之中間, 應云月中而禫, 何以言中月乎? 喪服小記"妾祔於妾祖姑, 亡則中一以上而祔", 又學記云: "中年考校", 皆以中爲間, 故以中月爲間隔一月也. 下云: "祥而縞, 是月禫, 徙月樂", 祥而縞, 謂大祥者縞冠, 是月禫, 謂是禫月而禫. 二者各自爲義, 事不相干. 故論語云: "子於是日哭, 則不歌", 文無所繼, 亦云是日. 公子遂如齊納幣者, 鄭箋膏肓僖公母成風主昏, 得權時之禮, 若公羊猶譏其喪娶. 其魯人朝祥莫歌, 及喪服四制祥之日, 鼓素琴, 及夫子五日彈琴不成聲, 十日成笙歌, 幷此獻子禫縣之屬, 皆據省樂忘哀, 非正樂也. 其八音之樂, 工人所奏, 必待二十八月也, 是月禫, 徙月樂, 是也. 其三年問云: "三年之

기록이 있다.

5) 『주례』「춘관(春官)·소서(小胥)」: 正樂縣之位, 王宮縣, 諸侯軒縣, 卿大夫判縣, 士特縣, 辨其聲.

喪, 二十五月而畢", 據喪事終, 除衰去杖, 其餘哀未盡, 故更延兩月, 非喪之正也. 王肅難鄭云: "若以二十七月禫, 歲末遭喪, 則出入四年, 喪服小記何以云再朞之喪三年?" 如王肅此難, 則爲母十五月而禫, 出入三年, 小記何以云期之喪二年? 明小記所云, 據人斷也. 又案曲禮喪事先遠日, 則大祥當在下旬, 禫祭又在祥後, 何得云中月而禫? 又禫後何以容吉祭? 故鄭云二十七月也. 戴德喪服變除禮二十五月大祥, 二十七月而禫, 鄭依而用焉.

번역 소에서 말하길, 대상(大祥)을 치르는 달과 담제(禫祭)를 치르는 달에 대해서 선대 학자들은 의견이 달랐는데, 왕숙은 25개월째에 대상을 치르고 그 달에 담제사를 지내며, 26개월째에 음악을 연주한다고 했다. 이처럼 하게 되는 이유는 아래문장에서 "대상을 지내고서 호관(縞冠)6)을 착용하고, 그 달에 담제를 지내며, 한 달을 넘겨서 음악을 연주한다."7)라고 했고, 또 앞의 문장에서 노나라 사람들 중에 아침에 대상을 지냈는데 저녁에 노래를 불렀다고 한 것에 대해서, 공자는 "그 달을 넘겨서 하면, 좋은 것이다."라고 했으니,8) 이러한 기록들에서는 모두 대상을 지낸 다음 달에 음악을 연주한다고 했기 때문이다. 또 『예기』「간전(間傳)」편에서는 "삼년상에서는 25개월이 지나게 되면 끝난다."9)라고 했고, 『의례』「사우례(士虞禮)」편에서는 "중월(中月)에 담제사를 지낸다."10)라고 했는데, 여기에서 말한 '중월(中月)'은 대

---

6) 호관(縞冠)은 백색의 명주로 만든 관(冠)이다. 상제(祥祭)나 흉사(凶事) 때 착용했다.

7) 『예기』「단궁상(檀弓上)」: 祥而縞, 是月禫, 徙月樂.

8) 『예기』「단궁상(檀弓上)」: <u>魯人有朝祥而莫歌者</u>, 子路笑之. 夫子曰: "由! 爾責於人, 終無已夫! 三年之喪, 亦已久矣夫!" 子路出, 夫子曰: "又多乎哉! <u>踰月則其善也.</u>"

9) 이 문장은 『예기』「삼년문(三年問)」편에 나온다. 『예기』「삼년문(三年問)」: 三年之喪何也? …… <u>三年之喪, 二十五月而畢</u>, 哀痛未盡, 思慕未忘, 然而服以是斷之者, 豈不送死有已, 復生有節也哉!

10) 『의례』「사우례(士虞禮)」: 朞而小祥, 曰, "薦此常事." 又朞而大祥, 曰, "薦此祥事." <u>中月而禫</u>. 是月也吉祭, 猶未配.

상을 지낸 그 달을 뜻하므로, 『상서』에서 "문왕은 제 자신이 천명(天命)을 받았다."[11]라고 했을 때, 이 문장에 나온 '제 자신[身之中]'이라고 할 때의 '중(中)'자의 뜻과 '중월(中月)'의 '중(中)'자는 같은 뜻이다. 또 문공 2년 겨울에는 "공자(公子)가 마침내 제나라로 가서 납폐(納幣)[12]를 하였다."[13]라고 했는데, 이 기록은 희공(僖公)에 대한 상이 이 시기가 되면 26개월째가 됨을 나타낸다. 『좌전』에서는 "납폐를 하는 것은 예법에 맞는 일이다."[14]라고 했다. 정현의 경우에는 25개월째에 대상을 치르고, 27개월째에 담제를 지내며, 28개월째가 되어서야 음악을 연주한다고 했다. 정현이 이처럼 27개월째에 담제를 지낸다고 확신했던 이유는 『예기』「잡기(雜記)」편에서 "부친이 생존해 계신다면, 죽은 모친과 처를 위해서는 13개월째에 대상을 치르고, 15개월째에 담제사를 지낸다."[15]고 했기 때문이다. 따라서 모친과 처를 위해서도 오히려 대상과 담제를 다른 달에 지내는데, 어찌 삼년상을 치르면서 대상과 담제를 같은 달에 지낼 수가 있겠는가? 만약 부친이 생존해 계신 상태에서 돌아가신 모친에 대한 상례를 치르게 되면 굽혀서 펼치지 못하는 점이 있기 때문에, 담제를 지내는 달을 늘리게 된다면, 죽은 처에 대해서도 마땅히 펼치지 못하는 점으로 인해 대상과 담제를 다른 달에 지낸단 말인가? 만약 '중월(中月)'을 '그 달의 중간[月之中間]'이라는 뜻으로 여기게 된다면, 마땅히 '월중이담(月中而禫)'이라고 기록해야 하는데, 어째서 '중월(中月)'이라고 기록했단 말인가? 『예기』「상복소기(喪服小記)」편에서는 "첩은 조부들의 첩이었던 자들에게 부(祔)제사를 지내고, 조부들의 첩이 없다면, 중일(中一)하여 위로 올려서 부제를 지낸다."[16]라고 했고, 또 『예기』「학기(學記)」편에

---

11) 『서』「주서(周書)·무일(無逸)」: 文王不敢盤于遊田, 以庶邦惟正之供, <u>文王受命惟中身</u>, 厥享國五十年.

12) 납징(納徵)은 납폐(納幣)라고도 부른다. 혼인과 관련된 육례(六禮) 중 하나이다. 혼인 약속을 증명하기 위해, 여자 집안에 폐백을 보내는 일을 뜻한다.

13) 『춘추』「문공(文公) 2년」: 公子遂如齊納幣.

14) 『춘추좌씨전』「문공(文公) 2년」: <u>襄仲如齊納幣, 禮也</u>. 凡君卽位, 好舅甥, 修婚姻, 娶元妃以奉粢盛, 孝也. 孝, 禮之始也.

15) 『예기』「잡기하(雜記下)」: 期之喪十一月而練, 十三月而祥, 十五月而禫. 練則弔.

서는 "중년(中年)하여 시험을 해본다."[17]라고 했는데, 이때의 '중(中)'자는 간(間)자의 뜻이다. 그렇기 때문에 '중월(中月)'을 곧 한 달을 건너뛴다는 뜻으로 여긴 것이다. 아래문장에서는 "대상을 지내고서 호관(縞冠)을 착용하고, 그 달에 담제를 지내며, 한 달을 넘겨서 음악을 연주한다."라고 했다. '상이호(祥而縞)'라는 말은 대상을 치른 자는 호관을 착용한다는 뜻이며, '시월담(是月禫)'이라는 말은 담제를 지내는 달이 되어 담제를 지낸다는 뜻이다. 이 두 가지 사안은 각각 그것 자체로 의미를 가지므로, 그 사안이 서로 간여되지 않는다. 그래서 『논어』에서는 "공자는 그 날에 곡을 했다면, 노래를 부르지 않았다."라고 했는데, 문맥에 연결된 것이 없고, 또 '그 날[是日]'이라고만 기록하였다. 공자(公子)가 마침내 제나라에 가서 납폐를 하였다고 한 것에 대해, 정현은 『잠고황(箴膏肓)』에서, 희공(僖公)의 모친 성풍(成風)이 혼사를 주관한 것은 당시의 사정에 따라 권도(權道)를 발휘한 것이 예법에 맞았던 것인데, 『공양전』과 같은 경우 오히려 상 기간 안에 부인을 들인 일에 대해 희롱하였다[18]고 했다. 그리고 노나라 사람 중에 아침에 대상을 치르고, 저녁에 노래를 부른 자가 있었다는 말과 『예기』「상복사제(喪服四制)」편에서 대상을 지낸 날에 소금(素琴)을 연주한다고 한 말[19]과 공자가 대상을 지내고 5일이 지난 뒤에 금(琴)을 탔는데, 소리가 제대로 나지 않았고, 10일이 지난 뒤에 생(笙)을 연주하고 노래를 불렀다고 한 말[20]과 이곳에서

---

16) 『예기』「상복소기(喪服小記)」: 士大夫不得祔於諸侯, 祔於諸祖父之爲士大夫者, 其妻祔於諸祖姑, 妾祔於妾祖姑, 亡則中一以上而祔, 祔必以其昭穆.

17) 『예기』「학기(學記)」: 古之敎者, 家有塾, 黨有庠, 術有序, 國有學. 比年入學, 中年考校, 一年視離經辨志, 三年視敬業樂群, 五年視博習親師, 七年視論學取友, 謂之小成.

18) 『춘추공양전』「문공(文公) 2년」: 公子遂如齊納幣, 納幣不書, 此何以書, 譏, 何譏爾, 譏喪娶也, 娶在三年之外, 則何譏乎喪娶. 三年之內不圖婚.

19) 『예기』「상복사제(喪服四制)」: 三日而食, 三月而沐, 期而練, 毁不滅性, 不以死傷生也. 喪不過三年, 苴衰不補, 墳墓不培. 祥之日鼓素琴, 告民有終也, 以節制者也.

20) 『예기』「단궁상(檀弓上)」: 孔子旣祥, 五日彈琴而不成聲, 十日而成笙歌. 有子蓋旣祥而絲屨組纓.

맹헌자가 담제를 지내고 나서 악기를 걸어두었다고 한 말들은 모두 악기들을 살피고 슬픔을 잊게 되는 것에 기준을 둔 말들이지 정식으로 음악을 연주한다는 것을 가리키는 말이 아니다. 팔음(八音)[21]을 사용하는 음악은 악공(樂工)들이 연주하는 것이니, 반드시 28개월째까지 기다려야만 한다. 이것은 곧 아래문장에서 담제를 지내는 달에 담제를 지내고, 한 달을 건너서 음악을 연주한다고 한 말에 해당한다. 그리고 『예기』 「삼년문(三年間)」편에서는 "삼년상을 치를 때에는 25개월이 지나면 끝나게 된다."라고 하였는데, 이것은 상사의 일이 끝나는 시기를 기준으로 한 것이니, 이 시기가 되면 상복을 벗고 지팡이를 치우게 되지만, 마음에 남아있는 애달픈 감정은 여전히 소진되지 않은 상태이다. 그렇기 때문에 다시금 두 달을 연장한 것이다. 그러나 이 기간은 상사를 치르는 정식 기간이 아니다. 왕숙은 정현의 주장을 비판하며, "만약 27개월째에 담제를 지내게 되면, 그 해의 끝에 상을 당한 자는 4년이라는 기간을 보내게 되는데, 『예기』 「상복소기(喪服小記)」편에서, 어떻게 '재기(再期)의 상(喪)은 3년이다.'[22]라고 말할 수 있는가?"라고 했다. 왕숙의 비판대로라면, 모친을 위해서는 15개월이 지나게 되면 담제를 지내

---

21) 팔음(八音)은 여덟 가지의 악기들을 뜻한다. 여덟 종류의 악기에는 8종류의 서로 다른 재질이 사용되기 때문에, 붙여진 이름이다. 여기에서 여덟 가지 재질이란 통상적으로 쇠[金], 돌[石], 실[絲], 대나무[竹], 박[匏], 흙[土], 가죽[革], 나무[木]를 가리킨다. 『서』 「우서(虞書)・순전(舜典)」편에는 "三載, 四海遏密八音."이란 기록이 있는데, 이에 대한 공안국(孔安國)의 전(傳)에서는 "八音, 金石絲竹匏土革木."이라고 풀이하였다. 또한 여덟 가지 재질에 따른 악기에 대해서 설명하자면, 금(金)에는 종(鐘)과 박(鎛)이 있고, 석(石)에는 경(磬)이 있으며, 토(土)에는 훈(塤)이 있고, 혁(革)에는 고(鼓)와 도(鼗)가 있으며, 사(絲)에는 금(琴)과 슬(瑟)이 있고, 목(木)에는 축(柷)과 어(敔)가 있으며, 포(匏)에는 생(笙)이 있고, 죽(竹)에는 관(管)과 소(簫)가 있다. 『주례』 「춘관(春官)・대사(大師)」편에는 "皆播之以八音, 金石土革絲木匏竹."이라는 기록이 있는데, 이에 대한 정현의 주에서는 "金, 鐘鎛也. 石, 磬也. 土, 塤也. 革, 鼓鼗也. 絲, 琴瑟也. 木, 柷敔也. 匏, 笙也. 竹, 管簫也."라고 풀이하였다.

22) 『예기』 「상복소기(喪服小記)」 : 再期之喪, 三年也. 期之喪, 二年也. 九月七月之喪, 三時也. 五月之喪, 二時也. 三月之喪, 一時也. 故期而祭, 禮也. 期而除喪, 道也. 祭不爲除喪也.

게 되어, 3년이라는 기간이 되는데, 「상복소기」편에서 어떻게 "'기(期)'의 상(喪)은 2년이다."라고 말할 수 있는가? 따라서 이 말은 「상복소기」편에서 언급한 내용들이 상사의 일이 대체적으로 끝나는 때에 기준을 두고 있음을 나타낸다. 또 『예기』「곡례(曲禮)」편을 살펴보면, 상사에서는 먼 날에 대해서 먼저 점을 친다고 했으니,[23] 대상의 경우에는 마땅히 그 달의 하순경에 치르게 되고, 담제는 또한 대상 뒤에 놓이게 되는데, 어떻게 "그 달에 담제를 지낸다."라고 말할 수 있겠는가? 또 담제를 지낸 이후에 어떻게 길제(吉祭)로 대체할 수 있는가? 그렇기 때문에 정현은 27개월째라고 말한 것이다. 대덕의 『상복변제례』에서는 25개월째에 대상을 치르고, 27개월째에 담제를 지낸다고 했다. 그러므로 정현 또한 이러한 기록들에 의거해서 이 주장에 따랐던 것이다.

補註 ○語類曰: 二十五月祥後便禫, 看來當如王肅之說, 於是月禫徙月樂之說爲順. 而今從鄭氏說, 雖是禮疑從厚, 然未爲當.

번역 ○『어류』에서 말하길, 25개월이 되어 대상(大祥)을 치르고 그 뒤에 다시 담제(禫祭)를 지내는데, 살펴보니 왕숙의 주장에 따라야만 "그 달에 담제를 지내며 한 달을 넘겨서 음악을 연주한다."고 한 설명과 맞게 된다. 그런데 오늘날에는 정현의 주장에 따르고 있으니, 비록 예법상 두터운 정감에 따르는 의견이지만 타당하지는 않은 것 같다.

補註 ○續通解喪服圖式註: 問"中月而禫", 先師朱文公曰, "中月而禫, 猶曰中一以上而祔", 卽鄭註爲是, 故杜佑亦從此說. 但檀弓曰"是月禫徙月樂"之說不同耳. 今旣定以二十七月, 卽此等不須瑣細尋討枉費工夫, 但於其間自致其哀足矣.

번역 ○『속통해』「상복도식」의 주에서 말하길, '중월이담(中月而禫)'에 대해서 묻자 선사인 주문공은 "중월이담(中月而禫)은 1이상의 사이를 두고 부제

---

23) 『예기』「곡례상(曲禮上)」: 凡卜筮日, 旬之外曰遠某日, 旬之內曰近某日. <u>喪事先遠日</u>, 吉事先近日.

를 치른다고 한 말과 같다."라고 했으니, 정현의 주를 옳게 여긴 것이다. 그렇기 때문에 두우 또한 이러한 주장에 따랐다. 다만 『예기』「단궁(檀弓)」편에서 "그 달에 담제를 지내면, 그 달을 넘겨서는 음악을 연주한다."고 한 기록에 대한 설명은 차이를 보일 따름이다. 현재 이미 27개월로 확정을 했으니, 이러한 논의들을 자세히 따져 노력을 허비할 필요는 없고, 단지 그 기간 내에 스스로 애통한 마음을 충분히 나타낼 수 있도록 지극히 할 따름이다.

補註 ○按: 鄭說皆明確. 朱子之論有前後之不同, 而今當從續通解註.

번역 ○살펴보니, 정현의 설명은 모두 명확하다. 주자의 논의에 있어서는 앞서 했던 해설과 뒤에 했던 해설에 차이를 보이는데, 현재는 『속통해』의 주에 따른다.

② **判縣**.

補註 周禮・春官・小胥: "正樂縣之位, 王宮縣, 諸侯軒縣, 大夫判縣, 士特縣." 註曰: "樂縣, 謂鍾磬之屬, 縣於筍虡者. 鄭司農云: '宮縣, 四面, 軒縣, 去其一面, 判縣, 又去其一面, 特縣, 又去其一面. 宮縣, 象宮室四面有墻, 軒縣三面, 其形曲, 故春秋傳曰請曲縣繁纓以朝', [疏曰: 形如車輿, 是曲也.] 玄謂軒縣去南面, 辟王也. 判縣左右之合, 又空北面. 特縣縣於東方, 或於階間而已."

번역 『주례』「춘관(春官)・소서(小胥)」편에서 말하길, "매다는 악기들의 위치를 바르게 하니, 천자는 궁현(宮懸)으로 하고, 제후는 헌현(軒懸)으로 하며, 대부는 판현(判懸)으로 하고, 사는 특현(特懸)으로 한다."[24]라고 했다. 주에서 말하길, "악현(樂懸)은 종이나 경 등을 뜻하는 것으로, 매다는 틀인 순거(筍虡)에 걸어두는 것들을 의미한다. 정사농은 '궁현(宮懸)은 네 방면에 걸어두는 것이며, 헌현(軒懸)은 그 중 한 방면을 제거하는 것이고, 판현(判

---

24) 『주례』「춘관(春官)・소서(小胥)」: <u>正樂縣之位, 王宮縣, 諸侯軒縣, 卿大夫判縣, 士特縣</u>, 辨其聲.

縣)은 또 한 방면을 제거하는 것이며, 특현(特縣)은 또 한 방면을 제거하는 것이다. 궁현은 궁실의 네 방면에 담장이 있는 것을 상징하며, 헌현은 세 방면에 걸게 되는데, 그 형태가 굽어 있기 때문에『춘추전』에서는 곡현(曲縣)과 반영(繁纓)으로 조회하길 청한다고 했다.'25)라고 했다. [소에서 말하길, 형태가 수레의 상판과 비슷하므로 곡(曲)이라고 한 것이다.] 내가 생각하기에 헌현(軒縣)은 남쪽 방면을 제거하니 천자의 예법을 피하기 위해서이다. 판현(判縣)은 좌우에만 두니 또한 북쪽을 비워두는 것이다. 특현(特縣)은 동쪽에만 걸게 되는데, 혹은 계단 사이에만 건다고도 한다."라고 했다.

③ **親喪外除**.

補註 雜記文.
번역 『예기』「잡기(雜記)」편의 기록이다.26)

---

25)『춘추좌씨전』「성공(成公) 2년」: 旣, 衛人賞之以邑, 辭, 請曲縣·繁纓以朝. 許之.
26)『예기』「잡기하(雜記下)」: 親喪外除, 兄弟之喪內除.

「단궁상」 32장

참고─經文

孔子旣祥, 五日彈琴而不成聲, ①十日而成笙歌. 有子, 蓋旣祥
而絲屨·組纓.

번역 공자는 대상(大祥)을 끝내고, 5일이 지난 후에 금(琴)을 연주했지만, 소리가
제대로 나지 않았고, 10일이 지난 후에 생황을 연주하고 노래를 불렀는데, 그제야
조화를 이루었다. 유약(有若)의 경우에는 대상을 끝내고나서 곧바로 명주의 코 장
식이 있는 신발을 신었고, 오채색의 무늬가 들어간 끈이 달린 관을 썼다고 했다.

① 十日而成笙歌.

補註 鄭註: 踰月且異旬也. 祥亦凶事, 用遠日.

번역 정현의 주에서 말하길, 10일이 지났다는 말은 그 달을 건너뛰고도 또
한 10일을 넘겼다는 뜻이다. 대상(大祥) 또한 엄밀히 따지면 흉사(凶事)에
해당하니, 제사를 지낼 때에는 '제사를 지내는 달의 후반부 날[遠日]'을 이용
한다.

「단궁상」 33장

참고―經文

①死而不弔者三: ②畏·厭·溺.

번역 죽은 자에 대해서 조문을 하지 않는 경우가 세 가지 있다. 첫 번째는 전쟁터에 나아가 겁에 질려 죽은 경우이며, 두 번째는 압사를 당한 경우이고, 세 번째는 익사를 당한 경우이다.

① ○死而不弔者三.

補註 張子曰: 畏厭溺可傷尤甚, 故特致哀, 死者不弔, 生者以異之, 且如何不淑之辭, 無所施焉.

번역 장자가 말하길, 전쟁터에서 겁에 질려 죽은 경우나 압사를 당한 경우나 익사를 당한 경우는 상심이 매우 크기 때문에 단지 애도만 지극히 나타낼 따름이며, 죽은 자에 대해서는 조문을 하지 않으니 조문을 받는 자들이 기이하게 여기기 때문이며, 또한 "어찌하여 이처럼 불행한 일이 발생했습니까."라는 말을 할 수 없기 때문이다.

② 畏.

補註 鄭註: 人或時以非罪攻己, 己不能有以說之而死之者. 孔子畏於匡.

번역 정현의 주에서 말하길, 남들이 간혹 죄가 아닌 것으로 자신을 공격하였는데도, 자신을 죽이려는 자에게 설명을 할 수 없는 경우에 해당한다. 공자는 광(匡) 땅에서 겁박을 당하였다.[1]

補註 ○類編曰: 畏與威同, 謂桎梏死者.

---

1) 『논어』「자한(子罕)」: 子畏於匡, 曰, "文王旣沒, 文不在玆乎? 天之將喪斯文也, 後死者不得與於斯文也, 天之未喪斯文也, 匡人其如予何?"

번역 ○『유편』에서 말하길, 외(畏)자와 위(威)자는 같은 뜻이니, 붙잡혀서 죽은 경우를 뜻한다.

補註 ○白虎通曰: 爲人臣子, 常懷恐懼, 深思遠慮, 志在全身, 今乃畏厭溺死用爲不義, 故不弔也. 畏者, 兵死也. 曾子記曰: "大辱加於身, 皮體毀傷, 卽君不臣, 士不交, 祭不得爲昭穆之尸, 死不得葬昭穆之域."

번역 ○『백호통』에서 말하길, 신하와 자식의 입장이 된 자는 항상 두려운 마음을 품어 생각을 깊이 해야 하며, 자신의 몸을 온전히 하는데 뜻을 두어야 한다. 그런데 지금은 전쟁터에서 의롭지 못하게 죽은 경우나 압사를 당한 경우나 익사를 당한 경우에 해당하니 의롭지 못한 일을 벌인 것이다. 그렇기 때문에 조문을 하지 않는다. '외(畏)'자는 전쟁터에서 죽었다는 뜻이다. 『증자기』에서는 "큰 굴욕을 당하거나 몸을 함부로 훼손한 경우 군주는 그러한 자를 신하로 삼지 않고 선비는 그와 교제하지 않으며, 제사에 있어서도 소목(昭穆)의 질서에 따른 시동이 될 수 없고, 죽어서도 소목의 질서에 따른 묘역에 묻힐 수 없다."라고 했다.

「단궁상」 34장

子路有姊之喪, 可以除之矣, 而弗除也. 孔子曰: "何弗除也?" 子路曰: "吾寡兄弟而弗忍也." 孔子曰: "先王制禮, ①行道之人 皆弗忍也." 子路聞之, 遂除之.

번역 자로에게 누이의 상이 발생했는데, 기간이 끝나서 상복을 벗을 수 있음에도, 자로는 차마 벗지 못하고 있었다. 이 모습을 본 공자는 "너는 어찌하여 상복을 벗지 않는가?"라고 했다. 자로는 "저에게는 형제가 적습니다. 따라서 누이에 대한 슬픈 마음이 남아 있어서, 차마 벗을 수가 없습니다."라고 했다. 공자가 말하길, "선왕이 예를 제정하셨으니, 도를 시행하는 자들은 모두들 자신의 친족에 대해 상복을 차마 벗지 못하는 마음을 가지고 있지만, 예법을 어길 수 없기 때문에 다들 벗게 되는 것이다."라고 했다. 자로는 그 말을 듣고서, 마침내 상복을 벗었다.

① ○行道之人皆弗忍也.

補註 類編曰: 行道, 猶言行路.

번역 『유편』에서 말하길, '행도(行道)'는 길을 간다는 말과 같다.

補註 ○楊梧曰: 行道之人, 與孟子行道之人同.

번역 ○양오가 말하길, '행도지인(行道之人)'은 『맹자』에서 '길을 가는 사람'[1]이라고 한 말과 같다.

---

1) 『맹자』 「고자상(告子上)」: 一簞食, 一豆羹, 得之則生, 弗得則死, 嘑爾而與之, 行道之人弗受, 蹴爾而與之, 乞人不屑也.

「단궁상」 35장

참고–經文

太公封於營丘, 比及五世, 皆反葬於周. 君子曰: "樂, ①樂其所自生. 禮, 不忘其本." 古之人有言曰: "狐死正丘首, 仁也."

번역 태공은 영구(營丘)인 제(齊)나라에 분봉을 받았지만, 주왕실에 머물며 직무를 수행하였고, 그가 죽었을 때에도 주나라 수도에서 장례를 치렀다. 그래서 그의 자손들은 5세대에 이르기까지, 모두 주나라 수도로 돌아와서 장례를 치렀다. 군자는 "악(樂)이라는 것은 자신이 출생하게 된 근원에 대해서 즐거워하는 것이다. 예(禮)라는 것은 자신의 근본을 잊지 않는 것이다."라고 말했다. 고대인들이 했던 말 중에는 "여우는 죽음에 이르러서는 자신이 살았던 땅을 향하여 머리를 향하게 하고 죽으니, 이것은 인(仁)한 것이다."라는 말이 있다.

① ○樂其所自生.

補註 疏曰: 謂愛樂己之王業所由生.

번역 소에서 말하길, 자신의 왕업이 생겨나게 된 대상에 대해서 기뻐한다는 뜻이다.

補註 ○按: 所自生與本字相對, 義亦相似. 陳註解以死生之生, 恐未然.

번역 ○살펴보니, '소자생(所自生)'과 본(本)자는 서로 대비가 되는데 의미는 또한 서로 유사하다. 진호의 주에서는 사생(死生)이라고 할 때의 생(生)자로 풀이했는데, 아마도 그렇지 않은 것 같다.

「단궁상」 37장

①蔡氏曰: 史記舜崩於蒼梧之野, 孟子言卒於鳴條, 未知孰是.
今零陵九嶷有舜冢云.

번역 채침가 말하길, 『사기』에서는 순임금이 창오(蒼梧)의 들판에서 붕어하였다고
했고,[1] 『맹자』에서는 명조(鳴條)에서 돌아가셨다고 했는데,[2] 어느 기록이 옳은지
는 잘 모르겠다. 현재 영릉(零陵) 구역(九嶷) 지역에는 순임금의 무덤이라고 부르
는 곳이 있다.

① ○蔡氏曰[止]未知孰是.

補註 陽村曰: 堯老而舜攝, 巡狩四岳, 以覲諸侯. 舜老而禹攝, 其禮亦然.
舜不應老不聽政, 十有餘年之後, 而復出狩以崩於野也. 孟子於當時好
事者之言, 如舜與伊尹 · 百里奚之事, 必以事證義理反復論辨, 豈自爲
無稽之言以爲卒於鳴條也? 此言舜葬於蒼梧, 未可深信, 後世作史者, 因
此而遂以爲巡狩而崩也歟.

번역 양촌이 말하길, 요임금이 연로해지자 순임금이 섭정을 하였고, 사악(四
岳)을 순수하며 제후들을 만나보았다. 순임금이 연로해지자 우임금이 섭정을
하였고 시행한 예법이 또한 이와 같았다. 순임금은 연로하였다고 해서 정사
를 듣지 않았던 것이 아니며, 십여 년이 지난 이후 재차 수도를 벗어나 순수
를 하다가 야지에서 붕어했다. 맹자는 당시 말을 꾸미며 늘어놓길 좋아하는
자들의 말에 대해서, 예를 들어 순임금 · 이윤 · 백리해의 일 등에 있어서도

---

1) 『사기(史記)』 「오제본기(五帝本紀)」 : 舜年二十以孝聞, 年三十堯擧之, 年五十攝
行天子事, 年五十八堯崩, 年六十一代堯踐帝位. 踐帝位三十九年, 南巡狩, 崩於
蒼梧之野.

2) 『맹자』 「이루하(離婁下)」 : 孟子曰, 舜生於諸馮, 遷於負夏, 卒於鳴條, 東夷之
人也.

구체적인 사안으로 의리를 증명하였고 반복하여 논변을 펼쳤는데, 어떻게 상고해보지도 않은 말을 하여 명조에서 죽었다고 말했겠는가? 이곳에서 순임금을 창오에서 장례지냈다고 한 말은 확신할 수 없으며, 후세에 역사를 기록한 자들은 이 기록으로 인해 결국 순수를 하다가 붕어했다고 여긴 것이다.

「단궁상」 38장

士喪禮: "①浴於適室", 無浴爨室之文. 舊說, 曾子以曾元辭易簀, 矯之以謙儉, 然反席未安而沒, 未必有言及此. 使果曾子之命, 爲人子者, 亦豈忍從非禮而賤其親乎? 此難以臆說斷之, 當闕之以俟知者.

번역 『의례』「사상례(士喪禮)」편에서는 "적실(適室)¹⁾에서 시신을 목욕시킨다."라고 했고, 부엌[爨室]에서 목욕을 시킨다는 기록은 없다. 옛 학설에 따르면, 증자(曾子)는 증원(曾元)이 대자리를 바꾸도록 한 것에 대해 만류하였기 때문에, 겸손함과 검소함으로 아들의 잘못을 바로잡은 것이라고 했는데, 자리로 되돌아와서는 안정된 자세를 취하기도 전에 죽었으므로, 결코 이곳에서 언급한 내용까지 일러주었던 것이 아니다. 증자가 명령한대로 한 것이라고 하더라도, 자식된 자가 어찌 비례를 따라서 자신의 부모를 천시하는 일을 참아낼 수 있겠는가? 이곳의 기록은 억측으로 판단하기 어려우니, 마땅히 그 논의를 생략하여, 후대의 지혜로운 자가 판가름해주기를 기다려야 한다.

① ○浴於適室.

補註 士喪禮註: 適室, 正寢之室也.

---

1) 적실(適室)은 정침(正寢)에 있는 방[室]을 뜻한다. 정침(正寢)은 천자(天子)의 제후(諸侯)의 경우에는 노침(路寢)이라고 부르고, 경(卿)·대부(大夫)·사(士)의 경우에는 '적실' 또는 적침(適寢)이라고 부른다. 『의례』「사상례(士喪禮)」편에는 "士喪禮, 死于適室, 幠用斂衾."이라는 기록이 있는데, 이데 대한 정현의 주에서는 "適室, 正寢之室也."라고 풀이했고, 가공언(賈公彦)의 소(疏)에서는 "若對天子諸侯謂之路寢, 卿大夫士謂之適室, 亦謂之適寢, 故下記云'士處適寢', 揔而言之, 皆謂之正寢."이라고 풀이했다. 또 『예기』「단궁하(檀弓下)」편에는 "妻之昆弟爲父後者死, 哭之適室."이라는 기록이 있는데, 이에 대한 공영달(孔穎達)의 소(疏)에서는 "適室, 正寢也."라고 풀이했다.

번역 『의례』「사상례(士喪禮)」편의 주에서 말하길, '적실(適室)'은 정침(正寢)[2]에 있는 방이다.

---

2) 정침(正寢)은 노침(路寢)과 같은 말이다. 또한 정전(正殿)이라고도 불렀다. 군주가 정무를 처리하던 장소이다. 천자에게는 6개의 침(寢)이 있었는데, 가장 앞쪽에 있는 1개의 침이 바로 정침(正寢)이 되고, 나머지는 5개의 침은 연침(燕寢)이 된다. 또한 군주의 부인이 사용하는 정침을 뜻하기도 한다. 또한 군주 이하의 계층에게 있어서는 공적인 업무를 처리하거나 일을 할 때 사용하는 공간을 뜻하기도 한다.

「단궁상」 39장

①大功廢業. 或曰: “大功誦可也.”

번역 대공복(大功服)을 입고 치르는 상에서는 몸으로 하는 과업을 익히지 않는다. 혹자는 “대공복을 입고 치르는 상에서는 입으로 하는 과업은 익혀도 괜찮다.”고 말하기도 한다.

① 大功廢業.

補註 語類曰: 居喪, 初無不得讀書之文. 古人居喪廢業, 業是簨虡上版子, 廢業, 謂不作樂耳. 古人禮樂不去身, 唯居喪然後廢樂, 周禮有司業者, 亦司樂也.

번역 『어류』에서 말하길, 상을 치를 때 애초부터 책을 읽을 수 없다는 기록은 없다. 옛 사람들은 상을 치를 때 과업을 익히지 않았는데, ‘업(業)’이라는 것은 본래 악기를 매다는 틀의 상판을 뜻하는 것으로, ‘폐업(廢業)’은 음악을 연주하지 않았다는 뜻일 뿐이다. 옛 사람들은 예악을 몸에서 떼어놓지 않았는데, 오직 상을 치르게 된 이후에야 음악을 연주하지 않았고, 『주례』에서는 이러한 업(業)을 담당하는 자를 또한 사악(司樂)이라고 했다.

「단궁상」 40장

①<u>長樂黃氏</u>曰: 君子小人曰終曰死之別, 蓋言人生斯世, 當盡
人道, 君子之人, 人道旣盡, 則其死也, 爲能終其事, 故以終稱
之, 若小人, 則無可盡之道, 只是形氣消盡, 故稱之曰死. 終以
道言, 死以形言. 子張言庶幾者, 蓋以生平持身, 唯恐有不盡之
道, 今至將沒, 幸其得以盡道而終, 故以爲言, 亦猶曾子知免之
意. 觀其將死, 喜幸之言, 足以見其平生恐懼之意, 正學者所當
用力也.

번역 장락황씨가 말하길, 군자와 소인의 죽음에 대해서, 어떤 자는 '종(終)'이라고
부르고, 또 어떤 자는 '사(死)'라고 불러서, 차별을 둔 이유는 아마도 사람이 이 세
상에 태어나게 되면, 마땅히 사람의 도리를 다해야 하는데, 군자라는 사람은 사람의
도리를 이미 다했으므로, 그의 죽음에 있어서도, 그 일을 잘 끝마쳤다고 할 수 있
다. 그렇기 때문에 '종(終)'이라는 말로 그의 죽음을 일컫는 것이다. 한편 소인의
경우에는 사람의 도리를 다했다고 할 수 없고, 단지 형체와 기운이 소진되었을 뿐
이다. 그렇기 때문에 그의 죽음을 가리켜서, '사(死)'라고 일컫는 것이다. '종(終)'
이라는 말은 도리[道]의 측면에서 언급한 말이고, '사(死)'라는 말은 형체[形]의 측
면에서 언급한 말이다. 자장(子張)이 거의 가깝다고 말한 이유는 아마도 평생토록
자신의 몸을 간수하며, 오직 사람의 도리를 다하지 못한 측면이 있을까를 염려하였
고, 죽음에 미쳐서는 다행히 그 도리를 다하고 나서 끝마칠 수 있었기 때문에, 이처
럼 말을 한 것이니, 이것은 또한 증자가 근심에서 벗어나게 되었음을 알았다는 뜻
과 같다.[1] 죽음에 미쳤을 때, 기뻐하는 말들을 살펴보면, 그가 평생 염려했던 뜻을
살펴볼 수 있으니, 이것이 바로 학자들이 마땅히 힘써야 할 부분이다.

---

1) 『논어』 「태백(泰伯)」: 曾子有疾, 召門弟子曰, "啓予足! 啓予手! 詩云, '戰戰兢兢,
如臨深淵, 如履薄冰.' 而今而後, 吾<u>知免</u>夫! 小子!"

① 長樂黃氏.

補註 按: 此卽勉齋, 而此說出續通解附註.

번역 살펴보니, 이 사람은 곧 황간을 가리키며, 이 주장은 『속통해』의 부주에서 도출된 것이다.

「단궁상」 41장

始死以脯醢醴酒, 就尸牀而奠於尸東, 當死者之肩, 使神有所
依也. 閣, 所以①庋置飮食, 蓋以生時庋閣上所餘脯醢爲奠也.

번역 이제 막 돌아가셨을 때 포(脯) · 젓갈[醢] · 단술[醴酒]로써 시신이 놓여 있는
침상에 나아가서 시신의 동쪽에 차려놓으니, 죽은 자의 어깨 부위에 해당하게 하여,
신령으로 하여금 의지할 곳이 있게 만드는 것이다. '각(閣)'은 시렁을 걸어서 음식
을 올려두던 곳으로, 생전에 찬장 위에 남겨 두었던 포와 젓갈로 차려내는 것이다.

① ○庋置飮食.

補註 沙溪曰: 庋, 韻會擧綺切. 士昏禮註作庪, 楣前接簷爲庋. 內則大夫
七十而有閣, 註閣以板爲之, 所以庋置飮食之物.
번역 사계가 말하길, '庋'자에 대해 『운회』에서는 '擧(거)'자와 '綺(기)'자의
반절음이라고 했다. 『의례』「사혼례(士昏禮)」편의 주에서는 '기(庪)'자로
기록했는데, 차양 앞에 처마와 붙어 있는 것이 기(庋)이다. 『예기』「내칙(內
則)」편에서는 "대부는 나이가 70이 되어서야 각(閣)을 두게 된다."[1]라고 했
고, 주에서는 각(閣)은 널판을 이용해서 만드는데, 음식을 올려두는 것이라
고 했다.

---

1) 『예기』「내칙(內則)」: 羹食, 自諸侯以下至於庶人, 無等. 大夫無秩膳, <u>大夫七十
而有閣</u>.

「단궁상」 42장

① 曾子曰: "小功不爲位也者, 是委巷之禮也. 子思之哭嫂也爲位, 婦人倡踊. 申祥之哭言思也亦然."

번역 증자가 말하길, "소공복(小功服)을 입고 치르는 상에서 곡을 하는 위치를 정하지 않는 것은 누추한 마을에서나 시행하는 예이다. 자사가 형수를 위해 곡을 했을 때에는 곡을 하는 자리를 정하고, 그의 부인이 먼저 용(踊)을 했는데, 이것은 예법에 맞는 조치이다. 반면 신상(申祥)은 자기 처의 곤제가 되는 언사(言思)에 대해서, 곡을 했을 때에도 또한 이처럼 했는데, 이것은 비례이다."라고 했다.

① **曾子曰小功[止]亦然.**

補註 楊梧曰: 首二句, 是曾子語. 下文兩段, 是記者引以證曾子之言. 禮於嫂及妻之昆弟, 皆無服. 子思・申祥哭無服之親, 猶且爲位, 況小功有服, 而可不爲位乎?

번역 양오가 말하길, 앞의 두 구문은 증자의 말이다. 뒤의 두 단락은 『예기』를 기록한 자가 인용을 하여 증자의 말을 증명한 것이다. 예법에 따르면 형수와 처의 곤제에 대해서는 모두 상복을 입지 않는다. 자사와 신상은 상복을 착용하지 않는 친족에 대해 곡을 하면서도 오히려 자리를 마련하였는데, 하물며 소공복의 상복을 입는 관계에 있어서 자리를 마련하지 않을 수 있겠는가?

委, 曲也. 曲巷, 猶言陋巷. 細民居於陋巷, 不見禮儀, 而鄙朴無節文, 故譏小功不爲位, 是曲巷中之禮也. 言思, 子游之子, ① 申祥妻之昆弟也.

번역 '위(委)'자는 '곡(曲)'자의 뜻이다. '곡항(曲巷)'은 곧 '누추한 마을[陋巷]'을 뜻한다. 평민들은 누항에 거처하여, 예의(禮儀)를 볼 수 없었고, 누추하고 질박하여 규범에 따른 형식을 갖춤이 없었다. 그렇기 때문에 소공복(小功服)을 입고 치르는 상에서 곡을 하는 자리를 마련하지 않은 것은 누추한 마을에서나 시행하는 예라고 기롱한 것이다. '언사(言思)'는 자유(子游)의 아들이니, 신상(申祥) 처의 곤제(昆弟)가 된다.

① 申祥妻之昆弟.

補註 按: 或疑言思是申祥之姊妹夫.

번역 살펴보니, 혹자는 언사(言思)가 신상(申祥)의 자매 남편이었을 것이라고 의심한다.

馬氏曰: 凡哭必爲位者, 所以敍親疎恩紀之差. 嫂叔疑於無服而不爲位, 故曰①無服而爲位者惟嫂叔. 蓋無服者, 所以遠男女近似之嫌; 而爲位者, 所以篤兄弟內喪之親. 子思哭嫂爲位, 婦人倡踊, 以婦人有相爲娣姒之義, 而不敢以己之無服先之也. 至於申祥之哭言思, 亦如子思, 蓋非禮矣. 妻之昆弟, 外喪也, 而旣無服, 則不得爲哭位之主矣. ②記曰, "妻之昆弟爲父後者死, 哭之適室, 子爲主, 袒免哭踊, 夫入門右." 由是言之, 哭妻之昆弟以子爲主, 異於嫂叔之喪也. 以子爲主, 則婦人不當倡踊矣.

번역 마씨가 말하길, 무릇 곡을 할 때에는 반드시 자리를 마련해야 하니, 친소(親疎) 관계나 은정(恩情)의 깊이에 따른 차등을 질서세우는 방법이다. 형제의 아내나 남편의 형제들에 대해서는 상복관계가 성립되지 않아서, 곡하는 위치를 마련하지 않는 것처럼 오해할 수 있다. 그렇기 때문에 "상복관계가 성립되지 않지만, 곡하는 위치를 마련하는 것은 오직 형제의 아내나 남편의 형제들에게만 한정된다."라고 말한 것이다. 무릇 이러한 관계에서 상복관계를 성립시키지 않는 이유는 남녀사이에 가까이 한다는 혐의를 멀리하기 위해서이고, 그런데도 곡하는 위치를 마련하는 것은 형제사이에 발생한 내상(內喪)[1]의 친근함을 돈독하게 하기 위해서이다. 자사(子思)가 형수에 대한 곡을 하며 곡하는 자리를 마련하고, 그의 부인이 먼저 용(踊)을 했던 것은 부인들에게는 서로 손아래 동서와 손위 동서가 되는 도의가 포함되어 있으므로, 상복관계가 성립되지 않는 본인이 감히 부인보다 먼저 할 수 없기 때문이다. 신상(申祥)은 언사(言思)에 대해서, 곡을 하는 일에 있어서 또한 자사(子思)가 시행했던 일처럼 했으니, 이것은 비례가 된다. 처의 곤제(昆弟)는 외상(外喪)[2]에 해당하며, 이미 상복관계가 성립되지 않는 관계이므로, 마치 주인처럼 곡하는 위치를 정할 수 없는 것이다. 『예기』에서는 "처의 곤제 중 부친을 잇는 후계자인 자가 죽게 되면, 적실(適室)에서 곡을 하고, 그의 아들을 곡하는 위치에서의 주인으로 삼고, 단문(袒免)을 한 채로 곡과 용을 하게 만들며, 남편인 본인은 문으로 들어가서 우측에 서 있게 된다."라고 했다. 이러한 기록들을 통해 말을 해본다면, 처의 곤제를 위해서 곡을 할 때에는 그의 아들을 곡하는 위치에서의 주인으로 삼으니, 형제의 아내 및 남편의 형제들에 대한 상과 다른 것이다. 그의 아들을 주인으로 삼게 된다면, 부인은 마땅히 먼저 용을 해서는 안 된다.

① 無服而[止]嫂叔.

補註 奔喪文.

번역 『예기』「분상(奔喪)」편의 기록이다.[3]

② 記曰[止]門右.

補註 下篇文.

---

1) 내상(內喪)은 대문(大門) 안에서 발생한 상(喪)을 뜻한다. 즉 집안에서 발생한 상(喪)을 뜻하며, 외상(外喪)과 반대가 된다.
2) 외상(外喪)은 대문(大門) 밖에서 발생한 상(喪)을 뜻한다. 즉 자신과 같은 집에서 살고 있지 않은 친인척에 대한 상(喪)을 뜻한다.
3) 『예기』「분상(奔喪)」: 無服而爲位者, 唯嫂叔, 及婦人降而無服者麻.

번역 『예기』「단궁하(檀弓下)」편의 기록이다.[4]

---

4) 『예기』「단궁하(檀弓下)」: <u>妻之昆弟爲父後者死, 哭之適室, 子爲主, 祖免哭踊, 夫入門右</u>, 使人入於門外, 告來者, 狎則入哭. 父在, 哭於妻之室. 非爲父後者, 哭諸異室.

「단궁상」43장

참고-集說

疏曰: 縮, 直也. 殷尚質, 吉凶冠皆直縫. 直縫者, ①辟積襵少,
故一一前後直縫之. 衡, 橫也. 周尚文, 冠多辟積, 不一一直縫,
但多作襵而幷橫縫之. 若喪冠質, 猶疎辟而直縫, 是與吉冠相
反. 時人因言古喪冠與吉冠反, 故記者釋之云, 非古也, 止是周
世如此耳. 古則吉凶冠同直縫也.

번역 공영달의 소에서 말하길, '축(縮)'자는 세로[直]를 뜻한다. 은나라 때에는 질
박함을 숭상했으므로, 길례(吉禮)와 흉례(凶禮) 때 쓰는 관을 모두 세로로만 꿰맸
다. 세로로 꿰맨다는 것은 포갤 때 주름이 적게 잡히도록 하는 것이다. 그렇기 때문
에 일일이 앞뒤에서 세로로 꿰맨 것이다. '형(衡)'자는 가로[橫]를 뜻한다. 주나라
때에는 화려함을 숭상했으므로, 관은 포개는 것을 많게 하니, 일일이 세로로 꿰맨
것이 아니라, 단지 주름을 많이 잡아서, 모두 가로로 꿰맸다. 상례 때 쓰는 관의
경우에는 질박하므로, 여전히 포갠 것을 적게 하여 세로로 꿰매니, 이것은 길례 때
쓰는 관과 상반된 것이다. 당시 사람들은 이러한 이유 때문에 고대에 상례 때 썼던
관과 길례 때 썼던 관이 상반된다고 여겼다. 그렇기 때문에 『예기』를 기록한 자는
그 의미를 해석하여, 이것은 고대의 제도가 아니니, 단지 주나라 때부터 이처럼 한
것일 뿐이다. 고대에는 길례와 흉례 때 쓰는 관(冠)을 모두 세로로 꿰맸다고 한 것
이다.

① ○辟積襵少

補註 沙溪曰: 襵, 韻會通作幨, 猶摺也.
번역 사계가 말하길, '접(襵)'자를 『운회』에서는 통용해서 접(幨)자로 기록했
는데, 접는다는 뜻의 접(摺)자와 같다.

「단궁상」 44장

三日, 中制也; 七日, 則幾於滅性矣. 有①扶而起者, 有杖而起
者, 有面垢而已者.

번역 삼일 동안 하는 것은 예제에 맞는 것이고, 칠일 동안 한다면, 생명을 잃을 수
도 있다. 부축하여 일어나는 자도 있고, 지팡이를 잡고 일어나는 자도 있으며, 얼굴
에 때를 묻히기만 하는 자도 있다.

① ○扶而起[止]面垢而已.

補註 按: 扶而起, 謂王侯, 杖而起, 謂大夫, 面垢, 謂庶人, 見喪服四制.
번역 살펴보니, 부축하여 일어난다는 것은 천자와 제후의 경우를 뜻하고, 지
팡이를 잡고 일어난다는 것은 대부의 경우를 뜻하며, 얼굴에 때를 묻힌다는
것은 서인의 경우를 뜻하니, 『예기』「상복사제(喪服四制)」편에 나온다.[1]

---

1) 『예기』「상복사제(喪服四制)」: 杖者何也? 爵也. 三日授子杖, 五日授大夫杖, 七
日授士杖. 或曰擔主, 或曰輔病, 婦人童子不杖, 不能病也, 百官備, 百物具, 不言
而事行者, 扶而起. 言而后事行者, 杖而起. 身自執事而后行者, 面垢而已. 禿者
不髽, 傴者不袒, 跛者不踊, 老病不止酒肉. 凡此八者, 以權制者也.

「단궁상」 45장

참고-經文

曾子曰: "①小功不稅, 則是遠兄弟終無服也, 而可乎?"

번역 증자가 말하길, "소공복(小功服)을 입고 치르는 상에 있어서, 본래는 태(稅)를 하지 않는데, 만약 먼 지역에 사는 재종(再從) 형제 등이 부고를 알려오는 경우, 태(稅)를 하지 않으면, 먼 형제에 대해서는 상복관계가 없어지게 되니, 이처럼 해도 좋겠는가?"라고 했다.

① 小功不稅[止]可乎.

補註 韓愈與李秘書書曰: 曾子稱小功不稅, 則是遠兄弟終無服也, 而可乎? 鄭玄註云: "以情責情." 今之士人, 遂引此不追服小功. 小功服最多. 親則叔父之下殤, 與適孫之下殤, 與昆弟之下殤, 尊則外祖父母, 常服則從祖祖父母. 禮沿人情, 其不可不服也明矣. 古之人, 行役不踰時, 各相與處一國, 其不追服, 猶至少. 今之人, 男出仕, 女出嫁, 或千里之外, 家貧訃告不及時, 則是不服小功者恒多, 而服小功者恒鮮矣. 君子之於骨肉, 死則悲哀而爲之服者, 豈牽於外哉? 聞其死則悲哀, 豈有間於新故死哉? 今特以訃告不及時, 聞死出其日數, 則不服, 其可乎? 愈常怍此. 近出弔人, 見其顏色戚戚, 類有喪者, 而其服則吉, 問之, 則云小功不稅者也. 禮文殘缺, 師道不傳, 不識禮之所謂不稅, 果不追服乎? 無乃別有所指, 而傳註者失其宗乎?"

번역 한유가 이비서에게 보낸 서신에서 말하길, 증자는 "소공복(小功服)의 상에서 태(稅)를 하지 않는다면, 먼 지역에 사는 형제에 대해서는 끝내 상복이 없게 되는데 괜찮겠는가?"라고 했고, 정현의 주에서는 "정감에 따라 정감에 따른 책무를 묻는 것이다."라고 했다. 오늘날 선비들은 마침내 이 말을 끌어다가 소공복의 친족에 대해서는 추복(追服)[1]을 하지 않고 있다. 친척 중에는 소공복에 해당하는 족인들이 가장 많다. 친근한 자로는 숙부(叔父)

가 하상(下殤)[2]한 경우, 적손(適孫)이 하상한 경우, 곤제(昆弟)가 하상한 경우가 있고, 존귀한 자로는 외조부모(外祖父母)가 있으며, 통상적으로 상복을 착용하는 경우로는 종조조부모(從祖祖父母)가 있다. 예법은 인정에 따라 제정되었으니, 상복을 입지 않아서는 안 된다는 것이 분명하다. 옛 사람들은 공무로 인해 다른 나라를 가더라도 한 철을 넘기지 않았고, 각자 서로 도와가며 한 나라에 거처하였으니, 추복을 하지 않는 경우는 매우 적었다. 오늘날의 사람들은 남자가 벼슬을 하거나 여자가 시집을 가게 되면 간혹 천리 밖으로 가기도 하는데, 집안이 가난하여 부고를 알린 것이 제시간에 도착하지 못하면 소공복을 착용하지 않는 자는 항상 많게 되고 소공복을 착용하는 자는 항상 적게 된다. 군자는 골육지친에 대해서, 그가 죽게 되면 비통하고 슬퍼하는 마음을 드러내며 그를 위해 상복을 착용하는데, 이것이 어찌 외적인 것으로 인해 억지로 한 것이겠는가? 그리고 그의 죽음에 대한 소식을 접하게 되면 비통하고 슬퍼하는 마음이 드러나는데, 여기에 어찌 죽은 지 얼마 되지 않았거나 오래되었느냐에 따라 차이가 있겠는가? 그런데 지금은 단지 부고를 알려온 것이 제시간에 도착하지 않아서 상사의 소식을 접한 것이 복상기간을 벗어나게 되면, 상복을 착용하지 않으니 옳은 일이겠는가? 나는 항상 이러한 점을 이상하게 여겼다. 근래에 출타하여 어떤 자를 조문하였는데, 그 사람의 안색을 살펴보니 근심과 슬픔으로 인해 마치 상을 당한 사람과 같았으나 그의 복장은 길복에 해당하였다. 그래서 그 이유를 물어보니 소공복의 상에서는 태(稅)를 하지 않기 때문이라고 했다. 예제의 형식에 빠진 것이 있고, 스승이 전수한 학문이 제대로 전달되지 않아 『예기』에서 태(稅)를 하지 않는다고 한 것이 과연 추복을 하지 않는다는 것인지, 그것이 아니라면 별도로 다른 의미가 있었는데, 주석을 작성한 자들이 본래의 뜻을 놓친 것은 아닌지 모르겠다.

---

1) 추복(追服)은 상사(喪事)가 발생했을 때 특별한 사정으로 인해 상복(喪服)을 착용하지 못했을 때, 이후 기간을 미루어 복상(服喪)하는 것을 뜻한다.
2) 하상(下殤)은 8~11세 사이에 요절한 자를 뜻한다. 『의례』「상복(喪服)」편에 "十一至八歲爲下殤."이라는 기록이 있다.

補註 ○按: 降而在緦小功者則稅之, 見喪服小記, 而昌黎並擧下殤小功
爲言, 恐誤.

번역 ○살펴보니, 상복의 수위를 낮춰서 시마복(緦麻服)이나 소공복(小功
服)에 해당하는 경우라면, 기간을 미루어서 상복을 착용하며, 이것은『예기』
「상복소기(喪服小記)」편에 나온다.3) 그런데도 한유가 하상(下殤)하여 소
공복을 착용하는 경우까지 함께 열거해서 말한 것은 아마도 잘못된 설명인
것 같다.

---

3)『예기』「상복소기(喪服小記)」: 降而在緦・小功者則稅之.

참고─經文

伯高之喪, 孔氏之使者未至, ①<u>冉子攝束帛・乘馬而將之.</u> 孔
子曰: "異哉! 徒使我不誠於伯高."

번역 백고(伯高)의 상이 발생했을 때, 공자는 사람을 시켜서 부의를 보냈지만, 심
부름을 하는 자가 도착을 하지 않았다. 그래서 염자(冉子)는 그 대신 속백(束帛)과
네 마리의 말을 빌려서, 그것을 가지고 대신 조문을 했다. 그 사실을 안 공자는 "이
상한 일이구나! 헛되게도 나로 하여금 백고에게 성실하지 못하게 만들었구나."라고
했다.

① ○冉子.

補註 鄭註: 孔子弟子冉有.
번역 정현의 주에서 말하길, 공자의 제자인 염유(冉有)이다.

참고─集說

①攝, 貸也. 十箇爲束, 每束五兩. 蓋以四十尺帛, 從兩頭各卷
至中, 則每卷二丈爲一箇, 束帛是十箇二丈, 今之五匹也. 乘
馬, 四馬也. 徒, 空也. 伯高不知何人, 意必與孔子厚者, 冉子知
以財而行禮, 不知聖人之心, 則于其誠, 不于其物也. 雖若自責
之言, 而實則深責冉子矣.

번역 '섭(攝)'자는 "빌리다[貸]."는 뜻이다. 10개를 1속(束)이라고 하며, 매 속(束)
마다 다섯 쌍이 된다. 무릇 40척(尺)의 비단을 양쪽 끝으로부터 각각 말아서 중간
에 이르게 되면, 각각의 두루마리는 2장(丈)을 1개로 삼게 되고, 속백(束帛)은 2장

(丈)짜리 비단이 10개가 있는 것으로, 현재의 5필(匹)에 해당한다. '승마(乘馬)'는 4마리의 말을 뜻한다. '도(徒)'자는 "헛되다[空]."라는 뜻이다. 백고(伯高)는 어떤 사람인지 알 수 없지만, 의미상 분명 공자와 관계가 깊었던 자일 것이니, 염자(冉子)는 그 사실을 알고 있었기 때문에, 이러한 재화를 가지고 예를 시행했던 것인데, 성인의 마음은 그 정성스러움에 치중하고, 재화에 치중하지 않음을 헤아리지 못한 것이다. 비록 스스로를 책망하는 말처럼 보이지만, 실제로는 염자에 대해서 매우 깊이 책망하는 것이다.

① 攝貨.

補註 辨疑曰: 金叔度云, "貨, 疑作貸."
번역 『변의』에서 말하길, 김숙도는 "화(貨)자는 아마도 대(貸)자로 써야 할 것 같다."라고 했다.

補註 ○按: 今觀於註疏果然.
번역 ○살펴보니, 지금 주와 소의 내용을 살펴보더라도 과연 그러하다.

「단궁상」 47장

참고─經文

伯高死於衛, 赴於孔子. 孔子曰: "吾惡乎哭諸? 兄弟, 吾哭諸廟;
父之友, 吾哭諸廟門之外; 師, 吾哭諸寢; 朋友, 吾哭諸寢門之
外; 所知, 吾哭諸野. 於野則已疏, 於寢則已重. 夫由賜也見我,
吾哭諸賜氏." 遂命子貢爲之主, 曰: "爲爾哭也來者, 拜之; ①知
伯高而來者, 勿拜也."

번역 백고(伯高)는 위나라에서 죽었는데, 공자에게 부고를 알렸다. 공자가 말하길,
"나는 어디에서 곡을 해야 한단 말인가? 형제에 대해서라면 나는 묘(廟)에서 곡을
해야 하고, 부친의 벗에 대해서라면 나는 묘문(廟門)의 밖에서 곡을 해야 하며, 스
승에 대해서라면 나는 침(寢)에서 곡을 해야 하고, 벗에 대해서라면 나는 침문(寢
門)의 밖에서 곡을 해야 하며, 서로 알고 지내던 자에 대해서라면 나는 들에서 곡을
해야 한다. 그런데 백고에 대해서, 들에서 곡을 하게 된다면, 너무 소원하게 대하는
것이 되고, 그렇다고 해서 침(寢)에서 곡을 하게 된다면, 너무 친근하게 대하는 것
이 된다. 무릇 백고는 사(賜)를 통해서 나를 만나보게 되었으니, 나는 사씨(賜氏)
의 집에서 곡을 해야겠구나."라고 했다. 그리고는 자공(子貢)에게 명령하여, 곡하
는 자리의 주인으로 삼고, "네가 곡하는 것을 위해 찾아와 조문하는 자에게는 절을
하되, 백고를 알기 때문에 찾아와 조문하는 자에게는 절을 해서는 안 된다."라고
말해주었다.

① 知伯高而來者勿拜.

補註 鄭註: 異於正主.

번역 정현의 주에서 말하길, 정식 상주가 따르는 예법과 달리하기 위해서
이다.

馬氏曰: 兄弟出於祖而內所親者, 故哭之廟; 父友聯於父而外
所親者, 故哭之廟門外; 師以成己之德, 而其親視父, 故哭諸
寢; 友以輔己之仁, 而其親視兄弟, 故哭諸寢門之外. 至於所
知, 又非朋友之比, 有①相趨者, 有相揖者, 有相問者, 有相見
者, 皆泛交之者也. 孔子哭伯高以野爲太疏, 而以子貢爲主. 君
子行禮, 其審詳於哭泣之位如此者, 是其所以②表微者歟.

번역 마씨가 말하길, 형제는 같은 조상으로부터 나온 자이므로, 내적으로 친근한
자에 해당하기 때문에, 묘(廟)에서 곡을 하는 것이다. 부친의 벗은 부친과 관련이
있는 자이므로, 외적으로 친근한 자에 해당하기 때문에, 묘문(廟門)의 밖에서 곡을
하는 것이다. 스승은 나의 덕을 완성시켜주는 자이므로, 그에 대한 친근함은 부친에
견주게 된다. 그렇기 때문에 침(寢)에서 곡을 하는 것이다. 벗은 나의 인(仁)함을
보필하는 자이므로, 그에 대한 친근함은 형제에 견주게 된다. 그렇기 때문에 침문
(寢門)의 밖에서 곡을 하는 것이다. 서로 알고 지내던 자에 있어서는 또한 벗에 견
줄 수가 없지만, 서로 조문을 알리는 관계에 있는 자도 있고, 서로 읍(揖)을 하는
사이에 있는 자도 있으며, 서로 안부를 묻는 관계에 있는 자도 있고, 서로 찾아가
만나보는 관계에 있는 자도 있는데, 이들은 모두 범범하게 교류하는 자들이다. 공자
는 백고(伯高)에게 곡을 하며, 들에서 한다면 너무 소원하게 대하는 것이라고 여겼
고, 자공(子貢)을 곡하는 자리를 담당하는 주인으로 삼았다. 군자가 예를 시행할
때, 곡을 하며 눈물을 흘리는 자리에 대해서도, 이처럼 세심하게 살폈으니, 이것이
바로 그 은미한 뜻을 나타내는 것이라 할 수 있다.

① 相趨[止]相見.

補註 見雜記下.

번역 『예기』「잡기하(雜記下)」편에 나온다.[1]

---

1) 『예기』「잡기하(雜記下)」: 相趨也, 出宮而退. 相揖也, 哀次而退. 相問也, 旣封而
退. 相見也, 反哭而退. 朋友, 虞附而退.

② 表微者歟.

補註 按: 表微二字, 出下篇, 謂禮之微細者, 表明之也.

번역 살펴보니, '표미(表微)'라는 두 글자는 「단궁하」편에 나오는데,[2] 예의 미세한 것들에 대해서도 밝게 드러낸다는 뜻이다.

---

2) 『예기』「단궁하(檀弓下)」: 季武子寢疾, 蟜固不說齊衰而入見, 曰: "斯道也, 將亡矣. 士唯公門說齊衰." 武子曰: "不亦善乎! 君子表微." 及其喪也, 曾點倚其門而歌.

참고─經文

子夏喪其子而①喪其明. 曾子弔之曰: "吾聞之也, 朋友喪明則
哭之." 曾子哭, 子夏亦哭, 曰: "天乎! 予之無罪也!" 曾子怒曰:
"商! 女何無罪也? 吾與女事夫子於洙泗之間, 退而老於西河之
上, 使西河之民疑女於夫子, 爾罪一也. 喪爾親, 使民未有聞
焉, 爾罪二也. 喪爾子, 喪爾明, 爾罪三也. 而曰爾何無罪與?"
子夏投其杖而拜曰: "吾過矣! 吾過矣! 吾離群而索居亦已久
矣."

번역 자하(子夏)가 아들의 상을 당했는데, 곡을 너무 심하게 하여 실명을 하였다.
증자(曾子)가 자하를 조문하며 말하길, "내가 듣기로, 벗이 실명을 하게 되면, 곡을
한다고 했다."라고 하였다. 그리고 증자는 곧 곡을 했는데, 자하 또한 곡을 하며,
"하늘이시여! 저에게는 죄가 없습니다! 그런데도 어찌하여 제 눈을 가져가셨습니
까!"라고 말했다. 그 말을 들은 증자는 화를 내며, "상(商)아! 너는 어찌하여 죄가
없다고 하는가? 나는 너와 함께 수사(洙泗)의 사이에서 선생님을 섬겼었다. 그런데
너는 물러나 서하(西河)에 홀로 거쳐하며 여생을 보내고, 서하 땅의 사람들로 하여
금 선생님과 네가 다를 바가 없다고 여기도록 했으니, 이것이 너의 첫 번째 죄이다.
또 너는 부모의 상을 치를 때, 백성들 중에는 너의 효성스러움을 칭송하는 자가 없
었으니, 이것이 너의 두 번째 죄이다. 또 네가 아들의 상을 치를 때, 실명까지 하게
되었으니, 이것이 너의 세 번째 죄이다. 그런데도 너는 어찌하여 죄가 없다고 말할
수 있는가?"라고 했다. 그 말을 들은 자하는 집고 있던 지팡이를 내던지고, 증자에
게 절을 하며, "나의 잘못이다! 나의 잘못이다! 내가 벗들과 떨어져서 홀로 산 것이
오래되었기 때문에, 이처럼 죄를 짓게 된 것이다."라고 했다.

① 喪其明.

補註 鄭註: 明, 目精.
번역 정현의 주에서 말하길, '명(明)'자는 시력[目精]을 뜻한다.

「단궁상」 50장

참고-經文

夫晝居於內, 問其疾可也; 夜居於外, 弔之可也. 是故君子①非
有大故, 不宿於外; 非致齋也, 非疾也, ②不晝夜居於內.

번역 무릇 낮에 정침(正寢)에 머물게 되면, 그가 질병에 걸린 것처럼 생각되므로,
병문안을 하는 것이 옳다. 밤에 밖에 머물게 되면, 그에게 상이 발생한 것처럼 생각
되므로, 조문을 하는 것이 옳다. 이러한 까닭으로 군자는 큰 변고가 발생한 경우가
아니라면, 밖에 머물지 않았던 것이고, 치제(致齊)¹⁾를 하거나 병에 걸린 경우가 아
니라면, 밤낮으로 정침 안에 머물러 있지 않았던 것이다.

① ○非有大故.

補註 鄭註: 大故, 謂喪憂.

번역 정현의 주에서 말하길, '대고(大故)'는 상사나 매우 근심스러운 일을 뜻
한다.

② 不晝夜居於內.

補註 鄭註: "內, 正寢之中." 疏曰: "知正寢者, 以經云非致齊, 不居於內.
致齊在正寢, 疾則或容在內寢."

번역 정현의 주에서 말하길, "'내(內)'라는 것은 정침(正寢)의 안을 뜻한다."

---

1) 치제(致齊)는 치재(致齋)라고도 부른다. '치제'는 제사를 지내기 이전 3일 동안 몸과
마음을 정숙하게 재계하는 의식이다. '치제' 이전에는 '산제(散齊)'를 하여 7일 동안
정숙하게 한다. '치제'는 그 이후 3일 동안 몸과 마음을 더욱 정숙하게 재계하여,
신과 소통할 수 있도록 준비하는 것이다. 『예기』「제통(祭統)」편에는 "故散齊七日
以定之, 致齊三日以齊之. 定之之謂齊, 齊者精明之至也, 然後可以交于神明也."
라는 기록이 있다.

라고 했다. 소에서 말하길, "이곳이 '정침(正寢)'이 됨을 알 수 있는 이유는 경문에서 치제(致齊)를 지내는 경우가 아니라면, 내(內)에 머물지 않는다고 말했기 때문이다. 치제는 정침(正寢)에서 시행하는 것이고, 질병에 걸린 경우라면 간혹 내침(內寢)²⁾에 있는 것도 허용된다.

補註 ○按: 本註應說, 莫曉所謂.

번역 ○살펴보니, 진호의 주에 나온 응씨의 주장에 대해서는 무슨 말인지 모르겠다.

참고-集說

應氏曰: 致齋居內, 非在房闥之中, 蓋亦端居深處於①突奧之內耳.

번역 응씨가 말하길, 치제(致齊)를 치를 때에는 안에 머물지만, 침실 안에 머무는 것이 아니다. 무릇 단정한 자세로 방구석인 아랫목에서 조용히 머물게 될 따름이다.

① **突奧**.

補註 按: 突, 當作窔. 爾雅室東南隅謂之窔.

번역 살펴보니, '요(突)'자는 마땅히 요(窔)자가 되어야 한다. 『이아』에서는 방의 동남쪽 모서리를 요(窔)라고 부른다고 했다.³⁾

---

2) 내침(內寢)은 연침(燕寢)을 뜻한다. 천자의 경우 6개의 침(寢)을 두는데, 1개의 정침(正寢)을 제외하고, 나머지 5개의 침은 연침이 된다. 정침은 가장 바깥쪽에 있기 때문에, 외침(外寢)이라고 부르며, 연침은 상대적인 의미에서 '내침'이라고 부른다.

3) 『이아』「석궁(釋宮)」: 西南隅謂之奧, 西北隅謂之屋漏, 東北隅謂之宧, 東南隅謂之窔.

「단궁상」 52장

①衰, 與其不當物也, 寧無衰. 齊衰不以邊坐, 大功不以服勤.

번역 상복이 규정에 따라 제대로 만들어진 것이 아니라면, 차라리 입지 않는 것이 낫다. 자최복(齊衰服)을 입고 있을 때에는 한쪽으로 치우친 자세로 앉아 있을 수가 없고, 대공복(大功服)을 입고 있을 때에는 노역에 참여할 수 없다.

① 衰與其[止]寧無衰.

補註 疏曰: 雖有不如無也.

번역 소에서 말하길, 비록 입더라도 입지 않은 것만 못하다.

補註 ○按: 此蓋甚言之之辭. 本註馬說, 當爲推言.

번역 ○살펴보니, 이것은 아마도 매우 심한 표현의 말 같다. 진호의 주에 나오는 마씨의 주장은 이를 미루어서 말한 것이다.

山陰陸氏曰: 物, 若①周書所謂朝服八十物·七十物, 是已據此布之精粗, 非獨升數不同, 縷數亦不同矣. 尊者服精, 卑者服粗, 故曰與其不當物, 寧無衰.

번역 산음육씨[1]가 말하길, '물(物)'은 마치 『주서』에서 조복(朝服)을 80물(物)로

---

1) 산음육씨(山陰陸氏, A.D.1042~A.D.1102): =육농사(陸農師)·육전(陸佃). 북송(北宋) 때의 유학자이다. 자(字)는 농사(農師)이며, 호(號)는 도산(陶山)이다. 어려

하거나 70물(物)로 한다고 했을 때의 '물(物)'을 뜻하니, 『주서』에서는 이미 포(布)의 거칠고 촘촘한 정도에 기준을 두고, '물(物)'이라고 표현했으므로, 단지 올수가 같지 않은 것만을 가리키는 것이 아니라, 실의 가늘기가 같지 않다는 것도 가리킨다. 존귀한 자는 촘촘한 옷감으로 만든 복장을 착용하고, 신분이 낮은 자는 조밀하지 않은 옷감으로 만든 복장을 착용한다. 그렇기 때문에 "그 물(物)에 합당하지 않다면, 차라리 상복을 착용하지 않는 것이 낫다."라고 말한 것이다.

① 周書.

補註 當作周禮.
번역 '주례(周禮)'라고 기록해야 한다.

서 집안이 매우 가난했다고 전해지며, 왕안석(王安石)에게 수학하였으나 왕안석의 신법에 대해서는 반대하였다. 저서로는 『비아(埤雅)』,『춘추후전(春秋後傳)』,『도산집(陶山集)』 등이 있다.

「단궁상」 53장

참고─集說

舊館人, 舊時舍館之主人也. 駕車者, 中兩馬爲服馬, 兩旁各一馬爲驂馬. 遇一哀而出涕, 情亦厚矣; 情厚者禮不可薄, 故解脫驂馬以爲之賻. 凡以稱情而已, 客行無他財貨故也. 惡夫涕之無從者, 從, 自也, 今若不賻, 則是於死者無故舊之情, 而此涕爲無自而出矣. 惡其如此, 所以必當行賻禮也. ①舊說: 孔子遇主人一哀而出涕, 謂主人見孔子來而哀甚, 是以厚恩待孔子, 故孔子爲之賻. 然上文旣曰, "入而哭之哀", 則又何必迂其說而以爲遇主人之哀乎?

번역 '구관인(舊館人)'은 옛적에 머물던 여관의 주인을 뜻한다. 수레에 말을 맬 때에는 네 마리의 말을 걸게 되니, 가운데 두 마리의 말을 '복마(服馬)'라고 하며, 양측에 있는 각각의 한 마리 말들을 '참마(驂馬)'라고 한다. 한결같이 슬퍼함을 보아서, 눈물을 흘렸던 것은 정감이 또한 두터웠기 때문이며, 그에 대한 정감이 두터운 경우에는 예를 야박하게 시행할 수 없다. 그렇기 때문에 참마를 풀어서, 그에 대해 부위를 했던 것이다. 무릇 이러한 조치는 정감의 수위에 맞춘 것일 따름인데, 본국을 떠나서 다른 나라에 머물러 있던 상태이므로, 다른 재화가 없었기 때문이다. 눈물을 흘림에 이유가 없는 것을 미워한다고 했는데, '종(從)'자는 '~부터[自]'라는 뜻이니, 지금 만약 부의를 하지 않는다면, 죽은 자에 대해서 옛날에 쌓았던 정감이 없었던 것이고, 현재 눈물을 흘린 것은 아무런 이유도 없이 흘린 것이 된다. 이처럼 하는 것을 미워하니, 반드시 부의를 보내는 예를 시행해야만 했던 것이다. 옛 학설에서 말하길, 공자는 주인이 한결같이 애통해 하는 마음을 접하고서 눈물을 흘렸으니, 이 말은 주인이 공자가 찾아온 것을 보고 애통함이 심해졌고, 이러한 까닭으로 공자에게 두터운 은정으로 대했기 때문에, 공자가 그를 위해 부의를 보냈다고 주장한다. 그런데 앞 문장에서는 이미 "들어가서 곡을 하며 애통하였다."라고 했으니, 어찌 반드시 그 주장을 억지로 맞춰서, 주인의 슬픔을 접하게 되었다는 뜻으로 여길 필요가 있는가?

① ○舊說孔子[止]出涕.

補註 按: 鄭註, 見主人, 爲我盡一哀, 我爲出涕. 陳註誤.

번역 살펴보니, 정현의 주에서는 상주의 모습을 보니 공자를 위해 한결같이
애통해하는 마음을 다하여 공자 또한 눈물을 흘렸다고 했다. 진호의 주가 잘
못되었다.

「단궁상」 54장

孔子在衛, 有送葬者, 而夫子觀之, 曰: "善哉爲喪乎! 足以爲法
矣. 小子識之!" 子貢曰: "夫子何善爾也?" 曰: "①其往也如慕,
其反也如疑." 子貢曰: "豈若速反而虞乎?" 子曰: "小子識之! 我
未之能行也."

번역 공자가 위나라에 있을 때, 영구(靈柩)를 장지(葬地)로 전송하는 자가 있었다.
공자가 상주의 행동을 관찰하고서 말하길, "상례를 치르는 것을 아주 잘하는구나!
충분히 그의 행동은 법도로 삼을 수 있다. 제자들아 잘 보고 기억해두거라!"라고
했다. 자공(子貢)이 말하길, "선생님께서는 어떤 점이 좋다고 하신 겁니까?"라고
물었다. 그러자 공자가 대답하길, "그가 장지로 갈 때에는 부모를 사모하듯이 행동
하였고, 그가 장지에서 되돌아올 때에는 부모가 정말로 돌아가셨는지 의심하며 천
천히 발걸음을 옮긴 것이 바로 잘한 점이다."라고 했다. 자공이 재차 물으며, "어찌
신속히 되돌아와서 우제(虞祭)를 치르는 것만 같겠습니까? 그가 되돌아오는 것이
너무 더딘 것이 아닙니까?"라고 했다. 그러자 공자가 말하길, "제자들아 잘 기억해
두거라! 나도 저 사람처럼 효성스럽게는 못했었다."라고 했다.

① **其往也[止]如疑.**

補註 鄭註: 慕謂小兒隨父母啼呼. 疑者, 哀親之在彼, 如不欲還然.
번역 정현의 주에서 말하길, '모(慕)'는 어린아이들이 부모를 뒤따르며 우는
것을 뜻한다. '의(疑)'는 부모가 저곳에 계신 것처럼 그리워하니, 마치 되돌
아가고자 하지 않는 것과 같은 행동이다.

補註 ○按: 問喪補註, 鄭註不知神之來否, 當參看.
번역 ○살펴보니, 『예기』「문상(問喪)」편의 보주에서 정현의 주석에서는 신령
이 찾아올 것인지 아닌지를 알 수 없다고 풀이했는데, 함께 참고해야만 한다.

顏淵之喪, 饋祥肉, 孔子出受之; ①入, 彈琴而后食之.

번역 안연(顏淵)의 상을 치를 때, 그의 집안에서는 안연에 대한 대상(大祥)을 치르고 나서, 제사를 지냈던 고기를 공자에게 보냈다. 공자는 밖으로 나와서 직접 그것을 받았으며, 들어와서는 금(琴)을 연주하여 슬픈 감정을 해소한 뒤에야 그것을 먹었다.

① ○入彈琴而后.

補註 按: 家語而后上有散情二字.

번역 살펴보니, 『공자가어』에는 '이후(而后)'라는 글자 앞에 산정(散情)이라는 두 글자가 더 기록되어 있다.

「단궁상」57장

참고-經文

孔子蚤作, 負手曳杖, ①消搖於門, 歌曰: "泰山其頹乎! 梁木其
壞乎! 哲人其萎乎!" 旣歌而入, 當戶而坐. 子貢聞之, 曰: "泰山
其頹, 則②吾將安仰? 梁木其壞, 哲人其萎, 則吾將安放? 夫子
殆將病也!" 遂趨而入.

번역 공자는 어느 날 아침 일찍 일어나서, 뒷짐을 지고 지팡이를 끌고 문 앞으로
갔다. 그곳에서 유유자적하며 노래를 불렀는데, "태산(泰山)은 장차 무너지겠구나!
양목(梁木)은 장차 부러지겠구나! 철인(哲人)은 장차 죽게 되겠구나!"라고 했다.
노래를 끝내고 난 뒤 안으로 들어가서, 방문 앞에 당도하여 앉았다. 자공(子貢)이
그 노래 소리를 듣고서 "태산이 무너지게 되면 나는 장차 무엇을 우러러 볼 수 있겠
는가? 양목이 부러지고, 철인이 죽게 되면, 나는 장차 누구를 본받을 수 있겠는가?
선생님께서는 아마도 병이 위중해지실 것이다!"라고 했다. 그리고는 마침내 급히
발걸음을 옮겨서 안으로 들어갔다.

① ○消搖.

補註 陸云: 消搖, 本又作逍遙.
번역 육덕명이 말하길, '소요(消搖)'는 판본에 따라 또한 '소요(逍遙)'라고도
기록한다.

補註 ○字彙: 消搖, 翶翔貌.
번역 ○『자휘』에서 말하길, '소요(消搖)'는 빙빙 돌아다니는 모습을 뜻한다.

② 吾將安放.

補註 鄭註: "梁木, 衆木所放." 疏曰: "衆木, 榱桷之屬, 依放橫梁乃存, 立
放卽依也. 論語云: '放於利而行', 孔曰: '放, 依也.'"

번역 정현의 주에서 말하길, "'양목(梁木)'은 모든 나무들이 우러러보는 나무이다."라고 했다. 소에서 말하길, "'중목(衆木)'은 서까래 등속을 뜻하니, 이러한 것들은 대들보에 의지한 뒤에야 건축물에 붙어있을 수 있으니, 내맡길 수 있는 대들보가 세워져야만 서까래 등이 의지할 수 있는 것이다. 『논어』에서는 '이로움에만 내맡겨서 행동하게 된다.'[1]라고 했고, 공씨는 '방(放)자는 의지한다는 뜻이다.'라고 했다."라고 했다.

---

1) 『논어』「이인(里仁)」: 子曰, "放於利而行, 多怨."

「단궁상」 58장

참고─經文

夫子曰: "賜! 爾來何遲也? 夏后氏殯於東階之上, 則猶在阼也. 殷人殯於兩楹之間, 則與賓主夾之也. 周人殯於西階之上, 則猶賓之也. 而丘也, 殷人也. 予疇昔之夜, 夢坐奠於兩楹之間. 夫明王不興, 而天下①其孰能宗予? 予殆將死也!" 蓋寢疾七日而沒.

번역 공자가 말하길, "사(賜)야! 너는 왜 이리 늦게 오는 것이냐? 내가 너에게 들려줄 말이 있다. 하후씨 때에는 동쪽 계단 위에 빈소를 마련했으니, 여전히 죽은 자를 주인으로 삼아서, 빈소를 동쪽 계단에 둔 것이다. 은나라 때에는 계단 위의 양쪽 기둥 사이에 빈소를 마련했으니, 이처럼 빈소를 마련하게 되면, 빈객과 주인이 서게 되는 동서쪽 계단 사이에 있게 되어, 빈객과 주인의 사이에 있게 된다. 주나라 때에는 서쪽 계단 위에 빈소를 마련했으니, 여전히 죽은 자를 빈객으로 여겨서, 빈소를 서쪽 계단에 둔 것이다. 그런데 내 조상은 은나라 출신이니, 나 또한 은나라 사람이라고 할 수 있다. 나는 어젯밤 꿈을 꾸었는데, 내가 양쪽 기둥 사이에 앉아서 전(奠)제사를 받고 있었다. 이 꿈을 풀이해보자면, 성왕이 다시 나타나지 않고, 천하 사람들 중 그 누가 나를 종주로 삼을 수 있겠는가? 그러므로 이것은 필시 내가 죽은 다음에 일어날 일일 것이다. 그러므로 나는 아마도 머지않아 죽게 될 것이다!"라고 했다. 그런 뒤에 공자는 병으로 침상에 누워 있기를 7일 동안 한 뒤 죽었다.

① ○其孰能宗予.

補註 鄭註: 兩楹之間, 南面向明, 人君聽治正坐之處. 今無明王, 誰能尊我以爲人君乎?

번역 정현의 주에서 말하길, 양쪽 기둥 사이는 남쪽을 향하는 밝은 장소이니, 군주가 정무를 처리할 때 앉게 되는 장소이다. 현재 성왕(聖王)이 없는데, 그 누가 나를 존귀하게 높여서 군주로 여기겠느냐는 뜻이다.

補註 ○續通解曰: 孰能宗予? 但言無人尊己之道. 註言尊爲人君失之.
번역 ○『속통해』에서 말하길, "누가 나를 종주로 삼을 수 있겠는가?"라는 말은 단지 사람들에게 나를 존귀하게 높이는 도가 없다는 말이다. 주에서 존귀하게 높인다는 것을 군주로 여긴 것은 잘못된 해석이다.

補註 ○按: 家語註, 臨終傷道之不行也, 良是.
번역 ○살펴보니, 『공자가어』의 주에서 죽음이 다가왔을 때 도가 시행되지 않음에 상심했다고 한 말이 참으로 옳다.

以後章二三子経而出言之, 此所謂無服, 蓋謂弔服加麻也. 疏
云, 士①弔服疑衰麻, 謂環経也. 五服経皆兩股, 惟環経一股.
後章從母之夫, 疏云, 凡弔服不得稱服.

번역 다음 장에서는 문인들이 질(経)을 쓰고서 나왔다고 했으니,[1] 이곳에서 상복
이 없다고 말한 것은 아마도 조복(弔服)에 마질(痲経)을 더한 복장을 뜻하는 것
같다. 공영달의 소에서 말하길, 사의 조복(弔服)은 의최(疑衰)에 마질(痲経)을 더
한다고 했는데, 마(痲)라는 것은 곧 머리에 쓰는 환질(環経)을 뜻한다고 했다. 오
복(五服)에 착용하는 질(経)은 모두 '한 가닥의 끈에서 빼낸 두 가닥의 끈[兩股]'
으로 만들게 되는데, 오직 환질만은 한 가닥의 끈으로 만든다. 뒤에는 이모[從母]
의 남편에 대한 내용이 나오는데,[2] 공영달의 소에서는 무릇 조복(弔服)에 대해서
는 상복[服]이라고 부를 수 없다고 했다.

① ○弔服疑衰.

補註 周禮司服註: 疑之言擬也, 擬於吉.
번역 『주례』 「사복(司服)」편의 주에서 말하길, '의(疑)'자는 "비기다[擬]."는
뜻이니, 길복에 비긴다는 의미이다.

---

1) 『예기』 「단궁상」: 孔子之喪, <u>二三子皆経而出</u>, 群居則経, 出則否.
2) 『예기』 「단궁상」: <u>從母之夫</u>, 舅之妻, 二夫人相爲服, 君子未之言也. 或曰, "同爨
緦."

「단궁상」 60장

孔子之喪, 公西赤爲志焉. 飾棺①牆, 置翣②設披, 周也. ③設
崇, 殷也. ④綢練設旐, 夏也.

번역 공자의 상에 대해, 공서적(公西赤)은 융성하게 치르고자 하였다. 그래서 삼대
(三代) 때의 장례 제도를 두루 적용하였으니, 관(棺)에 홑이불을 덮어서 치장을 하
고, 그 겉에 담장처럼 천을 둘렀으며, 영구(靈柩)를 실은 수레 주변에는 삽(翣)을
설치하고, 양쪽에 새끼줄을 두어, 그것을 당겨서 수레가 균형을 유지하도록 하였으
니, 이것은 주나라 때의 제도에 해당한다. 또한 타고 가는 수레에는 깃발을 세우고
숭아(崇牙)의 장식을 하였으니, 이것은 은나라 때의 제도에 해당한다. 깃발의 장대
에 흰색의 비단을 묶어두고, 그 위에 거북이와 뱀을 그린 깃발을 묶어두었으니, 이
것은 하나라 때의 제도에 해당한다.

① 牆置翣.

補註 按: 牆, 裳帷也. 諺讀以飾棺牆爲一句, 而飾棺, 恐當句.

번역 살펴보니, '장(牆)'은 휘장을 뜻한다. 『언독』에서는 '식관장(飾棺牆)'을
하나의 구문으로 여겼지만, 식관(飾棺)으로 구문을 끊어야 할 것 같다.

② 設披.

補註 鄭註: 披, 柩行夾引棺者.

번역 정현의 주에서 말하길, '피(披)'는 영구가 행차할 때 관을 양쪽에서 당
기도록 하는 끈이다.

補註 ○按: 披制, 詳見喪大記註.

번역 ○살펴보니, 피(披)에 대한 제도는 『예기』「상대기(喪大記)」편의 주에
자세히 나온다.

③ 設崇.

補註 鄭註: "崇牙, 旌旗飾也." 疏曰: "旌旗之旁, 刻繒爲崇牙."
번역 정현의 주에서 말하길, "'숭아(崇牙)'는 깃발에 하는 장식이다."라고 했다. 소에서 말하길, "깃발의 측면에 명주로 숭아(崇牙)의 장식을 한 것이다."라고 했다.

④ 綢練.

補註 鄭註: 以練綢旌之杠, 爾雅說旌旗曰: "素錦綢杠."
번역 정현의 주에서 말하길, '누인 명주[練]'로 깃발의 장대를 감싸는 것이니, 『이아』에서는 깃발을 설명하면서, "흰색의 비단으로 장대를 감쌌다."[1]라고 했다.

補註 ○按: 綢, 纏也. 練, 素錦也. 爾雅素錦綢杠註, 以白錦韜旗之竿. 沙溪謂綢密也, 恐未察.
번역 ○살펴보니, '주(綢)'자는 얽는다는 뜻이다. '연(練)'자는 흰색의 비단을 뜻한다. 『이아』의 '소금주강(素錦綢杠)'에 대한 주에서는 백색의 비단으로 깃발의 장대를 감싼다고 했다. 사계는 '주(綢)'자를 촘촘하다는 뜻으로 풀이 했는데, 아마도 자세히 살피지 않은 것 같다.

補註 ○又按: 綢若取韜義, 則音叨, 若取纏義, 則直留反. 陸音並存之.
번역 ○또 살펴보니, '綢'자를 만약 감춘다는 뜻으로 사용했다면 그 음은 '叨 (도)'이고, 얽는다는 뜻으로 사용했다면 '直(직)'자와 '留(류)'자의 반절음이 다. 육덕명의 『음의』에서는 둘 모두 기록하고 있다.

---

1) 『이아』「석천(釋天)」: 素錦綢杠, 纁帛縿, 素陞龍于縿, 練旒九, 飾以組, 維以縷.

疏曰: 孔子之喪, 公西赤以飾棺榮夫子, 故爲盛禮, 備三王之
制, ①以章明志識焉. 於是以素爲褚, 褚外加牆, 車邊置翣, 恐
柩車傾虧, 而以繩左右維持之, 此皆周之制也. 其送葬乘車所
建旌旗, 刻繒爲崇牙之飾, 此則殷制. 及綢承旌旗之竿以素錦,
於杠首設長尋之旐, 此則夏禮也.

번역 공영달의 소에서 말하길, 공자의 상에서, 공서적(公西赤)은 관(棺)을 장식하
여, 공자를 영예롭게 하고자 했다. 그렇기 때문에 융성한 예를 시행하여, 삼왕(三
王)의 제도를 갖춰서, 뜻한 바와 지식을 드러낸 것이다. 이때 흰색으로 '관을 덮는
홑이불[褚]'을 만들고, 저(褚) 겉에 '담장처럼 천을 두르는 것[牆]'을 더했으며, 영
구(靈柩)를 실은 수레 주변에는 삽(翣)을 설치하였고, 영구를 실은 수레가 기울어
질 것을 염려하여, 새끼줄[繩]을 좌우에 두어, 그것을 당겨 균형을 유지하였는데,
이러한 조치들은 모두 주나라 때의 제도에 해당한다. 장례를 전송하며 타는 승거
(乘車)[2]에 정기(旌旗)[3]를 세워두고, 비단으로 새겨서 숭아(崇牙)의 장식을 하는
데, 이러한 조치들은 은나라 때의 제도에 해당한다. 깃발의 장대에 흰색의 비단을
묶어두고, 깃대 위에 그 길이가 1심(尋)[4]에 해당하는 조(旐)를 묶어두었으니, 이러
한 조치들은 하나라 때의 제도에 해당한다.

① 以章明志識焉.

補註 按: 鄭註志謂章識, 疏因鄭註而解之也.
번역 살펴보니, 정현의 주에서는 '지(志)'자를 나타내고 드러낸다는 뜻이라고

---

2) 승거(乘車)는 고대의 장례(葬禮) 때 사용되었던 수레이다. 혼거(魂車)라고도 부른
   다. 죽은 자의 옷과 관(冠)을 실어서 마치 죽은 자가 생전에 수레를 타던 것처럼
   형상화하는 것이다. 그래서 '혼거'라고 부른다.
3) 정기(旌旗)는 깃발들을 범칭하는 말이다.
4) 심(尋)은 자리의 크기가 반상(半常)인 것으로, 8척(尺)이 되는 것을 뜻한다. 『의례』
   「공사대부례(公食大夫禮)」편에는 "司宮具几與蒲筵常, 緇布純. 加萑席尋, 玄帛
   純. 皆卷自末."이라는 기록이 있는데, 이에 대한 정현의 주에서는 "半常曰尋."이라
   고 풀이했다.

했고, 소에서는 정현의 주에 따라 풀이한 것이다.

①詩, "虞業維樅", 疏云, "懸鐘磬之處, 以采色爲犬牙, 其狀隆然, 謂之崇牙. 練, 素錦也. 緇布廣終幅, 長八尺, 旒之制也."

번역 『시』에서는 "종과 경을 매다는 틀이여."[5]라고 했는데, 이 문장에 대한 공영달의 소에서는 "종과 경을 매다는 곳으로, 채색을 하여 견아(犬牙)의 무늬를 만드는데, 그 모양이 큰 것을 '숭아(崇牙)'라고 부른다. '연(練)'은 흰색의 비단을 뜻한다. 검은색의 포(布)는 그 너비가 1폭(幅)에 이르고, 길이는 8척(尺)이니, 조(旒)를 만드는 방법과 같다."라고 했다.

① 詩虞[止]崇牙.

補註 按: 樂虞有崇牙, 葬旗亦有崇牙, 見明堂位. 此章設崇, 與詩疏之崇牙異, 引之者未知何義.

번역 살펴보니, 악기를 매다는 틀에는 숭아(崇牙)라는 장식이 있고,[6] 장례를 치를 때의 깃발에도 숭아(崇牙)라는 장식이 있으니,[7] 『예기』「명당위(明堂位)」편에 나온다. 이 문장에서 숭(崇)을 설치한다고 한 것과 『시』의 소에서 말한 숭(崇)이라는 것은 다른 것인데, 이 문장을 인용한 이유를 모르겠다.

---

5) 『시』「대아(大雅)·영대(靈臺)」: 虞業維樅, 賁鼓維鏞. 於論鼓鍾, 於樂辟廱.
6) 『예기』「명당위(明堂位)」: 夏后氏之龍簨簴, 殷之崇牙, 周之璧翣.
7) 『예기』「명당위(明堂位)」: 有虞氏之綏, 夏后氏之綢練, 殷之崇牙, 周之璧翣.

「단궁상」 61장

참고—經文

子張之喪, 公明儀爲志焉. ①褚幕丹質, 蟻結于四隅, 殷士也.

번역 자장(子張)의 상에서, 그의 제자 공명의(公明儀)가 장례를 치르며 치장하는 것을 드러내고자 하였다. 저(褚)를 휘장처럼 설치하되 붉은색 바탕의 포(布)를 이용해서 만들었고, 네 귀퉁이에는 왕개미가 서로 왕래하는 모습을 그렸는데, 이것은 은나라 때 사 계급에 대한 장례에서 하는 치장 형식이다.

① 褚幕.

補註 徐志修曰: 丹幕爲褚, 恐自是殷之士禮, 非以尊師而特設也.
번역 서지수가 말하길, 붉은 장막을 저(褚)라고 하는데, 아마도 은나라 때 사가 따르던 예법인 것 같으니, 스승을 존귀하게 높여서 특별히 설치한 것은 아니다.

「단궁상」 62장

참고-經文

子夏問於孔子曰: "居父母之仇, 如之何?" 夫子曰: "寢苫枕干, 不仕, 弗與共天下也. 遇諸市朝, ①不反兵而鬪."

번역 자하(子夏)가 공자에게 묻기를 "부모의 원수에 대해서는 어떻게 해야 합니까?"라고 하자, 공자가 대답하길, "거적에 누움에 방패를 베개로 삼아 잠을 자고, 벼슬살이를 하지 않으며, 원수와는 같은 하늘아래에서 함께 살지 않는다. 시장이나 조정에서 만나게 되면, 되돌아가서 병장기를 가져오지 않고, 항상 지니고 다녔던 병장기를 꺼내 즉시 싸운다."라고 했다.

① ○不反兵而鬪.

補註 陽村曰: 復讐之事, 曲禮亦已言之. 此於父母之仇曰不反兵, 彼則於兄弟言之; 此於昆弟之仇曰仕不與共國, 彼則於交游之讐曰不同國, 此於從父昆弟之仇, 曰不爲魁而陪其後, 又不及交游之讐, 從父昆弟之仇, 尙不可爲魁, 況交游乎? 曲禮說過重, 當以此章夫子之言爲正.

번역 양촌이 말하길, 원수에 대해 복수를 한다는 사안은 『예기』「곡례(曲禮)」편에서도 이미 언급했다. 「단궁」편에서는 부모의 원수에 대해 병장기를 가지러 집으로 되돌아가지 않는다고 했고, 「곡례」편에서는 형제의 원수에 대해 언급했다. 또 「단궁」편에서는 곤제의 원수에 대해서 벼슬살이를 할 때 그와 같은 나라에서 벼슬을 하지 않는다고 했고, 「곡례」편에서는 교류하는 벗의 원수에 대해서 같은 나라에 살지 않는다고 했다. 또 「단궁」편에서는 종부와 종곤제의 원수에 대해서는 원수를 갚을 때 앞장서지 않으며 그의 자식이 원수를 갚도록 돕는다고 했고,[1] 교류하는 벗의 원수에 대해서는 언급

---

1) 『예기』「단궁상(檀弓上)」: 曰: "請問. 居昆弟之仇, 如之何?" 曰: "仕弗與共國, 衙君命而使, 雖遇之不鬪." 曰: "請問. 居從父 · 昆弟之仇, 如之何?" 曰: "不爲魁, 主人能, 則執兵而陪其後."

하지 않았다. 그러나 종부와 종곤제의 원수에 대해서도 오히려 원수를 갚는 데 앞장서지 않는데 하물며 교류하는 벗의 원수에게는 어떠하겠는가? 따라서 「곡례」편의 설명은 매우 지나치니 이곳 문장에서 공자가 말한 것을 정론으로 삼아야 한다.

「단궁상」 63장

曰: "請問. 居昆弟之仇, 如之何?" 曰: "仕弗與共國, ①銜君命而使, 雖遇之不鬪." 曰: "請問. 居從父·昆弟之仇, 如之何?" 曰: "不爲魁, 主人能, 則執兵而陪其後."

번역 자하(子夏)가 재차 질문하길, "청컨대 더 묻고자 합니다. 곤제(昆弟)의 원수에 대해서는 어떻게 해야 합니까?"라고 하자, 공자가 대답해주길, "벼슬살이를 할 때, 그와 더불어 같은 나라에서 벼슬살이를 하지 않고, 군주의 명령을 받들어 사신으로 갈 때에는 비록 원수와 만나더라도 싸우지 않는다."라고 했다. 그러자 자하가 재차 질문하길, "청컨대 더 묻고자 합니다. 종부(從父)와 종곤제(從昆弟)의 원수에 대해서는 어떻게 해야 합니까?"라고 하자, 공자가 대답해주길, "원수를 갚을 때 앞장서지 않으니, 그의 자식이 원수를 갚을 능력이 된다면, 병장기를 휴대하고, 그의 뒤에서 돕는다."라고 했다.

① ○銜君命[止]不鬪.

補註 疏曰: 爲其鬪而不勝, 廢君命也.

번역 소에서 말하길, 원수와 싸워서 이기지 못하게 되면, 군주의 명령을 내버리는 꼴이 된다.

嚴陵方氏曰: 寢苫則常以喪禮自處, 枕干則常以戎事自防, 不仕則不暇事人而事事也. 弗與共天下, 則與不共戴天同義. 市朝非戰鬪之處, 遇諸市朝, 猶不反兵, 則無所往而不執兵矣. 由其恩之至重, 故其報之如此. 仕弗與共國, 則雖事人而事事, 亦恥與之相遇也. 銜君命而使, 遇之不鬪, 則不敢以私讐妨公事, 由其恩殺於父母. 曲禮言交游之讐, 而不及從父昆弟, 此言從父昆弟之讐, 而①不及交游者, 蓋交游之讐, 猶不同國, 則從父昆弟, 可知矣, 於從父昆弟, 且不爲魁, 則交游不爲魁, 可知矣.

번역 엄릉방씨[1]가 말하길, 거적 위에서 잠을 잔다면, 항상 상례(喪禮)의 방법으로써 제 스스로 거처하는 것이고, 방패를 베개로 삼아 잔다면, 항상 병장기를 가지고서 제 스스로를 방비하는 것이며, 벼슬살이를 하지 않는다면, 남을 섬길 겨를이 없어서, 원수를 갚는 일에만 전념하는 것이다. "더불어서 세상을 함께 살아가지 않는다."는 말은 『예기』「곡례(曲禮)」편에서 말한 "더불어서 같은 하늘 아래에서 살지 않는다."라고 한 말과 같은 뜻이다. 시장과 조정은 전투를 하는 장소가 아닌데도, 시장이나 조정에서 만나게 되면, 오히려 병장기를 가지러 되돌아가지 않는다고 하였으니, 가는 곳마다 병장기를 지니고 있지 않은 적이 없는 것이다. 은정 중에서도 지극히 중대한 경우에 따르기 때문에, 복수를 함이 이와 같은 것이다. 벼슬살이를 할 때 원수와 더불어 같은 나라에서 벼슬하지 않는다고 하였다면, 비록 남을 섬기더라도, 원수를 갚는 일에도 종사한다는 뜻이지만, 또한 원수와 함께 벼슬살이를 하여, 조정에서 함께 만나게 되는 것을 치욕스럽게 여기는 것이다. 군주의 명령을 받들고서 사신으로 가게 되면, 원수와 만나더라도 싸우지 않는다고 하였으니, 감히 개인적으로 원수 갚는 일로써 공사(公事)에 방해를 줄 수 없기 때문으로, 그에 대한 은정이 부모에 대한 경우보다도 낮기 때문이다. 「곡례」편에서는 교우하는 벗의 원수에 대해서 언급하였고, 종부(從父) 및 종곤제(從昆弟)의 원수에 대해서는 언급하지 않았는데, 이곳 문장에서는 종부(從父) 및 종곤제(從昆弟)의 원수에 대해서 언급하고, 교우하는 벗의 원수에 대해서는 언급하지 않았다. 그 이유는 아마도 교우하는 벗의 원수에 대해서는 오히려 같은 나라에서 살지 않는다고 하였으니, 종부(從父) 및 종곤제(從昆弟)의 원수에 대해서도 같은 나라에서 살지 않는다는 사실을 알 수 있고, 또 종부(從父) 및 종곤제(從昆弟)의 원수에 대해서는 또한 원수 갚는 일에 앞장서지 않는다고 하였으니, 교우하는 벗의 원수에 대해서도 원수 갚는 일에 앞장서지 않는다는 사실을 알 수 있다.

---

1) 엄릉방씨(嚴陵方氏, ?~?) : =방각(方慤)・방씨(方氏)・방성부(方性夫). 송대(宋代)의 유학자이다. 이름은 각(慤)이다. 자(字)는 성부(性夫)이다. 『예기집해(禮記集解)』를 지었고, 『예기집설대전(禮記集說大全)』에는 그의 주장이 많이 인용되고 있다.

① 不及從父者.

補註 從父, 唐本作交游.

번역 '종부(從父)'를 『당본』에서는 교유(交游)라고 기록했다.

「단궁상」 64장

참고-經文

孔子之喪, 二三子皆絰而出; ①群居則絰, 出則否.

번역 공자의 상이 발생하자, 제자들은 모두 질(絰)을 둘렀고, 밖으로 나갈 때에도 질(絰)을 두른 상태로 나갔다. 반면 제자들이 서로를 위해 상을 치를 때에는 질(絰)을 둘렀지만, 밖으로 나갈 때에는 질(絰)을 두르지 않았다.

① 群居則絰出則否.

補註 沙溪曰: 弟子中二三子恩義之深者, 皆絰而出, 其餘群弟子居則絰, 出則脫也.

번역 사계가 말하길, 제자들 중 몇 명은 스승에 대한 은정과 도의가 깊은 자들이므로, 이들은 모두 질(絰)을 두르고 출타했고, 나머지 대다수의 제자들은 안에 거처할 때에는 질(絰)을 둘렀지만 출타하게 되면 벗었다.

補註 ○按: 註曰, "群者, 諸弟子相爲朋友之服." 此雖出於古註, 而終似可疑. 沙溪說恐是.

번역 ○살펴보니, 주에서는 "'군(群)'이라는 것은 여러 제자들이 서로 벗을 위해 상(喪)을 치르는 경우를 뜻한다."라고 했다. 이것은 비록 옛 주에서 도출된 것이지만, 끝내 의심적인 해석이 된다. 사계의 주장이 아마도 옳은 것 같다.

補註 ○白虎通曰: 弟子爲師入則絰, 出則否.

번역 ○『백호통』에서 말하길, 제자는 스승을 위해 안으로 들어와서는 질(絰)을 두르지만 출타하게 되면 두르지 않는다.

補註 ○家語·終記篇: 孔子之喪, 弟子皆弔服而加麻, 出有所之, 則由絰. 子夏曰: "入宜絰可也, 出則不絰." 子游曰: "吾聞諸夫子, 喪朋友, 居則絰, 出則否, 喪所尊, 雖絰而出, 可也."

번역 ○『공자가어』「종기(終記)」편에서 말하길, 공자의 상이 발생하자 제자들은 모두 조복(弔服)을 입고 마질(麻絰)을 둘렀는데, 출타하여 어디에 찾아갈 일이 생기면 질(絰)을 둘렀다. 자하는 "안으로 들어와서는 마땅히 질(絰)을 둘러야 옳다. 그러나 출타하게 되면 질(絰)을 두르지 않는다."라고 했다. 자유는 "내가 선생님께 들었는데, 벗의 상을 치를 때 안에 머물 때에는 질(絰)을 두르고 출타하게 되면 두르지 않는다. 그러나 존귀하게 여기는 대상의 상을 치를 때에는 비록 질(絰)을 두르고서 출타해도 괜찮다."라고 했다.

補註 ○按: 據家語, 則群字以朋友爲解, 亦可, 而但與白虎通不同, 未知孰是.

번역 ○살펴보니,『공자가어』의 기록에 근거해보면 군(群)자를 벗으로 풀이하는 것 또한 옳은 해석이다. 다만『백호통』과는 차이가 나니 어느 기록이 옳은지는 모르겠다.

曾子弔於負夏, 主人既祖, ①塡池, ②推柩而反之, ③降婦人而
后行禮. 從者曰: "禮與?" 曾子曰: "夫祖者, 且也. 且胡爲其不可
以反宿也?"

번역 증자(曾子)가 위나라 부하(負夏)라는 지역으로 찾아가서 조문을 하였는데,
당시 상주는 이미 조전(祖奠)[1]을 시행한 상태인데도, 차려둔 음식을 물리고, 영구
(靈柩)를 끌어다가 다시 본래의 장소로 되돌려놓았고, 부인을 양쪽 계단 사이로 내
려가게 한 다음에 조문을 받는 의례를 시행하였다. 증자의 종자(從者)는 이러한 조
치를 괴이하게 여겨서, "이것이 예법에 맞는 것입니까?"라고 물었다. 증자가 대답
하길, "무릇 '조(祖)'라는 것은 장차[且]라는 뜻이다. 그러므로 장차 시행하려고 했
지만, 실제로는 아직 시행한 것이 아니니, 영구를 되돌려놓고 하루를 보내는 것이
어찌 불가하다고 할 수 있겠는가?"라고 했다.

① ○塡池.

補註 語類: 問, "禮記既祖塡池, 鄭氏作奠徹, 恐是塡池, 是殯車所用者?"
曰, "如魚躍拂池, 固是如此. 但見葬車用此, 恐殯車不用此, 此處亦有疑."
번역 『어류』에서 말하길, "『예기』에서 '기조전지(既祖塡池)'라고 한 것에 대
해 정현은 전지(塡池)를 전철(奠徹)로 기록해야 한다고 했는데, 아마도 전
지(塡池)라고 한 기록이 옳은 것 같으니 이것은 빈소에서 영구를 운반할 때
사용하는 수레가 아닙니까?"라고 묻자, "'동으로 만든 물고기가 흔들리며 지
(池)를 움직이게 한다.'[2]와 같은 것이 진실로 이와 같은 것이다. 그러나 장
례를 치르며 사용하는 수레에 이것을 달았다는 것을 보면 빈소에서 영구를

---

1) 조전(祖奠)은 발인 하루 전에 올리는 전제(奠祭)를 가리킨다.
2) 『예기』「상대기(喪大記)」: 魚躍拂池.

운반할 때 사용했던 수레에는 아마도 이것을 사용하지 않았을 것이니, 이 부분에는 의문스러운 점이 있다."라고 대답했다.

補註 ○按: 旣夕禮旣啓殯, 朝祖之後已載, 載後已飾柩, 飾柩後乃祖, 設池於柳車, 正在飾柩時. 此云旣祖, 則其已載葬車可知. 問者所謂殯車所用者, 似未照檢, 而朱子恐亦隨問而答之如此也. 但塡字亦難通. 若曰設池之謂, 則設池在未祖之前, 何以曰旣祖塡池乎! 竊意, 塡池二字, 恐當連下文讀, 似是方推柩而反, 故塡塞其池也. 池, 詳見下篇及喪大記.

번역 ○살펴보니, 『의례』「기석례(旣夕禮)」편에서는 계빈(啓殯)[3]을 끝내고 조상에게 아뢴 이후에 영구를 수레에 싣고, 수레에 실은 뒤에 영구를 장식하며, 영구를 장식한 이후에 조전을 한다고 했으니, 유거(柳車)[4]에 지(池)를 설치하는 것은 바로 영구를 장식하는 때에 해당한다. 이곳에서 '기조(旣祖)'라고 했으니, 영구를 장례를 치르는 수레에 실은 상태임을 알 수 있다. 질문을 한 자가 '빈소에서 영구를 운반할 때 사용하는 수레'라고 한 것은 자세히 설명되지 않은 것 같지만, 주자는 아마도 질문의 의도에 따라 대답을 하여 이처럼 말했던 것 같다. 다만 이 기록에서도 전(塡)자는 또한 이해하기 어렵다. 만약 지(池)를 설치한다는 뜻으로 말한다면, 지(池)를 설치하는 것은 아직 조전을 시행하기 이전에 해당하는데, 어떻게 '기조전지(旣祖塡池)'라고 말할 수 있겠는가! 내가 생각하기에 '전지(塡池)'라는 두 글자는 아마도 아래 문장과 연결해서 풀이해야 하니, 영구를 끌어다가 다시 되돌리려고 했기 때문에 웅덩이 같은 곳들을 메운 것이다. '지(池)'자에 대한 설명은 『예기』「단궁하(檀弓下)」편 및 「상대기(喪大記)」편에 자세히 나온다.

補註 ○又按: 奠徹, 疏則以爲曾子之弔在祖之明朝, 旣徹祖奠, 設遣奠之時. 本註劉氏則以爲葬之前一日, 而祖之明朝之說, 恐牽强, 劉說似長.

---

3) 계빈(啓殯)은 장례(葬禮) 절차 중 하나이다. 장례를 치르기 위하여, 빈소에 임시로 가매장했던 영구를 꺼내는 절차를 뜻한다.

4) 유거(柳車)는 상거(喪車)를 뜻한다. 상(喪)을 치를 때 사용하는 수레를 의미한다.

번역 ○또 살펴보니, '전철(奠徹)'에 대해서 소에서는 증자가 조문한 시점이 조(祖)를 한 다음날 아침 조전을 치우고 견전(遣奠)[5]을 진설하려고 하는 때로 여겼다. 진호의 주에 수록된 유씨의 주장에 따르면 장례를 치르기 하루 전이라고 했으니, 조(祖)를 한 다음날 아침이라고 설명하는 것은 아마도 견강부회 같으며, 유씨의 주장이 더 낫다.

② 推柩而反之.

補註 按: 旣夕禮載柩飾柩, 商祝御柩, 還車, 婦人降, 卽位於階間, 乃祖奠. 鄭註祖有行漸車, 亦宜向外也. 蓋於此時, 旣回車向外, 故復推而反之也.

번역 살펴보니, 『의례』「기석례(旣夕禮)」에서는 영구를 싣고 장식을 하며 상축(商祝)[6]이 영구를 실은 수레를 몰아 수레를 돌리면 부인이 밑으로 내려와 계단 사이의 자리로 나아가 위치하며 조전을 시행한다고 했다. 정현의 주에서는 조(祖)에 대해서 행차가 있게 되어 조금 수레를 움직이게 되니 또한 바깥을 향해야 한다고 했다. 아마도 이 시기에는 이미 수레를 돌려서 바깥을 향하고 있었을 것이다. 그렇기 때문에 다시 끌어다가 되돌려놓았던 것이다.

③ 降婦人而后行禮.

補註 鄭註: 禮, 旣祖婦人降, 今反柩, 婦人辟之, 復升堂矣. 又降婦人, 蓋欲矜賓於此婦人.

번역 정현의 주에서 말하길, 예법에 따르면, 조(祖)를 하였다면 부인은 내려

---

5) 견전(遣奠)은 장차 장례(葬禮)를 치르고자 할 때, 지내게 되는 전제사[奠祭]를 뜻한다.

6) 상축(商祝)은 상(商)나라 즉 은(殷)나라 때의 예법을 익혀서, 제사를 돕는 자를 뜻한다. 『예기』「악기(樂記)」편에는 "商祝辨乎喪禮, 故後主人."이라는 기록이 있는데, 이에 대한 공영달(孔穎達)의 소(疏)에서는 "商祝, 謂習商禮而爲祝者."라고 풀이했다.

가 있게 되는데, 현재의 상황은 영구를 되돌려 놓아서, 부인이 그 자리를 피하고자 하여 다시 당으로 올라간 것이다. 또 부인을 계단 사이로 내려가게 하였으니, 무릇 이곳에서 부인에게 조문객을 자랑하고자 한 것이다.

補註 ○按: 降婦人而行禮, 謂反柩之後, 復降婦人而行弔禮也. 本註劉氏所謂至明日, 乃復還柩向外, 降婦人於階間, 而後行遣奠之禮. 非但經文本無許多字句, 不當隨意强添, 且此從者, 只因當日往弔時所見而問之而已. 明日遣奠之事, 非其所覩, 劉說誤矣.

번역 ○살펴보니, 부인을 내려가게 하고서 의례를 시행했다는 것은 영구를 되돌려 놓은 이후 재차 부인을 내려가게 해서 조문의 의례를 시행했다는 뜻이다. 진호의 주에 나온 유씨의 주장에서 "다음날이 되어서야 다시 영구의 방향을 본래대로 바깥쪽으로 되돌리며, 부인이 계단 사이로 내려간 이후에야 견전(遣奠)의 의례를 시행한다."라고 했는데, 경문에는 본래부터 이와 관련된 글이 없을 뿐만 아니라 의미를 추론하여 억지로 첨가해서는 안 된다. 또 종자는 단지 당일에 찾아와서 조문하는 때, 자신이 본 것을 가지고 질문을 했던 것일 뿐이다. 따라서 다음날 견전을 한다는 사안은 직접 본 것이 아니니, 유씨의 주장은 잘못되었다.

참고-集說

劉氏曰: 負夏, 衛地也. 葬之前一日, 曾子往弔, 時主人已祖奠, 而婦人降在兩階之間矣. 曾子至, 主人榮之, 遂徹奠推柩而反, 向內以受弔, 示死者將出行, 遇賓至而爲之暫反也, 亦事死如事生之意, 然非禮矣. 柩旣反, 則婦人復升堂以避柩, 至明日乃復還柩向外, 降婦人於階間, 而後行遣奠之禮. 故從者見柩初已遷, 而復推反之, 婦人已降, 而又升堂, 皆非禮, 故問之. 而曾子答之云, 祖者, 且也, 是且遷柩爲將行之始, 未是實行, 又何爲不可復反? 越宿至明日, 乃還柩遣奠而遂行乎? 疏謂其見主人榮己, 不欲指其錯失, 而①給說答從者, 此以衆人之心窺大賢也. 事之有無不可知, 其義亦難强解, 或記者有遺誤也. 所以徹奠者, 奠在柩西, 欲推柩反之, 故必先徹而後可旋轉也. 婦人降階間, 亦以奠在車西, 故立車後, 今柩反, 故亦升避也.

번역 유씨가 말하길, '부하(負夏)'는 위(衛)나라 땅이다. 장례를 치르기 하루 전에, 증자는 그곳에 찾아가서 조문을 하였고, 당시 상주는 이미 조전(祖奠)을 올린 상태였고, 부인은 양쪽 계단 사이로 내려와 있었다. 증자가 도착하자 상주는 증자가 찾아온 것을 영광으로 여겨서, 마침내 조전을 올린 것을 치우고, 영구(靈柩)를 끌어서 본래의 장소로 되돌리고, 안쪽을 향해 서서 조문을 받았으니, 죽은 자가 장차 장지(葬地)로 떠나가려고 했는데, 조문객이 찾아오게 되어 그를 위해 잠시 되돌렸다는 뜻을 나타낸 것으로, 이것은 또한 죽은 자를 섬기기를 살아있는 자를 섬기듯 하는 뜻에 해당한다. 그러나 이처럼 하는 것은 비례이다. 영구를 이미 되돌려놓았다면, 부인은 다시 당(堂)으로 올라가서 영구를 피해야 하고, 다음날이 되어서야 다시 영구의 방향을 본래대로 바깥쪽으로 되돌리며, 부인이 계단 사이로 내려간 이후에야 견전(遣奠)의 의례를 시행해야 한다. 그렇기 때문에 증자를 따라갔던 자가 영구가 애초에 이미 옮겨진 상태인데, 다시 그것을 끌어다가 되돌려 놓고, 부인이 이미 내려가 있었는데, 다시 당에 올라간 것을 보았고, 이것은 모두 비례에 해당하기 때문에, 질문을 했던 것이다. 그런데 증자는 다음과 같이 대답을 하였다. '조(祖)'자는 장차[且]라는 뜻으로, 장차 영구를 옮기려던 시기는 장지로 행차를 하려는 시작됨이 되는데, 아직 실제로 시행한 것이 아니니, 또한 어찌 다시 되돌려 놓을 수가 없겠는가? 그 날을 넘겨서 다음날이 되면, 다시금 영구의 방향을 되돌려서 견전(遣奠)을 지내고, 그런 뒤에 행차를 떠나도 되지 않겠는가? 공영달의 소에서는 증자는 상주가 자신이 찾아온 것을 영광으로 여기는 것을 보았으므로, 그의 잘못에 대해서 지적하고 싶지 않았으므로, 말을 보태어 종자(從者)의 질문에 대답을 해준 것이라고 했는데, 이것은 일반인의 마음으로 위대한 현자를 헤아려본 것이다. 이러한 일화가 실제로 있었던 일인지 아닌지에 대해서도 알 수 없고, 그 의미 또한 억지로 해석하기 어려우며, 혹은 『예기』를 기록한 자가 빠트린 부분이나 잘못 기록한 것이 있을 수도 있다. 음식을 차려둔 것을 치웠던 까닭은 영구의 서쪽에 음식을 차려두었는데, 영구를 끌어다가 되돌려놓고자 하였기 때문에, 먼저 음식을 치워야만 영구의 방향을 틀어서 되돌려 놓을 수 있었기 때문이다. 부인이 내려가서 계단 아래에 있었던 것은 또한 음식을 수레의 서쪽에도 차려놓았기 때문이다. 그래서 수레의 뒤에 서 있었던 것인데, 현재 상황은 영구를 되돌려 놓았기 때문에, 다시 그 당으로 올라가서 자리를 피해준 것이다.

① 給說答從者.

補註 按: 給說二字, 本出鄭註, 而疏曰: "論語云: '禦人以口給', 謂不顧道理, 以捷給說於人也."

번역 살펴보니, '급설(給說)'이라는 두 글자는 본래 정현의 주에서 도출된 것인데, 소에서는 "『논어』에서는 '말재주로 남을 막는다.'[7]라고 했으니, 도리를 살펴보지 않고, 남에게 급급하게 둘러댄다는 뜻이다."라고 했다.

---

7) 『논어』「공야장(公冶長)」: 或曰, "雍也仁而不佞." 子曰, "焉用佞? 禦人以口給, 屢憎於人. 不知其仁, 焉用佞?"

「단궁상」 68장

참고-集說

從者疑曾子之言, 故又請問於子游也. 飯於牖下者, 尸沐浴之
後, 以米及貝, 實尸之口中也, 時尸在西室牖下南首也. 士喪
禮, "小斂衣十九稱, 大斂三十稱." 斂者, 包裹斂藏之也. 小斂
在戶之內, 大斂出在東階, 未忍離其爲主之位也. 主人奉尸斂
於棺, 則在西階矣. ①掘肂於西階之上, 肂, 陳也, 謂陳尸於坎
也. 置棺於肂中而塗之, 謂之殯. 及啓而將葬, 則設祖奠於祖
廟之中庭而後行. 自牖下而戶內, 而阼, 而客位, 而庭, 而墓,
皆一節遠於一節, 此謂有進而往, 無退而還也, 豈可推柩而反
之乎? 多矣乎予出祖者, 多, 猶勝也, 曾子聞之, 方悟己說之非,
乃言子游所說出祖之事, 勝於我之所說出祖也.

번역 종자(從者)는 증자(曾子)의 대답에 의문이 들었기 때문에, 재차 자유(子游)
에게 청원하여 질문을 했던 것이다. "들창 아래에서 반(飯)을 한다."는 말은 시신을
목욕시킨 이후에, 쌀과 돈을 시신의 입에 채우는 것을 뜻하니, 당시 시신은 서쪽
실(室)의 들창 아래에서 남쪽으로 머리를 두게 된다. 『의례』「사상례(士喪禮)」편에
서는 "소렴(小斂)을 할 때에는 의복을 19칭(稱)[1]으로 하고, 대렴(大斂)을 할 때에
는 의복을 30칭(稱)으로 한다."[2]라고 했다. '염(斂)'이라는 것은 시신을 감싸서 함

---

1) 칭(稱)은 수량을 나타내는 양사(量詞)이다. 즉 짝을 지어 갖추는 일련의 의복을
   헤아리는 단위이다. 예를 들어 포(袍)라는 옷에는 반드시 겉에 걸치는 옷이 있어야
   하며, 홑옷으로 입어서는 안 되고, 상의에는 반드시 그에 맞는 하의가 있어야 하는데,
   이처럼 포(袍)에 겉옷을 갖추고, 상의에 맞게 하의까지 갖추는 것을 1칭(稱)이라고
   부른다. 『예기』「상대기(喪大記)」편에는 "袍必有表不襌, 衣必有裳, 謂之一稱."이
   라는 기록이 있다.
2) 『의례』「사상례(士喪禮)」: 厥明, 陳衣于房, 南領, 西上. 綪. 絞橫三, 縮一, 廣終
   幅, 析其末. 緇衾赬裏, 無紞. 祭服次, 散衣次, 凡有十九稱. 陳衣繼之, 不必盡用.
   / 『의례』「사상례」: 厥明滅燎. 陳衣于房, 南領, 西上, 綪. 絞·紟·衾二, 君襚·

께 매장하는 것을 뜻한다. '소렴(小斂)'은 호(戶)의 안쪽에서 시행하고, '대렴(大斂)'은 밖으로 나와서 동쪽 계단에서 시행하니, 아직까지는 시신을 주인의 자리에서 차마 떨어트릴 수가 없기 때문이다. 상주가 시신을 받들어서 관(棺)에 안치하게 되면, 그 장소는 서쪽 계단에 해당한다. 서쪽 계단 위에 구덩이를 파고 안치를 하게 되는데, '사(殡)'자는 "늘어놓다[陳]."는 뜻으로, 구덩이에 시신을 늘어놓는다는 뜻이다. 시신을 늘어놓는 곳에서 관(棺)에 안치를 하고, 흙으로 채우니, 이것을 '빈(殯)'이라고 부른다. 그곳을 계빈하여 장례를 치르려고 하면, 조묘(祖廟)에 있는 중정(中庭)에서 조전(祖奠)을 진설한 이후에 시행을 한다. 들창 아래로부터 호(戶)의 안쪽, 동쪽 계단, 빈객이 서는 위치, 마당, 묘(墓)에 이르기까지, 이 모든 절차에 있어서, 하나의 절차에서는 그 이전 절차보다도 장소가 멀어지게 되니, 이것이 바로 나아가서 밖으로 가게 되는 경우는 있지만, 물러나서 되돌아오는 경우가 없다는 뜻이니, 어찌 영구를 끌어내서 본래의 자리로 되돌릴 수 있겠는가? '다의호여출조(多矣乎予出祖)'라는 말에서 '다(多)'자는 "낫다[勝]."는 뜻이니, 증자(曾子)가 자유(子游)가 한 말을 들어보고, 자신이 설명한 말이 잘못되었다는 사실을 깨닫게 되어서, 곧바로 자유가 '출조(出祖)'에 대해 설명한 사안이 자신이 출초에 대해 설명한 것보다 낫다고 말한 것이다.

① ○掘殡.

補註 士喪禮陸音: 殡以二反, 劉音四.

번역 『의례』「사상례(士喪禮)」편에 나온 육덕명의 『음의』에서 말하길, '殡'자는 '以(이)'자와 '二(이)'자의 반절음이며, 유음은 '四(사)'이다.

祭服·散衣·庶襚, 凡三十稱, 紟不在筭, 不必盡用.

「단궁상」 69장

曾子①襲裘而弔, 子游①裼裘而弔. 曾子指子游而示人曰: "②夫夫也, 爲習於禮者, 如之何其裼裘而弔也?" 主人旣小斂, 袒·括髮, 子游趨而出, 襲裘·帶·絰而入. 曾子曰: "我過矣! 我過矣! 夫夫是也."

번역 증자(曾子)는 갓옷을 겉옷으로 가리고 조문을 했고, 자유(子游)는 겉옷을 걷어서 갓옷을 드러내고 조문을 했다. 증자가 자유를 지목하여, 다른 사람들에게 보여주며 말하길, "저 사람은 예(禮)를 익힌 자이다. 그런데 어찌하여 갓옷을 드러낸 상태에서 조문을 한단 말인가?"라고 했다. 상주(喪主)가 소렴(小斂)을 끝내고, 단(袒)1)을 하고 머리를 틀자, 자유는 종종걸음으로 나갔다가, 갓옷을 가리고, 대(帶)와 질(絰)을 차고서 들어왔다. 그 모습을 본 증자는 "내가 잘못한 것이구나! 내가 잘못한 것이구나! 저 사람이 하는 것이 옳다."라고 했다.

① 襲裘裼裘.

補註 語類曰: 裘, 似今之襖子; 裼衣, 似今背子; 襲衣, 似今凉衫及公服. 襲裘者, 冒之不使外見; 裼裘者, 袒其半而以禪衣[卽裼衣也.]襯出之. 緇衣, 羔裘; 素衣, 麑裘; 黃衣, 狐裘. 緇衣·素衣·黃衣, 卽裼衣, 欲其相稱也.

번역 『어류』에서 말하길, 구(裘)는 오늘날의 갓옷[襖子]과 같은 것이며, 석의(裼衣)는 오늘날의 배자(背子)와 같은 것이고, 습의(襲衣)는 오늘날의 양삼(凉衫) 및 공복(公服)과 같은 것이다. 습구(襲裘)는 덮어서 밖으로 드러나지 않도록 한 것이고, 석구(裼裘)는 절반을 드러내어 홑옷의[석의(裼衣)에

---

1) 단(袒)은 상중(喪中)에 남자들이 취하는 복장 방식이다. 상의 중 좌측 어깨 쪽을 드러내는 방법이다. 한편 일반적인 의례절차에서도 단(袒)의 복장 방식을 취하는 경우가 있다.

해당한다.] 속옷이 드러나는 것이다. 치의(緇衣)는 검은 양의 가죽으로 만든 옷이고, 소의(素衣)는 사슴새끼의 가죽으로 만든 옷이며, 황의(黃衣)는 여우의 가죽으로 만든 옷이다. 치의·소의·황의는 석의에 해당하니, 서로 부합되도록 하고자 한 것이다.

② 夫夫.

補註 鄭註: 猶言此丈夫.

번역 정현의 주에서 말하길, '저 사내[此丈夫]'라는 말과 같다.

참고─集說

疏曰: 凡弔喪之禮, 主人未變服之前, 弔者吉服. 吉服者, 羔裘玄冠, 緇衣素裳, 又袒去上服以露裼衣, 此"裼裘而弔", 是也. 主人旣變服之後, 弔者雖著朝服, 而①加武以絰. 武, 吉冠之卷也. 又掩其上服, 若是朋友又加帶, 此"襲裘帶絰而入", 是也.

번역 공영달의 소에서 말하길, 무릇 상사 때 조문하는 예에 있어서, 상주가 아직 복식을 바꾸기 이전이라면, 조문객은 길복(吉服)을 착용한다. '길복(吉服)'이라는 것은 검은 양의 가죽으로 만든 옷에 현관(玄冠)을 착용하고, 검은색의 상의와 흰색의 하의를 착용하며, 또한 상의를 걷어서 석의(裼衣)를 드러내니, 이것이 바로 "갓옷을 석(裼)하고서 조문을 했다."라는 말에 해당한다. 상주가 이미 복식을 바꾼 이후라면, 조문객은 비록 조복(弔服)을 착용하고 있었더라도, 관(冠)의 테에 질(絰)을 더하게 된다. '무(武)'라는 것은 길관(吉冠)에 있는 권(卷)이다. 또한 상의를 가리게 되니, 마치 벗을 위해서 대(帶)를 더하는 것과 같은 것이다. 이것이 바로 "갓옷을 습(襲)하고 대(帶)와 질(絰)을 하고서 들어간다."라는 말에 해당한다.

① 加武以絰[止]卷也.

補註 疏曰: 武, 吉冠之卷. 加武者, 明不改冠, 但加絰於武.

번역 소에서 말하길, '무(武)'는 길관(吉冠)에 하는 권(卷)을 뜻한다. 무(武)를 더한다는 것은 관(冠)을 고쳐 쓰지 않고, 단지 질(絰)을 무(武)에 더하게 된다는 사실을 나타낸다.

「단궁상」 70장

①子夏旣除喪而見, 予之琴, 和之而不和, 彈之而不成聲, 作而曰: "哀未忘也, 先王制禮而弗敢過也." 子張旣除喪而見, 予之琴, 和之而和, 彈之而成聲, 作而曰: "先王制禮, 不敢不至焉."

번역 자하(子夏)가 상을 끝낸 이후에 공자를 찾아뵈었는데, 공자는 그에게 금(琴)을 타도록 시켰다. 자하가 금(琴)을 연주하여 조화를 이루려고 했지만, 소리가 조화를 이루지 못했고, 금(琴)을 연주하는 것도 제대로 된 소리를 내지 못했다. 그러자 자하가 일어나서 말하길, "슬픔을 아직 잊을 수가 없기 때문입니다. 그러나 선왕께서 예를 제정하셨으므로, 감히 지나치게 시행하지 않고자 했습니다."라고 했다. 자장(子張)이 상을 끝낸 이후에 공자를 찾아뵈었는데, 공자는 그에게 금(琴)을 타도록 시켰다. 자장이 금(琴)을 연주하여 조화를 이루려고 했는데, 소리가 조화를 이루었고, 금(琴)을 연주하는 것도 제대로 된 소리를 냈다. 그러자 자장이 일어나서 말하길, "선왕께서 예를 제정하셨으니, 감히 미치지 못함이 없도록 하고자 했습니다."라고 했다.

① 子夏旣除喪章.

補註 楊梧曰: 夫子居恒論較曰, 師也過, 商也不及. 今註云子夏是過之者, 子張是不至者, 此家語所以有子夏當爲子騫, 子張當爲子夏也. 不知此要理會. 子夏平日篤實近厚多哀之過, 而知約之以禮, 故曰不敢過. 子張平日高虛近薄多哀之不足, 而知引以至禮, 故曰不敢不至. 皆欲求至中處, 纔見學問之力.

번역 양오가 말하길, 공자는 머물 때 항상 비교하며 "사(師)는 지나치고 상(商)은 미치지 못한다."[1]고 했다. 이곳 주에서는 "자하는 상례를 지나치게

---

1) 『논어』「선진(先進)」: 子貢問, "師與商也孰賢?" 子曰, "師也過, 商也不及." 曰, "然則師愈與?" 子曰, "過猶不及."

시행한 자이고, 자장은 지극히 치르지 않은 자이다."라고 했는데, 이것은 『공자가어』에서 자하는 민자건에 해당하고 자장은 자하에 해당한다고 했던 이유이다. 그러나 이러한 말에 대해서는 이해할 수 없다. 자하는 평상시 독실하고 정감이 두터워서 슬픔이 많았던 것이 지나쳤지만 예법으로 요약해야 함을 알고 있었다. 그렇기 때문에 "감히 지나치게 시행하지 않고자 한다."라고 말했다. 자장은 평상시 고매하고 정감이 옅어 슬픔이 많은 것에는 부족하였지만 지극한 예법으로 이끌어야 한다는 사실을 알고 있었다. 그렇기 때문에 "감히 미치지 못함이 없고자 한다."라고 말했다. 이 모두는 지극하면서도 알맞게 대처하고자 한 것이니, 이를 통해 조금이나마 학문에 열중했던 노력을 엿볼 수 있다.

補註 ○按: 論語, 師也過, 商也不及, 集註, 子張才高意廣而好爲苟難, 故常過中, 子夏篤信自守而規模狹隘, 故常不及. 楊說本此.

번역 ○살펴보니, 『논어』에서는 "사(師)는 지나치고 상(商)은 미치지 못한다."라고 했고, 『집주』에서는 "자장은 재주가 뛰어나고 뜻이 넓었지만 구차하고 어려운 일을 하기 좋아하였다. 그렇기 때문에 항상 중도에서 지나쳤다. 자하는 독실하게 믿고 스스로를 잘 지켰으나 규모가 협소하였다. 그렇기 때문에 항상 미치지 못했다."라고 했다. 양오의 주장은 여기에 근본을 둔 것이다.

「단궁상」71장

①司寇惠子之喪, 子游爲之麻衰, 牡麻経. 文子辭曰: "子辱與彌牟之弟游, 又辱爲之服, 敢辭." 子游曰: "禮也."

번역 사구(司寇) 혜자(惠子)의 상에, 자유(子游)는 그를 위해 길복(吉服)에나 쓰이는 포(布)로 상복(喪服)을 만들어서 입고, 자최복(齊衰服)에나 착용하는 질(絰)을 쓰고서 조문을 갔다. 그러자 혜자의 형인 문자(文子)는 사양을 하며, "선생께서는 욕되게도 제 동생과 교우를 하셨고, 또한 욕되게도 제 동생을 위해 상복을 착용하셨으니, 감히 선생께서 조문하시는 것을 사양하겠습니다."라고 했다. 그러자 자유는 "이처럼 하는 것이 예입니다."라고 했다.

① ○司寇惠子.

補註 鄭註: 名蘭.
번역 정현의 주에서 말하길, 이름은 난(蘭)이다.

「단궁상」 72장

참고─經文

文子退, 反哭. 子游趨而就①諸臣之位. 文子又辭曰: "子辱與彌牟之弟游, 又辱爲之服, 又辱臨其喪, 敢辭." 子游曰: "②固以請." 文子退, 扶適子南面而立, 曰: "子辱與彌牟之弟游, 又辱爲之服, 又辱臨其喪, 虎也敢不復位!" 子游趨而就客位.

번역 문자(文子)가 물러나서 반곡(反哭)¹⁾을 했다. 그러자 자유(子游)는 종종걸음으로 다가가 여러 가신(家臣)들이 서는 위치로 갔다. 문자는 자유의 행동을 보고 재차 사양하며, "선생님께서는 욕되게도 제 동생과 교우하셨고, 또 욕되게도 제 동생을 위해 복장을 착용하셨으며, 또 욕되게도 상(喪)에 찾아주셨으니, 감히 선생님께서 가신의 위치에 서는 것을 사양하겠습니다."라고 했다. 그러자 자유는 "진실로 조문하기를 청합니다."라고 했다. 문자는 자유의 말을 듣고, 자유가 자신의 동생을 기롱하기 위해 찾아왔다는 사실을 깨달았다. 그래서 물러나 적자(適子)인 호(虎)를 부축하여 데려오고, 남쪽을 바라보게 하여 서 있게 하고 말하였다. "선생님께서는 욕되게도 제 동생과 교우하셨고, 또 욕되게도 제 동생을 위해 복장을 착용하셨으며, 또 욕되게도 상(喪)에 찾아주셨으니, 그의 적자(適子)인 호(虎)가 감히 그 자리에 다시 서지 않을 수 있겠습니까!"라고 했다. 그러자 자유는 자신의 뜻이 관철되었으므로, 종종걸음으로 이동하여 빈객이 서는 위치로 나아갔다.

① ○諸臣之位.

補註 鄭註: 家臣位在賓後.
번역 정현의 주에서 말하길, 가신의 자리는 빈객 뒤에 있다.

---

1) 반곡(反哭)은 장례(葬禮) 절차 중 하나이다. 장지(葬地)에 시신을 안치한 이후, 상주(喪主)는 신주(神主)를 받들고 되돌아와서 곡(哭)을 하는데, 이것을 '반곡'이라고 부른다.

② 固以請.

補註 鄭註: 再不從命也.
번역 정현의 주에서 말하길, 재차 명령에 따르지 않은 것이다.

「단궁상」 73장

참고-經文

將軍文子之喪, 旣除喪而後越人來弔, ①主人深衣·練冠, 待
於廟, 垂涕洟. 子游觀之, 曰: "將軍文氏之子, ②其庶幾乎! ③
亡於禮者之禮也. 其動也中."

번역 장군(將軍)인 문자(文子)의 상에, 그의 아들은 이미 상을 끝냈는데, 그 이후
에 월(越)나라 사람이 찾아와서 조문을 하였다. 그러자 문자의 아들은 심의(深衣)
를 입고, 연관(練冠)을 착용하고서, 신주가 있는 묘(廟)에서 기다렸으며, 조문객이
오자 곡은 하지 않고 눈물만 흘렸다. 자유(子游)가 그 모습을 관찰하고 말하길, "장
군인 문씨의 아들은 그 행동이 예법에 가깝구나! 본래 상을 끝낸 뒤에 조문을 받는
예의 규정이 없는데도, 이러한 상황에 처해서 적절한 예를 시행했으니, 그의 행동은
모두 절도에 맞는구나."라고 했다.

① 〇主人深衣練冠.

補註 鄭註: 主人, 文子之子, 簡子瑕.
번역 정현의 주에서 말하길, '주인(主人)'은 문자(文子)의 아들인 간자(簡
子) 하(瑕)이다.

② 其庶幾[止]之禮也.

補註 按: 疏解則此十一字爲一句, 與陳註異, 然陳註長.
번역 살펴보니, 소의 해석에 따르면 이러한 11개 글자를 하나의 구문으로 끊
어서 진호의 주와는 차이를 보이는데, 진호의 주석이 더 낫다.

③ 亡於禮.

補註 亡, 當讀作無.

번역 '망(亡)'자는 마땅히 무(無)자로 풀이해야 한다.

疏曰: 深衣, 卽間傳所言麻衣也. 制如深衣, 緣之以布, 曰麻衣; 緣之以素, 曰長衣; 緣之以采, 曰深衣. ①練冠者, 祭前之冠, 若祥祭則縞冠也. 始死至練祥來弔, 是有文之禮; 祥後來弔, 是無文之禮. 言文氏之子, 庶幾堪行乎無於禮文之禮也. 動, 擧也. 中, 當於禮之變節也.

번역 공영달의 소에서 말하길, '심의(深衣)'는 곧 『예기』「간전(間傳)」편에서 말한 '마의(麻衣)'에 해당한다.[1] 제작방법은 심의와 같은데, 가장자리를 포(布)로 덧대면, 그것을 '마의(麻衣)'라고 부르고, 흰색의 천으로 덧대면, 그것을 '장의(長衣)'라고 부르며, 채색된 천으로 덧대면, 그것을 '심의(深衣)'라고 부른다. '연관(練冠)'이라는 것은 제사를 지내기 전에 쓰는 관(冠)이며, 만약 대상(大祥)의 제사를 지내게 된다면, 호관(縞冠)을 쓴다. 처음 죽었을 때로부터 연상(練祥)에 이르기까지는 찾아와서 조문을 하는 것에 대해서, 규정된 예가 있다. 그러나 대상을 지낸 이후로부터는 찾아와서 조문하는 것에 대해서 규정된 예가 없다. 자유(子游)의 말은 문자의 아들이 본래의 규정에는 없는 예를 감행했는데, 그것이 거의 예법에 맞았다는 뜻이다. '동(動)'자는 "거행하다[擧]."는 뜻이다. '중(中)'자는 예 중에서도 변례(變禮)의 절도에 합당하다는 뜻이다.

① 練冠者祭前之冠.

補註 按: 祭前, 謂祥祭之前.

번역 살펴보니, '제전(祭前)'은 상제(祥祭)를 치르기 이전을 뜻한다.

補註 ○疏又曰: "練冠, 謂未祥之練冠也." 又曰: "推此而言, 禫後始來弔

---

1) 『예기』「간전(間傳)」: 又期而大祥素縞麻衣. 中月而禫禫而纖, 無所不佩.

者, 則着祥冠."

번역 ○소에서 또 말하길, "연관(練冠)은 아직 대상(大祥)을 끝내지 않았을 때 쓰는 연관을 뜻한다."라고 했다. 또 말하길, "이를 통해 추론해본다면 담제를 지낸 이후에 처음으로 찾아와서 조문을 한 자가 있는 경우라면, 대상 때 착용하는 관을 쓴다."라고 했다.

「단궁상」 74장

疏曰: 凡此之事, 皆周道也. 又殷以上有生號, 仍爲死後之稱, 更無
別諡. ①堯·舜·禹·湯之例是也. 周則死後別立諡.

번역 공영달의 소에서 말하길, 무릇 이러한 사안들은 모두 주나라 때의 도에 해당
한다. 또한 은나라 이전에는 생전에 호(號)가 지어졌고, 그가 죽은 이후에 그를 부
르는 칭호로 삼았으니, 별도로 시호(諡號)를 정하는 일이 없었다. 요(堯)·순
(舜)·우(禹)·탕(湯) 등의 임금들을 이처럼 부르는 것이 바로 그 용례이다. 주나
라의 경우에는 죽은 이후에 별도의 시호를 정하였다.

① ○堯·舜·禹·湯之例.

補註 語類曰: 堯字, 從三土, 如土之堯然而高; 舜, 只是花名; 禹者, 獸
跡, 以此爲諡號, 也無意義. 看來堯舜禹只是名, 非號也.

번역 『어류』에서 말하길, '요(堯)'자는 3개의 토(土)자를 구성요소로 하고 있
으니, 땅이 아득하게 높은 것과 같다. '순(舜)'자는 단지 꽃의 이름에 해당한
다. '우(禹)'자는 짐승의 발자국을 뜻하는데, 이것을 시호로 지은 것에는 또
한 특별한 의미가 없다. 이러한 것들을 살펴본다면 요(堯)·순(舜)·우(禹)
는 단지 이름에 해당하며 시호가 아니다.

①朱子曰: 儀禮賈公彦疏云, "少時便稱伯某甫, 至五十乃去某
甫而專稱伯仲", 此說爲是. 如今人於尊者不敢字之, 而曰幾丈
之類.

번역 주자가 말하길, 『의례』에 대한 가공언의 소에서 말하길, "젊었을 때에는 곧 백(伯) 아무개인 보(甫)라고 부르고, 50세가 되면 아무개 보(甫)라는 말을 생략하고, 오로지 백(伯)이나 중(仲) 등으로 부른다."라고 했는데, 이 주장이 옳다. 오늘날 사람들이 존귀한 자에 대해서 감히 자(字)로 그 자를 부르지 못하여, "그 키가 ~장(丈)에 이른다."라고 부르는 것들과 같다.

① 朱子曰[止]之類.

補註 按: 此是大全答郭子從書, 而本文曰五十乃加伯仲, 乃孔穎達說, 據儀禮賈公彥疏云云, 止幾丈之類. 今據禮記 · 儀禮疏本文, 則朱子此言, 孔 · 賈未免互換, 恐是傳寫之誤.

번역 살펴보니, 이것은 『주자대전』에서 곽자종에게 답한 서신에 나오는 내용인데, 본문에서 "50세가 되면 백(伯)이나 중(仲) 등의 글자를 붙여서 부른다."고 한 말은 공영달의 주장에 해당하며, 『의례』에 나온 가공언의 소를 인용하였는데, 이것은 단지 '기장지류(幾丈之類)'에 대한 것일 뿐이다. 현재 『예기』와 『의례』의 소 본문을 살펴보면 주자의 이 말은 공영달과 가공언의 설명이 서로 호환되지 않으니, 아마도 필사하는 과정에서 잘못 기록된 것 같다.

補註 ○語類曰: 所謂以伯仲者, 初冠而字, 便有伯某父 · 仲某父三字, 到得五十, 卽除了下面兩字, 猶今人不敢斥尊者呼爲幾丈之類. 儀禮疏中却云, 旣冠之時, 卽是權以此三字加之, 實未嘗稱也, 到五十方纔稱此三字. 某疑其不然, 却去取禮記看, 見其疏中正是如前說. 蓋當時疏是兩人做, 故不相照管.

번역 ○『어류』에서 말하길, 이른바 백(伯)이나 중(仲) 등으로 부른다는 것은 최초 관례를 치르며 자(字)를 지어주어 '백 아무개 보[伯某父]'나 '중 아무개 보[仲某父]' 등 세 글자의 자가 생기게 되며, 50세에 이르게 되면 '아무개 보[某父]'에 해당하는 두 글자를 제거하니, 마치 오늘날 존귀한 자를 직접적으로 가리킬 수 없어서 "키가 ~장에 이른다[幾丈]."라고 부르는 부류와 같다. 『의례』의 소 기록에서는 관례를 치르게 되면 이러한 세 글자의 자를 지어주지만 실제로는 부른 적이 없고, 50세에 이르러서야 비로소 이러한 세 글자의 자를 불렀다고 나온다. 나는 그렇지 않았을 것이라고 의심을 했는데, 『예기』를 살펴보니 그 소의 내용에 바로 앞서 설명했던 것과 같은 기록이 있는 것을 보았다. 아마도 당시에 소는 공영달과 가공언 두 사람이 작성했기 때문에 그 내용이 상호 호응하지 않는 것 같다.

補註 ○按: 朱子說, 又見通解 · 士冠禮註, 而與語類正同.
번역 ○살펴보니, 주자의 주장은 또한 『통해』「사관례(士冠禮)」편에 대한 주에도 나오는데, 『어류』의 기록과 일치한다.

「단궁상」 75장

麻在首・在要皆曰絰, 分言之則首曰絰, 要曰帶. 絰之言實, 明
孝子有忠實之心也. 首絰象①緇布冠之缺項; 要絰象大帶, 又
有絞帶象革帶. 齊衰以下用布.

번역 '마(痲)'는 머리에도 쓰고, 허리에도 차게 되는데, 이것을 모두 '질(絰)'이라
고 부르며, 구별하여 말한다면, 머리에 쓰는 것을 '질(絰)'이라고 부르고, 허리에
차는 것을 '대(帶)'라고 부른다. '질(絰)'자의 뜻은 "가득차다[實]."는 뜻이니, 즉
자식에게 있는 진실되고 가득한 마음을 나타낸다. 머리에 쓰는 질(絰)은 치포관(緇
布冠)에 달린 '결항(缺項)'을 본뜬 것이고, 허리에 차는 질(絰)은 대대(大帶)를 본
뜬 것이며, 또 교대(絞帶)에는 혁대(革帶)를 본뜬 것이 있다. 자최복(齊衰服)으로
부터 그 이하의 상복에서는 포(布)를 사용한다.

① ○緇布冠之缺項.

補註 士冠禮註: 缺, 讀如"有頍者弁"之頍, 緇布冠無笄者, 着頍圍髮際,
結項中隅爲四綴, 以固冠也. 項中有▼(糸+屈), 亦由固頍爲之耳.

번역 『의례』「사관례(士冠禮)」편의 주에서 말하길, 규(缺)는 "규(頍)가 달린
변(弁)이여."[1]라고 했을 때의 규(頍)자로 풀이하니, 비녀가 없는 치포관에는
규를 착용하여 머리카락의 가장자리를 두르고 목에서 묶고 귀퉁이에 네 개
의 끈을 만들어 이를 통해 관을 고정시킨다. 목이 있는 곳에 굴(▼(糸+屈))
이 있는 것 또한 이를 통해 규를 고정시키기 위해서일 뿐이다.

---

1) 『시』「소아(小雅)·규변(頍弁)」: 有頍者弁, 實維伊何. 爾酒旣旨, 爾殽旣嘉. 豈
伊異人, 兄弟匪他. 蔦與女蘿, 施于松柏. 未見君子, 憂心弈弈. 旣見君子, 庶幾
說懌.

「단궁상」 76~77장

참고—經文

①掘中霤而浴, 毁竈以綴足. 及葬, 毁宗躐行, 出于大門, 殷道
也. 學者行之.

번역 어떤 자가 죽게 되면, 방의 중앙에 구덩이를 만들고, 그 위에 침상을 걸쳐놓으
며, 침상 위에서 시신을 목욕시키고, 부엌을 허물어서 나온 벽돌로 시신의 발이 뒤
틀리지 않도록 고정시킨다. 장례를 치러야 할 때가 되면, 종묘의 서쪽 담장을 허물
고, 그곳을 밟고서 대문을 빠져나가니, 이처럼 하는 것은 은나라 때의 도이다. 공자
에게서 수학했던 자들은 이러한 예를 실천하였다.

① 掘中霤[止]躐行.

補註 鄭註: 明不復有事於此.
번역 정현의 주에서 말하길, 이곳에서 재차 일삼는 것이 없다는 뜻을 나타내
는 것이다.

참고—集說

疏曰: 毁宗, 毁廟也. 殷人殯於廟, 至葬, 柩出, 毁廟門西邊牆,
而出于大門. ①行, 神之位, 在廟門西邊, 當所毁宗之外. 生時
出行, 則爲壇幣告行神, 告竟車②躐行壇上而出, 使道中安隱
如在壇. 今向毁宗廟處出, 仍得③躐行此壇如生時之出也. ④
學於孔子者行之, 效殷禮也.

번역 공영달의 소에서 말하길, '훼종(毁宗)'은 종묘를 허문다는 뜻이다. 은나라 때
에는 묘(廟)에서 빈(殯)을 하였고, 장례를 치러야 할 때가 되면, 영구를 출발시키
며, 묘문(廟門)의 서쪽 담을 허물고, 대문으로 빠져나갔다. '행(行)'이라는 것은 도

로의 신(神)이 있는 자리이니, 묘문의 서쪽 가장자리는 헐린 종묘의 바깥쪽에 해당한다. 생전에 외국으로 출타를 하게 되면, 제단을 만들고 폐물을 사용하여 도로의 신에게 아뢰며, 아뢰는 일이 다 끝나면, 수레로 제단 위를 지나치게 한 뒤에 국경을 빠져나가니, 마치 제단이 있을 때처럼, 여정 중 안전하게 해달라는 뜻이다. 그런데 현재 종묘의 허문 곳으로부터 밖으로 나가게 되면, 곧 이러한 제단을 밟고 지나갈 수 있어서, 마치 생전에 국경 밖을 벗어날 때 하던 것처럼 된다. 공자에게서 수학을 하여 예를 시행했던 자들은 은나라 때의 예를 본받았던 것이다.

① 行神之位.

補註 按: 行神, 行路之神, 見祭法.

번역 살펴보니, '행신(行神)'은 도로의 신을 뜻하니, 『예기』「제법(祭法)」편에 나온다.

② 躐行壇上而出.

補註 按: 謂躐於行神之壇上而出也.

번역 살펴보니, 도로의 신을 위해 만들어놓은 제단의 위를 밟고서 출발한다는 뜻이다.

③ 躐行此壇

補註 按: 疏本文作躐此行壇.

번역 살펴보니, 소의 본문에서는 '엽차행단(躐此行壇)'이라고 기록했다.

④ 學於孔子者行之.

補註 按: 古經自掘中霤至學者行之爲一章, 言此三事皆殷道也, 故疏曰: "周人浴不掘中霤者, 用槃承浴汁. 葬不毀宗躐行者, 殯於正寢, 至葬而朝祖, 從正門出. 不毀竈綴足者, 以燕几綴足."

번역 살펴보니, 옛 경문에서는 '굴중류(掘中霤)'로부터 '학자행지(學者行

之)'까지를 하나의 문장으로 여겼고, 이러한 세 가지 사안은 모두 은나라 때의 도라고 했다. 그렇기 때문에 소에서는 "주나라 사람들은 시신을 목욕시킬 때, 중류(中霤)에 구덩이를 파지 않았다고 했는데, 반(盤)을 이용하여 그 밑에 받치고 목욕을 시킬 때 떨어지는 물을 받았기 때문이다. 또 장례를 치를 때에도 종묘를 허물어 그곳을 밟고서 지나가지 않았는데, 정침(正寢)에서 빈(殯)을 했고, 장례를 치러야 할 때가 되어서야 조묘(朝廟)[1]를 했으며, 정문(正門)을 따라서 밖으로 나갔다. 또 부엌을 허물어서 나온 벽돌로 시신의 발을 고정시키지 않았으니, 연궤(燕几)[2]로 시신의 발을 고정시켰기 때문이다."라고 했다.

---

1) 조묘(朝廟)는 종묘(宗廟)에 전제(奠祭)를 지낸다는 뜻이다. 또 『춘추』「문공(文公) 6년」 경문(經文)에는 "閏月不告月, 猶朝于廟."라는 기록이 있고, 이에 대한 두예 (杜預)의 주에서는 "諸侯每月必告朔聽政, 因朝宗廟."라고 풀이했다. 즉 제후들은 매월 반드시 고삭(告朔)을 하며 정사(政事)를 돌보게 되는데, 이것에 연유하여 종묘 에서 전제사를 지낸다. 또한 '조묘'는 상례(喪禮)를 치르며 영구를 조묘로 이동시켜 서, 장차 장지로 떠나게 됨을 아뢰는 의식이기도 하다.
2) 연궤(燕几)는 휴식을 취할 때 몸을 기댈 수 있도록 만든 안석이다.

①子柳, 魯叔仲皮之子, 子碩之兄也. 具, 謂喪事合用之器物也.
何以哉, 言何以爲用乎? 謂無其財也. 鄭云, "②粥, 謂嫁之也,
妾賤, 取之曰買." ③布, 錢也. 不家於喪, 惡因死者而爲利也.
班, 猶分也. 不粥庶弟之母者, 義也; 班兄弟之貧者, 仁也. 夫以
粥庶母以治葬, 則乏於財可知矣. 而不家於喪之言, 確然不易,
古人之安貧守禮蓋如此.

번역 '자류(子柳)'는 노(魯)나라 숙중피(叔仲皮)의 아들이며, 자석(子碩)의 형이
다. '구(具)'자는 상사(喪事)에 사용되는 기물들을 뜻한다. '하이재(何以哉)'는 "무
엇으로써 사용하겠는가?"라는 뜻이니, 그에 걸맞은 재화가 없다는 의미이다. 정현
은 "'죽(粥)'자는 시집을 보낸다는 뜻이니, 첩은 미천한 신분이므로, 첩을 들이는
것을 '사다[買]'라고 부른다."라고 했다. '포(布)'자는 화폐[錢]를 뜻한다. 상(喪)을
통해 가산을 늘리지 않는다는 이유는 죽은 자로 인해 이로움을 축적하는 것을 미워
하기 때문이다. '반(班)'자는 "나누다[分]."는 뜻이다. 서제(庶弟)의 모친을 다른
집에 시집보내지 않았던 것은 의(義)에 해당하고, 형제 중 가난한 자들에게 나눠주
었던 것은 인(仁)에 해당한다. 무릇 서모를 시집보내서 장례를 치르고자 했다면,
재화가 부족했다는 사실을 알 수 있다. 그런데도 상을 통해 가산을 증식하지 않는
다고 한 말은 확실히 쉽게 할 수 있는 말이 아니니, 고대인들이 가난함을 편안하게
여기고, 예(禮)를 고수함이 무릇 이와 같았던 것이다.

① ○子柳[止]兄也.

補註 按: 此本鄭註, 而疏曰: "案下篇, 叔仲皮學子柳, 故知叔仲皮之子.
此云: '子碩曰請粥庶弟之母', 故知子碩之兄也."

번역 살펴보니, 이것은 정현의 주에 근거한 말인데, 소에서는 "「단궁하」편을
살펴보면 '숙중피(叔仲皮)가 자류(子柳)를 가르쳤다.'[1]라고 했다. 그러므로
자류가 숙중피의 아들이 된다는 사실을 알 수 있다. 이곳에서 '자석이 청컨

대 서제(庶弟)의 모친을 다른 집에 시집보내고자 합니다.'라고 말했기 때문에, 자류가 자석의 형이라는 사실을 알 수 있다."라고 했다.

補註 ○又按: 下篇叔仲皮學子柳章, 學字之義, 若不從鄭註, 則此章註叔仲皮之子云者, 亦當去之.

번역 ○또 살펴보니, 「단궁하」편에서 '숙중피학자류(叔仲皮學子柳)'의 문장에서 학(學)자의 의미를 정현의 주에 따르지 않은 것 같으니, 이곳 주에 나온 숙중피의 아들이라고 말한 것들은 마땅히 삭제해야 한다.

② 粥謂[止]曰買.

補註 按: 鄭註止此.

번역 살펴보니, 정현의 주는 여기까지이다.

③ 布錢也.

補註 鄭註: 古者謂錢爲泉布, 所以通布貨財.

번역 정현의 주에서 말하길, 고대에는 화폐[錢]를 '천포(泉布)'라고 하였으니, 하천이 흘러서 두루 퍼지는 것과 같고, 옷감은 세상 어디에서도 사고 팔수 있는 재화이기 때문이다.

---

1) 『예기』「단궁하(檀弓下)」: 叔仲皮學子柳, 叔仲皮死, 其妻魯人也, 衣衰而繆絰. 叔仲衍以告, 請總衰而環絰, 曰, "昔者吾喪姑姉妹亦如斯, 末吾禁也." 退, 使其妻總衰而環絰.

「단궁상」 79장

참고─經文

　君子曰: “①謀人之軍師, 敗則死之; 謀人之①邦邑, 危則亡之.”

번역 군자가 말하길, “남의 군대를 부리는 장수가 되었는데, 만약 전쟁에서 패하게 된다면, 본인 또한 죽어야 마땅하다. 남의 나라를 위해 정사를 도모하였는데, 그 나라가 위태롭게 된다면, 자신 또한 물러나는 것이 마땅하다.”라고 했다.

① 謀人之軍師[又]邦邑.

補註 家語註: 謀, 爲人謀之謀.

번역 『공자가어』의 주에서 말하길, ‘모(謀)’자는 “남을 위해 일을 계획하다.”[1]라고 했을 때의 ‘모(謀)’자에 해당한다.

---

1) 『논어』「학이(學而)」: 曾子曰, “吾日三省吾身, <u>爲人謀</u>而不忠乎? 與朋友交而不信乎? 傳不習乎?”

「단궁상」80장

참고─經文

公叔文子升於瑕丘, 蘧伯玉從. 文子曰: "樂哉斯丘也! 死則我欲葬焉." 蘧伯玉曰: "吾子樂之, 則①瑗請前."

번역 공숙문자(公叔文子)가 하구(瑕丘)에 오름에, 거백옥(蘧伯玉)이 그 뒤를 따라 함께 올라갔다. 그러자 공숙문자는 "이 언덕은 매우 좋구나! 내가 죽으면 나는 이곳에서 내 장례를 치르고 싶다."라고 했다. 그러자 거백옥은 "그대가 이 땅을 좋아하니, 나는 청컨대 먼저 내려가겠소."라고 했다.

① ○瑗請前.

補註 類編曰: 註云欲奪人田, 未見此意. 一云瑗請前者, 文子, 衛之賢大夫, 於伯玉爲先輩長者, 故云夫子欲葬於此, 則我願葬於其前, 以爲依歸之地, 猶下從龍逢 · 比干之語也.

번역 『유편』에서 말하길, 주에서는 "남의 땅을 탐냈다."라고 했는데, 이러한 의미는 나타나지 않는다. 한편에서는 '원청전(瑗請前)'이라는 것을 문자는 위나라의 현명한 대부이고 거백옥에게는 선배에 해당한다. 그렇기 때문에 문자가 이곳에 자신의 장례를 치르고자 한다고 말하니, 거백옥은 나는 그 앞에 장례를 치르고자 한다고 말한 것으로, 죽어서 돌아갈 곳으로 삼은 것이다. 따라서 이것은 지하에서 용방과 비간을 따르겠다고 한 말과 같은 뜻이라고 한다.

補註 ○按: 大全次傳丈詩中有曰, 曾向瑕丘獨請前, 據此則類編說能與暗合.

번역 ○살펴보니, 『주자대전』 중 부자득의 시에 차한 시에서 "일찍이 하구를 향하여 홀로 먼저 가기를 청하였다."라고 했으니, 이것을 근거해보면 『유편』의 주장은 이와 우연하게도 일치한다.

참고-經文

①叔孫武叔之母死, 旣小斂, 擧者出, 尸出戶, 袒, 且投其冠, 括
髮. 子游曰: "知禮."

번역 숙손무숙(叔孫武叔)의 모친이 돌아가셨다. 소렴(小斂)을 끝내고, 시신을 들
고서 밖으로 나왔는데, 시신이 호(戶)를 빠져나오자 숙손무숙은 서둘러 단(袒)을
했고, 또 그 관(冠)을 내던진 다음에 머리카락을 틀어 올렸다. 자유(子游)는 그 모
습을 보고, "예를 아는구나."라고 하며, 그를 비난하였다.

① ○叔孫武叔之母章.

補註 鄭註: 武叔, 公子牙之六世孫, 名州仇, 毁孔子者.

번역 정현의 주에서 말하길, '무숙(武叔)'은 공자(公子) 아(牙)의 6세손이며,
이름은 주구(州仇)이고, 공자(孔子)를 비난했던 자이다.

補註 ○陽村曰: 擧者出, 是已擧尸而出, 不必更言尸出也. 當依經舊本,
字作戶. 上言出戶, 是擧尸而出戶也. 下言出戶, 是主喪者之出戶也.

번역 ○양촌이 말하길, '거자출(擧者出)'은 시신을 들고서 밖으로 나갔다는
뜻이니, 재차 '시출(尸出)'이라고 말할 필요가 없다. 따라서 경문에 대해서는
옛 판본에 따라서 호(戶)자로 기록해야 한다. 앞의 출호(出戶)는 시신을 들
어서 방문 밖으로 나갔다는 뜻이다. 뒤의 출호(出戶)는 상을 주관하는 자가
방문 밖으로 나갔다는 뜻이다.

補註 ○按: 家語曰, "叔孫武叔之母死, 旣小斂, 擧尸者出戶, 武叔從之出
戶, 乃袒投其冠而括髮." 文勢尤明, 陽村說極是.

번역 ○살펴보니, 『공자가어』에서는 "숙손무숙의 모친이 돌아가셔서, 소렴
(小斂)을 끝내고 시신을 들어 방문 밖으로 나갔으며, 무숙은 그 뒤를 따라

방문 밖으로 나가 곧 단(袒)을 했고, 또 그 관(冠)을 내던진 다음에 머리카락을 틀어 올렸다."라고 했는데, 문장의 흐름이 훨씬 명확하므로, 양촌의 주장이 매우 옳다.

補註 ○類編曰: 卒斂之後, 袒而括髮, 是合於禮, 故子游言其知禮. 註云譏之, 文理不然.

번역 ○『유편』에서 말하길, 염(斂)을 끝낸 이후에 단(袒)을 하고 머리를 묶는 것은 예법에 부합한다. 그렇기 때문에 자유는 예를 안다고 평가한 것이다. 주에서는 이를 기롱한 것이라고 풀이했는데, 문장의 이치상 그렇지 않다.

補註 ○按: 家語孔子始稱其禮也, 及子路疑而問之, 子曰: "汝問非也. 君子不擧人以質士." 據此則其非眞稱知禮, 可知也.

번역 ○살펴보니, 『공자가어』에서 공자는 처음에 예에 맞다고 말했는데, 자로가 의문이 들어 질문을 하자 공자는 "너의 질문은 잘못되었다. 군자는 남의 배우지 못한 점을 지적하지 않는다."라고 했다. 이를 근거해보면 진실로 예를 안다고 칭찬한 말이 아니라는 사실을 알 수 있다.

扶君, ①卜人師扶右, 射人師扶左. 君薨以是擧.

번역 군주를 부축함에, 복인(卜人)의 수장은 오른쪽을 부축하고, 사인(射人)의 수장은 왼쪽을 부축한다. 군주가 죽게 되면, 이 사람들을 이용해서 군주의 시신을 들게 한다.

① ○卜人師[止]以是擧.

補註 鄭註: 卜當爲僕. 周禮射人, 大喪, 與僕人遷尸.

번역 정현의 주에서 말하길, '복(卜)'자는 마땅히 복(僕)자가 되어야 한다. 『주례』「사인(射人)」편에서는 "대상(大喪)[1] 때에는 복인(僕人)과 함께 시신을 옮긴다."[2]라고 했다.

---

1) 대상(大喪)은 천자(天子)·왕후(王后)·세자(世子) 등의 상(喪)을 가리킨다. 이들은 가장 존귀한 자들에 해당하기 때문에, 그들에 대한 상(喪) 또한 '대(大)'자를 붙여서, '대상'이라고 부르는 것이다. 『주례』「천관(天官)·재부(宰夫)」편에는 "大喪小喪, 掌小官之戒令, 帥執事而治之."라는 기록이 있는데, 이에 대한 정현의 주에서는 "大喪, 王·后·世子之喪也."라고 풀이했다. 한편 '대상'은 부모의 상(喪)을 가리키기도 한다. 부모는 자식의 입장에서 가장 중대한 대상에 해당하기 때문에, 부모의 상(喪)을 '대상'이라고 부르는 것이다. 『춘추공양전』「선공(宣公) 1년」편에는 "古者臣有大喪, 則君三年不呼其門."이라는 용례가 있다.

2) 『주례』「하관(夏官)·사인(射人)」: 大喪, 與僕人遷尸, 作卿大夫掌事, 比其廬, 不敬者苛罰之.

君疾時, 僕人之長扶其右體, 射人之長扶其左體. 此二人皆平日①贊正服位之人, 故君旣薨, 遇遷尸, 則仍用此人也. 方氏釋師爲衆, 應氏以卜人爲卜筮之人.

번역 군주가 질병에 걸렸을 때, 복인(僕人)의 수장은 군주의 몸 중 오른쪽을 부축하고, 사인(射人)의 수장은 왼쪽을 부축한다. 이 두 사람은 모두 평상시 때 임금의 복장을 가다듬고 자리를 정돈하는 일을 돕는 자들이다. 그렇기 때문에 군주가 죽게 되어, 시신을 옮길 때가 되면, 곧 이 사람들을 이용하게 된다. 방씨(方氏)는 '사(師)'자를 무리들[衆]로 풀이하였고, 응씨(應氏)는 복인(卜人)을 거북점과 시초점을 치는 사람들로 여겼다.

① 贊正服位之人.

補註 周禮·夏官·太僕: "掌正王之服位." 註: "服, 王擧動所衣也. 位, 立處也." 疏曰: "衣服及位處, 恐其不正, 故正之." 又射人: "掌國之三公·孤·卿·大夫之位."

번역 『주례』「하관(夏官)·태복(太僕)」편에서 말하길, "천자가 입는 복장과 자리를 올바르게 만드는 일을 담당한다."[3]라고 했다. 주에서 말하길, "'복(服)'자는 천자가 거동할 때 착용해야 하는 해당 복장을 뜻한다. '위(位)'자는 서있는 위치를 뜻한다."라고 했다. 소에서 말하길, "천자가 입어야 하는 의복이나 서게 되는 자리에 있어서 그것이 바르게 되어 있지 못할 것을 염려했기 때문에 이 모두에 대해서 바르게 정돈하는 것이다."라고 했다. 또 『주례』「사인(射人)」편에서 말하길, "제후국의 삼공(三公)·고(孤)·경(卿)·대부(大夫)의 자리에 대해서 담당한다."[4]라고 했다.

---

3) 『주례』「하관(夏官)·태복(太僕)」: 太僕掌正王之服位, 出入王之大命.

4) 『주례』「하관(夏官)·사인(射人)」: 射人掌國之三公·孤·卿·大夫之位, 三公北面, 孤東面, 卿·大夫西面. 其摯, 三公執璧, 孤執皮帛, 卿執羔, 大夫鴈.

「단궁상」 84장

참고-經文

從母之夫, 舅之妻, ①二夫人相爲服, 君子未之言也. 或曰, 同爨緦.

번역 종모(從母)의 남편과 구(舅)의 처, 두 사람의 관계에서 입게 되는 상복 관련 기록이 없다. 그래서 두 사람이 서로를 위해 상복을 입는 것에 대해서, 군자는 언급을 하지 않았다. 어떤 자는 "한솥밥을 먹는 사이라면, 서로를 위해 시마복(緦痲服)을 입는다."라고도 하였다.

① 二夫人相爲服.

補註 鄭註: 二夫人, 猶言此二人也.

번역 정현의 주에서 말하길, '이부인(二夫人)'은 '이 두 사람[此二人]'이라는 말과 같다.

補註 ○類編曰: 一說, 古時夫人非一, 兩夫人相爲之服, 禮所不言, 與從母之夫舅之妻, 合爲三件也. 夫, 如字.

번역 ○『유편』에서 말하길, 일설에 고대에는 부인이 한 사람이 아니었다. 따라서 두 부인이 서로를 위해 상복을 입는다는 것을 『예』에서는 언급하지 않았는데, 이것은 종모(從母)의 남편과 구(舅)의 처에 대한 것과 세 사안이 된다. 따라서 '夫'자는 글자대로 읽는다.

補註 ○按: 周時, 諸侯之妃曰夫人. 齊桓公夫人三, 鄭文公夫人二. [見左傳僖十七年·二十二年.] 且天子之後宮有三夫人, 似指此也.

번역 ○살펴보니, 주나라 때 제후의 비(妃)를 '부인(夫人)'이라고 불렀다. 제나라 환공의 부인은 3명이었고, 정나라 문공의 부인은 2명이었다. [『좌전』 희공 17년1)과 22년 기록2)에 나온다.] 또 천자의 후궁(後宮)에는 3명의 부인이 있었으니, 아마도 이들을 가리키는 것 같다.

從母, 母之姊妹. 舅, 母之兄弟. 從母夫於舅妻無服, 所以禮經
不載, 故曰"君子未之言." 時偶①有甥至外家, 見此二人相依同
居者, 有喪而無文可據, 於是或人爲"同爨緦"之說以處之, 此亦
原其情之不可已, 而極禮之變焉耳.

번역 '종모(從母)'는 모친의 자매들을 뜻한다. '구(舅)'는 모친의 형제들을 뜻한다.
종모(從母)의 남편은 구(舅)의 처에 대해서 상복관계가 성립되지 않고, 『예』의 경문
에도 관련 기록이 수록되어 있지 않기 때문에, "군자가 말을 하지 않았다."라고 한
것이다. 당시 우연히 어떤 자의 생질(甥姪)이 외가(外家)에 가게 되었는데, 두 사람
이 서로 의지하며 함께 사는 것을 보았다. 때마침 상이 발생하였는데, 근거로 삼을
수 있는 관련 기록이 없었다. 이때 어떤 자는 "한솥밥을 먹은 자는 시마복(緦麻服)
을 입는다."라는 말을 하여, 이로써 대처하게 되었는데, 이것은 또한 정감상 그만둘
수 없는 것에 근원한 것이고, 예의 변례(變禮)를 지극히 발휘한 것일 따름이다.

① 有甥至外家.

補註 鄭註: "甥居外家而非之." 疏曰: "以言從母及舅, 皆是外甥稱謂之
辭, 故知甥也."
번역 정현의 주에서 말하길, "생질(甥姪)이 외가(外家)에 머물러 있다가 그
들의 행동을 비난한 것이다."라고 했다. 소에서 말하길, "종모(從母) 및 구
(舅)라고 언급하였으니, 이러한 호칭들은 모두 생질(甥姪)의 입장에서 부르
는 호칭이다. 그렇기 때문에 두 사람에 대해서 언급하는 자가 생질의 입장임
을 알 수 있다.

補註 ○陽村曰: 本註是言從母之夫·舅之妻相爲服也. 所引朱子說言甥
爲從母之夫及舅之妻而服, 後說近是.

---

1) 『춘추좌씨전』「희공(僖公) 17년」: 齊侯之夫人三, 王姬·徐嬴·蔡姬, 皆無子.
2) 『춘추좌씨전』「희공(僖公) 22년」: 丙子晨, 鄭文夫人羋氏·姜氏勞楚子於柯澤.

번역 ○양촌이 말하길, 진호의 주에서는 종모(從母)의 남편과 구(舅)의 처가 서로를 위해 상복을 입는다고 했다. 인용하고 있는 주자의 주장에서는 생질이 종모의 남편 및 구의 처에 대해서 상복을 착용한다고 했는데, 후자의 주장이 정답에 가깝다.

補註 ○按: 朱子說出語類, 此則似以從母之夫‧舅之妻二夫人, 各自爲別項, 而語類又曰: "從母之夫‧舅之妻二夫人相爲服, 恰似難曉. 往往是外甥在舅家, 見得▼(女+感)與姨夫相爲服. 其本來無服, 故異之." 恐本註所引者爲長.

번역 ○살펴보니, 주자의 주장은 『어류』에서 도출한 것인데, 이 기록은 종모(從母)의 남편과 구(舅)의 처 두 사람에 대해서 각각 별도의 항목으로 여긴 것 같은데, 『어류』에서는 "종모의 남편과 구의 처 두 사람이 서로를 위해 상복을 착용한다는 것은 이해하기 어렵다. 종종 생질이 외삼촌 집에 있을 때 이모 및 이모부가 서로를 위해 상복을 착용하는 것을 볼 수 있는데, 본래는 상복을 착용하지 않는다. 그렇기 때문에 이상하게 생각되는 것이다."라고 했다. 아마도 진호의 주에서 인용한 설명이 더 나은 것 같다.

「단궁상」85장

참고-經文

喪事欲其①<u>縱縱</u>爾, 吉事欲其②<u>折折</u>爾. 故喪事雖遽不陵節,
吉事雖止不怠. 故③<u>騷騷</u>爾則野, ③<u>鼎鼎</u>爾則小人, 君子蓋
猶猶爾.

번역 상사(喪事)에서는 신속하게 처리하면서도 절차를 준수하고자 하며, 길사(吉事)에서는 행동거지를 예에 맞추고자 한다. 그렇기 때문에 상사에서는 비록 급박하게 처리를 해야 하지만, 그 절차를 건너뛸 수가 없고, 길사에서는 비록 멈춰서 있는 시간이 있지만, 태만하게 굴어서는 안 된다. 그러므로 너무 분주하고 소란스럽게 하면 비루한 꼴이 되고, 너무 느긋하게 하여도 소인(小人)처럼 되니, 군자(君子)는 무릇 너무 빠르지도 않고 너무 느리지도 않게 하여, 완급에 맞게 한다.

① **縱縱.**

補註 鄭註: 讀如揔領之揔.

번역 정현의 주에서 말하길, '종(縱)'자는 '총령(揔領)'이라고 할 때의 총(揔)자로 풀이한다.

② **折折.**

補註 鄭註: 詩云好人提提.

번역 정현의 주에서 말하길, 『시』에서 "좋은 임은 느긋하면서도 점잖다."[1]라고 했다.

---

1) 『시』 「위풍(魏風)·갈구(葛屨)」: <u>好人提提</u>, 宛然左辟, 佩其象揥. 維是褊心, 是以
爲刺.

③ 騷騷鼎鼎.

補註 類編曰: 騷騷, 忽擾貌; 鼎鼎, 盛壯貌. 威儀太簡, 則少文, 故譏其
野. 文具太盛, 則少誠實, 故譏其小人.

번역 『유편』에서 말하길, '소소(騷騷)'는 바쁘고 시끄러운 모습을 뜻한다.
'정정(鼎鼎)'은 융성하며 장엄한 모습을 뜻한다. 위엄과 격식에 따른 행동거
지가 너무 간소하다면 격식이 적기 때문에 비루하다고 비판한 것이다. 격식
이 갖춰져 지나치게 융성하다면 정성스러운 뜻이 적기 때문에 소인이라고
비판한 것이다.

「단궁상」 86장

喪具, 棺衣之屬. 君子恥於早爲之而畢具者, 嫌不以久生期其親也. 然"①六十歲制, 七十時制, 八十月制, 九十日修", 蓋慮夫倉卒之變也. 一日二日可辦之物, 則君子不豫爲之, 所謂"①絞紟衾冒, 死而後制"者也.

번역 '상구(喪具)'는 관(棺)이나 의복류 등을 뜻한다. 군자(君子)는 너무 일찍 그것들을 마련하여, 기물들을 모두 갖추는 것을 부끄럽게 여기니, 부모가 오래도록 살아계시기를 바라지 않고, 부모의 죽음에 대해서 기약하는 것처럼 보이게 될까를 염려했기 때문이다. 그런데 "나이가 60세가 되면 관(棺)을 미리 제작해서 준비해 두고, 70세가 되면 부장하게 될 의복과 기물들 중 비교적 얻기 힘든 것들을 미리 제작해서 준비해 두며, 80세가 되면 부장하게 될 의복과 기물들 중 비교적 얻기 쉬운 것들을 미리 제작해서 준비해 두고, 90세가 되면 미리 준비해둔 것들을 날마다 손질한다."라고 한 이유는 갑작스럽게 죽게 되는 변고를 염려했기 때문이다. 하루나 이틀 만에 갖출 수 있는 물건들의 경우, 군자는 미리 그것들을 갖추지 않으니, 이른바 "염(斂)할 때 시신을 묶는 끈인 교(絞), 홑이불인 금(紟), 이불인 금(衾), 시신을 전체적으로 감싸는 모(冒)는 그가 죽은 뒤에야 제작한다."는 뜻에 해당한다.

① ○六十歲制[止]曰脩[又]絞紟衾冒死而后制.

補註 竝王制文.

번역 이 모두는 『예기』「왕제(王制)」편의 기록이다.[1]

---

1) 『예기』「왕제(王制)」: 六十歲制, 七十時制, 八十月制, 九十日修, 唯絞紟衾冒, 死而后制.

참고—經文

喪服, ①兄弟之子猶子也, 蓋引而進之也; 嫂叔之無服也, 蓋②推而遠之也; 姑姊妹之薄也, 蓋有受我而厚之者也.

번역 상복에 있어서, 형제의 자식들이 죽었을 때에는 자신의 자식이 죽었을 때와 동일한 상복을 착용하니, 이처럼 하는 이유는 그와의 은정으로 인해, 그의 관계를 끌어 올려서 친밀한 관계로 포함시키기 때문이다. 형제의 아내와 남편의 형제 사이에는 확연한 구분이 있으니, 그 둘 사이에는 상복관계가 성립되지 않는데, 이처럼 하는 이유는 남녀사이에서 발생하는 혐의를 멀리하기 위해, 그 둘의 관계를 미루어서 멀리 대하기 때문이다. 고모와 자매가 시집을 갔을 때에는 그녀들에 대한 상복의 수위를 낮추니, 무릇 본인을 대신해서 그녀들을 위해 수위가 높은 상복을 입어줄 사람이 있기 때문이다.

① 兄弟之子猶子也.

補註 語類曰: 姊妹呼兄弟之子爲姪, 兄弟相呼其子爲從子. 今人於伯 · 叔父前, 皆以爲猶子. 禮兄弟之子猶子, 記者主喪服言. 如夫子謂: "回也視予猶父", 若以姪爲猶子, 則亦可以師爲猶父矣. 漢人謂之從子, 却得其正, 蓋伯 · 叔皆從父也.

번역 『어류』에서 말하길, 자매는 형제의 자식에 대해서 '질(姪)'이라고 부르고, 형제는 서로 그 아들을 '종자(從子)'라고 부른다. 오늘날 사람들은 백부나 숙부 앞에서 이들 모두에 대해 자식과 같이 여기고 있다. 예법에 따르면 형제의 자식에 대해서 자식과 같이 한다고 했고, 『예기』를 기록한 자는 상복을 위주로 언급한 것이라고 했다. 이것은 공자가 "회(回)는 나 보기를 부친처럼 여겼다."[1]라고 한 말과 같다. 만약 질(姪)을 자식과 같이 여긴다면 또

---

1) 『논어』「선진(先進)」: 顏淵死, 門人欲厚葬之. 子曰, "不可." 門人厚葬之. 子曰, "回也視予猶父也, 予不得視猶子也. 非我也, 夫二三子也."

한 스승을 부친과 같이 여길 수도 있는 것이다. 한나라 사람들이 종자(從子)라고 부른 것은 오히려 올바른 것이니, 백부(伯父)나 숙부(叔父)는 모두 종부(從父)가 되기 때문이다.

② 推而遠之也.

補註 續通解曰: 程氏遺書, 問: "嫂叔, 古無服, 今有之, 何也?" 曰: "記云推而遠之也. 此說不是. 古之所以無服者, 只爲無屬. 其夫屬乎父道者, 妻皆母道也. 其夫屬乎子道者, 妻皆婦道也. 叔父伯父, 父之屬也, 故叔母伯母之服, 與叔父伯父同. 兄弟之子, 子之屬也, 故兄弟之子之婦服, 與兄弟之子同. 若兄弟則己之屬也, 難以妻道屬其嫂. 此古者所以無服, 以義理推不行也. 今之有服者亦是, 豈有同居之親而無服者?"

번역 『속통해』에서 말하길, 『정씨유서』에서는 "형제의 아내와 남편의 형제 사이에는 고대에 상복이 없다고 했는데 지금은 상복이 있으니 어떻게 된 일입니까?"라고 묻자 "『예기』에서는 미루어서 멀리 대한다고 했는데, 이 주장은 옳지 않다. 옛날에 둘 사이에 상복이 없었던 것은 단지 소속됨이 없었기 때문이다. 남편이 자식의 항렬에 속하면 그 아내는 모두 며느리 항렬에 속한다. 숙부와 백부는 부친의 부류에 해당한다. 그렇기 때문에 숙모와 백모에 대한 상복은 숙부 및 백부에 대한 상복과 같다. 형제의 자식은 자식의 부류에 해당한다. 그렇기 때문에 형제 자식의 부인에 대한 상복은 형제의 자식에 대한 상복과 같다. 형제의 경우 자신의 부류에 해당하지만, 처의 항렬로 형제의 아내를 소속시키기는 어렵다. 이것이 고대에 상복이 없었던 이유이며, 의리에 따라 미루어 시행하지 않았던 것이다. 그런데 오늘날 상복을 입는 것 또한 옳으니, 어떻게 함께 거주하는 친속 관계에서 상복이 없을 수 있겠는가?"라고 대답했다.

「단궁상」 89장

참고-經文

曾子與客立於門側, ①其徒趨而出, 曾子曰: "爾將何之?" 曰: "吾父死, 將出哭於巷." 曰: "反哭於爾次!" 曾子北面而弔焉.

번역 증자(曾子)가 빈객과 함께 문 옆에 서 있었는데, 증자의 제자가 빠른 걸음으로 밖으로 나갔다. 증자가 그를 바라보며, "너는 어디로 가려고 하느냐?"라고 했다. 그러자 제자는 "제 부친께서 돌아가셔서, 밖으로 나가서 거리에서 곡을 하려고 합니다."라고 했다. 증자는 "되돌아가서 너의 객사에서 곡을 하거라!"라고 말했다. 이후 증자는 북쪽을 바라보고 조문을 하였다.

① ○其徒[止]爾次.

補註 鄭註: 徒, 謂客之旅. 以爲不可發凶於人之館. 禮, 館人使專之, 若其自有然.

번역 정현의 주에서 말하길, '도(徒)'자는 빈객의 무리를 뜻한다. 남의 객사에서 흉례(凶禮)를 치를 수 없다고 여긴 것이다. 예에 따르면, 남으로 하여금 그 장소에 머물게 하였다면, 그로 하여금 그 공간을 전적으로 사용할 수 있게 하여, 마치 그 자가 소유한 것처럼 여기게 하는 것이다.

補註 ○按: 小註吳說不可曉, 何故誤解至此?

번역 ○살펴보니, 소주에 나온 오씨의 주장은 이해하기 어렵다. 어떠한 이유로 오씨의 해석이 여기에 수록되었단 말인가.

참고-大全 臨川吳氏曰: 曰吾父死者, 立於門側之客曰也.

번역 임천오씨[1]가 말하길, "저의 부친께서 돌아가셨다."라고 한 말은 문 옆

---

1) 오징(吳澄, A.D.1249~A.D.1333): =임천오씨(臨川吳氏)·오유청(吳幼淸)·초려

에 서 있었던 빈객이 한 말이다.

_____

　오씨(草廬吳氏). 송원대(宋元代)의 유학자이다. 이름은 징(澄)이다. 자(字)는 유청
(幼淸)이다. 저서로 『예기해(禮記解)』가 있다.

「단궁상」 90장

참고─經文

孔子曰: "①之死而致死之, 不仁而不可爲也; 之死而致生之, 不知而不可爲也. 是故竹不成用, 瓦不成味, 木不成斲, 琴瑟②張而不平, 竽笙備而不和, 有鐘磬而③無簨簴. 其曰明器, 神明之也."

번역 공자가 말하길, "죽은 자를 전송할 때 죽은 자를 대하는 예로만 대한다면, 불인(不仁)한 일이 되므로, 시행할 수 없는 것이다. 한편 죽은 자를 전송할 때 살아있는 자를 대하는 예로만 대한다면, 지혜롭지 못한 일이 되므로, 시행할 수 없는 것이다. 이러한 까닭으로 대나무로 만든 기물들은 쓸모가 없게 만들고, 옹기로 만든 기물들은 매끄럽게 광택을 내지 않는 것이며, 나무로 만든 기물들은 조각을 하지 않는 것이고, 금슬(琴瑟)에 대해서는 그 줄을 걸어두기는 하지만 조율을 하지 않아서 연주를 할 수 없게 만들며, 우생(竽笙)에 대해서는 갖추기는 하지만, 소리를 제대로 내지 못하는 것으로 준비하여, 불어서 연주를 할 수 없게 만들고, 종이나 석경 등도 갖추기는 하지만, 그것들을 매다는 틀인 순거(簨簴)를 갖추지 않아서, 두들겨서 연주를 하지 못하게 만든다. 이러한 기물들을 '명기(明器)'라고 부르는 이유는 신명(神明)의 도에 따라 죽은 자를 대하기 때문이다."라고 했다.

① ○之死.

補註 按: 類編, 之, 猶於也, 良是. 劉氏訓以往, 雖本於鄭註, 而恐誤.

번역 살펴보니, 『유편』에서는 '지(之)'자를 어(於)자와 같다고 했는데, 참으로 옳다. 유씨는 왕(往)자로 풀이했는데, 이것이 비록 정현의 주에서 도출된 것이지만 아마도 잘못된 해석인 것 같다.

② 張而不平.

補註 按: 不平謂不調, 疏曰: "張絃而不調平."

번역 살펴보니, '불평(不平)'은 조율을 하지 않았다는 뜻이니, 소에서는 "줄을 걸어두되 조율을 하지 않는다."라고 했다.

③ 無簨虡.

補註 鄭註: "不縣之也. 橫曰簨, 植曰虡." 疏曰: "鄭云不縣之也者, 周禮·典庸器大喪廞簨虡, 明知有而不縣也."

번역 정현의 주에서 말하길, "걸어두지 않는다는 뜻이다. 받침대 중 횡으로 걸어두는 것을 '순(簨)'이라 부르고, 수직으로 걸어두는 것을 '거(虡)'라고 부른다."라고 했다. 소에서 말하길, "정현은 '매달아 두지 않는다.'라고 했는데, 『주례』「전용기(典庸器)」편을 살펴보면, '대상(大喪)에 대해서는 순거(簨虡)를 만든다.'[1]라고 했다. 이 기록을 통해서 갖추기는 하지만 그 틀에 매달아두지 않는다는 사실을 분명히 알 수 있다."라고 했다.

劉氏曰: 之, 往也. 之死, 謂以禮往送於死者也. 往於死者, 而極以死者之禮待之, 是無愛親之心爲不仁, 故不可行也; 往於死者, 而極以生者之禮待之, 是無燭理之明爲不知, 故亦不可行也. 此所以先王爲明器以送死者, ①竹器則無滕緣而不成其用; 瓦器則篦質而不成其②黑光之沫; 木器則樸而不成其雕斲之文; 琴瑟則雖張絃而不平, 不可彈也; 竽笙雖備具而不和, 不可吹也; 雖有鐘磬而無懸挂之簨簴, 不可擊也. 凡此皆不致死, 亦不致生, 而以有知無知之間待死者, 故備物而不可用也. 備物則不致死, 不可用則亦不致生, 其謂之明器者, 蓋以神明之道待之也.

번역 유씨가 말하길, '지(之)'자는 "보낸다[往]."는 뜻이다. '지사(之死)'는 예에 따라서 죽은 자를 전송한다는 뜻이다. 죽은 자를 전송하면서, 죽은 자를 대하는 예로

---

1) 『주례』「춘관(春官)·전용기(典庸器)」: 饗食·賓射亦如之. <u>大喪, 廞筍虡.</u>

써만 지극히 대우한다면, 이것은 친애하는 마음이 없는 것으로, 불인(不仁)이 된다. 그렇기 때문에 시행할 수 없는 것이다. 죽은 자를 전송하면서, 살아있는 자를 대하는 예로써만 지극히 대우한다면, 이것은 사리를 고찰하는 지혜가 없는 것으로, 지혜롭지 못한 것이 된다. 그렇기 때문에 이 또한 시행할 수 없는 것이다. 이것은 선왕이 명기(明器)를 사용하여 죽은 자를 전송한 이유이니, 죽기(竹器)의 경우에는 끝에 붙어 있는 끈이 없어서 쓸모가 없고, 와기(瓦器)의 경우에는 거칠고 질박하여 흑색의 광택을 내지 않았으며, 목기(木器)의 경우에는 다듬지 않고 조각한 무늬를 새기지 않았고, 금슬(琴瑟)의 경우에는 비록 줄을 걸어두었지만, 조율을 하지 않아서 연주를 할 수 없으며, 우생(竽笙)은 비록 기구를 갖췄지만, 소리가 조화롭지 않아서, 불어서 연주할 수 없고, 비록 종과 석경이 있지만, 그것들을 매다는 순거(簨簴)가 없으므로, 그것들을 두들겨서 연주할 수가 없다. 무릇 이러한 것들은 죽은 자를 대하는 예에 대해서 지극히 하는 것도 아니고, 또한 산 자를 대하는 예에 대해서도 지극히 하는 것도 아니며, 지혜로움과 지혜롭지 못한 그 중간에서 죽은 자를 대하는 것이다. 그렇기 때문에 기물들을 갖추기만 하고, 사용할 수 없도록 하는 것이다. 기물을 갖추게 되면, 죽은 자를 대하는 예에 대해서 지극히 하는 것이 아니고, 사용할 수 없게 한다면, 또한 산 자를 대하는 예에 대해서도 지극히 하는 것이 아니니, 이러한 기물들을 '명기(明器)'라고 부르는 이유는 아마도 신명(神明)에 대한 도에 따라서 죽은 자를 대하기 때문일 것이다.

① 竹器則無縢緣.

補註 鄭註: 不成用, 謂邊無縢.
번역 정현의 주에서 말하길, 쓸모 있게 만들지 않는다는 말은 변두리에 연결하는 끈을 만들지 않는다는 뜻이다.

② 黑光之沬.

補註 鄭註: "昧, 當作沬. 沬, 靧也." 疏曰: "靧, 謂靧面, 證沬爲光澤也."
번역 정현의 주에서 말하길, "'미(昧)'자는 마땅히 매(沬)자가 되어야 한다. '매(沬)'자는 닦는다는 뜻이다."라고 했다. 소에서 말하길, "'회(靧)'자는 세면을 한다는 뜻으로, 이 말은 곧 '매(沬)'자가 광택을 낸다는 뜻이 됨을 증명한 것이다."라고 했다.

長樂陳氏曰: 不曰神明之器, 特曰明器者, 以神之幽, 不可不明
故也. 周官凡施於神者, 皆曰明, 故水曰明水, 火曰明火, 以至
明齍明燭明甕者, 皆神明之也. 蓋其有竹瓦木之所用, 琴瑟竽
笙鐘磬之所樂者, 明之也. 所用非所用, 所樂非所樂, 神之也.
宋襄公葬其夫人, ①醯醢百甕, 豈知此哉?

번역 장락진씨가 말하길, '신명(神明)의 기물'이라고 말하지 않고, 단지 '명기(明器)'라고만 말하는 이유는 신(神)은 그윽한 세상에 머물고 있으니, 명(明)하지 않다고 할 수 없기 때문이다. 『주례』에 있어서 무릇 신(神)에게 베푸는 것들에 대해서는 모두 '명(明)'자를 붙여서 부른다. 그렇기 때문에 물에 대해서는 '명수(明水)'라고 부르는 것이고, 불에 대해서는 '명화(明火)'라고 부르는 것이며, 명자(明齍)·명촉(明燭)·명취(明甕)에 있어서도 '명(明)'자를 붙인 것은 모두 신명(神明)스럽게 대하기 때문이다. 무릇 장례에 사용되는 물건 중에는 대나무·옹기·나무로 만들어서 사용할 수 있는 기물들을 갖춘 것도 있고, 금슬(琴瑟)·우생(竽笙)·종경(鐘磬)과 같이 음악을 연주하는 악기들도 있는 것은 명(明)하게 대하기 때문이다. 사용되는 것이지만 사용할 수 없게 만들고, 음악을 연주하는 것이지만 연주를 하지 못하게 조치한 것은 신(神)하게 대하기 때문이다. 송나라 양공(襄公)은 그의 부인을 장례지내면서, 젓갈을 마련하며 100개의 옹기만큼 준비를 하였으니,[2] 어찌 이러한 사실을 알고 있었다고 하겠는가?

① 醯醢.

補註 醢下脫皿.

번역 '해(醢)'자 밑에 명(皿)자가 누락되었다.

---

[2] 『예기』「단궁상(檀弓上)」: 宋襄公葬其夫人, 醯醢百甕, 曾子曰, "既曰明器矣. 而又實之."

「단궁상」 92장

①南宮敬叔反, 必載寶而朝. 夫子曰: '若是其貨也! 喪不如速貧
之愈也.' 喪之欲速貧, 爲敬叔言之也.

번역 계속하여 자유(子游)가 말하길, "예전에 남궁경숙(南宮敬叔)은 지위를 잃어
서 노나라를 떠났다가 이후에 다시 돌아왔다. 그런데 그가 돌아와서는 기어코 보물
을 수레에 싣고서 조회에 나아갔다. 이처럼 했던 것은 뇌물을 주어서 지위를 회복
하고자 했던 것이다. 그래서 선생님께서는 이 일을 두고, '이처럼 재화를 쓴단 말인
가! 이처럼 할 바에야 지위를 잃었을 때 빨리 가난해지는 것만 못하다.'라고 하셨
다. 지위를 잃었을 때 빨리 가난해지기를 바란다는 것은 경숙(敬叔) 때문에 하신
말씀이다."라고 했다.

① 南宮敬叔.

補註 按: 敬叔, 卽南宮縚.
번역 살펴보니, '경숙(敬叔)'은 곧 남궁도(南宮縚)이다.

「단궁상」 93장

曾子以子游之言告於有子. 有子曰: "然. 吾固曰非夫子之言
也." 曾子曰: "子何以知之?" 有子曰: "夫子①制於中都, 四寸之
棺, 五寸之槨, 以斯知不欲速朽也. 昔者夫子失魯司寇, 將之
荊, 蓋先之以子夏, 又申之以冉有, 以斯知不欲速貧也."

번역 증자(曾子)는 자유(子游)가 했던 말을 유자(有子)에게 일러주었다. 그러자
유자가 말하길, "그렇다. 그래서 내가 진실로 이 말은 선생님이 하신 말씀이 아니라
고 한 것이다."라고 했다. 증자는 "그대는 어떻게 그러한 사실을 알았는가?"라고 물
었다. 유자가 대답하길, "선생님께서 중도(中都)의 재(宰)를 맡으셨을 때, 그곳에
서 관곽(棺槨)에 대한 규범을 시행하였는데, 관(棺)은 4촌(寸)의 두께로 만드셨고,
곽(槨)은 5촌(寸)의 두께로 만드셨다. 이처럼 관곽을 두껍게 만드신 것을 보고, 나
는 선생님께서 죽었을 때 그 시신이 빨리 썩기를 바라지 않으셨다는 사실을 알았
다. 그리고 예전에 선생님께서 노나라의 사구(司寇)라는 벼슬에서 물러나셨을 때,
초나라로 가고자 하셨는데, 그곳에서 벼슬살이를 하실 수 있는지를 확인하기 위해,
먼저 자하(子夏)를 보내서서 실정을 확인하게 했고, 또 염유(冉有)를 재차 보내셨
다. 이처럼 거듭 확인하기 위해 제자를 보내신 것을 보고, 나는 선생님께서 지위를
잃었을 때 빨리 가난해지기를 바라지 않으셨다는 사실을 알았다."라고 했다.

① ○制於中都.

補註 鄭註: 中都, 魯邑名. 孔子嘗爲宰, 爲民作制.
번역 정현의 주에서 말하길, '중도(中都)'는 노나라에 있던 읍(邑) 이름이다.
공자는 일찍이 그 땅의 재(宰)가 되었고, 백성들을 위해 제도를 마련했던
것이다.

大夫訃於他國之君, 曰"君之外臣寡大夫某死." 莊子, 齊大夫,
名伯. 齊强魯弱, ①不容略其赴, 縣子名知禮, 故召問之. 修, 脯
也. 十脡爲束. 問, 遺也. ②爲人臣者無外交, 不敢貳君也, 故雖
束修微禮, 亦不以出竟.

번역 대부가 다른 나라의 군주에게 부고를 알릴 때에는 "군주의 외신(外臣)인 과대
부(寡大夫) 아무개가 죽었습니다."[1]라고 말하게 된다. '장자(莊子)'는 제나라 대부
로, 이름은 백(伯)이다. 당시 제나라는 강성했고 노나라는 약소했으므로, 부고를 알
린 일에 대해서 간략히 대처하는 것을 받아들일 수가 없었는데, 현자(縣子)는 당시
예를 잘 알고 있는 자로 명성이 높았기 때문에, 그를 초빙하여 물어본 것이다. '수
(修)'자는 포(脯)를 뜻한다. 10정(脡)[2]을 1속(束)으로 삼는다. '문(問)'자는 "보낸
다[遺]."는 뜻이다. 신하가 된 자는 외국과 교류함이 없으니, 감히 군주에 대해서
두 마음을 품을 수 없기 때문이다. 그렇기 때문에 비록 속수(束脩)처럼 하찮은 예
에 대해서도 또한 국경 밖에서 시행하지 못하게 한 것이다.

① ○不容略其赴.

補註 按: 不哭, 則爲略其赴.

번역 살펴보니, 곡을 하지 않았다면, 부고를 알리는 일에 간략히 대처했기
때문이다.

---

1) 『예기』「잡기상(雜記上)」: 大夫訃於同國, 適者, 曰某不祿. 訃於士, 亦曰某不祿.
訃於他國之君, 曰君之外臣寡大夫某死. 訃於適者, 曰吾子之外私寡大夫某不祿,
使某實. 訃於士, 亦曰吾子之外私寡大夫某不祿, 使某實.

2) 정(脡)은 기다란 육포(肉脯)를 세는 단위이다. 접혀 있는 것을 셀 때에는 구(胊)자
를 사용하였다. 『춘추공양전』「소공(昭公) 25년」편에는 "高子執簞食與四脡脯."라
는 기록이 있는데, 이에 대한 하휴(何休)의 주에서는 "屈曰胊, 申曰脡."이라고 풀이
했다.

② 爲人臣[止]貳君也.

補註 郊特牲文.

번역 『예기』「교특생(郊特牲)」편의 기록이다.3)

---

3) 『예기』「교특생(郊特牲)」: 朝覲大夫之私覿, 非禮也. 大夫執圭而使, 所以申信
也. 不敢私覿, 所以致敬也. 而庭實私覿, 何爲乎諸侯之庭? <u>爲人臣者無外交, 不
敢貳君也.</u>

참고─經文

①公叔木有同母異父之昆弟死, 問於子游. 子游曰: "其大功乎!" 狄儀有同母異父之昆弟死, 問於子夏. 子夏曰: "我未之前聞也. 魯人則爲之齊衰." 狄儀行齊衰. 今之齊衰, 狄儀之問也.

번역 공숙목(公叔木)에게는 모친이 같지만 부친이 다른 곤제(昆弟)가 있었는데, 그 곤제가 죽게 되었다. 그러나 이러한 경우에 어떤 상복을 착용해야 하는지 알 수 없었기 때문에, 자유(子游)에게 그 규정을 물어보았다. 자유는 관련된 규정이 없으므로, 스스로 판단을 하여, "대공복(大功服)을 착용해야 할 것 같다."라고 대답을 해주었다. 한편 적의(狄儀)에게도 모친이 같지만 부친이 다른 곤제가 있었는데, 그 곤제가 죽게 되었다. 적의 또한 어떤 복장을 착용해야 하는지 알 수 없어서, 자하(子夏)에게 물어보았다. 자하는 "나는 그러한 규정에 대해서 이전에 들어본 적이 없다. 그러나 노나라 사람들은 그를 위해 자최복(齊衰服)을 입고 3개월 동안 상을 치르고 있다."라고 대답해주었다. 그러자 적의는 그 말대로 자최복을 입고 3개월 동안 상을 치렀다. 오늘날 이러한 경우에 자최복을 입고 3개월 동안 상을 치르게 된 것은 적의가 질문한 것으로부터 비롯되었다.

① 公叔木章.

補註 鄭註: 木, 當爲朱, 春秋傳作戌.
번역 정현의 주에서 말하길, '목(木)'자는 마땅히 주(朱)자가 되어야 하는데, 『춘추전』에서는 '술(戌)'자로 기록하고 있다.[1]

補註 ○續通解曰: 魏明帝景初中, 尚書祠部問同母異父兄弟服, 應幾月. 太常博士據子游鄭註, 大功九月, 高堂崇云, 聖人制禮, 外親正服, 不過緦, 外祖父母以尊加, 從母以名加, 皆小功, 舅緦服而已. 外兄弟異族無

---

1) 『춘추』「정공(定公) 14년」: 十有四年, 春, 衛公叔戌來奔.

屬, 疎於外家遠矣, 故於禮序, 不得有服. 若以同居, 從同爨服, 無緣章
云大功, 乃重於外祖父母, 此實先賢之過也.

번역 ○『속통해』에서 말하길, 위나라 명제 경초 연간에 상서사부는 모친은 같은데 부친이 다른 형제에 대한 상복을 몇개월로 해야 하는지 물었다. 태상박사는 자유의 설명에 대한 정현의 주에 근거하여 대공복(大功服)으로 9개월 동안 복상한다고 했고, 고당승은 성인이 예법을 제정했을 때, 외친에 대한 정규 상복은 시마복(緦麻服)을 넘지 못하도록 했고, 외조부모에 대해서는 존귀함으로 인해 수위를 더하고 종모에 대해서는 명분으로 인해 수위를 더하더라도 모두 소공복(小功服)이며 외삼촌에 대해서는 시마복을 착용할 뿐이다. 외형제는 성씨가 다른 족인으로 친속 관계가 없어 관계가 먼 외가보다도 소원하다. 그렇기 때문에 예의 질서에 따르면 상복이 있을 수 없다. 만약 함께 거주하는 경우라면 한솥밥을 먹는 것에 따라 상복을 착용하지만 아무런 연유도 없이 대공복을 착용한다고 했으니 외조부모보다도 수위를 높인 것이니, 이것은 진실로 선대 학자들의 잘못이라고 했다.

補註 ○按: 家禮, 爲之小功.

번역 ○살펴보니, 『가례』에서는 그들을 위해 소공복(小功服)을 착용한다고 했다.

補註 ○又按: 經文只云齊衰, 古註疏亦不明言朞與三月, 則陳註三月云者, 未知何據.

번역 ○또 살펴보니, 경문에서는 단지 자최(齊衰)라고만 했고, 옛 주와 소에서도 기년인지 3개월인지를 명확하게 설명하지 않았으니, 진호의 주에서 3개월이라고 말한 것은 무엇을 근거로 했는지 모르겠다.

「단궁상」 98장

참고─經文

①子思之母死於衛, 柳若謂子思曰: "子, 聖人之後也. 四方於子乎觀禮, 子蓋愼諸!" 子思曰: "吾何愼哉! 吾聞之, 有其禮, 無其財, 君子弗行也; 有其禮, 有其財, 無其時, 君子弗行也. 吾何愼哉!"

번역 자사(子思)의 모친은 부친인 백어(伯魚)가 죽자 위(衛)나라로 시집을 갔다. 그런데 그 모친이 죽었다는 소식이 들려왔다. 유약(柳若)은 자사에게 말하길, "그대는 성인의 후예입니다. 사방의 모든 사람들이 그대를 통해서 예가 어떻게 시행되는지를 확인하려고 하니, 그대는 신중히 처신해야 할 것입니다!"라고 했다. 그러자 자사는 "내가 무엇을 신중히 한단 말이오! 내가 듣기로, 해당하는 예의 규정이 있는데, 그 예를 시행할만한 재화가 없다면, 군자는 예를 시행하지 않는다고 하였고, 또 해당하는 예의 규정이 있고, 그것을 시행할만한 재화도 있지만, 그것을 시행할 적절한 때가 아니라면, 군자는 시행하지 않는다고 했소. 그런데 내가 무엇을 신중히 한단 말이오!"라고 했다.

① ○子思之母死於衛章.

補註 鄭註: "柳若見子思欲爲嫁母服, 恐其失禮, 戒之. 嫁母齊衰期." 疏曰: "張逸問: '舊儒, 世本皆以孔子後數世皆一子, 禮適子爲父後, 爲嫁母無服. 檀弓說子思從於嫁母服, 何?' 鄭云: '子思哭嫂爲位, 必非適子, 或者兄早死, 無繼, 故云數世皆一子.'"

번역 정현의 주에서 말하길, "유약(柳若)은 자사가 다른 집으로 시집간 모친에 대해 상복을 입으려는 것을 보고, 아마도 실례를 범하게 될까 염려가 되었기 때문에 주의를 준 것이다."라고 했다. 소에서 말하길, "장일[1]은 '옛 학

---

1) 장일(張逸, ?~?) : 정현(鄭玄)의 문도로 알려져 있지만, 자세한 이력은 전해지지 않는다.

자들은 『세본』에 따라 모두 공자의 후손들이 수세대에 걸쳐서 한 명의 아들만을 두었다고 했는데, 예에 따르면 적자는 부친의 후계자가 되므로, 다른 집으로 시집을 간 모친에 대해서는 상복을 착용하지 않게 됩니다. 그런데 「단궁」편에서 자사(子思)가 다른 집으로 시집을 간 모친에 대해 상복을 착용하는 것에 따라 상복을 착용했다고 했는데, 이것은 어떤 까닭입니까?'라고 묻자 정현은 '자사는 형수를 위해 곡을 할 때 곡하는 자리를 마련했으니, 분명 적자가 아니다. 혹자는 그의 형이 일찍 죽어서 형의 뒤를 이을 자식이 없었기 때문이라고 했다. 그래서 수세대에 걸쳐 모두 자식이 한 명이라고 했던 것이다.'라고 대답했다."라고 했다.

補註 ○按: 以子思所答見之, 未見有柳若戒以勿服之意, 恐柳若只戒其愼於禮節耳.

번역 ○살펴보니, 자사가 답변한 내용을 살펴보면 유약이 상복을 입지 말라고 경계했다는 뜻이 나타나지 않는다. 아마도 유약은 단지 예법 절차에 대해 너무 조심하는 것만을 경계했던 것 같다.

「단궁상」 102장

疏曰: ①儀禮小斂之奠, 設於東方, 奠又無席; 魯之衰末, 奠於西方, 而又有席. 曾子見時如此, 將以爲禮, 故云小斂於西方. 斯, 此也. 其斂之時, ②於此席上而設奠矣. 故記者正之云, 小斂之奠, 所以在西方, 是魯人行禮末世失其義也.

번역 공영달의 소에서 말하길, 『의례』의 기록에 따르면, 소렴(小斂) 때 차려내는 음식들은 동쪽에 진설하고, 음식을 차려둔 곳에는 또한 석(席)을 깔아두지 않는다. 노(魯)나라 말엽에는 서쪽에 음식을 설치하였고, 또 석(席)도 깔아두었다. 증자(曾子)는 당시에 이와 같이 하는 것을 보고서, 장차 이것을 예로 규정하고자 했다. 그렇기 때문에 소렴(小斂) 때에는 서쪽에 음식을 설치한다고 말한 것이다. '사(斯)'자는 이것[此]이라는 뜻이다. 염(斂)을 할 때 이 석(席) 위에 음식을 설치한다는 의미이다. 그렇기 때문에 『예기』를 기록한 자는 그 내용을 바로잡으며, 소렴(小斂) 때 음식을 차려내는 것을 서쪽에 두게 된 것은 노나라 사람들이 예를 시행해 오다가 말엽이 되어서, 그 의미를 놓친 것이라고 한 것이다.

① ○儀禮小斂之奠[止]東方.

補註 沙溪曰: 家禮, 襲奠在東方, 小斂奠在南, 與此不同.

번역 사계가 말하길, 『가례』에서는 습(襲)을 할 때의 전제사는 동쪽에 진설하고, 소렴을 할 때의 전제사는 남쪽에 진설한다고 하여, 이곳과 차이를 보인다.

② 於此席上而設奠矣.

補註 按: 斂斯席矣之訓, 疏說殊涉牽强, 此恐謂小斂斯有奠席也.

번역 살펴보니, 경문의 '염사석의(斂斯席矣)'에 대한 풀이에 있어서, 소의 주장은 자못 견강부회한 점이 있는 것 같으니, 이것은 아마도 소렴을 치르며 이와 같은 음식을 진설하는 자리가 있다는 뜻인 것 같다.

今按: 儀禮"布席于戶內", 註云"有司布斂席也", 在小斂之前.
及①陳大斂衣奠, 則云"奠席在饌北, 斂席在其東", 註云"大斂
奠而有席, 彌神之也." 據此, 則小斂奠無席.

번역 내가 살펴보니, 『의례』에서는 "석(席)을 호(戶)의 안쪽에 깔아둔다."[1]라고 했
는데, 이 문장에 대한 정현의 주에서는 "유사(有司)는 염(斂)을 할 때 쓰는 석(席)
을 깔아둔다."라고 했으니, 소렴(小斂)을 치르기 이전에 해당한다. 대렴(大斂)에
사용될 옷들과 음식들을 진설하는 경우에 대해서는 "음식을 차려낼 때 사용하는 석
(席)은 찬이 차려진 곳 북쪽에 펴두고, 염(斂)을 할 때 사용하는 석(席)은 그 동쪽
에 펴둔다."[2]라고 했고, 이 문장에 대한 정현의 주에서는 "대렴(大斂)을 하며 음식
을 차려내고, 또 석(席)까지 설치한 것은 미약하게나마 신(神)으로 대하기 때문이
다."라고 했다. 이러한 기록에 근거해보면, 소렴(小斂)을 하며 음식을 차려낼 때에
는 석(席)이 없는 것이다.

① 陳大斂衣奠.

補註 按: 此謂大斂衣服及奠具.
번역 살펴보니, 이것은 대렴(大斂)에 사용하는 의복 및 음식들을 갖춘다는
뜻이다.

---

1) 『의례』「사상례(士喪禮)」: 士盥, 二人以並, 東面立于西階下. 布席于戶內, 下莞,
上簟.
2) 『의례』「사상례(士喪禮)」: 奠席在饌北, 斂席在其東. 掘肂見衽. 棺入主人不哭.

참고-集說

> 方氏曰: ①葛之麤而郤者謂之綌, 布之細而疎者謂之總. 五服
> ②一以麻, 各有升數. 若以綌爲衰, 以總爲裳, 則取其輕涼而已,
> 非古制也.

번역 방씨가 말하길, 갈포(葛布) 중 거칠고 간격이 벌어진 것을 '격(綌)'이라고 부르고, 베[布] 중 가늘고 사이가 성긴 것을 '세(總)'라고 부른다. 오복(五服)은 모두 마(麻)로 만들게 되며, 각각의 수위에 따라서 올수에 차이가 있다. 만약 격(綌)으로 상복의 상의를 만들고, 세(總)로 상복의 하의를 만든다면, 가볍고 시원하게 만든다는 뜻에 따라 상복을 만든 것일 따름이니, 고대의 제도가 아니다.

① ○葛之麤而郤.

補註 沙溪曰: 郤, 與隙同.
번역 사계가 말하길, '극(郤)'자는 극(隙)자와 같다.

② 一以麻.

補註 按: 一, 猶言一皆.
번역 살펴보니, '일(一)'자는 전부[一皆]라는 뜻과 같다.

「단궁상」 104장

①滅, 子蒲之名也. 復則呼名, 哭豈可呼名也! 野哉, 言其鄙野而不達於禮也. 子皐, 孔子弟子高柴.

번역 '멸(滅)'은 자포(子蒲)의 이름이다. 초혼을 하게 되면, 이름을 부르는데, 곡을 하면서 어찌 이름을 부를 수 있단 말인가! "야만스럽다."는 말은 그 자가 야만스러워서, 예에 대해 알지 못한다는 뜻이다. '자고(子皐)'는 공자의 제자인 고시(高柴)이다.

① ○滅子蒲之名也.

補註 家語哭者作哭之, 註曰: 人少以滅名者, 又哭而名其父, 不近人情, 疑以孤窮自謂亡滅也.

번역 『공자가어』에서는 '곡자(哭者)'를 곡지(哭之)로 기록했고, 주에서는 "사람의 이름을 멸(滅)이라고 짓는 경우는 매우 드물며, 또 곡을 하며 자기 부친을 이름으로 부르는 것은 인정상 맞지 않다. 아마도 이것은 고아가 되고 곤궁해졌다는 생각에 스스로 망하고 없어졌다고 자조한 말인 것 같다.

補註 ○按: 鄭註, "滅, 蓋子蒲名." 蓋者, 疑辭, 恐是無明據歟.

번역 ○살펴보니, 정현의 주에서는 "'멸(滅)'은 아마도 자포(子蒲)의 이름인 것 같다."라고 했다. '개(蓋)'자는 의문스러울 때 붙이는 말이니, 아마도 이러한 주장에도 명확한 근거가 없었던 것 같다.

「단궁상」 106장

疏曰: ①養疾者朝服, 羔裘・玄冠, 卽朝服也. 始死, 則去朝服, 著深衣. 時有不易者, 又有小斂後羔裘弔者, 記者因引孔子行禮之事言之.

번역 공영달의 소에서 말하길, 질병에 걸린 자를 봉양할 때에는 조복(朝服)을 착용하는데, 새끼양의 가죽으로 만든 갓옷과 현관(玄冠)은 곧 조복(朝服)의 차림에 해당한다. 어떤 자가 이제 막 죽게 되면, 조복을 벗게 되고, 심의(深衣)를 착용한다. 당시에는 이러한 복장을 바꾸지 않았던 자가 있었고, 또한 소렴(小斂)을 한 이후인데도, 새끼양의 가죽으로 만든 갓옷을 착용하고 조문을 하는 자가 있었다. 그래서 『예기』를 기록한 자는 이러한 일이 있었으므로, 공자가 예를 시행했던 사안을 인용하여, 올바른 방침을 언급했던 것이다.

① ○養疾者朝服.

補註 喪大記: "疾病, 外內皆掃, 男女改服." 鄭註: "疾困曰病. 改服者, 朝服. 庶人深衣. 爲賓客來問病也." 疏曰: "文王世子云: '疾則世子親齊玄而養.' 玄謂玄端, 至病困易以朝服, 故檀弓云: '始死, 羔裘玄冠者, 易之而已.' 羔裘玄冠, 卽朝服也."

번역 『예기』「상대기(喪大記)」편에서 말하길, "병이 위독하게 되면, 그 집의 사람들은 그가 거처하는 곳 안팎을 모두 청소하고, 집안의 남자와 여자들은 모두 복장을 갈아입는다."[1]라고 했다. 정현의 주에서 말하길, "질(疾)이 심각해지면 '병(病)'이라고 부른다. 복장을 갈아입는다는 것은 조복(朝服)을 착용한다는 뜻이다. 서인의 경우에는 심의(深衣)를 착용한다. 빈객들이 찾

---

1) 『예기』「상대기(喪大記)」: 疾病, 外內皆埽. 君大夫徹縣, 士去琴瑟. 寢東首於北牖下. 廢牀, 徹褻衣, 加新衣, 體一人. 男女改服. 屬纊以俟絶氣. 男子不死於婦人之手, 婦人不死於男子之手.

아와서 병문안을 하기 때문이다."라고 했다. 소에서 말하길, "『예기』「문왕세자(文王世子)」편에서는 '세자는 직접 제현(齊玄)2)의 복장을 착용하고서 부왕을 봉양한다.'3)라고 했는데, 현(玄)은 현단(玄端)을 뜻하며, 병이 위중해지면 조복으로 갈아입는다. 그렇기 때문에 「단궁」편에서는 '부모가 이제 막 돌아가시게 되면, 새끼양의 가죽으로 만든 갓옷과 현관(玄冠)의 복식은 바꿀 따름이다.'4)라고 했다. 새끼양의 가죽으로 만든 갓옷과 현관을 착용한다는 것은 조복을 착용한다는 뜻이다."라고 했다.

補註 ○按: 養疾者, 謂子養親疾者, 其下引孔子行禮之事者, 證其羔裘玄冠. 弔者猶不當服, 則親喪之初, 尤宜先去之, 而改着庶人養疾者所着之深衣也. 疏說恐未然.

번역 ○살펴보니, '양질자(養疾者)'라는 것은 자식이 질병이 든 부모를 봉양한다는 뜻인데, 그 뒤에서 공자가 예를 시행한 사안을 인용한 것은 새끼양의 가죽으로 만든 갓옷과 현관을 착용한다는 것을 증명하기 위한 것이다. 조문하는 자도 오히려 입어서는 안 되니, 부모의 초상에는 더욱이 먼저 제거해야 하며, 서인들이 질병이 든 자를 봉양할 때 착용하는 심의로 갈아입어야 한다. 소의 주장은 아마도 잘못된 것 같다.

---

2) 제현(齊玄)은 재계를 할 때 착용하는 검은색의 복장이다.

3) 『예기』「문왕세자(文王世子)」: 朝夕之食上, 世子必在視寒暖之節. 食下, 問所膳羞, 必知所進, 以命膳宰, 然後退. 若內豎言疾, <u>則世子親齊玄而養</u>.

4) 『예기』「단궁상(檀弓上)」: 夫子曰: "<u>始死, 羔裘·玄冠者, 易之而已.</u>" 羔裘·玄冠, 夫子不以弔.

참고-經文

子游問喪具. 夫子曰: "①稱家之有亡." 子游曰: "②有無惡乎
齊?" 夫子曰: "有, 毋過禮. 苟亡矣, ③斂首足形, 還葬, 縣棺而
封, 人豈有非之者哉?"

번역 자유(子游)가 공자에게 장례를 치를 때 사용되는 기물들에 대해서 질문을 하였다. 공자는 "가산의 정도에 따라 맞춘다."라고 대답하였다. 자유는 "가산의 정도에 따라서, 시행되는 예의 수위를 어떻게 조정해야 합니까?"라고 재차 질문하였다. 공자는 "부유하더라도 예를 벗어나서 지나치게 후한 장례를 치러서는 안 된다. 정말로 가난한 경우라면, 염(斂)을 하여 시신의 머리, 다리, 몸 등을 감싸고, 곧바로 장지(葬地)로 떠나게 되며, 장지에 가서도 하관할 때 사용되는 기물들을 설치할 수 없으므로, 손으로 직접 영구(靈柩)에 매달린 끈을 잡아끌어서 하관을 하더라도, 사람들 중에 어찌 그를 비난하는 자가 있겠는가?"라고 했다.

① 稱家之有亡.

補註 按: 亡, 註如字, 而古註一音無, 下同, 此恐是.
번역 살펴보니, '亡'자를 주에서는 글자대로 풀이했는데, 옛 주에서는 다른 음은 '無(무)'라고 했으며, 아래에 나오는 글자도 그 음이 이와 같다고 했는데, 아마도 이 말이 옳은 것 같다.

② 有無惡乎齊.

補註 無, 古經作亡.
번역 '무(無)'자를 『고경』에서는 망(亡)자로 기록했다.

③ 斂首足形.

補註 鄭註: "形體." 疏曰: "但使衣衾斂於首足, 形體不令露見而已."
번역 정현의 주에서 말하길, "'형(形)'자는 몸[體]을 뜻한다."라고 했다. 소에서 말하길, "단지 시신의 머리와 발에 의복과 이불 등을 이용하여 염(斂)을 해서, 시신의 몸이 밖으로 드러나게 하지만 않을 따름이다."라고 했다.

참고-集說

喪具, 送終之儀物也. 惡乎齊, 言何以爲厚薄之劑量也. 毋過禮, 不可以富而踰禮厚葬也. 還葬, 謂斂畢卽葬, 不殯而待月日之期也. 縣棺而封, 謂以手縣繩而下之, 不設①碑繂也. 人不非之者, 以無財則不可備禮也.

번역 '상구(喪具)'는 죽은 자를 장례지내며 사용되는 기물들이다. '오호제(惡乎齊)'라는 말은 "어떻게 후하게 해야 하는지 또는 박하게 해야 하는지를 조절할 수 있느냐?"는 뜻이다. '무과례(毋過禮)'라는 말은 부유하다고 해서 예의 규정을 벗어나서, 지나치게 후한 장례를 치를 수 없다는 뜻이다. '환장(還葬)'은 염(斂)을 끝낸 이후에 곧바로 장례를 치르는 것으로, 빈궁(殯宮)을 설치하여 일정 기간을 보내지 않는다는 뜻이다. '현관이봉(縣棺而封)'은 손으로 직접 영구(靈柩)에 달린 새끼줄을 끌어서 하관을 한다는 뜻으로, 하관할 때 사용하는 비률(碑繂)[1]을 설치하지 않는다는 의미이다. 사람들이 비난을 하지 않는 이유는 재화가 없다면, 예에 따른 절차들을 갖출 수가 없기 때문이다.

---

1) 비률(碑繂)에서의 비(碑)자는 하관(下棺)할 때, 매장하는 구덩이 주변에 설치하는 풍비(豊碑)를 뜻한다. 률(繂)자는 풍비에 뚫린 구멍에 끼우는 끈을 말한다. 즉 '비률'은 도르래의 원리와 비슷한 것으로 하관할 때 사용한다. 『예기』「단궁하(檀弓下)」편에는 "公室視豊碑, 三家視桓楹."이라는 기록이 있는데, 이에 대한 정현의 주에서는 "豊碑, 斲大木爲之, 形如石碑. 於椁前後四角樹之, 穿中於間, 爲鹿盧, 下棺以繂繞. 天子六繂四碑, 前後各重鹿盧也."라고 풀이했다.

① 碑縴.

補註 按: 碑, 卽下棺時, 鹿盧之柱. 縴, 綍索也. 見下篇註.

번역 살펴보니, '비(碑)'는 곧 하관할 때 설치하는 도르래의 기둥을 뜻한다.
'율(縴)'은 상여를 끄는 줄이다. 「단궁하」편의 주에 나온다.

「단궁상」 108장

참고-集說

貧, 司士之名也. 禮, 始死, 廢牀而置尸於地, 及復而不生, 則尸
復登牀. 襲者, 斂之以衣也. 沐浴之後, ①商祝襲祭服褖衣, 蓋
布於牀上也, 飯含之後, 遷尸於襲上而衣之, 襲於牀者, 禮也,
後世禮失而襲於地則褻矣. 司士知禮而請於子游, 子游不稱禮
而答之以諾, 所以起縣子之譏也. 汰, 矜大也. 言凡有諮問禮事
者, 當據禮答之, 子游②專輒許諾, 則如禮自己出矣, 是自矜大
也. ③叔氏, 子游字.

번역 '분(貧)'은 사사(司士)라는 관직을 맡고 있던 자의 이름이다. 예법에 따르면,
어떤 자가 이제 막 죽었을 때, 침상을 치우고 땅바닥에 시신을 내려놓으며, 초혼을
했는데도 다시 살아나지 않는다면, 시신을 다시 침상에 올려두게 된다. '습(襲)'이
라는 것은 옷으로 시신을 감싼다는 뜻이다. 시신을 목욕시킨 이후에 상축(商祝)은
제복(祭服)과 단의(褖衣)[1]로 습(襲)을 하게 되니, 무릇 침상 위에 그 옷들을 펴두
게 되고, 시신의 입에 쌀 등을 채운 이후에, 옷을 펼쳐둔 곳 위로 시신을 옮겨서,
시신의 몸에 옷을 걸치게 되니, 침상에서 습(襲)을 하는 것이 올바른 예이다. 그런
데 후세 사람들은 실례를 범하여, 땅에서 습(襲)을 하였으니, 예에 대해서 무람되게
한 것이다. 사사(司士)는 예를 알고 있어서, 자유(子游)에게 청원을 했던 것인데,
자유는 예의 근거를 일컫지 않고, 대답을 하며 허락한다고만 했으니, 이것이 바로
현자(縣子)가 기롱을 하게 된 이유이다. '태(汰)'자는 지나치게 자만한 것을 뜻한
다. 즉 무릇 예와 관련된 일에 대해서 자문을 구하는 자가 있다면, 마땅히 예에 근
거해서 대답을 해주어야 하는데, 자유는 자기 마음대로 허락을 했으니, 마치 예의
규정이 자기로부터 나온 것처럼 한 것으로, 이것은 제 스스로 지나치게 거만하게
행동한 것이라는 뜻이다. '숙씨(叔氏)'는 자유의 자(字)이다.

---

1) 단의(褖衣)는 흑색의 천으로 상의와 하의를 만들고, 붉은색으로 가장자리에 단을
댄 옷이다. 『의례』「사상례(士喪禮)」편에는 '단의'가 기록되어 있는데, 이에 대한
정현의 주에서는 "黑衣裳赤緣謂之褖."이라고 풀이했다.

① ○商祝襲祭服褖衣.

補註 士喪禮文. 本註曰: "商祝, 祝習商禮者, 商人敎之以敬, 於接神宜." 疏曰: "雖同是周祝, 習夏禮則曰夏祝, 習商禮則曰商祝也."

번역 『의례』「사상례(士喪禮)」편의 기록이다.[2] 「사상례」편의 주에서 말하길, "상축(商祝)은 축관 중에서도 은나라 때의 예법을 익힌 자이고, 은나라 때에는 공경[敬]을 위주로 가르쳐서 접신하는데 적합하다."라고 했다. 소에서 말하길, "비록 이들은 모두 주나라 때의 축관이지만, 하나라의 예법을 익히면 하축(夏祝)이라고 불렀고, 은나라 때의 예법을 익히면 상축(商祝)이라고 불렀다."라고 했다.

補註 ○士喪禮褖衣註: "祭服, 爵弁服・皮弁服, 皆從君助祭之服. 黑衣裳赤緣, 謂之褖. [音象] 褖之爲言緣也, 所以表袍也. 喪大記'衣必有裳, 袍必有表', 是也." 疏曰: "玄端服, 連衣裳, 與婦人褖衣同, 故變名褖衣也. 雜記云'子羔之襲, 稅衣纁袡, [稅作通褖.] 曾子曰, 不襲婦服.' 曾子譏用纁袡, 非譏稅衣也. 赤褖謂之褖者, 爾雅文. 彼釋婦人嫁時褖衣, 此褖衣雖不赤褖, 褖衣之名同, 故引爲證也."

번역 ○『의례』「사상례(士喪禮)」편의 단의(褖衣)에 대한 주에서 말하길, "제복(祭服)은 작변복(爵弁服)과 피변복(皮弁服)으로 모두 군주를 따라 제사를 도울 때 착용하는 복장이다. 흑색의 상의 및 하의에 적색의 가선을 두르면 '단(褖)'이라고 부른다. [음은 '象(단)'이다.] '단(象)'자는 가선[緣]을 뜻하니, 속에 입는 옷 겉에 걸치기 위한 것이다. 『예기』「상대기(喪大記)」편에서 '상의를 입힌다면 반드시 하의도 입혀야 하고 포(袍)에는 반드시 겉옷을 껴입혀야 한다.'[3]고 한 말이 이러한 사실을 나타낸다. 소에서 말하길, 현단복(玄端服)은 상의와 하의가 연결되어 있어서, 여자가 입는 단의(褖衣)와 같다. 그렇기 때문에 명칭을 바꿔서 단의(褖衣)라고 하는 것이다. 『예기』「잡기(雜記)」편에서는 '자고에 대한 습(襲)에서 단의(褖衣)에 진홍색의 가선

---

2) 『의례』「사상례(士喪禮)」: 商祝襲祭服, 褖衣次.
3) 『예기』「상대기(喪大記)」: 袍必有表, 不禪; 衣必有裳. 謂之一稱.

을 댄 옷을 입혔는데, [태(稅)자는 단(褖)자로 통용해서 쓴다.] 증자는 남자에게는 부인의 옷을 습(襲)하지 않는다고 했다.'4) 증자는 진홍색의 가선을 댄 것을 비판했던 것이지 태의를 입힌 것을 비판한 것이 아니다. 적색의 가선을 두르면 '단(褖)'이라고 부른다고 했는데, 이것은 『이아』의 기록이다. 『이아』의 기록은 부인이 시집을 갈 때 착용하는 단의(褖衣)를 풀이한 것이고, 이곳에 나온 단의(褖衣)는 비록 적색의 가선을 두르지 않지만, '단의(褖衣)'라는 명칭은 동일하다. 그렇기 때문에 그 내용을 인용하여 증명한 것이다." 라고 했다.

補註 ○按: 士喪禮夏祝粥餘飯註, "夏祝, 祝習夏禮者, 夏人敎以忠, 其於養宜." 此外商祝夏祝之名累見.

번역 ○살펴보니, 『의례』「사상례(士喪禮)」편에서 "하축(夏祝)은 반(飯)5)을 하고 남은 쌀로 죽을 끓인다."고 한 문장6)의 주에서 말하길, "하축(夏祝)은 축관 중에서도 하나라 때의 예법을 익힌 자이고, 하나라는 충심[忠]을 위주로 가르쳐서 봉양하는데 적합하다."라고 했다. 이 외에도 상축(商祝)과 하축(夏祝)이라는 명칭에 대해서는 여러 견해들이 있다.

② 專輒許諾.

補註 沙溪曰: 輒, 亦專也.

번역 사계가 말하길, '첩(輒)'자 또한 전(專)자의 뜻이다.

③ 叔氏, 子游字.

補註 疏曰: 叔氏, 子游別字也

---

4) 『예기』「잡기상(雜記上)」: 子羔之襲也, 繭衣裳與稅衣纁袡爲一, 素端一, 皮弁一, 爵弁一, 玄冕一. 曾子曰, "不襲婦服."

5) 반(飯)은 반함(飯含)이라고도 부른다. 상례를 치를 때 시신의 입에 옥·구슬·쌀·화폐 등을 넣는 것이다.

6) 『의례』「사상례(士喪禮)」: 夏祝鬻餘飯, 用二鬲, 于西牆下.

번역 소에서 말하길, '숙씨(叔氏)'는 자유(子游)의 또 다른 자(字)이다.

補註 ○按: 別字者, 以行第而言, 如孟氏·季氏是也, 已見上.
번역 ○살펴보니, '별자(別字)'는 항렬의 순서로 붙이는 것이니, 맹씨(孟氏)나 계씨(季氏)와 같은 것으로, 앞에 나온다.

①馬氏曰: 旣夕禮言陳明器, 亦有黍稷醯醢酒醴以實之. 宋襄公之葬夫人醯醢百甕, 蓋譏其多於禮, 可也. 以爲明器而不當實之, 則非矣. 由是觀之, 豈曾子言殷人之禮有祭器, 而不必實明器也歟?

번역 마씨가 말하길, 『의례』「기석례(旣夕禮)」편에서는 명기(明器)를 진설한다고 했고, 또한 서직(黍稷)이나 젓갈류, 술 등으로 그것들을 채운다고 했다.1) 송나라 양공(襄公)은 그의 부인에 대한 장례(葬禮)를 치르면서, 젓갈류를 담은 옹기를 100개나 마련했는데, 아마도 예의 허용범위보다 많이 준비한 것을 기롱한 것으로 여기는 것은 괜찮지만, 그 옹기를 명기로 여겨서 마땅히 채워서는 안 된다고 해석한다면 잘못된 것이다. 이를 통해 살펴본다면, 어찌 증자(曾子)가 은나라 때의 예에서는 제기(祭器)만을 두었고, 명기(明器)를 채울 필요가 없다고 말한 것이겠는가?

① ○馬氏曰[止]明器也歟.

補註 疏曰: 旣夕禮陳明器, 後云無祭器. 鄭云: "士禮略也, 大夫以上兼用鬼器與人器", 則空鬼而實人. 士旣無人器, 則亦實明器.

번역 소에서 말하길, 『의례』「기석례(旣夕禮)」편을 살펴보면, "명기(明器)를 진설한다."라고 했고, 그 뒤에서는 "제기(祭器)는 없다."라고 했다.2) 정현은 "사 계층이 따르는 예법은 간략하기 때문이다. 대부 이상의 계층에서는 귀기(鬼器)와 인기(人器)를 모두 사용한다."라고 했으니, 귀기는 비워두고 인기

---

1) 『의례』「기석례(旣夕禮)」: 陳明器于乘車之西. 折橫覆之. 抗木橫三縮二. 加抗席三. 加茵, 用疏布, 緇翦, 有幅, 亦縮二橫三. 器, 西南上, 綪. 茵. 苞二. 筲三, 黍, 稷, 麥. 甕三, 醯·醢·屑, 冪用疏布. 甒二, 醴·酒, 冪用功布. 皆木桁久之.

2) 『의례』「기석례(旣夕禮)」: 陳明器于乘車之西. 折橫覆之. 抗木橫三縮二. 加抗席三. …… 無祭器, 有燕樂器可也. 役器, 甲·冑·干·笮. 燕器, 杖·笠·翣.

는 채우는 것이다. 사 계급의 장례에는 인기가 없다고 했으니, 또한 명기를
채우게 된다.

補註 ○按: 以此觀之, 大夫以上, 明器則當虛而反實, 此曾所以非之也.
馬說恐不察也.

번역 ○살펴보니, 이를 통해 확인해보면 대부 이상의 계층은 명기(明器)에
대해서 마땅히 비워야 하는데도 반대로 채웠으니, 이것이 증자가 비판했
던 이유이다. 마씨의 주장은 아마도 이러한 내용을 자세히 살피지 못한
것 같다.

「단궁상」 110장

참고-集説

疏曰: 送終旣畢, 賻布有餘, 其家臣司徒承主人之意, ①使旅下士歸還四方賻主人之②泉布. 時人皆貪, 而獻子家獨能如此, 故夫子曰"可也", 善其能廉. 左傳叔孫氏之司馬鬷戾, 是家臣亦有司徒 · 司馬也.

번역 공영달의 소에서 말하길, 죽은 자를 전송하는 일이 끝나면, 부의로 들어왔던 재화들 중 남은 것들에 대해서는 그 가신(家臣)인 사도(司徒)가 주인의 뜻을 받들어서, 여러 하사(下士) 무리들을 시켜 주인에게 부의를 보냈던 사방의 여러 사람들에게 부의를 되돌려주도록 한다. 당시 사람들은 모두들 탐욕스러웠지만, 맹헌자(孟獻子)의 집에서는 유독 이처럼 할 수 있었다. 그렇기 때문에 공자가 "좋구나."라고 말한 것이니, 그들이 염치를 차릴 줄 알았던 것을 칭찬한 말이다. 『좌전』에서는 '숙손씨(叔孫氏)의 사마(司馬)인 종려(鬷戾)'라는 기록이 나오는데,[1] 이 말은 곧 가신들 중에는 또한 군주와 마찬가지로 사도(司徒)나 사마(司馬) 등의 직책을 가진 자들이 있었음을 뜻한다.

① ○使旅下士.

補註 按: 旅, 鄭註下士也, 故疏合而言之.

번역 살펴보니, '여(旅)'자에 대해 정현의 주에서는 하사(下士)라고 했다. 그렇기 때문에서 소에서는 합쳐서 설명했던 것이다.

② 泉布.

補註 按: 此已見上文子柳之母章補註.

번역 살펴보니, 이 내용은 앞의 문장 중 자유의 모친에 대한 문장의 보주에 나온다.

---

1) 『춘추좌씨전』 「소공(昭公) 25년」: 叔孫氏之司馬鬷戾言於其衆曰, "若之何?" 莫對.

車馬曰賵, 賵所以助主人之送葬也. 旣受則書其人名與其物於
方板, 葬時柩將行, 主人之史請讀此方版所書之賵, 蓋於柩東
西面而讀之. 古者奠之而不讀, 周則①旣奠而又讀焉, 故曾子
以爲再告也.

번역 부의로 수레나 말을 보내는 것을 '봉(賵)'이라고 부르니, '봉(賵)'이라는 것은 상주가 장례 행렬을 전송하는 것을 돕는 방법이다. 이미 그것을 받았다면, 그 사람의 이름과 그가 부의로 보낸 물건을 나무판에 기록하게 되고, 장례를 치를 때, 영구(靈柩)가 떠나려고 하면, 상주의 기록 담당관은 이러한 나무판에 기록한 봉(賵)에 대해서 읽기를 청원하게 되니, 아마도 영구의 동서쪽에서 이 기록을 잃었을 것이다. 고대에는 그것을 진열해두었고 읽지 않았는데, 주나라에 이르게 되면, 진열해두었고, 또한 진열해둔 것을 읽었다. 그렇기 때문에 증자(曾子)는 두 차례 아뢰는 것이 된다고 여긴 것이다.

● ○當前東.[1]

補註 按: 東, 當依旣夕禮作束.
번역 살펴보니, '동(東)'자는 『의례』 「기석례(旣夕禮)」에 따라 속(束)자로 기록해야만 한다.

補註 ○旣夕註: 束, 束棺於柩車者, 當前束, 猶當尸髀也. 束有前後.
번역 ○『의례』 「기석례(旣夕禮)」편의 주에서 말하길, '속(束)'은 영구에 관을 결속하는 것으로, 관을 결속한 것의 앞에 해당한다는 것은 시신의 어깨

---

1) '당전속(當前束)'은 『예기』 「단궁상(檀弓上)」 67장의 공영달(孔穎達) 소에 나오는 기록이다. 진호(陳澔)의 주에는 당전속(當前束)이나 당전동(當前東)이라는 말이 없다.

앞쪽에 해당한다는 말과 같다. 결속한 것에는 앞을 결속한 것과 뒤를 결속한 것이 있다.

① 旣奠而又讀.

補註 按: 旣夕禮, 祖奠畢, 公賵賓賵, 當前輅北面, 致命書賵於方, 厥明遣奠畢, 主人之史, 請讀賵, 柩東當前束, 西面, 以此曾子謂之再告, 而陳註不言賵時致命, 只言柩將行讀賵之禮, 是不可謂再告也. 旣奠又讀云者, 亦未瑩, 旣奠之奠, 似指奠置方版也.

번역 살펴보니, 『의례』「기석례(旣夕禮)」편에서는 조전(祖奠)을 끝내면 군주가 보낸 봉(賵)과 빈객이 보낸 봉(賵)을 수레의 앞쪽에 해당하는 곳에서 북쪽을 바라보며 문서에 봉(賵)을 기록하도록 명령하고, 그 다음날 견전(遣奠)을 마치면 주인에게 소속된 사(史)가 봉(賵)을 기록한 문서를 읽을 것을 청하고, 관의 동쪽에서 결속한 것의 앞에 해당하는 곳에서 서쪽을 바라본다고 했는데, 이러한 이유로 증자는 재고(再告)라고 말한 것이다. 그런데 진호의 주에서는 봉(賵)을 받았을 때 명령을 전달한다는 말을 하지 않고 단지 영구가 행차를 하려고 할 때 봉(賵)을 읽는 예법만 언급하였으니, 이것을 두고 재고(再告)라고 말할 수 없다. 따라서 '기전우독(旣奠又讀)'이라고 한 말은 분명하지 못하며, 기전(旣奠)의 '전(奠)'자는 아마도 문서를 놓아둔다는 뜻을 가리키는 것 같다.

「단궁상」 112장

참고—集說

成子高, 齊大夫①國伯高父, 諡成也. 遺, 慶封之族. 革, 與亟
同, 急也. 大病, 死也, 諱之之辭.

번역 '성자고(成子高)'는 제나라 대부인 국백고보(國伯高父)로, 시호(諡號)는 성
(成)이다. 유(遺)는 경봉(慶封)의 족인(族人)이다. '혁(革)'자는 '극(亟)'자와 같으
니, "위급하다[急]."는 뜻이다. '대병(大病)'은 죽음[死]을 뜻하는데, 피휘를 하여
쓴 말이다.

① ○國伯高父.

補註 父, 音甫.
번역 '父'자의 음은 '甫(보)'이다.

「단궁상」 113장

子高曰: "吾聞之也; 生有益於人, 死不害於人. 吾縱生無益於人, 吾可以死①害於人乎哉! 我死, 則擇不食之地而葬我焉."

번역 자고(子高)가 말하길, "내가 듣기로, 사람은 생전에 남에게 이로움을 주어야 하고, 죽어서는 남에게 해를 끼치지 말아야 한다고 했소. 나는 비록 생전에 남에게 이로움을 준 일이 없지만, 내 죽음으로 인해 남에게 해를 끼칠 수가 있겠소! 내가 죽거든 경작을 할 수 없는 황폐한 땅을 택해서 나에 대한 장례를 치러주시오."라고 했다.

① 害於乎人哉.

補註 乎人, 古經作人乎.

번역 '호인(乎人)'을 『고경』에서는 인호(人乎)로 기록했다.

「단궁상」 114장

子夏問諸夫子曰: "居君之母與妻之喪", "居處·言語·①飮食衎爾."

번역 자하(子夏)가 공자에게 질문하길, "군주의 모친 및 군주의 아내에 대한 상을 치를 때에는 어떻게 해야 합니까?"라고 하자, 공자는 "거처를 하고, 말을 하고, 음식을 먹을 때 온화하고 온순한 태도로 시행해야 한다."라고 대답해주었다.

① ○飮食衎爾.

補註 家語此下曰: 於喪所, 則稱其服而已.

번역 『공자가어』에서는 이 구문 밑에 "상을 치르는 장소에서 해당 상복에 걸맞게 할 따름이다."라는 기록이 있다.

「단궁상」 118장

昔者夫子言之曰: "吾見封之若堂者矣, 見若坊者矣, 見①若覆夏屋者矣, 見若斧者矣. 從若斧者焉." 馬鬣封之謂也. 今一日而三斬板, 而已封, 尚行夫子之志乎哉!

번역 계속하여 자하(子夏)가 연(燕)나라 사람에게 말해주길, "나는 예전에 선생님께 들은 이야기가 있는데, 선생님께서는 '나는 봉분을 쌓을 때, 마치 당의 터를 만들듯이 네 면을 네모지게 하여 높게 쌓는 것을 본 적이 있다. 그리고 제방을 쌓는 것처럼 만드는 것도 보았으니, 남북 방향으로 높고 길게 만드는 방법이다. 또한 하나라 때의 지붕처럼 옆면을 넓고 낮게 만드는 것도 보았다. 한편 도끼의 칼날처럼 윗면을 좁게 만드는 것을 보았는데, 이것은 다른 방법들에 비해 검소하고 적은 노력으로도 완성시킬 수 있으니, 나는 이 방법에 따르겠다.'라고 하셨소. 선생님께서 말씀하신 봉분의 형태는 오늘날 세속에서 마렵봉(馬鬣封)이라고 부르는 것이오. 이것은 하루 사이에 만들 수 있으니, 판축을 쌓아올리길 세 차례만 하게 되면, 봉분이 다 만들어지게 되므로, 아마도 거의 선생님의 뜻대로 시행하는 것이 될 것이오!"라고 했다.

① ○若覆夏屋.

補註 鄭註: "夏屋, 今之門廡也." 疏曰: "殷人以來, 始屋四阿. 夏家之屋, 唯兩下而已, 無四阿, 如漢之門廡."

번역 정현의 주에서 말하길, "'하옥(夏屋)'은 오늘날의 문무(門廡)라는 것이다."라고 했다. 소에서 말하길, "은나라 이래로 처음으로 지붕에 네 기둥을 두어 빗물이 사면으로 떨어지게 하였다. 하나라 때 가옥에 얹었던 지붕은 오직 양쪽만 낮게 했을 뿐으로, 네 기둥을 두어 사면을 기울어지게 하지 않았으니, 한나라 때 있었던 문무(門廡)와 같은 것이다."라고 했다.

補註 ○按: 此, 與詩夏屋之訓夏以大者異.

번역 ○살펴보니, 이러한 해석은 『시』에서 하옥(夏屋)¹⁾이라고 한 말에 대해 하(夏)자를 크다는 뜻으로 풀이한 것과는 차이를 보인다.

참고-集說

此言封土有此四者之形. 封, 築土爲墳也. 若堂者, ①如堂之基, 四方而高也. 坊, 堤也. 若坊者, 上平旁殺而南北長也. 若覆夏屋者, 旁廣而卑也. 若斧者, 上狹如刃, 較之上三者, 皆用功力多而難成, 此則儉而易就, 故俗謂之馬鬣封, 馬鬣鬣之上, 其肉薄, 封形似之也. 今一日者, 謂今封築孔子之墳不假多時, 一日之間三次斬板, 卽封畢而已止矣. 其法側板於坎之兩旁, 而用繩以約板, 乃內土於內而築之, 土與板平, 則斬繼約板之繩, 而升此板於所築土之上, 又實土於中而築之, 如此者三, 而墳成矣, 故云三斬板而已封也. 尚, 庶幾也. 乎哉, 疑辭, 亦謙不敢質言也.

번역 이곳 문장에서는 봉분을 쌓음에 네 가지 유형이 있었음을 말하고 있다. '봉(封)'자는 흙을 쌓아올려서 봉분을 만든다는 뜻이다. '약당(若堂)'이라는 말은 당의 터처럼 만들어서, 네 면을 네모지고 높게 만든다는 뜻이다. '방(坊)'자는 제방[堤]을 뜻한다. '약방(若坊)'이라는 말은 윗면은 평평하게 하고 옆면은 깎아지게 하여 남북으로 길게 만든다는 뜻이다. '약복하옥(若覆夏屋)'이라는 말은 옆면은 넓고 낮게 만든다는 뜻이다. '약부(若斧)'라는 말은 윗면을 협소하게 하여 마치 칼날처럼 만들게 되는데, 앞서 언급한 세 가지 유형과 비교해보면, 세 가지 유형은 모두 공력이 많이 들어가게 되고 만들기도 어려운데, 이 방법은 검소하며 만들기도 쉽다. 그렇기 때문에 세속에서는 이러한 방식을 '말갈기처럼 만든 봉분[馬鬣封]'이라고 부

---

1) 『시』「진풍(秦風)·권여(權輿)」: 於我乎, <u>夏屋渠渠</u>, 今也每食無餘. 于嗟乎, 不承權輿.

르니, 말갈기의 살은 얇아서, 봉분의 형태가 그와 유사한 점이 있기 때문이다. '금일일(今一日)'이라는 것은 현재 공자의 봉분을 쌓음에 많은 시간이 소요되지 않고, 하루 사이에 세 차례 판축을 붙였다 떼어내게 되면, 봉분을 쌓는 일이 끝나서 멈추게 된다는 뜻이다. 그 방법은 구덩이 양쪽 측면에 판축을 붙이고, 새끼줄을 이용해서 결속을 시키면, 곧 그 안에 흙을 채워서 쌓고, 흙과 판축이 수평을 이루게 되면, 판축을 묶고 있던 새끼줄을 끊어버리고, 다시 흙을 쌓아올린 그 위에 이 판축을 붙이고, 다시 그 안에 흙을 채워서 쌓게 되는데, 이처럼 세 차례를 하게 되면, 봉분이 완성된다. 그렇기 때문에 세 차례 판축을 떼어내고서 봉분 쌓는 일을 끝낸다고 말한 것이다. '상(尙)'자는 거의[庶幾]라는 뜻이다. '호재(乎哉)'는 확신하지 못할 때 쓰는 말이니, 또한 겸손하게 표현하여, 감히 직접적으로 언급하지 않았던 것이다.

① **如堂之基四方而高.**

補註 鄭註: 堂形四方而高.
번역 정현의 주에서 말하길, 당(堂)의 형태는 사면이 네모지고 높다.

補註 ○按: 此恐長廣如一而高也.
번역 ○살펴보니, 이것은 아마도 길이와 너비가 동일하며 높다는 뜻인 것 같다.

①婦人不葛帶.

번역 부인들은 칡으로 엮은 대(帶)를 차지 않는다.

① **婦人不葛帶.**

補註 鄭註: "婦人質, 不變重者, 卒哭變絰而已." 疏曰: "此論齊 · 斬婦人
也. 大功以下輕, 至卒哭竝變爲葛, 與男子同. 絰, 首絰也."

번역 정현의 주에서 말하길, "부인들은 질박하므로 중요한 부위에 차는 것을
바꾸지 않는 것이며, 졸곡(卒哭)이 되면 질(絰)을 바꿀 따름이다."라고 했다.
소에서 말하길, "이것은 자최복(齊衰服)과 참최복(斬衰服)을 착용하는 부인
들에 대해 논의한 것이다. 대공복(大功服) 이하의 수위가 낮은 상을 치르게
되면, 졸곡(卒哭) 때에 이르러 모두 갈(葛)로 된 것으로 바꾸니, 남자의 경
우와 동일하다. '질(絰)'은 수질(首絰)을 뜻한다."라고 했다.

補註 ○按: 以此觀之, 鄭旣云婦人質不變重者, 則男子文竝變重者可知.
疏旣云大功以下輕, 竝變爲葛, 與男子同, 則男子竝變絰與帶可知. 今此
陳註亦有大功以下, 竝變爲葛, 與男子同之說, 則豈不與上所謂男子首
絰不變者, 大相逕庭乎? 又此經云婦人不葛帶, 少儀云婦人葛絰而麻帶,
若如陳註, 則經文終不言丈夫不葛絰, 與丈夫麻絰而葛帶, 何也?

번역 ○살펴보니, 이를 통해 살펴보면 정현은 이미 "부인은 질박하므로 중요
한 부위에 차는 것을 바꾸지 않는다."라고 했으니, 남자처럼 격식을 꾸미는
경우에는 모두 중요한 부위에 차는 것을 바꾼다는 사실을 알 수 있다. 소에
서 이미 "대공복(大功服) 이하의 수위가 낮은 상을 치르게 되면 모두 갈(葛)
로 된 것으로 바꾸니, 남자의 경우와 동일하다."라고 했으니, 남자는 질(絰)
과 대(帶)를 모두 바꾼다는 사실을 알 수 있다. 그런데 이곳 진호의 주에서

도 대공복 이하의 상에서는 모두 갈로 만든 것으로 바꾸니 남자의 경우와 동일하다고 설명했으니, 앞에서 남자는 수질(首絰)을 바꾸지 않는다고 한 말과 큰 차이를 보이지 않겠는가? 또 이곳 경문에서 "부인들은 갈(葛)로 된 대(帶)를 차지 않는다."라고 했고, 『예기』「소의(少儀)」편에서는 "부인들은 갈(葛)로 된 수질(首絰)을 쓰고, 마(麻)로 된 요대(要帶)를 찬다."1)라고 했으니, 만약 진호의 주장대로라면 경문에서 끝내 남자는 갈로 된 대를 차지 않는다거나 남자는 마로 된 수질을 쓰고 갈로 된 대를 찬다고 말하지 않은 것은 어째서인가?

참고―集說

禮, 婦人之帶牡麻結本, 卒哭, ①丈夫去麻帶, 服葛帶, 而首絰
不變; 婦人以葛爲首絰, 以易去首之麻絰, 而麻帶不變, 所謂
"不葛帶"也. 旣練則男子除絰, 婦人除帶, 婦人輕首重要故也.
然此謂婦人居齊斬之服者如此, 若大功以下輕者, 至卒哭, 則
並變爲葛, 與男子同.

번역 예법에 따르면, 부인들의 대(帶)는 '수컷의 마[牡麻]'를 엮어서 만들고, 졸곡(卒哭)을 하게 되면, 남자들은 마대(麻帶)를 제거하고, 갈대(葛帶)를 착용하며, 머리에 쓰는 수질(首絰)은 바꾸지 않는다. 반면 부인들은 칡으로 엮어서 수질(首絰)을 만들고, 마질(麻絰)로 바꾸며, 마대(麻帶)는 바꾸지 않으니, 이것이 이른바 "칡으로 엮은 대(帶)를 차지 않는다."는 뜻이다. 연제(練祭)2)를 치르게 되면, 남자는 질(絰)을 제거하고, 부인은 대(帶)를 제거하니, 부인들은 머리를 가볍게 여기고 허리를 중시하기 때문이다. 그런데 이곳에서 말하는 내용은 부인들이 참최복(斬衰服)을 착용하는 상을 치를 때 이처럼 한다는 뜻이니, 만약 대공복(大功服) 이하의 수위가 낮은 상을 치르게 되면, 졸곡(卒哭) 때에 이르러, 모두 칡으로 엮은 것으로 바꾸니, 남자의 경우와 동일한 것이다.

---

1) 『예기』「소의(少儀)」: 葛絰而麻帶.
2) 연제(練祭)는 소상(小祥)과 같은 뜻이다.

① 丈夫[止]首絰不變.

補註 按: 儀禮 · 士虞禮, 卒哭畢, 丈夫說絰帶[說, 脫同. 絰帶, 首絰`要帶也.]
于廟門外, 婦人說首絰, 不說帶. 鄭註"既虞卒哭, 當變麻, 受之以葛也. 婦人
不脫帶, 齊 · 斬婦人也. 婦人少變而重帶." 疏曰: "男子既葬, 首絰要帶俱變,
男子陽多變, 婦人既葬, 直變首絰, 不變帶, 故云少變也." 又間傳既虞卒哭,
去麻服葛, 葛帶三重. 疏曰: "此直云葛帶三重, 則首絰雖葛, 不三重也." 續通
解 · 喪服變除曰: "案, 崔氏變除云至既虞卒哭之時, 乃服變服, 故鄭註喪服
云天子 · 諸侯 · 卿 · 大夫, 既虞, 士卒哭, 而受服. 其受服之時, 首絰要帶, 男
子皆以葛易之. 齊 · 斬婦人, 則易首絰, 不易要帶. 大功 · 小功婦人, 則竝易
要帶爲葛." 又喪服圖式 · 卒哭受服圖, 男子首腰絰, 皆云用葛. 以此見之, 則
男子之竝變絰與帶, 豈不章章明乎? 陳註每以男子卒哭首絰不變爲言, 累見
下文, 愚輒隨而辨之.

번역 살펴보니, 『의례』「사우례(士虞禮)」편에서는 졸곡(卒哭)을 끝내고 남
자는 질대(絰帶)를 ['탈(說)'자는 탈(脫)자와 같다. '질대(絰帶)'는 수질(首
絰)과 요대(要帶)를 뜻한다.] 묘문 밖에서 벗고, 부인은 수질을 벗지만 요대
는 벗지 않는다고 했다. 정현의 주에서 말하길, "우제(虞祭)와 졸곡(卒哭)을
마치면 마(麻)로 된 것을 바꾸고 갈(葛)로 된 것을 받아야 한다. 여자가 태
를 벗지 않는다는 것은 자최복(齊衰服)과 참최복(斬衰服)을 착용한 여자의
경우에 해당한다. 여자는 변화를 적게 하며 대를 중시한다."라고 했다. 소에
서 말하길, "남자는 장례를 마치면 수질과 요대를 모두 바꾸니, 남자는 양에
해당하여 변화가 많기 때문이고, 여자는 장례를 마치면 단지 수질만 바꾸고
요대는 바꾸지 않는다. 그렇기 때문에 변화가 적다고 했다."라고 했다. 또
『예기』「간전(間傳)」편에서는 우제와 졸곡을 마치면 마(麻)로 된 질(絰)을
제거하고 갈(葛)로 만든 질(絰)을 착용하는데, 남자의 경우 갈로 만든 대
(帶)는 3중으로 만든다고 했다. 소에서 말하길, "이곳에서는 단지 갈로 만든
대는 3중이라고 했으니, 수질은 비록 갈로 만든 것이지만 3중으로 만들지 않
는다."라고 했다. 『속통해』「상복변제(喪服變除)」에서 말하길, "살펴보면,
최씨는 변제(變除)에 대해서 우제와 졸곡을 마친 시점이 되면 바뀐 복장을

착용한다고 했다. 그렇기 때문에 『의례』「상복(喪服)」편에 대한 정현의 주에서는 천자·제후·경·대부는 우제를 마치고 사는 졸곡을 마치고 바뀐 복식을 받는다고 말한 것이다. 새로운 복식을 받을 때 수질과 요대에 있어서 남자는 모두 갈로 된 것으로 바꾼다. 자최복과 참최복을 착용한 여자의 경우라면 수질은 바꾸지만 요대는 바꾸지 않는다. 대공복(大功服)과 소공복(小功服)을 착용한 여자의 경우라면 모두 바꾸며 요대도 갈로 된 것으로 찬다."라고 했다. 또 『상복도식』「졸곡수복도」에서는 남자는 수질과 요대를 모두 갈(葛)로 된 것으로 사용한다고 했다. 이를 통해 살펴보면 남자는 모두 수질과 요대를 바꾸는데 어떻게 분명히 드러나지 않는다고 하겠는가? 진호의 주에서는 매번 남자는 졸곡을 하고 수질을 바꾸지 않는다고 했으며, 아래문장에 여러차례 나타나니, 나는 그가 말한 곳에 따라 변론하였다.

補註 ○又按: 喪服小記斬衰之葛, 與齊衰之麻同. 註: "男子首, 仍重喪之葛." 間傳齊衰之喪, 旣虞卒哭, 遭大功之喪, 麻葛兼服之. 註: "此據男子言之. 首猶服齊衰葛経." 陳註於此等不得已處, 皆從古禮爲言.

번역 ○또 살펴보니, 『예기』「상복소기(喪服小記)」편에서는 "참최복의 상에서 졸곡을 치른 뒤 차는 갈(葛)로 만든 질(経)은 자최복의 상에서 초상 때 차는 마(麻)로 만든 질(経)과 크기가 같다."[3]라고 했다. 주에서 말하길, "남자의 경우 머리에 두르는 것은 곧 수위가 높은 상에서 차는 갈(葛)로 만든 질(経)이다."라고 했다. 『예기』「간전(間傳)」편에서는 자최복의 상을 치르며 우제와 졸곡을 마쳤는데, 대공복의 상을 당하게 된다면 마(麻)와 갈(葛)로 만든 질(経)을 함께 찬다고 했다.[4] 주에서 말하길, "이것은 남자의 경우를 언급한 것이다. 머리에는 여전히 자최복의 상을 치르며 차고 있던 갈로 만든 질(経)을 두른다."라고 했다. 진호의 주에서는 이처럼 부득이한 곳에서만 모두 옛 예법에 따라 설명하고 있다.

---

3) 『예기』「상복소기(喪服小記)」: <u>斬衰之葛與齊衰之麻同</u>, 齊衰之葛與大功之麻同, 麻同, 皆兼服之.
4) 『예기』「간전(間傳)」: 旣練, 遭大功之喪, 麻葛重.

「단궁상」 121장

①旣葬, 各以其服除.

번역 장례를 끝냈을 때 상복을 벗어야 하는 자가 있다면, 상주가 상복을 바꿀 때까지 기다리지 않고, 각자 제 스스로 상복을 벗는다.

① 旣葬各以其服除.

補註 鄭註: "卒哭, 當變衰麻者變之. 或有除者, 不待主人." 疏曰: "旣葬, 謂三月葬竟後至卒哭, 重親各隨所受而變服. 若三月之親, 至三月數滿應除者, 葬竟各自除之, 不待主人卒哭之變, 故云各以其服除也."

번역 정현의 주에서 말하길, "졸곡(卒哭)을 하게 되면, 마(麻)로 된 상복을 바꿔야 하는 자라면 복장을 바꾼다. 그 중 간혹 상복을 벗어야 할 자가 있다면, 상주가 상복을 바꾸는 것을 기다리지 않고 제거한다."라고 했다. 소에서 말하길, "'기장(旣葬)'은 3개월이 지난 뒤에 장례를 치르고, 그것이 끝난 이후 졸곡(卒哭)을 할 때가 되었을 시기를 뜻하니, 친족 관계가 가까운 자들은 각자 자신이 바꿔야 할 상복에 따라서 복장을 바꾼다. 만약 3개월 동안 상복을 입어야 하는 친족 관계에 있는 자의 경우, 3개월의 수가 모두 다하여, 마땅히 상복을 벗어야 한다면, 장례를 끝내고 각자 제 스스로 상복을 벗게 되고, 상주가 졸곡을 하여 상복을 바꿀 때까지 기다리지 않는다. 그렇기 때문에 '각자 자신의 상복을 벗는다.'라고 말한 것이다."라고 했다.

補註 ○類編曰: 此包主人在其中也. 卒哭, 是葬後, 故統言旣葬. 註云不俟主人卒哭之義, 未詳.

번역 ○『유편』에서 말하길, 이것은 상주가 그 안에 해당하는 경우를 포함한다. 졸곡(卒哭)은 장례를 치른 이후가 된다. 그렇기 때문에 통괄적으로 '기장(旣葬)'이라고 했다. 주에서는 "상주가 졸곡을 끝내고서 상복을 바꿀 때까지 기다리지 않는다."라고 했는데, 그 의미를 자세히 모르겠다.

補註 ○按: 不俟主人卒哭之變云者, 只屬於其當除者以下, 而類編之意, 以各以其服除, 爲竝包主人以下變服, 及三月之親除服者耳.
번역 ○살펴보니, "주인이 졸곡을 끝내고서 상복을 바꿀 때까지 기다리지 않는다."라고 한 것은 단지 마땅히 상복을 제거해야 하는 자로부터 그 이하의 경우에 해당한다. 그런데 『유편』에서는 '각이기복제(各以其服除)'라는 말을 주인으로부터 그 이하로 상복을 바꿔야 하는 경우와 3개월 동안 복상하는 친족 중 상복을 제거해야 하는 자들까지를 함께 포괄하는 내용으로 여긴 것이다.

「단궁상」 122장

참고-集說

疏曰: 池者, ①柳車之池也. 重霤者, 屋之承霤也, 以木爲之, 承
於屋簷, 水霤入此木中, 又從木中而霤於地, 故云"重霤"也. 天子
之屋四注, 四面皆有重霤; 諸侯四注而重霤去後; 大夫惟前後二;
士惟一在前. 生時屋有重霤, 故死時柳車亦象宮室, 而設池於②
車覆鼈甲之下, 牆帷之上. 蓋織竹爲之, 形如籠, 衣以靑布以承
鼈甲. 名之曰"池", 以象重霤也. 方面之數, 各視生時重霤.

번역 공영달의 소에서 말하길, '지(池)'라는 것은 유거(柳車)에 다는 지(池)를 뜻
한다. '중류(重霤)'라는 것은 지붕에 다는 빗물받이인 '승류(承霤)'를 뜻하니, 나무
로 그것을 만들게 되고, 지붕의 처마에 달게 되어, 빗물이 그 나무속으로 들어가게
하고, 또한 나무를 통해서 땅으로 떨어지도록 한다. 그렇기 때문에 '중류(重霤)'라
고 부르는 것이다. 천자의 가옥에는 지붕에 4개의 기둥을 대고, 사면에 모두 중류
(重霤)를 설치하는데, 제후의 경우에는 4개의 기둥을 대지만, 중류(重霤)에 있어서
는 뒷면의 1개를 제거하고, 대부의 경우에는 오직 앞면과 뒷면에 2개의 중류(重霤)
를 설치하며, 사의 경우에는 단지 앞면에 1개의 중류(重霤)를 설치할 뿐이다. 생전
에 거처하던 가옥의 지붕에도 중류(重霤)가 있었기 때문에, 그 자가 죽었을 때에도
또한 궁실(宮室)을 본떠서 유거를 만들게 되어, 수레의 덮개인 별갑(鼈甲) 아래와
담장처럼 두르는 유(帷) 위에 빗물받이인 지(池)를 설치하게 된다. 아마도 대나무
살을 짜서 만들었을 것이며, 그 형태는 대바구니[籠]와 흡사하고, 청색의 포(布)로
감싸서 영구(靈柩)의 덮개를 바치게 했을 것이다. 이것을 '지(池)'라고 부른 이유는
이것을 통해서, 중류(重霤)를 형상화했기 때문이다. 각 방면에 다는 숫자는 각자
생전에 설치하던 중류(重霤)의 수에 견주게 된다.

① ○柳車.

補註 按: 此當與上文柳翣補註參考.
번역 살펴보니, 이것은 마땅히 앞의 유삽(柳翣)에 대한 보주와 함께 참고해

야만 한다.

② 車覆鼈甲.

補註 喪大記黼荒, 陳註: "荒, 蒙也. 柳車上覆, 謂鼈甲也."
번역 『예기』「상대기(喪大記)」편에는 '보황(黼荒)'[1]이 나오는데, 진호의 주에서는 "'황(荒)'은 덮개[蒙]를 뜻한다. 유거(柳車)의 덮개이니, 별갑(鼈甲)이라고도 부른다."라고 했다.

---

1) 『예기』「상대기(喪大記)」: 黼荒, 火三列, 黻三列.

참고-集說

①疏曰: 君, 諸侯也. 人君無論少長, 體尊物備, 卽位卽造爲親
尸之棺, 蓋②柂棺也, 漆之堅强覕覕然, 故名椑. 每年一漆, 示
如未成也. 藏焉者, 其中不欲空虛, 如急有待, 故藏物於中. 一
說, 不欲令人見, 故藏之.

번역 공영달의 소에서 말하길, '군(君)'자는 제후(諸侯)를 뜻한다. 군주에게는 나
이를 따지지 않으니, 존귀한 신분에 맞춰 사물을 갖추므로, 즉위를 하게 되면, 곧바
로 자신의 시신을 안치할 관(棺)을 만드니, 아마도 이때의 관(棺)은 이관(柂棺)일
것이며, 옻칠을 하여 벽돌처럼 튼튼하게 만들게 된다. 그렇기 때문에 '비(椑)'라고
부르는 것이다. 매년 한 차례 옻칠을 하여, 아직 완성되지 않았음을 나타내는 것이
다. "물건을 넣어둔다."는 말은 그 속을 비워두어, 마치 급급하게 시신이 빨리 들어
오기를 기다리는 것처럼 보이고 싶지 않기 때문에, 그 안에 물건을 채워두는 것이
다. 일설에는 사람들에게 보이고 싶지 않기 때문에, 숨겨둔다고 풀이하기도 한다.

① ○疏曰君諸侯也.

補註 疏又曰: 言諸侯, 則王可知也.
번역 소에서 또 말하길, 제후에 대해서 언급했다면, 천자에 대해서도 이처럼
한다는 사실을 알 수 있다.

② 柂棺.

補註 沙溪曰: 爾雅, "椵, 柂." 一物二名.
번역 사계가 말하길, 『이아』에서는 "가(椵)자는 이(柂)자의 뜻이다."라고 했
다. 따라서 동일한 사물에 대해 두 가지 명칭으로 부른 것이다.

「단궁상」 124장

①復·揳齒·綴足·飯·設飾·帷堂並作.

번역 초혼을 하며, 시신의 입에 각사(角柶)를 넣어 벌리고, 다리가 굽어지지 않도록 고정시키며, 시신의 입에 쌀 등을 채우고, 시신에 대해 습(襲)과 염(斂)을 하며, 당에 휘장을 치는 등 총 6가지 일들은 동시에 시행한다.

① 復揳齒[止]並作.

補註 類編曰: 復而揳齒·綴足竝作, 飯而設飾·帷堂竝作也.

번역 『유편』에서 말하길, 초혼을 하고 시신의 입에 각사(角柶)를 넣어 벌리고, 다리가 굽어지지 않도록 고정시키는 일을 함께 시행하고, 시신의 입에 쌀 등을 채우고, 시신에 대해 습(襲)과 염(斂)을 하며, 당에 휘장을 치는 일을 함께 시행한다.

始死招魂之後, 用①角柶挂尸之齒令開, 得飯含時不閉; 又用②燕几拘綴尸之兩足令直, 使著屨時不辟戾也. 飯者, 實米與貝于尸口中也. 設飾, 尸襲斂也. 帷堂, 堂上設帷也. 作, 起爲也. 復至帷堂六事一時並起, 故云"並作"也. 儀禮亦總見一圖.

번역 어떤 자가 이제 막 죽게 되어 초혼을 하게 되면, 그 이후에는 각사(角柶)를 이용해서, 시신의 이빨 사이에 걸어두어 입을 벌리게 하여, 반함(飯含)을 할 때 입이 닫히지 않도록 하는 것이다. 또 연궤(燕几)를 이용해서 시신의 양쪽 다리를 고정시켜서, 곧게 펴지도록 하여, 신발을 신길 때 다리가 굽혀지지 않도록 하는 것이다. '반(飯)'이라는 것은 쌀과 화폐 등을 시신의 입 속에 채운다는 뜻이다. '설식(設飾)'은 시신에 대해서 습(襲)을 하고 염(斂)을 한다는 뜻이다. '유당(帷堂)'은 당 위에 휘장을 설치한다는 뜻이다. '작(作)'은 시행한다는 뜻이다. 초혼으로부터 당에 휘장을 치는 것에 이르기까지 총 6가지 일들은 동시에 모두 시행하는 것이다. 그렇기 때문에 "모두 시행한다."라고 말한 것이다. 『의례도』에도 또한 총괄적으로 하나의 그림에 이것들이 기록되어 있다.

① 角柶.

補註 喪大記疏曰: 柶, 以角爲之, 長六寸, 兩頭曲屈.

번역 『예기』「상대기(喪大記)」편의 소에서 말하길, 수저는 뿔로 만드는데, 그 길이는 6촌(寸)이며 양쪽을 구부린다.

② 燕几.

補註 士喪禮疏曰: 燕, 安也. 在燕寢之內, 常憑之以安體.

번역 『의례』「사상례(士喪禮)」편의 소에서 말하길, '연(燕)'자는 편안하다는 뜻이다. 연침(燕寢) 안에 있을 때 항상 이것에 기대어 몸을 편안하게 한다.

「단궁상」 125장

①父兄命赴者.

번역 대부 이상의 계급에서는 어떤 자가 죽게 되면, 그 자의 부형이 부고를 알릴 자를 임명한다.

① 父兄命赴者.

補註 按: 古經連上文爲一章.

번역 살펴보니, 『고경』에서는 이 문장을 앞 문장과 연결하여 하나의 문장으로 보았다.

「단궁상」 127장

참고─經文

①喪不剝奠也與, 祭肉也與.

번역 상에서는 포(脯)나 젓갈 등을 차려내는 음식에 대해서 천으로 덮지 않는다. 그런데 어째서 음식에 대해서 천을 벗겨두지 않는단 말인가? 만약 천으로 덮는 경우라면, 그 안에는 반드시 제사 때 사용되는 고기가 있기 때문일 것이다.

① ○喪不剝奠也與.

補註 疏曰: 剝, 猶倮露也. 與, 語辭, 謂喪不倮露奠者, 爲有祭肉也.
번역 소에서 말하길, '박(剝)'자는 벗겨둔다는 뜻이다. '여(與)'자는 어조사이니, 상에서는 음식을 차려둔 것에 대해 덮개를 벗겨두지 않는 경우는 그 안에 제사 때 사용되는 고기가 포함되어 있기 때문이라는 의미이다.

「단궁상」 128장

材, 爲槨之木也. 布者, 分列而暴乾之也. 殯後旬日卽治此事. ①禮"獻材于殯門外", 註云"明器之材", 此云材與明器者, 蓋二者之材皆乾之也.

번역 '재(材)'자는 곽(槨)을 만들 때 사용되는 나무이다. '포(布)'라는 것은 조목조목 벌려두어서 건조를 시킨다는 뜻이다. 빈소를 차린 이후 10일이 지나게 되면, 이러한 일들을 시행한다. 『예』에서는 "빈소의 문 밖으로 재료를 들인다."라고 했고, 정현의 주에서는 "명기(明器)를 만들 때 사용하는 재료이다."라고 했다. 그런데 이곳 문장에서는 재(材)와 명기(明器)라고 언급했으니, 아마도 곽(槨)을 만드는 재료와 명기(明器)를 만드는 재료를 모두 건조시킨다는 뜻인 것 같다.

① ○禮獻材于殯門外.

補註 按: 禮, 卽士喪禮也.
번역 살펴보니, '예(禮)'는 『의례』「사상례(士喪禮)」편에 해당한다.[1]

---

1) 『의례』「사상례(士喪禮)」: 旣井槨, 主人西面拜工, 左還槨, 反位哭, 不踊. 婦人哭于堂. 獻材于殯門外, 西面, 北上, 綪. 主人徧視之, 如哭槨. 獻素·獻成亦如之.

①朝奠日出, 夕奠逮日.

번역 아침에 올리는 전(奠)제사는 해가 뜰 때 올리고, 저녁에 올리는 전(奠)제사는 해가 질 때 올린다.

① 朝奠[止]逮日.

補註 鄭註: 陰陽交接, 庶幾遇之.

번역 정현의 주에서 말하길, 아침과 저녁은 음양(陰陽)이 서로 만나는 때이니, 조전(朝奠)과 석전(夕奠)을 이 시기에 올리게 되면, 거의 짝을 이루게 된다.

方氏曰: ①朝奠以象朝時之食, 夕奠以象夕時之食, 孝子事死如事生也.

번역 방씨가 말하길, 아침에 올리는 전(奠)제사는 아침식사를 상징하고, 저녁에 올리는 전(奠)제사는 저녁식사를 상징하니, 자식은 돌아가신 부모를 섬길 때, 생전에 섬기던 것처럼 하는 것이다.

① 朝奠以象朝時之食.

補註 沙溪曰: 恐是象晨羞也. 朝夕上食, 是象朝夕食之禮也.

번역 사계가 말하길, 아마도 이것은 새벽에 음식을 차리는 것을 상징하는 것 같다. 아침저녁으로 음식을 바치는 것은 아침저녁으로 식사하는 예법을 상징한다.

「단궁상」 130장

父母之喪, 哭無時; ①使必知其反也.

번역 부모의 상을 치를 때에는 곡을 할 때, 특별히 정해진 시기가 없어서, 시도 때도 없이 곡을 하는 것이고, 만약 군주의 명령이 내려져서 사신의 임무를 맡게 되었다면, 되돌아왔을 때에는 반드시 제사를 지내어, 자신이 되돌아온 사실을 알게끔해야 한다.

① 使必知其反也.

補註 陽村曰: 孝子事亡如存, 出入告廟, 終身之常禮也. 不必小祥後爲君使者, 然後爲然也. 且於經文未見有小祥後, 爲君所使之意. 臆謂, 哭泣無時, 使知窮而反本, 必號父母之至情也. 或曰, 哭泣無時, 亦不可過毀而滅性, 故使必知其反終之常理也, 亦通.

번역 양촌이 말하길, 자식은 돌아가신 부모를 섬길 때 생존해 계실 때처럼 섬겨서, 출입함에 묘에서 그 사실을 아뢰는 것이 종신토록 따르는 일상적인 예법이다. 따라서 소상(小祥)을 치른 뒤에 군주의 사신이 된 이후에야 그렇게 할 필요는 없다. 또 경문에는 소상을 치른 이후 군주의 사신이 된다는 뜻이 나타나지 않는다. 내가 생각하기에, 시도 때도 없이 곡을 하는 것은 그로 하여금 다하면 근본을 돌이킴을 알게 하는 것이니, 부모의 지극한 정감을 반드시 부르짖게 된다. 혹자는 시도 때도 없이 곡을 할 때에도 몸을 지나치게 훼손하여 생명을 잃는 지경에 이르도록 해서는 안 된다. 그렇기 반드시 돌이켜 마쳐야 하는 일상적인 이치를 알게끔 하는 것이라고 하는데, 이 또한 그 의미가 통한다.

「단궁상」 131장

疏曰: 練, 小祥也. 小祥而著練冠練中衣, 故曰練也. 練衣者, ①
以練爲中衣. 黃裏者, 黃爲中衣裏也. 正服不可變, 中衣非正
服, 但承衰而已. 緣, 淺絳色. 緣, 謂中衣領及裳之緣也.

번역 공영달의 소에서 말하길, '연(練)'자는 소상(小祥)을 뜻한다. 소상을 지내며
연관(練冠)과 연중의(練中衣)를 착용한다. 그렇기 때문에 소상을 '연(練)'이라고
부르는 것이다. '연의(練衣)'라는 것은 '누인 명주[練]'로 중의(中衣)를 만든 것이
다. '황리(黃裏)'라는 것은 황색의 천으로 중의의 속감을 댄다는 뜻이다. 정식 복장
인 상복은 바꿀 수가 없지만, 중의는 정복(正服)에 속하는 것이 아니며, 단지 상복
에 받쳐 입는 것일 뿐이다. '전(緣)'이라는 것은 옅은 홍색의 옷감을 뜻한다. '연
(緣)'이라는 것은 중의의 옷깃과 소매의 끝단을 뜻한다.

① ○以練爲中衣[止]不可變.

補註 辨疑曰: 此與古禮不同, 豈但練中衣而已? 幷衰裳亦練之也. 古禮,
練衣以大功布爲之, 故練衣名之以功衰, 而家禮大功服用熟布. 據此則
竝練可也. 功衰者, 禮記註曰: 三年之末服也. 通解·圖式曰: 按, 練再
受服, 經傳雖無明文, 旣練而服功衰, 記禮者屢言之. 服問曰: 三年之喪,
旣練矣, 期之喪旣葬矣, 則服其功衰. 雜記曰: 三年之喪, 雖功衰不弔,
又曰: 有父母之喪, 尙功衰, 而祔兄弟之殤, 則練冠, 是也. 按, 大功布有
三等, 七升·八升·九升, 而降服七升最重, 斬衰旣練而服功衰, 是受以
大功七升布爲衰裳也. 賈疏曰: 斬衰, 初服, 衰裳三升, 冠六升. 旣葬以
其冠爲受, 衰裳六升, 冠七升. 小祥又以其冠爲受, 衰裳七升, 冠八升.
女子子嫁反在父之室, 疏云, 至小祥受衰七升, 總八升. 又間傳小祥練
冠, 疏云, 至小祥以卒哭後冠受其衰, 而以練易其冠, 故今據此例開具在
前. 而橫渠張子之說, 又曰, 練衣, 必鍛鍊大功之布以爲衣, 故言功衰.

功衰上之衣也. 以其着衰於上, 故通謂之功衰. 必着受服之上, 稱受者以此得名. 受蓋以受始喪斬疏之衰而着之變服, 其意以喪久變輕, 不欲摧割之心, 亟忘于內也. 或曰, 據橫渠此說, 謂受以大功之衰, 則與傳記註疏之說同, 謂鍛鍊大功之布, 以爲上之衣, 則非特練中衣, 亦練功衰也. 又取成服之衰, 長六寸博四寸, 綴於當心者, 着之功衰之上, 是功衰雖漸輕, 而長六寸博四寸之衰猶在, 不欲哀心之遽忘也. 此說則與先儒異, 今竝存之. 儀節曰, 韻書, 練, 漚熟絲也. 雜記三年之練冠, 註謂小祥之冠也, 小祥別有冠明矣. 服問云三年之喪旣練矣, 服其功衰, 小祥別有衰明矣. 又檀弓云練, 練衣黃裏縓緣, 葛要絰, 繩屨. 註, 練衣, 中衣之承衰者. 今擬冠用稍麤熟麻布爲之, 不用負版適衰, 腰絰用葛爲之. 麻屨用麻繩爲之, 小祥除首絰, 唯餘要葛. 昔年愚嘗問於龜峯, 答曰, 禮曰旣練服功衰, 朱子於家禮旣以熟布定功衰, 而小祥用練布, 已質於墨衰之問. [見成服章下, 問墨衰條. 旣葬換葛衫, 小祥換練布云.] 與橫渠用練之意相合. 因古禮用大功布之意, 採橫渠已定之議, 叅以質問朱子之語, 依家禮功布用熟之節, 小祥用熟, 無可疑矣. 愚按, 喪服圖式·練除受服圖, 中衣及冠, 以練爲之. 衰裳以卒哭後冠受之, 卒哭後冠, 卽大功七升布也. 大功布, 儀禮則無用練之文. 今依圖式, 練冠與中衣, 而衰裳以大功七升布改製而不練, 則恐無違於古禮, 而與疏家正服不變之文合矣. 若橫渠用練之說, 圖式引之而不以爲非. 家禮亦謂大功用熟布, 小祥換練布, 則雖竝練衰裳, 亦不爲無據, 未知何如.

번역 『변의』에서 말하길, 이 내용은 옛 예법과 합치되지 않는데, 어떻게 중의(中衣)만 누일 수 있겠는가? 상복에 대해서도 누이게 된다. 옛 예법에 따르면 연의(練衣)는 대공복(大功服)을 만들 때의 포(布)로 만들게 된다. 그렇기 때문에 연의에 대해서도 공최(功衰)라고 부를 수 있는 것이고, 『가례』에서는 대공복에 누인 포를 사용한다고 했다. 이것을 근거해보면 상복에 대해서도 누이게 됨을 알 수 있다. '공최(功衰)'에 대해 『예기』의 주에서는 삼년상을 치르며 말엽에 착용하는 복장이라고 했다. 『통해』「도식(圖式)」에서는 소상을 치르고 재차 상복을 받게 되는데, 경문과 전문에는 비록 해당하는 기록이 없지만, 소상을 끝내면 공최를 착용한다는 것을 『예』를 기록한 자는 수차례 언급하였다. 『예기』「복문(服問)」편에서는 "부친의 삼년상에서 연제(練祭)를 마쳤는데, 모친의 기년상에서 장례를 마쳤다면, 공최(功衰)를 착용한다."[1]라고 했다. 『예기』「잡기(雜記)」편에서는 "삼년상을 치르고 있을 때, 비록 공최(功衰)로 갈아입은 상태라 하더라도 남의 상에 찾아가서 조문을 하지 않는다."[2]라고 했으며, 또 "부모의 상이 발생하여 여전히 공최(功衰)를 착용하고 있는데, 형제들 중 요절한 자가 발생하여 그에 대한 부제(祔祭)를 치르게 되면, 연관(練冠)을 착용한다."[3]라고 한 말이 이러한 사실을 나타낸다. 살펴보니, 대공복을 만드는 포에는 세 등급이 있으니, 7승(升)[4]·8승·9승으로, 강복(降服)[5]의 경우 7승이 가장 수위가 높은 것이며, 참최복의 상에서 소상을 끝내면 공최를 입는다고 했는데, 이것은 대공포 중 7승으로 된 포로 만든 상복을 받는 것이다. 가공언의 소에서는 "참최복의 상에서 최초 받는 상복은 상복의 상하의는 3승으로 된 것이고 관은 6승으로 된 것이다. 장례를 마치면 관의 승수에 따라 새로운 상복을 받으니, 상복은 6승이고 관은 7승이다. 소상을 하게 되면 재차 관의 승수에 따라 새로운 상복을 받으니, 상복은 7승이고 관은 8승이다."라고 했다. 그리고 딸자식 중 시집을 갔다가 되돌아와 부친의 집에 머물러 있는 경우에 대해 소에서는 "소상에 이르게 되

---

1) 『예기』「복문(服問)」: <u>三年之喪旣練矣, 有期之喪旣葬矣</u>, 則帶其故葛帶, 絰期之絰, <u>服其功衰</u>.

2) 『예기』「잡기하(雜記下)」: <u>三年之喪雖功衰不弔</u>, 自諸侯達諸士, 如有服而將往哭之, 則服其服而往.

3) 『예기』「잡기상(雜記上)」: <u>有父母之喪尙功衰, 而附兄弟之殤則練冠</u>附, 於殤稱 "陽童某甫", 不名神也.

4) 승(升)은 옷감과 관련된 단위이다. 고대에는 포(布) 80가닥(縷)을 1승(升)으로 여겼다. 『의례』「상복(喪服)」편에서는 "冠六升, 外畢."이라는 기록이 있는데, 이에 대한 정현의 주에서는 "布八十縷爲升."이라고 풀이했다.

5) 강복(降服)은 상(喪)의 수위를 본래의 등급보다 한 등급 낮추는 일에 해당한다. 예를 들어 자식은 부모에 대해 삼년상을 치러야 하지만, 다른 집의 양자로 간 경우라면 자신의 친부모에 대해 삼년상을 치르지 않고, 한 등급 낮춰서 1년만 치르게 된다. 이것은 상(喪)의 기간에만 해당하는 것이 아니라, 상복(喪服) 및 상(喪)을 치르며 부수적으로 갖추게 되는 기물(器物)들에도 적용된다.

면 상복은 7승으로 된 것을 받고 머리를 묶는 총(總)은 8승으로 된 것을 받는다."라고 했다. 또 『예기』「간전(間傳)」편에서는 소상을 치르고 연관을 쓴다고 했고, 소에서는 "소상에 이르면 또한 졸곡을 한 이후의 관에 따라 새로운 상복을 받고, 누인 천으로 만든 관으로 이전의 관을 바꾼다."라고 했다. 그렇기 때문에 이곳에서는 이러한 예시들을 열거하여 앞에 기록해둔다. 장횡거의 주장에 따르면 또한 "연의는 반드시 대공복의 포를 누여서 만들기 때문에 '공최(功衰)'라고 부른다. 공최는 위에 입는 옷이다. 위에 최(衰)를 붙이기 때문에 통칭하여 '공최(功衰)'라고 부르는 것이다. 반드시 새로 받게 되는 상복 위에도 붙이게 되는데, 새로 받는 상복을 '수(受)'라고 부르는 것은 이러한 이유로 생긴 것이다. 받는다는 것은 초상 때 끊기만 하고 성근 상복을 받았다가 이것을 착용하여 복장을 바꾸니, 그 의미는 상의 기간이 오래 경과되어 상복도 변화되어 수위가 낮아졌지만, 부모를 잃어 끊기고 베인 듯한 마음을 황급히 잊어버리지 않고자 해서이다."라고 했다. 혹자는 장횡거의 이러한 주장에 따른다면 대공(大功)의 최(衰)로 받는다고 한다면 전문과 기문의 주 및 소에서 주장한 것과 동일하지만, 대공복의 포를 누여서 이를 위에 입는 옷을 만든다고 한다면, 단지 중의만 누이는 것이 아니라 공최 또한 누이게 된다. 또 성복(盛服)을 했을 때 붙였던 최(衰)는 길이가 6촌이고 너비가 4촌이며 가슴 쪽에 연결하는데, 이것을 떼어다가 공최 위에 붙이는 것은 공최가 비록 점차 수위가 낮아진 상복에 해당하지만 길이가 6촌이고 너비가 4촌인 최가 여전히 남아있으니, 슬퍼하는 마음을 황급히 잊어버리고자 하지 않기 때문이라고 했다. 이러한 주장은 선대 학자들과 차이를 보이는데, 이곳에서는 함께 수록해둔다. 『의절』에서 말하길, "『운서』에서 말하길, '연(練)'은 생사를 담그고 익히는 것이다."라고 했다. 「잡기」편에서 삼년상의 연관을 말했을 때, 주에서는 소상 때의 관이라고 했으니, 소상 때에는 별도로 관이 있었음이 분명하다. 「복문」편에서는 삼년상에서 소상을 끝내면 공최를 착용한다고 했으니, 소상 때에는 별도로 최가 있었음이 분명하다. 또 「단궁」편에서는 소상에는 연의를 착용하는데 황색의 옷감으로 중의(中衣)의 속단을 대고, 옅은 홍색의 옷감으로 옷깃과 소매의 끝단을 댄 것이고, 갈(葛)로 만든 요질(要経)을 차고, 승구(繩屨)라는 신발을 신는다고 했다. 주에서는 연의는 상복을 받쳐 입는 중의라고 했다. 현재 관을 만들 때 조금 더 거친 익힌 마의 포를 사용해서 만들며, 부판과 적·최는 사용하지 않고, 요질은 갈포를 이용해서 만든다. 마구(麻屨)는 마의 끈을 엮어서 만든 것이며, 소상 때에는 수질을 제거하고 갈포로 만든 요질만 남긴다. 예전 나는 구봉에게 이러한 문제를 질문한 적이 있었는데, 그의 답변에서는 『예』에서 소상을 지내면 공최를 착용한다고 했고, 주자는 『가례』에서 익힌 포로 공최를 만든다고 했고, 소상에 누인 포를 이용한다는 것에 대해서는 이미 묵최(墨衰)에 대한 질문에서 질정하였다. [「송복장」 밑에 묵최를 질문한 조목을 뜻한다.] 장례를 마치면 갈삼으로 바꾸고 소상에서는 누인 포로 바꾼다고 했다.] 이것은 장횡거가 누인 포를 이용한다고 했던 뜻과 상호 부합된다. 옛 예법에서 대공복의 포를 사용한다는 뜻에 기인하면, 장횡거가 이미 논정한 논의를 취하고, 주자에게 질문했던 말을 참고하며, 『가례』에서 공포(功布)에 익힌 것을 사용한다는 문단에 따르면, 소상에 익힌 천을 사용한다는 것에는 의심할 것이 없다. 내가 살펴보니 『상복도식』 「연제수복도(練除受服圖)」에서는 중의 및 관을 누인 천으로 만든다고 했다. 상복은 졸곡을 한 이후 관의 승수에 따라 새로운 것을 받고, 졸곡을 치른 이후의 관은 대공복에 사용하는 7승의 포로 만든다고 했다. 대공복에 사용하는 포에 대해서 『의례』에는 누인 것을 사용한다는 기록이 없다. 현재 『도식』의 기록에 따르면 관과 중의를 누인 것으로 만들고, 상복은 대공복에 들어가는 7승의 포를 이용해서 고쳐서 만들지만 누이지는 않는다고 한다면, 아마도 옛 예법에 위배되는 점이 없을 것 같고, 주소가들이 정복을 바꾸지 않는다고 했던 기록과도 부합된다. 장횡거가 누인 것을 사용한다고 주장했던 것과 같은 경우, 『도식』에서는 이를 인용하며 잘못된 것이라고 비판하지 않았다. 『가례』에서도 대공복에는 익힌 포를 사용한다고 했고, 소상에서는 누인 포로 된 것으로 바꾼다고 했으니, 비록 상복도 누인다 하더라도 근거가 없다고는 할 수 없으니, 어떠한지 모르겠다.

「단궁상」 132장

①小祥男子去首之麻絰, 惟餘要葛也, 故曰葛要絰. 繩屨者, 父母初喪菅屨, 卒哭, 受齊衰削屨, 小祥受大功繩麻屨也. 無絢, 謂無屨頭飾也.

번역 소상(小祥) 때 남자는 머리에 쓰고 있는 마질(麻絰)을 제거하고, 오직 허리에 찬 갈(葛)로 만든 요질(要絰)만을 남긴다. 그렇기 때문에 "갈(葛)로 만든 요질(要絰)을 찬다."라고 말한 것이다. '승구(繩屨)'라는 것은 부모가 이제 막 돌아가셨을 경우, 관구(菅屨)라는 신발을 신게 되는데, 졸곡(卒哭)을 하게 되면, 자최복(齊衰服)에 신는 괴표(削屨)로 엮은 신발을 신게 되며, 소상(小祥)을 하면, 대공복(大功服)에 신는 승마(繩麻)로 만든 신발을 신게 된다. '무구(無絢)'라는 것은 신발에 신코 장식이 없는 것을 뜻한다.

① ○小祥男子[止]麻絰.

補註 疏曰: 小祥男子去葛絰, 唯餘要葛.

번역 소에서 말하길, 소상(小祥)을 치르고 난 뒤 남자는 머리에 쓰고 있던 갈(葛)로 만든 수질(首絰)을 제거하고, 오직 허리에 차고 있는 갈로 만든 요질(要絰)만 남겨둔다.

補註 ○按: 男子卒哭, 已易麻絰爲葛絰. 陳註麻絰, 當爲葛絰, 詳見上婦人不葛帶章補註.

번역 ○살펴보니, 남자는 졸곡(卒哭)을 하면 이미 마(麻)로 만든 질(絰)을 갈(葛)로 만든 질로 바꾸게 된다. 진호의 주에서 마질(麻絰)이라고 한 것은 마땅히 갈질(葛絰)이 되어야 하니, 자세한 내용은 앞에서 부인은 갈로 만든 대(帶)를 차지 않는다고 했던 장의 보주에 나온다.

朱子曰: 菅屨·①疏屨, 今不可考. 今略以輕重推之, 斬衰用今
草鞋, 齊衰用麻鞋可也. 麻鞋, 今卒伍所著者.

번역 주자가 말하길, 관구(菅屨)와 소구(疏屨)에 대해서는 현재로서는 고찰할 방
법이 없다. 대략적으로 경중(輕重)의 수위에 따라 추론해보면, 참최복(斬衰服)에
는 오늘날 초혜(草鞋)라는 것을 신으니, 자최복(齊衰服)에는 마혜(麻鞋)라는 것을
신는 것이 옳다. '마혜(麻鞋)'라는 것은 오늘날 병사들이 착용하는 신발이다.

① 疏屨.

補註 喪服註: "疏, 猶麤也." 疏曰: "卽削薦屨."

번역 『의례』「상복(喪服)」편의 주에서 말하길, "'소(疏)'자는 거칠다는 뜻이
다."라고 했다. 소에서 말하길, "괴표구(蒯薦屨)라는 신발에 해당한다."라고
했다.

「단궁상」 134장

참고-經文

①麛裘, 衡長, 祛. ②祛, 裼之可也.

번역 상을 치를 때에는 안에 사슴가죽으로 만든 갓옷을 착용하는데, 소상(小祥)을 치른 이후에는 사슴가죽으로 만든 갓옷을 넓고 길게 만든 것으로 바꿔 입고, 소맷부리도 달게 된다. 소맷부리를 달았다면, 석의(裼衣)를 착용해도 괜찮다.

① 麛裘衡長祛.

補註 鄭註: 練而爲裘, 橫廣之, 又長之. 又爲祛, 則先時短狹無祛可知.
번역 정현의 주에서 말하길, 소상(小祥)을 지내고 갓옷을 입을 때에는 옆으로 넓고, 또한 아래로 길게 만든 것으로 입는다. 또한 소맷부리를 달게 되니, 그 이전에는 좁고 짧으며 소맷부리가 없는 갓옷을 착용했다는 사실을 알 수 있다.

② 祛裼之.

補註 按: 祛下當着面吐, 諺讀恐非.
번역 살펴보니, '거(祛)'자 뒤에는 마땅히 면[面]토를 붙여야 하니, 『언독』의 토는 아마도 잘못된 것 같다.

참고-集說

疏曰: 冬時吉凶衣裏皆有裘, 吉則貴賤有異, 喪則同用鹿皮爲之. 小祥之前, 裘①狹而短, 袂又無祛; 小祥稍飾, 則更易作橫廣大者, 又長之, 又設其祛也. 裼者, 裘上之衣, 吉時皆有, 喪後凶質, 未有裼衣, 小祥後漸向吉, 故加裼可也. 按如此文, 明小祥時外有衰, 衰內有練中衣, 中衣內有裼衣, 裼衣內有鹿裘, 鹿裘內自有常著襦衣.

번역 공영달의 소에서 말하길, 겨울에는 길복(吉服)이나 흉복(凶服) 안에 모두 갓옷을 입게 되는데, 길복(吉服)인 경우에는 신분의 귀천(貴賤)에 따라 차이가 있지만, 상복(喪服)인 경우에는 모두 동일하게 사슴가죽으로 갓옷을 만든다. 소상(小祥)을 치르기 이전에는 갓옷을 좁고 짧게 만들며, 소매에도 또한 소맷부리가 없다. 소상을 지내게 되면, 점진적으로 치장을 하게 되어, 다시금 가로로 길고 크게 만든 갓옷으로 바꿔 입고, 또한 그 옷을 길게 만들며, 소매에도 소맷부리를 달게 된다. '석(裼)'이라는 것은 갓옷 위에 입는 옷을 뜻하는데, 길(吉)한 시기에는 모두 이 옷을 착용하게 되지만, 상(喪)을 치른 후에는 흉(凶)한 시기가 되어, 질박하게 꾸미게 되므로, 석의(裼衣)를 착용하지 않다가 소상을 치른 이후에는 점진적으로 길(吉)한 시기로 접어들게 되므로, 석의를 그 위에 착용해도 괜찮은 것이다. 이와 같은 기록들을 살펴보면, 소상 때에는 겉에 상복을 착용하고, 상복 안에는 연중의(練中衣)를 착용하며, 중의(中衣) 안에는 석의(裼衣)를 입게 되고, 석의 안에는 사슴가죽으로 만든 갓옷을 입게 되며, 갓옷 안에는 자동적으로 항상 착용하는 유의(襦衣)를 입게 된다.

① 狹而短.

補註 按: 當句.
번역 살펴보니, 여기에서 구문을 끊어야 한다.

①所識, 其兄弟不同居者, 皆弔.

번역 알고 지내던 자가 죽었을 경우, 죽은 자의 형제들이 죽은 자와 같은 집에서 함께 살고 있지 않다고 하더라도, 그 형제들에게 모두 찾아가서 조문을 한다.

① **所識其兄弟[止]皆弔.**

補註 疏曰: 此文連上有殯之下, 若非兄弟骨肉疏外之人, 雖隣不往. 今有旣非兄弟, 又非疏外, 平生所知識, 往來同恩好, 而身死者, 其死者兄弟不同居, 尙往弔, 則死者子孫就弔可知, 擧疏以見親也. 皇氏以爲別更起文, 不連有殯之事, 所識, 謂識其死者之兄弟, 旣識兄弟, 雖不同居, 一一就弔之, 未知然否, 故兩存焉.

번역 소에서 말하길, 이곳 문단은 앞의 '유빈(有殯)'으로 시작되는 문장 뒤에 연이어 기록되었으니, 만약 혈연관계에 있는 형제들 중 관계가 소원하고 멀리 떨어져 있는 친족이 아닌 경우, 비록 가까이 사는 이웃이라 하더라도 찾아가지 않는다. 그런데 현재의 상황은 이미 형제관계에 있는 자도 아니고, 또한 관계도 소원하며 멀리 떨어져 살고 있는 친족도 아니며, 평생토록 서로 알고 지내던 자이고, 서로 왕래하여 은정을 함께 나눈 사이인데, 만약 그 자가 죽게 된다면, 죽은 자의 형제들이 비록 같은 집에 살고 있지 않다고 하더라도, 오히려 그의 형제들에게 찾아가서 조문을 한다면, 죽은 자의 자손들에게도 찾아가서 조문을 해야 함을 알 수 있으니, 이것은 관계가 보다 소원한 경우를 제시하여, 관계가 친밀한 경우까지도 함께 나타낸 것이다. 황간은 이곳 문장의 내용을 별개의 문장으로 여겨서, 앞의 '유빈(有殯)'으로 시작되는 사안과 연결시키지 않았고, '소식(所識)'이라는 것은 죽은 자의 형제들과 알고 지냈다는 뜻이며, 이미 그의 형제들과 알고 지낸 사이라면, 비록 그들이 함께 거처하는 경우가 아니더라도, 모두에 대해서 일일이 찾아가서 조문을 한다고 하였다. 과연 그러한지 알 수 없어서, 두 가지 주장을 모두 수록해둔다.

補註 ○陽村曰: 此節, 非有殯之時也.
번역 ○양촌이 말하길, 이러한 절차는 빈소를 차렸을 때를 뜻하는 것이 아니다.

補註 ○按: 陽村說良是, 疏上一說誤矣, 而其釋所識, 則較長.
번역 ○살펴보니, 양촌의 주장이 참으로 옳으니, 소에 나온 앞의 주장은 잘못되었지만, '소식(所識)'을 풀이한 것은 비교적 뛰어나다.

참고−集說

①水牛·兕牛之革耐濕, 故以爲親身之棺, 二革合被爲一重. 杝木亦耐濕, 故次於革, 卽前章所謂椑也. 梓木棺二, 一爲屬, 一爲大棺; 杝棺之外有屬棺, 屬棺之外又有大棺. 四者皆周, 言四重之棺, 上下四方悉周帀也. 惟槨不周, ②下有茵, ③上有抗席故也.

번역 물소와 들소의 가죽은 습기에 강하다. 그렇기 때문에 이 가죽을 이용해서, 시신의 몸에 직접 닿는 관(棺)을 만드는 것인데, 두 가죽을 합쳐서 한 겹으로 만든다. 피나무[杝木] 또한 습기에 강하다. 그렇기 때문에 가죽으로 만든 관 위를 덮는 관으로 사용하니, 곧 앞장에서 말한 '비(椑)'에 해당한다. 가래나무[梓木]는 두 겹으로 만드는데, 한 겹은 속관(屬棺)이 되고, 그 위의 한 겹은 대관(大棺)이 된다. 따라서 이관(杝棺) 겉에는 속관(屬棺)이 있게 되고, 속관(屬棺) 겉에는 또한 대관(大棺)이 있게 된다. "네 개의 관이 모두 두른다."는 말은 네 겹으로 된 관(棺)은 상하 및 사방을 모두 둘러싼다는 뜻이다. 오직 곽(槨)의 경우에만 둘러싸지 않으니, 밑면에는 '인(茵)'이 받치게 되고, 윗면에는 항석(抗席)이 놓이기 때문이다.

① ○水牛兕牛[止]椑也.

補註 按: 註以水牛兕牛之革合爲一重者爲親身之棺, 而杝棺次於革. 註疏與此異, 今錄之.

번역 살펴보니, 주에서는 물소와 들소의 가죽을 합쳐서 한 겹으로 만드는데, 이것을 몸에 직접 닿는 관으로 삼는다고 했고, 이관(杝棺)은 혁관(革棺) 다음이라고 했다. 주와 소의 내용은 이곳과 차이를 보이므로 현재 이곳에 기록해둔다.

補註 ○上文"君卽位而爲椑", 鄭註: "椑謂杝棺親尸者", 疏曰: "諸侯無水兕, 但用杝在內以親尸."

번역 ○앞의 문장에서는 "제후가 즉위하게 되면, 자신의 시신을 안치할 관 (棺)을 만든다."[1]라고 했고, 정현의 주에서 말하길 "'비(椑)'는 이관(杝棺)으 로 시신을 직접 안치하는 것을 뜻한다."라고 했다. 소에서 말하길, "제후에게 는 물소와 들소의 가죽으로 만든 관이 없으며 단지 이관(杝棺)을 가장 안쪽 에 두어서 시신을 직접 안치하게 된다."라고 했다.

② **下有茵.**

補註 旣夕禮註: 茵, 當藉棺也.

번역 『의례』「기석례(旣夕禮)」편의 주에서 말하길, '인(茵)'은 관을 받치는 것에 해당한다.

③ **上有抗席.**

補註 旣夕禮, 旣窆, 覆抗席, 加以抗木.

번역 『의례』「기석례(旣夕禮)」편에서 말하길, 하관을 하게 되면 항석(抗席) 을 덮고 항목(抗木)을 올린다.

補註 ○沙溪曰: 槨之地板不設矣.

번역 ○사계가 말하길, 외관의 지판을 설치하지 않기 때문이다.

---

1) 『예기』「단궁상(檀弓上)」: <u>君卽位而爲椑</u>, 歲壹漆之, 藏焉.

참고-經文

①棺束, 縮二衡三; 衽, 每束一.

번역 관(棺)을 묶을 때에는 못을 사용하지 않았으므로, 가죽 끈을 이용해서 세로로 2줄을 묶고, 가로로 3줄을 묶는데, 결속에 사용하는 임(衽)은 매 묶음마다 1개씩 사용한다.

① 棺束[止]每束一.

補註 按: 此連上下文, 卽天子之禮也. 諸侯·大夫·士, 衽束, 各有差等, 詳見喪大記.

번역 살펴보니, 이 문장은 앞뒤 문장과 연결되니, 천자의 예법에 해당한다. 제후·대부·사의 경우에는 임(衽)과 속(束)에 각각 차등이 있으니, 자세한 내용은 『예기』 「상대기(喪大記)」편에 나온다.

참고-集說

古者棺不用釘, 惟以皮條直束之二道, 橫束之三道. 衽, 形如今之①銀則子, 兩端大而中小, 漢時呼爲小要. 不言何物爲之, 其亦木乎. 衣之縫合處曰衽, 以小要連合棺與蓋之際, 故亦名衽. 先鑿木置衽, 然後束以皮, 每束處必用一衽, 故云"衽每束一"也.

번역 고대에는 관(棺)에 못을 사용하지 않았고, 오직 가죽 끈을 이용해서 세로로 2줄을 묶고, 가로로 3줄을 묶었다. '임(衽)'이라는 것은 그 형태가 오늘날 은(銀)으로 만든 직자(則子)와 같은 것인데, 양쪽 끝단은 크고 중앙은 작으며, 한(漢)나라 때에는 이것을 '소요(小要)'라고 불렀다. 어떠한 재료로 만든다고 언급하지 않았으니, 이 또한 나무로 만들었을 것이다. 옷에서 봉합한 곳을 '임(衽)'이라고 부르는데, 소요(小要)로는 관(棺)과 덮개가 합쳐지는 곳에 연결시킨다. 그렇기 때문에 또한 그 명칭을 '임(衽)'이라고도 하는 것이다. 먼저 나무에 구멍을 뚫어서 임(衽)을 끼우고, 그런 뒤에 가죽 끈으로 묶게 되는데, 매 가죽 끈마다 반드시 한 개의 임(衽)을 사용해야만 한다. 그렇기 때문에 "임(衽)은 매 묶음마다 1개씩이다."라고 말한 것이다.

① 銀則子.

補註 按: 銀則子, 未詳何物. 無乃所謂銀丁, 而今俗呼衽爲銀丁者, 亦取其形似而名歟.

번역 살펴보니, '은칙자(銀則子)'는 어떠한 물건인지 자세히 알 수 없다. 이른바 은정(銀丁)이라고 부르는 것에 해당할 것 같은데, 오늘날 세속에서 임(衽)을 은정(銀丁)이라고 부르는 것 또한 그 형태가 이와 유사하다는 점에서 착안하여 이처럼 부르는 것 같다.

「단궁상」 139장

①柏槨以端, 長六尺.

번역 측백나무로 곽(槨)을 만들 때에는 나무의 밑동을 사용하고, 그 길이는 6척(尺)으로 한다.

① 柏槨以端.

補註 鄭註: "以端, 題湊也." 疏曰: "端, 猶頭也. 積柏材作槨, 並著材頭也."
번역 정현의 주에서 말하길, "끝단으로써 한다는 말은 제주(題湊)[1]를 만든다는 뜻이다."라고 했다. 소에서 말하길, "'단(端)'자는 밑동[頭]을 뜻한다. 측백나무의 재목을 쌓아서 곽(槨)을 만드는데, 모두 재목의 밑동을 쌓아서 만든다."라고 했다.

補註 ○按: 陳註釋端字, 與註疏違異, 恐誤.
번역 ○살펴보니, 진호의 주에서 '단(端)'자를 해석한 것은 주 및 소의 해석과 위배되니 아마도 잘못 풀이한 것 같다.

補註 ○又按: 下文菆塗龍輴以槨, 疏曰: "以槨者, 亦題湊菆木, 象槨之形." 喪大記, 君殯用輴, 欑至于上, 畢塗屋, 鄭註: "天子之殯, 居棺以龍輴, 欑木題湊象槨. 諸侯輴不畫龍, 欑不題湊象槨." 據此, 則殯欑與窆槨, 皆題湊也. 題湊, 謂木頭相湊也. 朱子曰: "古者槨合衆材爲之, 今用

---

1) 제주(題湊)는 고대에 천자(天子)의 빈소를 만들 때 사용하던 방법이다. 나무를 포개서 곽(槨)을 두르게 되는데, 나무의 머리 쪽이 모두 내부를 향하도록 설치하여, 곽(槨)의 덮개처럼 씌운다. 나무를 쌓은 전체적인 모습은 위는 뾰족하게 되고 밑은 사각형으로 퍼지게 되니, 마치 지붕을 네 방면으로 빗물이 흐르도록 만들었던 것과 유사하다. 그래서 '제주'라고 부르는 것이다.

全木", 說見下篇註.

번역 ○또 살펴보니, 아래문장에서는 "끌채에 용의 무늬가 들어간 순거(輴車)를 사용해서 영구(靈柩)를 싣고, 빈소를 만드는 장소로 이동시킨다. 그런 뒤 수레 주변에 나무를 쌓고 진흙을 발라서 마치 곽(槨)의 형태로 만든다."[2]라고 했고, 소에서는 "이곽(以槨)이라는 것은 또한 나무를 쌓아올릴 때 나무 방향을 안쪽으로 해서, 곽(槨)의 형태를 본뜨게 된다는 뜻이다."라고 했다. 『예기』「상대기(喪大記)」편에서는 "군주의 빈소를 마련할 때에는 순거(輴車)를 사용하여 관을 안치하고, 네 방면에 나무를 쌓아올리는데, 관보다 높게 쌓아 지붕처럼 만들며, 진흙으로 모두 바른다."[3]라고 했고, 정현의 주에서는 "천자의 빈소를 마련할 때에는 관을 안치할 때 용(龍)의 그림이 그려진 순거(輴車)를 사용하고, 나무를 쌓아서 제주(題湊)를 만들어 곽(槨)을 형상화한다. 제후의 순거에는 용을 그리지 않고, 나무를 쌓되 제주를 달아서 곽(槨)처럼 만들지 않는다."라고 했다. 이러한 말에 근거해보면 빈소를 마련하며 나무를 쌓고 외관을 안치하는 일들은 모두 제주(題湊)가 된다. 따라서 '제주(題湊)'라는 것은 나무의 머리 쪽이 서로 향하도록 한다는 뜻이다. 주자는 "고대의 외관은 여러 목재들을 합쳐서 만들었고, 오늘날에는 통 원목을 사용한다."라고 했는데, 자세한 설명은 「단궁하」편의 주에 나온다.

補註 ○更按: 史·優孟傳, 以雕玉爲棺, 文梓爲椁, 梗楓豫章爲題湊. 旣云椁, 又云題湊, 與註疏相左. 無乃優孟所謂題湊, 如今橫臺板之屬歟.

번역 ○다시 살펴보니, 『사기』「우맹전(優孟傳)」에서는 옥을 조각하여 관을 만들고 가래나무에 무늬를 새겨 외관을 만들며 편나무 단풍나무 예장나무로 제주(題湊)를 만든다고 했다. 이미 곽(椁)이라고 했는데 다시 제주(題湊)라고 했으니, 주 및 소의 내용과 일치하지 않는다. 그것이 아니라면 우맹이 말한 제주(題湊)라는 것은 오늘날 횡대판(橫臺板)이라고 부르는 것에 해당할 것이다.

---

2) 『예기』「단궁상(檀弓上)」: 天子之殯也, <u>菆塗龍輴以椁</u>, 加斧于椁上, 畢塗屋, 天子之禮也.
3) 『예기』「상대기(喪大記)」: <u>君殯用輴, 欑至于上, 畢塗屋.</u> 大夫殯以幬, 欑至于西序, 塗不曁于棺. 士殯見衽, 塗上帷之.

「단궁상」 140장

天子之哭諸侯也, ①爵弁絰, 紂衣.

번역 천자가 제후의 상에 대해 곡을 할 때에는 작변(爵弁)에 질(絰)을 두르고, 치의(紂衣)를 착용한다.

① ○爵弁絰紂衣.

補註 按: 字書, 紂, 與緇同字. 從才, 與桀·紂之紂不同, 而今本誤作紂.

번역 살펴보니, 『자서』에서는 '치(紂)'자는 치(緇)자와 같은 글자라고 했다. '재(才)'자가 구성요소로 있으니, 걸주(桀紂)라고 했을 때의 주(紂)자와는 다른 것이다. 그런데 『금본』에는 '주(紂)'자로 잘못 기록했다.

諸侯薨而赴於天子, 天子哭之. 爵弁紂衣, 本士之祭服. 爵弁, ①弁之色如爵也. 紂衣, 絲衣也.

번역 제후가 죽어서 천자에게 부고를 알리면, 천자는 곡을 한다. 그때 작변(爵弁)을 쓰고, 치의(紂衣)를 착용하니, 이것은 본래 사가 착용하는 제복(祭服)이다. 작변(爵弁)은 변(弁)의 색깔이 작(爵)과 같은 것이다. '치의(紂衣)'는 사의(絲衣)이다.

① 弁之色如爵.

補註 按: 爵, 卽雀之本字.

번역 살펴보니, '작(爵)'자는 작(雀)자의 본자에 해당한다.

「단궁상」 142장

①爲之不以樂食.

번역 천자는 죽은 제후를 위하여, 음악을 연주하며 식사하는 일을 거행하지 않는다.

① 爲之不以樂食.

補註 鄭註: 蓋謂殯斂之間.

번역 정현의 주에서 말하길, 아마도 빈(殯)과 염(斂)을 하는 사이의 기간을 뜻하는 것 같다.

「단궁상」 143장

참고-經文

天子之殯也, ①菆塗龍輴以槨, 加斧于槨上, ②畢塗屋, 天子之禮也.

번역 천자에 대한 빈소를 만들 때에는 끌채에 용의 무늬가 들어간 순거(輴車)를 사용해서 영구(靈柩)를 싣고, 빈소를 만드는 장소로 이동시킨다. 그런 뒤 수레 주변에 나무를 쌓고 진흙을 발라서 마치 곽(槨)의 형태로 만든다. 그런 뒤에 도끼 무늬가 들어간 천으로 관(棺)을 덮고, 네 기둥 위에 지붕을 올린 뒤, 사면을 모두 진흙으로 바르게 되는데, 이것은 천자에게만 적용되는 예법이다.

① ○菆塗.

補註 沙溪曰: 韻會, 菆, 通作攢, 積木以殯也.

번역 사계가 말하길, 『운회』에서 '찬(菆)'자는 찬(攢)자로 통용해서 기록한다고 했으니, 나무를 쌓아서 빈소를 만든 것이다.

② 畢塗屋.

補註 按: 疏旣曰畢盡也, 又曰盡塗之也. 喪大記亦有畢塗屋之文, 諺讀畢下懸吐, 誤.

번역 살펴보니, 소에서는 이미 "'필(畢)'자는 모두[盡]라는 뜻이다."라고 했고, 또 "모두 바른다."라고 했다. 『예기』「상대기(喪大記)」편에서도 '필도옥(畢塗屋)'[1]이라는 기록이 나오는데, 『언독』에서는 '필(畢)'자 뒤에 토를 붙였으니, 잘못된 풀이이다.

---

1) 『예기』「상대기(喪大記)」: 君殯用輴, 攢至于上, 畢塗屋. 大夫殯以幬, 攢至于西序, 塗不曁于棺. 士殯見衽, 塗上帷之.

「단궁상」 144장

참고-集說

諸侯朝覲天子, 爵同則其位同; 今喪禮則分別同姓 · ①異姓 ·
庶姓, 使各相從而爲位以哭也.

번역 제후(諸侯)가 천자를 조근(朝覲)하는 경우, 작위가 같다면, 그 위치가 동일하
게 되는데, 현재는 상례(喪禮)를 치르는 경우이므로, 천자와 동성(同姓)인 자, 이
성(異姓)인 자, 친족관계가 없는 자 등을 구별하여, 각각 서로의 그룹별로 서열을
정하고, 자리를 마련하여 곡(哭)을 한다.

① ○異姓庶姓.

補註 疏曰: 異姓者, 鄭註周禮云, 王昏姻甥舅. 庶姓者, 謂與王無親者.
번역 소에서 말하길, '이성(異姓)'에 대해 『주례』에 대한 정현의 주에서는
"천자와 혼인을 통해 맺어진 외종질 및 외삼촌 등을 뜻한다."라고 했다. 따라
서 '서성(庶姓)'은 천자와 친족관계가 없는 자를 뜻한다.

補註 ○沙溪曰: 庶姓, 由同姓而別爲一姓者, 如孔子以子姓而爲孔, 孟子
以姬姓而爲孟. 大傳曰: "繫之以姓而弗別."
번역 ○사계가 말하길, '서성(庶姓)'은 동성(同姓)으로부터 갈라져 별도의
성을 이룬 자이니, 공자(孔子)는 자(子)성에서 공(孔)성이 되고, 맹자(孟
子)는 희(姬)성에서 맹(孟)성이 된 것과 같다. 『예기』 「대전(大傳)」편에서
는 "족인들을 통합할 때 성(姓)을 통해서 하여 구별을 두지 않는다."[1]라고
했다.

---

1) 『예기』 「대전(大傳)」: 繫之以姓而弗別, 綴之以食而弗殊, 雖百世而昏姻不通者,
周道然也.

補註 ○按: 大傳鄭註, "姓, 正姓也, 始祖爲正姓. 高祖爲庶姓." 疏曰: "姓, 正姓者, 對氏族爲正姓也. 云始祖爲正姓者, 如炎帝姓姜, 黃帝姓姬. 周姓姬, 本於黃帝, 齊姓姜, 本於炎帝也. 云高祖爲庶姓者, 如魯之三桓, 及鄭之子游・子國之後爲游氏國氏是也." 以此觀之, 註疏解庶姓, 亦有彼此之不同.

번역 ○살펴보니, 『예기』 「대전(大傳)」편의 정현 주에서는 "'성(姓)'은 정통 성(姓)을 뜻하니, 시조의 성(姓)이 곧 정통 성(姓)이 되고, 고조가 새로 만든 씨(氏)는 서성(庶姓)이 된다."라고 했다. 소에서 말하길, "성(姓)은 정성(正姓)이라고 했는데, 씨(氏)나 족명(族名)과 대비해서 정통 성(姓)으로 여긴 것이다. 시조의 성(姓)이 정통 성(姓)이 된다고 했는데, 예를 들어 염제(炎帝)의 성(姓)은 강(姜)이고, 황제(黃帝)의 성(姓)은 희(姬)이다. 주(周)나라의 성(姓)은 희(姬)인데, 이것은 황제의 성(姓)에 근본한 것이다. 또 제(齊)나라의 성(姓)은 강(姜)인데, 이것은 염제의 성(姓)에 근본한 것이다. 고조가 새로 만든 씨(氏)는 서성(庶姓)이 된다고 했는데, 마치 노(魯)나라에 있었던 삼환(三桓)[2]이나 정(鄭)나라에 있었던 자유(子游) 및 자국(子國)의 후손이 유씨(游氏) 및 국씨(國氏)의 성을 쓴 것이 여기에 해당한다."라고 했다. 이를 통해 살펴보면 주와 소에서 서성(庶姓)을 해석한 것은 또한 이곳과 차이를 보인다.

---

2) 삼환(三桓)은 춘추시대(春秋時代) 때 노(魯)나라에 있었던 세 가문을 뜻한다. 맹손(孟孫: =仲孫), 숙손(叔孫), 계손(季孫)을 뜻하며, 이들은 모두 노나라 환공(桓公)의 후예이기 때문에, '삼환'이라고 부른다. 노나라 문공(文公) 이후에 '삼환'의 세력이 강성해져서, 노나라 정권을 장악하였다.

「단궁상」 145장

鄭氏曰: 尼父, ①因其字以爲之諡也.

번역 정현이 말하길, '니보(尼父)'라는 말은 공자(孔子)의 자(字)에 따라서 그 시호(諡號)를 지은 것이다.

① ○因其字以爲之諡.

補註 左傳疏曰: 此傳惟說誄辭, 不言作諡. 傳記群書, 皆不載孔子之諡. 鄭玄錯讀左傳, 故註禮記云, 以字爲諡.

번역 『좌전』의 소에서 말하길, 이 전문은 단지 뇌사(誄辭)에 대해서만 설명한 것으로 시호를 짓는 것은 언급하지 않았다. 전문 및 기문 등 여러 서적들에는 모두 공자의 시호를 기록하고 있지 않다. 정현은 『좌전』을 잘못 해석하였기 때문에 『예기』에 대한 주에서 자(字)로 시호를 짓는다고 말한 것이다.

참고-經文

①國亡大縣邑, 公·卿·大夫·士皆②厭冠, 哭於太廟三日, 君不擧. 或曰: 君擧而哭於后土.

번역 제후국에서 큰 읍(邑)을 잃게 된다면, 그 나라의 공(公)·경(卿)·대부(大夫)·사(士)는 모두 염관(厭冠)을 착용하고, 태묘(太廟)에서 3일 동안 곡을 한다. 군주는 식사를 할 때 성찬을 차리지 않고, 음악도 연주하지 않는다. 혹자는 군주는 성찬을 들고 음악도 연주하게 되지만, 후토(后土)에서 곡을 한다고 주장한다.

① 國亡大縣邑.

補註 鄭註: "軍敗失地." 疏曰: "亡, 失也. 國之軍敗, 亡失土邑也."
번역 정현의 주에서 말하길, "군대가 패배하여 땅을 잃은 것이다."라고 했다. 소에서 말하길, "'망(亡)'자는 잃는다는 뜻이다. 국가의 군대가 패배를 하여 토지와 읍(邑)을 잃은 것이다."라고 했다.

② 厭冠.

補註 按: 厭冠之訓, 詳曲禮下.
번역 살펴보니, 염관(厭冠)에 대한 풀이는 자세한 내용이 『예기』「곡례하(曲禮下)」편에 나온다.

참고-集說

應氏曰: 哭於大廟者, 傷祖宗基業之虧損; 哭於后土者, 傷土地封疆之①朘削也. 不擧, 自貶損也. 曰君擧者, 非也.

번역 응씨가 말하길, 태묘(太廟)에서 곡을 하는 것은 조상들이 터를 닦은 과업에 손상이 된 것을 상심하기 때문이며, 후토(后土)에게 곡을 하는 것은 봉토로 받은 토지가 줄어든 것에 대해서 상심을 하기 때문이다. 식사를 할 때 성찬을 차리지 않고 음악도 연주하지 않는 것은 제 스스로 줄이고 낮추기 때문이다. 따라서 군주가 성찬도 차리고 음악도 연주한다고 한 말은 잘못된 주장이다.

① 朘削.

補註 沙溪曰: 朘, 縮也.

번역 사계가 말하길, '전(朘)'자는 줄어든다는 뜻이다.

補註 ○按: 朘音鐫, 字從月, 與從肉者別.

번역 ○살펴보니, '朘'자의 음은 '鐫(전)'이며, 자형은 월(月)자를 구성요소로 하니, 육(肉)자를 구성요소로 한 글자와는 구별된다.

「단궁상」 147장

참고-集說

"所知吾哭諸野", 夫子嘗言之矣, 蓋哭其所知, 必設位而帷之以成禮; 此所惡者, 或郊野之際, 道路之間, 哭非其地, 又且倉卒行之, 使人疑駭, 故惡之也. ①方氏說, "哭者呼滅, 子皐曰野哉, 孔子惡者以此." 恐未然.

번역 "서로 알고 지내던 자에 대해서라면, 나는 들에서 곡을 해야 한다."[1]라고 한 말은 공자가 일찍이 했던 말이니, 무릇 서로 알고 지내던 자에 대해서 곡을 할 때에는 반드시 자리를 마련하고, 휘장을 쳐서, 예(禮)의 규범을 준수해야 한다. 그런데 이곳에서 이러한 자를 공자가 미워했던 까닭은 어떤 자가 교야(郊野) 및 도로 사이에서, 곡을 해야 하는 장소가 아닌데도 곡을 하고, 또한 갑작스럽게 이런 일을 하여, 사람들을 놀라게 했기 때문에, 미워했던 것이다. 방씨는 "곡을 하는 자가 죽은 자의 이름인 멸(滅)을 불러서, 자고(子皐)는 야(野)라고 했으니,[2] 공자가 미워한 이유도 이러한 이유 때문이다."라고 주장했는데, 아마도 그렇지 않을 것이다.

① ○方氏說[止]恐未然.

補註 按: 家語"孔子惡野哭者"一句, 在上文"子蒲卒, 哭者呼滅. 子皐曰若是野哉"之下, "哭者改之"之上. 方說蓋本此.

번역 살펴보니, 『공자가어』에서는 '공자오야곡(孔子惡野哭)'이라는 구문을 앞 문장인 "자포(子蒲)가 죽자, 곡을 하는 자가 자포의 이름인 멸(滅)을 부르며 울부짖었다. 그 소리를 들은 자고(子皐)는 '어찌 이처럼 야만스럽단 말

---

1) 『예기』「단궁상(檀弓上)」: 伯高死於衛, 赴於孔子. 孔子曰: "吾惡乎哭諸? 兄弟, 吾哭諸廟; 父之友, 吾哭諸廟門之外; 師, 吾哭諸寢; 朋友, 吾哭諸寢門之外; 所知, 吾哭諸野. 於野則已疏, 於寢則已重. 夫由賜也見我, 吾哭諸賜氏." 遂命子貢爲之主, 曰: "爲爾哭也來者, 拜之; 知伯高而來者, 勿拜也."

2) 『예기』「단궁상(檀弓上)」: 子蒲卒, 哭者呼滅. 子皐曰: "若是野哉!" 哭者改之.

인가!'라고 했다."라고 한 문장 뒤와 "그 소리를 들은 자는 곡하던 방법을 고쳤다."라고 한 문장 앞에 기록하였다. 방씨의 주장은 아마도 여기에 근본한 것 같다.

「단궁상」 150장

祥而縞, ①是月禫, 徙月樂.

번역 대상(大祥)을 치르고 호관(縞冠)을 쓰며, 그 달에 담(禫)제사를 지내면, 그 달을 넘겨서는 음악을 연주하게 된다.

① 是月禫徙月樂.

補註 按: 疏解是月云, 猶子於是日哭則不歌, 非祥月, 詳見上孟獻子禫章補註. 且陳註於彼旣以間一月而禫爲是, 而於此反引馬氏說, 何也? 馬氏是主祥月卽禫之說者也.

번역 살펴보니, 소에서 시월(是月)을 풀이하며, 공자는 그 날에 곡을 했다면 노래를 부르지 않았다고 한 말과 같다고 했으니, 대상을 치른 달을 가리키는 것이 아니며, 자세한 내용은 앞에서 맹헌자가 담제사를 지냈다고 한 문장의 보주에 나온다. 그 문장에 대한 진호의 주에서는 이미 1달의 간격을 두어 담제사를 지낸다고 하여 옳게 해석했는데, 여기에서는 반대로 마씨의 주장을 인용하고 있으니 어찌된 일인가? 마씨는 대상을 치르는 달에 곧 담제사를 지낸다는 설을 주장한 자이다.

「단궁상」 151장

참고─經文

君於士, ①有賜帟.

번역 군주는 사에 대해서, 빈소를 차릴 때, 그 위를 덮는 작은 장막을 하사해주는 경우가 있다.

① ○有賜帟.

補註 沙溪曰: 上文布幕衛也, 繆幕魯也, 與此帟幕同.

번역 사계가 말하길, 앞 문장에서는 "포(布)를 이용해서 막(幕)을 만드는 것은 위(衛)에 해당하고, 비단을 이용해서 막(幕)을 만든 것은 노(魯)에 해당한다."[1]라고 했는데, 여기에서 말한 역막(帟幕)과 같은 것이다.

참고─集說

帟, 幕之小者, 置之殯上以承塵也. ①大夫以上, 則有司供之; 士卑又不得自爲, 故君於士之殯, 以帟賜之也.

번역 '역(帟)'자는 장막[幕] 중에서도 크기가 작은 것으로, 빈소 위에 설치하여 먼지가 떨어지는 것을 막는다. 대부(大夫) 이상의 계급인 경우라면, 유사(有司)가 장막을 공급하게 되는데, 사(士)는 신분이 미천하고 또한 제 스스로 이것을 설치할 수 없다. 그렇기 때문에 군주는 사(士)가 차린 빈소에 대해서, 작은 장막을 하사하게 되는 것이다.

---

1) 『예기』 「단궁상(檀弓上)」: 穆公之母卒, 使人問於曾子曰: "如之何?" 對曰: "申也聞諸申之父曰: '哭泣之哀, 齊·斬之情, 饘粥之食, 自天子達. 布幕, 衛也; 繆幕, 魯也.'"

① 大夫以上[止]供之.

補註 周禮・幕人, 三公及卿大夫之喪, 共其帟. 註: "唯士無帟, 王有惠, 則賜之."

번역 『주례』「막인(幕人)」편에서는 "삼공 및 경・대부의 상에 장막을 공급한다."2)라고 했다. 주에서는 "오직 사에게만 장막이 없으니, 천자가 은정을 베풀게 되면 그에게 하사한다."라고 했다.

---

2) 『주례』「천관(天官)・막인(幕人)」: 三公及卿大夫之喪, 共其帟.

禮記補註卷之四

『예기보주』 4권

「단궁하(檀弓下)」 제4편

「단궁하」 1장

참고-集說

此言送殤遣車之禮. 君, 謂國君, 亦或有地大夫通得稱君也. 公, 專言五等諸侯也. 十六至十九爲長殤. 葬此殤時, 柩朝廟畢將行, 設遣奠以奠之, ①牲體分折包裹, 用此車載之以遣送死者, 故名遣車. 車制甚小, 以置之槨內四隅, 不容大爲之也. 禮, 中殤從上, 君適長三乘, 則中亦三乘, 下則一乘也; 公庶長一乘, 則中亦一乘, 下則無也; 大夫適長一乘, 則中亦一乘, 下殤及庶殤並無也.

번역 이곳 문장은 요절한 자에게 사용하는 견거(遣車)[1]의 예법에 대해서 언급하고 있다. '군(君)'자는 제후국(諸侯國)의 군주를 뜻하며, 간혹 영지를 소유하고 있는 대부(大夫)까지도 통칭하여, '군(君)'이라고 부를 수 있다. '공(公)'은 전적으로 다섯 등급에 속하는 제후들을 가리키는 말이다. 16~19세 사이에 요절한 것을 '장상(長殤)'이라고 부른다. 이처럼 요절한 자의 장례를 치를 때에는 영구(靈柩)에 대해 종묘에서 조묘(朝廟)를 하고, 그 일이 끝나면 행차를 시작하는데, 그 때에는 견전(遣奠)을 진설하여, 전(奠)제사를 지내고, 희생물의 몸체는 나눠서 포장을 하며, 이 수레를 이용해서 포장된 고기를 실어서, 죽은 자를 전송하는 곳으로 보낸다. 그렇기 때문에 이 수레를 '견거(遣車)'라고 부르는 것이다. 이 수레를 제작할 때에는 매우 작게 만들어서, 곽(槨) 안의 네 모퉁이에 두게 되니, 크게 만들 수가 없다. 예법에

---

1) 견거(遣車)는 장례(葬禮)를 치를 때 사용되는 수레이다. 장례 때에는 장지(葬地)에서 제사를 지내기 위해 희생물을 가져가게 된다. '견거'는 바로 희생물의 몸체를 싣고 가는 수레를 뜻한다.

따르면, 중상(中殤)²⁾의 경우 그 위의 등급에 따르니, 군주의 적자(嫡子)가 장상(長殤)³⁾을 했을 때 3대의 수레를 사용한다면, 중상(中殤)인 경우에도 또한 3대의 수레를 사용하는 것이고, 하상(下殤)인 경우에는 1대의 수레를 사용하는 것이다. 또 공(公)의 서자(庶子)가 장상(長殤)을 했을 때 1대의 수레를 사용한다면, 중상(中殤)인 경우에도 1대의 수레를 사용하는 것이고, 하상(下殤)인 경우에는 수레가 없게 된다. 또 대부(大夫)의 적자(適子)가 장상(長殤)을 했을 때 1대의 수레를 사용한다면, 중상(中殤)인 경우에도 1대의 수레를 사용하고, 하상(下殤)을 했거나 서자(庶子) 중 요절한 자의 경우에는 모두 수레가 없게 된다.

① **牲體分折**.

補註 按: 折, 陽村錄作析, 古疏作折. 以下文國君七介章註觀之, 折字, 是.
번역 살펴보니, '절(折)'자를 양촌은 석(析)자로 기록했고, 옛 소에서는 절(折)자로 기록했다. 아래문장에서 제후는 7명의 개(介)를 둔다고 했던 문장의 주를 통해 살펴보면 절(折)자가 옳다.

---

2) 중상(中殤)은 12~15세 사이에 요절한 자를 뜻한다. 『의례』「상복(喪服)」편에 "十五至十二爲中殤."이라는 기록이 있다.

3) 장상(長殤)은 16~19세 사이에 요절한 자를 뜻한다. 『의례』「상복(喪服)」편에 "年十九至十六爲長殤."이라는 기록이 있다.

「단궁하」 5장

季武子寢疾, 蟜固不說齊衰而入見, 曰: "斯道也, 將亡矣. ①士唯公門說齊衰." 武子曰: "不亦善乎! 君子表微." 及其喪也, 曾點②倚其門而歌.

번역 계무자(季武子)가 질병으로 인해 침상에 눕게 되었다. 당시 교고(蟜固)는 자최복(齊衰服)을 입고 치르는 상중에 있었다. 그래서 계무자에게 문병을 갈 때, 자최복을 벗지 않고 들어갔으며, 그를 찾아보고 "이처럼 상복을 그대로 착용하는 것이 올바른 도리입니다. 그런데 이러한 도리가 장차 없어지려고 합니다. 사는 오직 군주의 문 앞에서만 자최복을 벗고 들어갈 따름입니다. 저는 이러한 도리를 지키기 위해 이처럼 착용한 것입니다."라고 했다. 그러자 계무자는 그의 행동이 마음에 들지 않았지만, "그대의 행동이 또한 좋지 않은가! 군자는 미세한 부분에서의 실례도 드러낼 수 있는 사람이다."라고 했다. 계무자의 상을 치를 때, 증점(曾點)은 예를 어기며, 그의 문에 기대어서 노래를 불렀다.

① 士唯公門說齊衰.

補註 鄭註: 季武子, 强且專政, 國人事之如君, 蟜固能守禮, 不畏之.

번역 정현의 주에서 말하길, 계무자(季武子)는 권세가 강력했고 또한 정권을 마음대로 부려서, 노나라 사람들은 그를 마치 군주처럼 섬겼는데, 교고(蟜固)는 예(禮)를 준수할 수 있었고 계무자를 두려워하지 않았다.

② 倚其門而歌.

補註 鄭註: "明己不與也." 疏曰: "曾點慕蟜固之直, 乃倚武子之門而歌, 明己不與武子, 故無哀戚."

번역 정현의 주에서 말하길, "본인이 이러한 예법에 따를 수 없음을 나타낸 것이다."라고 했다. 소에서 말하길, "증점(曾點)은 교고(蟜固)의 직언을 사모하여, 곧 계무자(季武子)의 대문에 기대어 노래를 불렀던 것이니, 이것은 자신은 계무자를 따르지 않았기 때문에, 슬퍼하는 감정이 없음을 드러낸 것이다."라고 했다.

「단궁하」 6장

참고-經文

①大夫弔, 當事而至, 則辭焉. 弔於人, 是日不樂. 婦人不越疆而弔人. 行弔之日, 不飮酒食肉焉.

번역 대부가 사에게 조문을 함에, 만약 상주가 시행하고 있는 일이 있을 때 당도하게 된다면, 그 일을 돕는 자가 나와서, 상주가 현재 어떠한 일을 시행하고 있다는 사실을 아뢴다. 남에게 조문을 하게 되면, 그 날에는 음악을 연주하지 않는다. 부인은 국경 밖으로 나가서 남에게 조문을 가지 않는다. 조문을 시행한 날에는 술을 마시지 않고 고기도 먹지 않는다.

① ○大夫弔[止]食肉焉.

補註 按: 此四事乃是各項, 不相連屬.

번역 살펴보니, 여기에 나온 네 가지 사안은 각각의 항목이 되니 서로 연결되지 않는다.

「단궁하」 8장

喪, 公弔之, 必有拜者, 雖朋友·州里·舍人可也. 弔曰: "①寡
君承事." ②主人曰: "臨."

번역 상에 있어서, 군주가 그 집에 조문을 가게 되면, 반드시 군주 앞으로 나와서
절을 하는 자가 있어야 한다. 만약 주인의 후계자 및 친족이 없다고 한다면, 비록
죽은 자의 친구 및 마을 사람 또는 상사를 맡아보는 자가 나와서 절을 하더라도
무방하다. 조문을 하는 말에서는 부관이 군주의 말을 전하며, "저희 군주께서 상사
의 일을 돕는데 참여하시고자 오셨습니다."라고 말한다. 그러면 상주는 "욕되게도
누추한 곳까지 왕림하시게 함을 깊이 사죄합니다."라고 말한다.

① ○寡君承事.

補註 疏曰: 文稱寡君, 應是弔他國之臣, 上承公弔之下, 則是己國之臣.
稱寡君者, 示欲供承喪家之事, 故謙言寡君, 此謂大夫之喪也. 若弔士則
直稱君, 士喪禮君使某弔, 如何不淑.

번역 소에서 말하길, 앞 구문에서 '과군(寡君)'이라고 지칭했다면, 이 경우는
마땅히 다른 나라의 신하에게 조문하는 경우가 된다. 하지만 앞의 구문에서
"군주가 조문을 한다."라고 했으니, 이것은 자기 나라의 신하에게 조문하는
경우가 된다. 그런데도 '과군(寡君)'이라고 지칭한 이유는 상가의 일을 돕는
데 함께 참여하고자 하는 뜻을 보이기 위해서이다. 그렇기 때문에 겸손하게
낮춰서 '저희 군주[寡君]'라고 말하는 것이니, 이 경우는 대부의 상을 가리킨
다. 만약 사에게 조문하는 경우라면, 단지 '군(君)'이라고만 지칭하게 되니,
『의례』「사상례(士喪禮)」편에서는 "군주[君]께서 아무개를 시켜 조문을 보내
셨으니, 어찌하여 이처럼 불행한 일이 생겼습니까?"라고 했던 것이다.

② 主人曰臨.

補註 按: 臨, 註如字, 蓋恐人認爲哭臨之臨, 作去聲讀故也.

번역 살펴보니, '臨'자를 주에서는 글자대로 읽었으니, 아마도 사람들이 군주가 신하의 상에 임한다고 할 때의 '임(臨)'자로 인식하여 거성으로 읽게 될까를 염려했기 때문이다.

此謂國君弔其諸臣之喪. 弔後, ①主人當親往拜謝; 喪家若無主後, 必使以次疏親往拜; 若又無疏親, 則死者之朋友, 及同州同里, 及喪家典舍之人往拜, 亦可也. 寡君承事, 言來承助喪事, 此君語擯者傳命以入之辭. 主人曰臨者, 謝辱臨之重也.

번역 이 문장은 제후국의 군주가 신하들의 상에 대해서 조문을 하는 내용이다. 조문을 끝낸 이후, 상주는 마땅히 직접 가서 절을 하며, 군주를 직접 오게 한 것에 대해 사죄를 하게 된다. 상을 당한 집에 만약 주인의 후계자가 없는 경우라면, 반드시 친척들 중 그 다음 서열에 해당하는 자로 하여금, 군주에게 가서 절을 하도록 시킨다. 만약 친척들도 없다면, 죽은 자의 친구 및 같은 마을에 사는 사람, 또는 상을 당한 집에서 일을 맡아보던 자로 하여금, 군주에게 나아가 절을 하도록 시켜도 또한 무방하다. '과군승사(寡君承事)'라는 말은 찾아와서 상사를 돕는 일에 참여하겠다는 뜻이니, 이것은 군주의 말을 부관이 전달하게 되어, 들어와서 건네는 말에 해당한다. '주인왈림(主人曰臨)'이라는 말은 욕되게 상에 임해주신 것에 대해 깊이 사죄하는 말이다.

① 主人當親往拜謝.

補註 按: 士喪禮, 成服後, 拜君命及衆賓, 註, 明日必往拜謝之. 又旣夕記, 主人乘惡車, 註, 拜君命, 拜衆賓. 陳註, 蓋據此, 而但君弔時, 亦有主人拜稽之禮. 此拜字, 以弔時之拜看, 固自好.

번역 살펴보니, 『의례』「사상례(士喪禮)」편에서는 성복(成服)[1]을 한 이후 군주의 명령 및 여러 빈객들에 대해 절을 한다고 했고,[2] 주에서는 다음날 반드시 찾아가서 절을 하며 감사의 뜻을 표한다고 했다. 또 『의례』「기석례(旣夕禮)」편의 기문에서는 주인이 악거(惡車)에 탄다고 했고,[3] 주에서는 군주의 명령에 대해 절을 하고 여러 빈객들에게 절을 한다고 했다. 진호의 주는 아마도 이러한 기록에 근거한 말인 것 같지만 군주가 조문을 했을 때에도 상주가 절을 하며 머리를 조아리는 예법이 있다. 여기에 나온 배(拜)자는 조문을 할 때 절을 한다는 뜻으로 보는 것이 좋을 것 같다.

---

1) 성복(成服)은 상례(喪禮)에서 대렴(大斂) 이후, 죽은 자와의 관계에 따라, 각각 규정에 맞는 상복(喪服)을 갖춰 입는다는 뜻이다.

2) 『의례』「사상례(士喪禮)」: 三日<u>成服杖. 拜君命及衆賓</u>, 不拜棺中之賜.

3) 『의례』「기석례(旣夕禮)」: <u>主人乘惡車</u>, 白狗幦, 蒲蔽, 御以蒲菆, 犬服, 木錧, 約綏, 約轡, 木鑣, 馬不齊髦.

참고-經文

妻之昆弟爲父後者死, 哭之①<u>適室</u>, 子爲主, 袒·免·哭·踊.
②<u>夫入門右</u>, 使人立於門外. ③<u>告來者</u>, ④<u>狎則入哭</u>. ⑤<u>父在,
哭於妻之室</u>; 非爲父後者, 哭諸異室.

번역 처의 형제 중 장인의 후계자가 된 자가 죽었다면, 적실(適室)에서 곡을 하고, 자신의 아들을 상주 역할로 삼으며, 단(袒)·문(免)·곡·용을 하도록 시킨다. 본인의 경우 문으로 들어서면, 오른쪽에 있게 되고, 다른 사람을 시켜서 문밖에 서 있도록 한다. 찾아와서 조문하는 자들에 대해서는 그 자가 알리게 되는데, 알려온 자가 평소 친하게 지내던 자라면, 곧바로 들어와서 곡을 하도록 시킨다. 자신의 부친이 생존해 계신 경우라면, 처의 형제 중 후계자가 된 자를 위해서는 처의 실(室)에서 곡을 한다. 만약 처의 형제 중 후계자가 아닌 자가 죽은 경우라면, 다른 실(室)에 가서 곡을 한다.

① 適室.

補註 沙溪曰: 正寢也.
번역 사계가 말하길, 정침(正寢)에 해당한다.

② 夫入門右.

補註 鄭註: "北面辟正主也." 疏曰: "夫, 謂此子之父. 言夫者, 據妻之爲喪也. 子旣在阼階下西嚮, 父若又西嚮, 便似二主, 故入門右近南北面哭."
번역 정현의 주에서 말하길, "북쪽을 바라보며 정식 상주의 예법을 피한다."라고 했다. 소에서 말하길, "'부(夫)'자는 여기에서 말한 자식의 부친을 뜻한다. '남편[夫]'이라고 기록한 이유는 처의 상을 치르는 것에 기준을 두었기 때문이다. 자신의 자식이 이미 상주의 위치에 있으므로 동쪽 계단 아래에서 서쪽을 바라보고 있게 된다. 그런데 부친이 만약 상주와 동일하게 서쪽을 바라보게 된다면, 이것은 두 명의 상주가 있는 꼴이 된다. 그렇기 때문에 문으로 들어서서 오른쪽에 서서 남쪽과 가까운 곳에서 북쪽을 바라보며 곡을 하게 된다."라고 했다.

③ **告來者**.

補註 疏曰: 門內有哭, 則鄕里聞之, 必來相弔, 主人所使人出門外, 告語來弔者, 述所哭之事.
번역 소에서 말하길, 문 안에서 곡을 하게 되면, 마을 사람들이 그 소리를 듣고, 반드시 찾아와서 서로 조문을 하게 된다. 그렇기 때문에 주인은 사람을 시켜서 문밖으로 나가게 하여, 찾아와서 조문하는 자에 대해 알리도록 하며, 곡을 하게 된 이유를 아뢰게 했던 것이다.

補註 ○按: 此與陳註異, 而似長.
번역 ○살펴보니, 이것은 진호의 주와는 차이를 보이는데, 아마도 이 주장이 더 나은 것 같다.

④ **狃則入哭**.

補註 疏曰: 若弔人與此亡者, 相識狃習, 當進入共哭.
번역 소에서 말하길, 만약 조문을 하기 위해 찾아온 사람과 죽은 자가 일찍이 서로 알고 지내던 친한 사이라면, 마땅히 들어오게 하여 함께 곡을 한다.

補註 ○按: 陳註未瑩.
번역 ○살펴보니, 진호의 주는 명확하지 못하다.

⑤ 父在哭於妻之室.

補註 鄭註: 不以私喪干尊.

번역 정현의 주에서 말하길, 사적인 상으로 인해 존귀한 부친을 방해할 수 없기 때문이다.

疏曰: ①女子子適人者, 爲昆弟之爲父後者不降, 以其正故也. 故姊妹之夫, 爲之哭於適室之中庭. 子爲主者, 甥服舅緦, 故命己子爲主, 受弔拜賓也. 袒免哭踊者, 冠尊, 不居肉袒之上, 必先去冠而加免; 故凡哭, 哀則踊, 踊必先袒, 袒必先免, 故袒免哭踊也. 夫入門右者, 謂此子之父, 卽哭妻兄弟者.

번역 소에서 말하길, 딸자식 중 남에게 시집을 간 여자는 자신의 형제들 중 부친의 후계자가 된 자를 위해서, 상의 수위를 낮추지 않고, 본래의 수위에 따라 치르기 때문이다. 그래서 죽은 자의 자매가 되는 여자의 남편은 죽은 자를 위해서 적실(適室)의 중정(中庭)에서 곡을 한다. "자식을 상주로 삼는다[子爲主]."는 말은 생질은 외삼촌을 위해서 시마복(緦麻服)을 착용하기 때문에, 자신의 아들에게 상주의 역할을 수행하도록 명령하고, 조문을 받으며 빈객에게 절을 하도록 시키는 것이다. '단면곡용(袒免哭踊)'이라고 했는데, 상을 치를 때 쓰는 관(冠)은 존귀하므로, 맨 머리 위에 착용할 수가 없고, 반드시 먼저 쓰고 있던 관을 제거하고 문(免)을 한다. 그러므로 곡(哭)을 하는 모든 경우에, 슬퍼지게 되면 용(踊)을 하게 되는데, 용을 할 때에는 반드시 그보다 앞서서 단(袒)을 해야 하고, 단을 할 때에는 반드시 그보다 앞서서 문을 하게 된다. 그래서 단(袒)·문(免)·곡(哭)·용(踊)을 한다고 말한 것이다. '부입문우(夫入門右)'라는 말은 여기에서 말한 자식의 부친을 가리켜서 한 말이니, 곧 처의 형제를 위해서 곡을 하는 자이다.

① **女子子適人[止]不降.**

補註 按: 此指喪服而言.

번역 살펴보니, 이것은 『의례』「상복(喪服)」편을 가리켜 말한 것이다.

補註 ○儀禮·喪服齊衰不杖期, 女子子適人者, 爲其昆弟之爲父後者. 傳曰: "何以期也? 婦人雖在外, 必有歸宗, 曰小宗, 故服期也."

번역 ○『의례』「상복(喪服)」편의 '자최부장기(齊衰不杖期)'장에서는 딸자식 중 시집을 간 여자는 자신의 곤제 중 부친의 후계자가 된 자를 위해 자최복(齊衰服)을 입고 지팡이를 잡지 않고 기년상을 치른다고 했다. 전문에서는 "어찌하여 기년상으로 치르는가? 부인은 비록 출가를 했더라도 반드시 종가로 돌아오는 일이 있으니, 그 대상을 소종(小宗)이라 한다. 그렇기 때문에 기년복을 착용하는 것이다."라고 했다.

方氏曰: 哭于側室, ①欲其遠殯宮也. 于門內之右者, ②不居主位, 示爲之變也. 同國則往者, 以其不遠也.

번역 방씨가 말하길, 측실(側室)에서 곡을 하는 것은 빈소에서 멀리 떨어지고자 했기 때문이다. 문안의 오른쪽에서 한다는 말은 상주의 위치에 머물지 않음으로써, 변화됨이 있다는 사실을 나타내고자 한 것이다. 같은 나라에 산다면 찾아간다고 했는데, 그가 멀리 떨어져 사는 것이 아니기 때문이다.

① ○欲其遠殯宮也.

補註 按: 鄭註, 嫌哭殯也, 與此意同.

번역 살펴보니, 정현의 주에서는 "빈소에서 곡을 하는 것처럼 오해를 불러일으키기 때문이다."라고 했는데, 이곳의 의미와 일치한다.

② 不居主位.

補註 疏曰: 尋常爲主, 當在阼階東西面, 今稱門內之右, 故知近南爲之變位也. 猶西面, 但近南耳.

번역 소에서 말하길, 일반적으로 상주가 된다면 마땅히 동쪽 계단의 동쪽에서 서쪽을 바라보아야만 하는데, 현재는 문안의 오른쪽이라고 했기 때문에, 남쪽에 가까운 곳으로 하여 그로 인해 자리에 변화를 주었다는 사실을 알 수 있다. 여전히 서쪽을 바라보는데, 다만 그 장소가 남쪽과 가까울 따름이다.

「단궁하」13장

劉氏曰: ①曾子嘗問"三年之喪, 弔乎?" 夫子曰, "三年之喪練, 不群立, 不旅行. 君子禮以飾情, 三年之喪而弔哭, 不亦虛乎?" 旣聞此矣, 而又以母喪弔友, 必不然也. 凡經中言曾子失禮之 事, 不可盡信, 此亦可見.

번역 유씨가 말하길, 증자(曾子)는 일찍이 "자신이 삼년상을 치르는 도중인데, 남 의 상에 조문을 해도 되는 것입니까?"라고 질문을 했다. 그러자 공자는 "자신이 삼 년상을 치르는 중이라면, 소상(小祥)을 치른 상태라고 하더라도, 사람들이 모여 있 는 장소에 가서 뭇 사람들과 자리를 함께 하지 않으며, 뭇 사람들과 무리를 지어 다니지 않는다. 군자는 예법대로 시행하여 애통한 감정을 나타낼 따름인데, 삼년상 을 치르는 도중에 남의 상에 가서, 자신의 애통한 감정을 누그러트리지도 못한 채, 남을 위하여 조문을 하고 곡을 하는 것은 또한 허례(虛禮)가 아니겠는가?"라고 대 답해주었다. 증자는 이미 이러한 대답을 들었는데, 또한 모친의 상을 치르면서 벗에 게 조문을 갔다고 하니, 분명 그렇지 않았을 것이다. 무릇 경문 중에 증자가 실례를 범했다고 기록한 사안들은 모두 믿을 수가 없으니, 이 기록을 통해서도 믿을 수 없 는 이유를 확인할 수 있다.

① ○曾子嘗問[止]虛乎.

補註 曾子問文.

번역 『예기』「증자문(曾子問)」편의 기록이다.[1]

---

1) 『예기』「증자문(曾子問)」: 曾子問曰: 三年之喪, 弔乎. 孔子曰: 三年之喪, 練, 不 群立, 不旅行, 君子禮以飾情, 三年之喪而弔哭, 不亦虛乎.

「단궁하」15장

①齊穀王姬之喪, 魯莊公爲之大功. 或曰: "②由魯嫁, 故爲之服
姊妹之服." 或曰: "外祖母也, 故爲之服."

번역 제나라 양공(襄公)의 부인 왕희(王姬)가 죽었다. 그래서 노나라에 부고를 알려왔는데, 노나라 장공(莊公)은 그녀를 위해서 대공복(大功服)을 착용했다. 이 일화를 두고, 어떤 자는 "왕희는 노나라의 주선으로 시집을 갔다. 그렇기 때문에 장공이 자신의 자매 중 출가한 여자에 대해 착용하는 상복 규정에 따라, 왕희를 위해 대공복을 착용한 것이다."라고 평했는데, 이 말은 예법에 맞는 것이다. 그런데 또 어떤 자는 "왕희는 장공에게는 외조모(外祖母)가 되기 때문에, 장공이 왕희를 위해 대공복을 착용한 것이다."라고 평했는데, 이 말은 망령된 말이다.

① 齊穀王姬之喪.

補註 按: 穀, 註告者, 以告本音穀故也.

번역 살펴보니, '곡(穀)'자에 대해 주에서는 고(告)자로 풀이했으니, 고(告)자의 본음은 '穀(곡)'이기 때문이다.

② 由魯嫁.

補註 疏曰: 王姬, 周女也. 命魯爲主, 由魯嫁, 比之魯女, 故爲之服出嫁姊妹之服.

번역 소에서 말하길, 왕희(王姬)는 주나라 왕실의 여인이다. 노나라에 명령하여 중매를 하도록 시켰으니, 노나라를 통해 시집을 갔으므로, 그녀는 노나라 공가(公家)의 여인으로 간주한다. 그렇기 때문에 그녀를 위해 상복을 입을 때, 출가한 자매에 대한 상복에 따라 대공복을 입은 것이다.

「단궁하」 17장

참고-經文

以告舅犯, 舅犯曰: "孺子其辭焉! 喪人無寶, 仁親以爲寶. 父死之謂何? 又因以爲利, 而天下①其孰能說之? 孺子其辭焉!"

번역 중이(重耳)는 다시 안으로 들어와서 진나라 목공(穆公)이 전해준 말을 구범(舅犯)에게 일러주었다. 그러자 구범은 "그대는 그 청을 사양하시오! 지위를 잃고 나라를 떠난 자는 보배로 삼을 것이 없고, 오직 부모에 대해 인애(仁愛)하는 마음만을 보배로 삼을 따름이오. 부친이 돌아가신 것은 무엇이라 부르겠소? 부친이 돌아가신 것은 흉사(凶事) 중에서도 매우 큰일에 해당하오. 그런데 또한 그 일을 기회로 자신의 이익을 도모하게 된다면, 천하에 그 누가 그대에게 죄가 없다고 해명해줄 수 있겠소? 그러니 그대는 목공의 청을 사양하시오!"라고 했다.

① ○**其孰能說之**.

補註 按: 說訓以解說, 本於鄭註, 而一說, 說音悅, 言人不厭服也, 如弔者大悅之悅.

補註 살펴보니, '설(說)'자를 해명하다는 뜻으로 풀이하는 것은 정현의 주에서 도출된 것인데, 일설에 '說'자의 음은 '열(悅)'이니, 사람들이 따르고자 하지 않는다는 뜻으로, "조문하는 자들이 크게 흡족해하였다."[1]라고 했을 때의 '열(悅)'자와 같다고 했다.

---

1) 『맹자』「등문공상(滕文公上)」: 五月居廬, 未有命戒. 百官族人可, 謂曰知. 及至葬, 四方來觀之, 顏色之戚, 哭泣之哀, 弔者大悅.

「단궁하」 19장

①**子顯以致命於穆公. 穆公曰: "仁夫公子重耳! 夫稽顙而不拜, 則未爲後也, 故不成拜. 哭而起, 則愛父也; 起而不私, 則遠利 也."**

번역 중이(重耳)에게 조문을 갔던 자현(子顯)은 되돌아와서, 목공(穆公)에게 명령에 대한 보고를 하며, 듣고 보았던 내용을 아뢰었다. 목공은 "공자 중이는 인(仁)한 자로구나! 무릇 이마를 조아렸지만 절을 하지 않았던 것은 그가 아직 부친의 후계자가 되지 못했기 때문이다. 그렇기 때문에 제대로 절을 하지 않았던 것이다. 그리고 곡을 하고 일어선 것은 곧 그가 부친을 사랑하기 때문이다. 또한 일어나서 사적인 말을 하지 않았던 것은 그가 이로움을 멀리하였기 때문이다."라고 평가했다.

① ○**子顯以致命章**.

補註 疏曰: 國語縶弔重耳而退, 弔公子夷吾於梁, 如弔重耳之命. 夷吾見使者, 再拜稽首, 起而不哭, 退而私於公子縶曰云云. 案, 穆公之美重耳, 皆是形夷吾而起.

번역 소에서 말하길, 『국어』에서는 집(縶)이 중이(重耳)에 대해서 조문을 하고 물러갔으며, 양(梁) 땅에서 공자 이오(夷吾)에 대해 조문을 했는데, 중이에 대해 조문하며 전했던 명령을 그대로 전하였다. 이오는 사신을 보자 재배를 하며 머리를 조아렸고, 일어나서 곡을 하지 않았으며, 물러나서 사적으로 공자 집(縶)과 대화를 나눴다고 했다.[1] 살펴보니, 목공(穆公)이 중이를

---

1) 『국어』「진어이(晉語二)」: 公子縶退, 弔公子夷吾于梁, 如弔公子重耳之命. 夷吾 告冀芮曰, "秦人勤我矣!" 冀芮曰, "公子勉之. 亡人無狷潔, 狷潔不行. 重賂配德, 公子盡之, 無愛財! 人實有之, 我以徼倖, 不亦可乎?" 公子夷吾出見使者, 再拜稽 首, 起而不哭, 退而私於公子縶曰, "中大夫里克與我矣, 吾命之以汾陽之田百萬. 丕鄭與我矣, 吾命之以負蔡之田七十萬. 君苟輔我, 茂天命矣! 亡人苟入掃宗廟,

칭찬한 말은 모두 이오를 빗대어 하게 된 말이다.

補註 ○楊梧曰: 夷吾許賂秦而求入. 穆公遂納夷吾, 是爲惠公. 十五年卒, 穆公乃納重耳, 是爲文公. 夫穆公歎服重耳之言本心之明也. 其卒貪利而立夷吾, 則物欲蔽之耳.

번역 ○양오가 말하길, 이오(夷吾)는 진나라에 뇌물을 주어 본국으로 들어가기를 요구하였다. 목공은 결국 이오를 들여보냈으니, 이 사람이 바로 혜공(惠公)이다. 15년에 죽자 목공은 곧 중이(重耳)를 들여보냈으니, 이 사람이 바로 문공(文公)이다. 목공은 중이의 말과 본 마음의 밝음에 탄복하였다. 그러나 끝내 이익을 탐하여 이오를 세웠으니, 물욕에 가려진 것일 뿐이다.

참고─集說

鄭註用國語, 知使者爲公子縶, 字子顯, 故①讀顯爲韅也. 喪禮先稽顙後拜, 謂之成拜, 爲後者成拜, 所以謝弔禮之重; 今公子以未爲後, 故不成拜也. 愛父, 猶言哀痛其父也, 不私與使者言, 是無反國之意, 是遠利也. 愛父遠利, 皆仁者之事, 故稱之曰"仁夫公子重耳!"

번역 정현의 주에서는 『국어』의 내용을 이용하여, 사신으로 찾아온 자가 공자 집(縶)이라는 사실을 알았던 것이니, 그의 자(字)는 자현(子顯)이다.[2] 그렇기 때문에 '현(顯)'자를 '현(韅)'자로 풀이한다고 한 것이다. 상례에서는 먼저 이마를 조아리고 그 이후에 절을 하니, 이것을 '성배(成拜)'라고 부르고, 부친의 후계자가 된 자가 성배를 하는 것은 조문의 예에 대해서 감사를 표함을 중대하게 나타내기 위해서이다. 현재 공자 중이(重耳)는 아직 후계자가 된 것이 아니기 때문에, 성배를 하지 않은 것이다. '애부(愛父)'는 자신의 부친에 대해서 애통한 마음을 나타낸다고 말하는 것과 같으며, 사적으로 사신과 대화를 나누지 않은 것은 본국으로 되돌아가

定社稷, 亡人何國之與有? 君實有郡縣, 且入河外列城五."

2) 『국어』「진어이(晉語二)」: 乃使公子縶弔公子重耳于狄.

고자 하는 뜻이 없는 것이니, 이로움을 멀리하는 태도이다. 부친을 사랑하고 이로움
을 멀리하는 것들은 모두 인(仁)한 자가 따르는 사안이다. 그렇기 때문에 그를 평
가하며, "인(仁)하구나, 공자 중이여!"라고 말한 것이다.

① 讀顯爲𩔏.

補註 字彙: 𩔏, 音顯, 又作▼(𩔏+頁).

번역 『자휘』에서 말하길, '𩔏'자의 음은 '顯(현)'이며 또한 '현(▼(𩔏+頁))'자
로도 기록한다.

惟殯, 非古也, ①自敬姜之哭穆伯始也.

번역 아침저녁으로 곡을 할 때 빈소에 휘장을 쳐두는 것은 고대의 예법이 아니다. 휘장을 친 상태에서 곡을 하는 것은 경강(敬姜)이 자신의 남편 목백(穆伯)에게 곡을 했던 것에서부터 시작되었다.

① 自敬姜之哭穆伯.

補註 鄭註: 敬姜, 文伯歜之母.

번역 정현의 주에서 말하길, '경강(敬姜)'은 문백(文伯)인 촉(歜)의 모친이다.

「단궁하」 22장

참고─經文

復, 盡愛之道也, 有禱祠之心焉. 望反諸幽, 求諸鬼神之道也. ①北面, 求諸幽之義也.

번역 초혼(招魂)을 하는 것은 부모를 사랑하는 마음을 극진히 하는 도리에 해당하니, 초혼을 할 때에도 오사(五祀)에게 생명이 되돌아오기를 기도했던 마음을 지니고 있는 것이다. 귀신들이 머무는 그윽한 세상에서 부모의 혼백이 되돌아오기를 기대하는 것은 곧 귀신에 대해 기원하는 도리이다. 북쪽을 바라보는 것은 그윽한 세상에서 무언가를 찾고자 하는 뜻에 해당한다.

① ○北面求諸幽之義.

補註 鄭註: 禮, 復者, 升屋北面.

번역 정현의 주에서 말하길, 예법에 따르면, 초혼을 할 때에는 지붕 위에 올라가서 북쪽을 바라본다.

「단궁하」 24장

참고-經文

①飯用米・貝, 弗忍虛也. 不以食道, ②用美焉爾.

번역 반함(飯含)을 할 때에는 쌀과 화폐를 이용하게 되는데, 그 이유는 차마 시신의 입을 비워둔 상태로 놔둘 수가 없기 때문이다. 그런데 이때 실제로 먹는 음식들을 사용하지 않기 때문에, 아름답고 청결한 물건을 사용할 따름이다.

① ○飯用米貝.

補註 疏曰: 飯, 天子用黍, 諸侯用粱, 大夫用稷, 士用粱. 士用粱者, 天子之士也. 諸侯之士用稻米. 其含, 按周禮・典瑞云, 大喪, 供飯玉, 含玉. 鄭註, 含玉, 如璧形而小耳. 是天子用璧也. 飯玉, 碎玉以雜米也. 諸侯亦含以璧, 卿・大夫, 蓋用珠. 士用貝.

번역 소에서 말하길, 반함(飯含)을 할 때 천자는 서(黍)를 사용하고 제후는 양(粱)을 사용하며 대부는 직(稷)을 사용하고 사는 양(粱)을 사용한다. 사가 양(粱)을 사용한다는 것은 천자에게 소속된 사에 해당한다. 제후에게 소속된 사는 도(稻)를 사용한다. 반함을 하는 것에 대해서, 『주례』「전서(典瑞)」편을 살펴보면, "대상(大喪)에서는 반옥(飯玉)과 함옥(含玉) 공급하는 일을 담당한다."[1]라고 했고, 정현의 주에서는 "'함옥(含玉)'이라는 것은 벽(璧)[2]의 모양과 같지만 크기가 작은 것일 따름이다."라고 했다. 이 말은 천자에 대해서는 벽(璧)을 사용한다는 사실을 나타낸다. 또 정현은 "'반옥(飯玉)'이라는 것은 옥(玉)을 잘게 깨트려서 쌀과 뒤섞은 것을 뜻한다."라고 했다. 제후 또한 반함을 할 때 벽(璧)을 사용하고, 경과 대부는 아마도 주(珠)를 사용

---

1) 『주례』「춘관(春官)・전서(典瑞)」: 大喪, 共飯玉・含玉・贈玉.

2) 벽(璧)은 옥(玉)으로 된 물건으로, 평평하며 원형으로 되어 있고, 중앙에 구멍이 뚫려 있어서, 끈을 달아서 허리에 찼다.

했을 것이다. 사는 패(貝)를 사용한다.

② 用美.

補註 鄭註: "食道褻, 米貝美." 疏曰: "飮食, 人所造作, 爲褻. 米貝, 天性
自然, 爲美."

번역 정현의 주에서 말하길, "실제로 먹는 음식들은 더럽고, 쌀과 화폐는 아
름답다."라고 했다. 소에서 말하길, "음식은 사람이 만들어낸 것이기 때문에
더럽다고 여긴 것이다. 쌀과 조개는 생겨났을 때부터 자연 그대로의 것이므
로 아름다운 것으로 여긴 것이다."라고 했다.

「단궁하」 25장

①銘, 明旌也. 以死者爲不可別已, 故以其旗識之. 愛之, 斯錄
之矣; 敬之, 斯盡其道焉耳.

번역 명(銘)은 명정(明旌)을 뜻한다. 죽은 자에 대해서는 가리게 되므로 구별을 할
수 없다. 그렇기 때문에 깃발을 두어서 표식을 하는 것이다. 그를 사랑하므로, 그
깃발에 이름을 기록하는 것이며, 그를 공경하기 때문에, 여기에 그 도리를 극진히
하는 것일 따름이다.

① ○**銘明旌.**

補註 鄭註: 神明之旌.
번역 정현의 주에서 말하길, 신명(神明)의 깃발을 뜻한다.

補註 ○按: 章明旌識之意.
번역 ○살펴보니, 밝게 드러내고 알린다는 뜻이다.

士喪禮銘曰: 某氏某之柩. 初置于簷下西階上, 及爲重畢, 則①
置於重, 殯而卒塗, 始樹於肂坎之東. 疏云: 士長三尺, 大夫五
尺, 諸侯七尺, 天子九尺. 若不命之士, 則以②緇長半幅. 䞓末,
長終幅, 廣三寸. 半幅, 一尺也. 終幅, 二尺也. 是總長三尺. 夫
愛之而錄其名, 敬之而盡其道, 曰愛曰敬, 非虛文也.

번역 『의례』「사상례(士喪禮)」편에서는 '명(銘)'에 대해서 '아무개 씨(氏) 아무개

의 영구(靈柩)'라고 기록한다고 했다.[1] 최초 처마 밑 서쪽 계단 위에 두었다가 중(重)을 만드는 일이 끝나게 되면 중(重)에 두고, 빈(殯)을 하여 흙 바르는 일이 끝나면 비로소 하관을 하게 되는 구덩이 동쪽에 꽂게 된다. 공영달의 소에서는 다음과 같이 말했다. 사의 경우 그 길이를 3척(尺)으로 하고, 대부의 경우 그 길이를 5척으로 하며, 제후의 경우 그 길이를 7척을 하고, 천자의 경우 그 길이를 9척을 한다. 만약 명(命)의 등급을 받지 못한 사인 경우라면, 검은색 천으로 만들며, 그 길이는 반폭이 되도록 한다. 붉은 비단의 끝은 그 길이가 종폭(終幅)이고, 너비가 3촌(寸)이다. 반폭(半幅)은 1척이다. 종폭(終幅)은 2척이다. 따라서 총 길이는 3척이 된다. 무릇 그를 사랑하므로 그의 이름을 기록하는 것이고, 그를 공경하므로 그 도리를 지극히 하는 것이니, '애(愛)'라고 기록하고, '경(敬)'이라고 기록한 것은 공허하게 쓴 말이 아니다.

① **置於重.**

補註 士喪禮, 旣襲, 旬人置重于中庭, 祝取銘置于重.

번역 『의례』「사상례(士喪禮)」편에서는 습(襲)을 끝내면 전인(旬人)이 마당에 중(重)을 두고, 축(祝)이 명(銘)을 가져다가 중(重)에 둔다고 했다.[2]

② **緇長半幅[止]二尺也.**

補註 經, 與楨同.

번역 '정(經)'자는 붉은 색을 뜻하는 정(楨)자와 같다.

補註 ○沙溪曰: 布幅二尺, 所謂半幅. 終幅, 以尺數言也. 廣三寸, 通緇經言也.

---

1) 『의례』「사상례(士喪禮)」: 爲銘, 各以其物. 亡則以緇長半幅, 經末長終幅, 廣三寸. 書銘于末曰, "某氏某之柩." 竹杠長三尺, 置于宇, 西階上.

2) 『의례』「사상례(士喪禮)」: 重, 木刊鑿之, 旬人置重于中庭, 參分庭一在南. 夏祝鬻餘飯, 用二鬲于西牆下. 冪用疏布久之, 繫用靲縣于重. 冪用葦席, 北面, 左袵. 帶用靲賀之, 結于後. 祝取銘置于重.

번역 ○사계가 말하길, 포(布)의 폭이 2척인 것이 바로 반폭(半幅)이라고 하는 것에 해당한다. 종폭(終幅)은 척(尺)의 수치로 말한 것이다. 너비가 3촌이라는 것은 치(緇)와 정(桱)에 대해 통괄적으로 말한 것이다.

「단궁하」 26장

참고–經文

①重, 主道也. ②殷主綴重焉, 周主重徹焉.

번역 중(重)에는 신주에 대한 도리가 포함되어 있다. 은나라 때에는 우주(虞主)를 만들게 되면, 중(重)을 묶어서 묘(廟)에 매달아 두었고, 주나라 때에는 신주(神主)를 만들게 되면, 중(重)을 치워서 매장하였다.

① 重主道也.

補註 疏曰: 按士喪禮士有重無主, 此云重主道者, 據天子諸侯有主者言之, 卿大夫以下無主.

번역 소에서 말하길, 『의례』「사상례(士喪禮)」편을 살펴보면, 사 계층에게는 중(重)만 있고 신주[主]가 없다고 했다. 그런데 이곳에서는 "중(重)은 신주의 도리이다."라고 했으니, 이 말은 천자 및 제후의 예법에 신주가 포함되는 것에 근거해서 말한 것으로, 경·대부 이하의 계층에게는 신주가 없게 된다.

補註 ○按: 重, 詳見喪大記補註.

번역 ○살펴보니, '중(重)'에 대해서는 『예기』「상대기(喪大記)」편의 보주에 상세히 나온다.

② 殷主綴重.

補註 按: 疏蓋謂殷作主而懸重於廟, 必親盡廟毀乃除之.

번역 살펴보니, 소의 내용은 아마도 은나라 때에는 신주를 만들고 묘(廟)에서 중(重)에 걸어두었으며, 반드시 대수(代數)가 다하여 묘를 훼철하게 되어야만 제거했다는 뜻인 것 같다.

①禮註云: 士重木長三尺. 始死作重以依神, 雖非主而有主之
道, 故曰主道也. 殷禮始殯時, 置重于殯廟之庭, 暨成虞主, 則
綴此重而懸於新死者所殯之廟; 周人虞而作主, 則徹重而埋
之也.

번역 『예』에 대한 정현의 주에서는 사의 경우 중(重)은 그 길이를 3척(尺)으로 만
든다고 했다. 어떤 자가 이제 막 죽었을 때, 중(重)을 만들어서 신이 의지하도록
하니, 비록 신주가 아니더라도, 신주와 같은 도리가 포함되어 있는 것이다. 그렇기
때문에 '주도(主道)'라고 부른 것이다. 은나라 때의 예법에서는 처음으로 빈소를
차릴 때, 빈소가 차려진 곳 마당에 중(重)을 설치하였고, 우주(虞主)[1]를 완성하게
되면, 이러한 중(重)을 묶어서, 이제 막 죽은 자에 대해 빈소를 마련한 묘(廟)에
매달아 두었고, 주나라 때에는 우제(虞祭)를 지내고 신주를 만들게 되면, 중(重)을
치워서 매장을 했다.

① 禮註云.

補註 按: 此士喪禮鄭註也. 其文止於"士重木長三尺"六字.

번역 살펴보니, 이것은 『의례』「사상례(士喪禮)」편에 대한 정현의 주이다.
그 문장은 '사중목장삼척(士重木長三尺)'이라는 여섯 글자에만 해당한다.

---

1) 우주(虞主)는 장례(葬禮)를 치른 뒤 우제(虞祭)를 지낼 때 세워두는 신주(神主)를
뜻한다.

「단궁하」 27장

참고-經文

奠以素器, 以生者有哀素之心也. ①唯祭祀之禮, 主人自盡焉
爾, 豈知神之所饗? 亦以主人有齊敬之心也!

번역 전(奠)제사에서는 별다른 장식이 없는 소기(素器)를 사용하여 음식을 올린
다. 그 이유는 전제사를 올리는 자들에게 애통하여 꾸밈을 갖출 수 없는 마음이 있
기 때문이다. 오직 제사의 예에서만 주인은 제 스스로 문식을 극진히 꾸미게 될 따
름이다. 그런데 어떻게 신이 흠향하게 될 것을 알 수 있는가? 그 이유는 또한 주인
이 재계를 하고 공경스러운 마음을 지니고 있기 때문이다.

① 唯祭祀之禮.

補註 鄭註: "哀則以素, 敬則以飾." 疏曰: "哀則以素謂葬前, 敬則以飾謂
虞後."
번역 정현의 주에서 말하길, "애통하다면 소(素)한 것을 사용하고, 공경한다
면 꾸밈을 가미하게 된다."라고 했다. 소에서 말하길, "애통하다면 소(素)한
것을 사용한다는 말은 장례를 치르기 이전의 시기를 뜻하고, 공경한다면 꾸
밈을 가미한다는 말은 우제(虞祭)를 치른 이후의 시기를 뜻한다."라고 했다.

「단궁하」 28장

疏曰: 撫心爲辟, 跳躍爲踊, 是哀痛之至極, 若不裁限, 恐傷其性, 故有算以爲之準節. 每①一踊三跳, 三踊九跳爲一節; ②士三日有三次踊, 大夫四日五踊, 諸侯六日七踊, 天子八日九踊, 故云"爲之節文也."

번역 소에서 말하길, 가슴을 두드리는 것을 '벽(辟)'이라고 하며, 발을 구르는 것을 '용(踊)'이라고 하는데, 이것은 애통함이 지극하기 때문에 나타나는 행동이다. 그런데 만약 절제를 하여 제한을 두지 않는다면, 아마도 그 생명을 해치게 될까 염려되기 때문에, 수치를 두어서 조절의 수위로 삼는 것이다. 매번 1차례 용(踊)을 하며 3번 발을 구르니, 3차례 용(踊)을 하며 9번 발을 구르는 것을 1절(節)로 삼는다. 사(士)의 경우에는 3일 동안 3차례 용(踊)을 하고, 대부의 경우에는 4일 동안 5차례 용(踊)을 하며, 제후의 경우에는 6일 동안 7차례 용(踊)을 하고, 천자의 경우에는 8일 동안 9차례 용(踊)을 한다. 그렇기 때문에 "절문(節文)을 한 것이다."라고 말한 것이다.

① ○一踊三跳.

補註 按: 每踊時, 有三踊之節. 三跳爲一踊, 又三跳爲一踊, 又三跳爲一踊. 三踊畢, 則是爲成踊一次也. 詳見雜記上補註.

번역 살펴보니, 매번 용(踊)을 할 때에는 세 차례 용을 하는 절차가 포함된다. 3번 발을 구르면 1번의 용(踊)이 되고, 또 3번 발을 구르면 1번의 용(踊)이 되며, 또 3번 발을 구르면 1번의 용(踊)이 된다. 3번의 용(踊)이 끝나면 이것은 용(踊)의 절차를 한 차례 완성하는 것이 된다. 자세한 내용은 『예기』 「잡기상(雜記上)」편의 보주에 나온다.

② 士三日[止]九踊.

補註 疏曰: 士三日而殯, 初死日襲踊, 明日小斂踊, 又明日大斂踊, 凡三日三踊. 大夫四日而殯, 初死日一踊, 明日襲一踊, 三日小斂朝一踊, 小斂時又一踊, 四日朝不踊, 當大斂又一踊, 凡四日五踊. 諸侯六日而殯, 初死日一踊, 明日襲一, 三日小斂朝一, 小斂時又一, 四日一, 五日又一, 六日朝不踊, 當大斂又一, 凡六日七踊. 王八日而殯, 死日一, 明日襲一, 其間二日爲二, 五日小斂爲二, 其間二日又二, 八日大斂朝不踊, 大斂時又一, 凡八日九踊.

번역 소에서 말하길, 사는 죽은 날로부터 3일이 지난 시점에 빈소를 차리는데, 이제 막 죽었을 때 그 날 습(襲)을 하게 되면 용(踊)을 한다. 그 다음날 소렴(小斂)을 하게 되면 용(踊)을 한다. 또 그 다음날 대렴(大斂)을 하게 되면 용(踊)을 한다. 따라서 총 3일 동안 3차례 용(踊)을 한다. 대부는 죽은 날로부터 4일이 지난 시점에 빈소를 차리는데, 이제 막 죽었을 때 1차례 용(踊)을 하고, 그 다음날 습(襲)을 하게 되면 1차례 용(踊)을 하며, 3일째가 되어 소렴(小斂)을 하게 되면 아침에 1차례 용(踊)을 하고, 소렴을 치를 때 재차 1차례 용(踊)을 하며, 4일째가 되어 대렴(大斂)을 하게 되면 아침에는 용(踊)을 하지 않고, 대렴을 치를 때가 되면 또한 1차례 용(踊)을 한다. 따라서 총 4일 동안 5차례 용(踊)을 한다. 제후는 죽은 날로부터 6일이 지난 시점에 빈소를 차리는데, 이제 막 죽었을 때 1차례 용(踊)을 하고, 그 다음날 습(襲)을 하게 되면 1차례 용(踊)을 하며, 3일째가 되는 날 소렴(小斂)을 하게 되면 아침에 1차례 용(踊)을 하고, 소렴을 치를 때에도 또한 1차례 용(踊)을 하며, 4일째에는 특별히 시행하는 일이 없지만 1차례 용(踊)을 하고, 5일째에도 특별히 시행하는 일이 없지만 또한 1차례 용(踊)을 하며, 6일째가 되는 날 대렴(大斂)을 하게 되면 아침에는 용(踊)을 하지 않고, 대렴(大斂)을 치를 때가 되면 또한 1차례 용(踊)을 한다. 따라서 총 6일 동안 7차례 용(踊)을 한다. 천자는 죽은 날로부터 8일째가 되는 날 빈소를 차리는데, 죽은 날 1차례 용(踊)을 하고, 그 다음날 습(襲)을 하게 되면 1차례 용(踊)을 하며, 그 다음 2일 동안 2차례 용(踊)을 하고, 5일째가 되어 소렴(小斂)을 하게 되면 2차례 용(踊)을 하고, 그 뒤 2일 동안 또한 2차례 용(踊)을 하며, 8일째 되는 날 대렴(大斂)을 하게 되면 그 날 아침에는 용(踊)을 하지 않고, 대렴을 치를 때 또한 1차례 용(踊)을 한다. 따라서 총 8일 동안 9차례 용(踊)을 한다.

補註 ○按: 此亦見雜記上註, 而但其數諸侯七踊, 與此不同, 謂始死一, 明日襲二, 襲之明日朝三, 又明日朝四, 其日旣小斂五, 小斂明日之朝六, 明日大斂時七也. 彼註亦本於疏說, 則同是孔疏, 而前後逕庭可訝. 然諸侯喪襲小斂則連日, 而小斂之於大斂則至間二日, 似無是理, 當以雜記疏每間一日者爲正.

번역 ○살펴보니, 이 또한 『예기』「잡기상(雜記上)」편의 주에 나오는데, 다만 제후가 7차례 용(踊)을 한다고 했을 때, 그 수치를 계산하는 것이 이곳과 차이를 보인다. 즉 이제 막 죽었을 때 1번째 용(踊)을 하고, 그 다음날 습(襲)을 하며 2번째 용(踊)을 하고, 습을 한 다음날 아침에 3번째 용(踊)을 하고, 또 그 다음날 아침에 4번째 용(踊)을 하며, 그날 소렴(小斂)을 마치면 5번째 용(踊)을 하고, 소렴을 한 다음날 아침에 6번째 용(踊)을 하고, 그 다음날 대렴(大斂)을 치를 때 7번째 용(踊)을 한다고 했다. 「잡기상」편의 주또한 소의 주장에서 도출한 것이니, 두 주석은 모두 공영달의 소에 따른 것이지만 앞의 주장과 뒤의 주장에 큰 차이를 보이는 것은 의심할만한 일이다. 그런데 제후의 상례에서 습과 소렴은 그 날이 이어지므로, 소렴과 대렴 사이에 2일의 간격이 있다는 것에는 아마도 이러한 이치는 없을 것 같으니, 마땅히 「잡기」편의 소에서 매 절차마다 하루의 간격을 둔 것을 정론으로 삼아야 할 것 같다.

「단궁하」 29장

참고―經文

袒・括髮, 變也. ①慍, 哀之變也. 去飾, 去美也. 袒・括髮, 去飾之甚也. 有所袒, 有所襲, 哀之節也.

번역 단(袒)을 하고 괄발(括髮)을 하는 것은 모습을 변화시키는 것이다. 원망함은 애통한 감정이 변화된 것이다. 치장을 제거하는 것은 아름다운 것을 제거하는 것이다. 단(袒)과 괄발(括髮)은 치장을 제거하는 것 중에서도 수위가 가장 높은 것이다. 단(袒)을 하는 경우도 있고, 습(襲)을 하는 경우도 있는 것은 애통한 감정에 대해서 절제를 한 것이다.

① 慍哀之變也.

補註 陽村曰: 註以慍與袒括髮爲兩事. 愚恐慍哀之變四字, 卽釋"袒括髮變也"之一變字也.

번역 양촌이 말하길, 주에서는 원망과 단 및 괄발을 하는 것을 두 가지 사안으로 여겼다. 내가 생각하기에 '온애지변(慍哀之變)'이라는 네 글자는 '단괄발변야(袒括髮變也)'에 나온 변(變)이라는 한 글자를 풀이한 말인 것 같다.

補註 ○按: 陽村說可備一義.

번역 ○살펴보니, 양촌의 주장은 나름대로 일리가 있다.

補註 ○徐志修曰: 此章旣專論袒括髮, 則陽村說恐是.

번역 ○서지수가 말하길, 이 문장은 전적으로 단(袒)과 괄발(括髮)에 대한 내용만 논의한 것이니, 양촌의 주장이 옳은 것 같다.

「단궁하」 30장

①弁経葛而葬, 與神交之道也, 有敬心焉. ②周人弁而葬, 殷人
冔而葬.

번역 흰색의 명주로 만든 변(弁)을 쓰고, 그 위에 갈(葛)로 엮은 환질(環経)을 두르고 장례를 치르는 것은 신과 교감하는 도리이니, 공경하는 마음이 포함되어 있기 때문이다. 주나라 때에는 변(弁)을 쓰고서 장례를 치렀고, 은나라 때에는 후(冔)를 쓰고서 장례를 치렀다.

① ○弁経葛[止]有敬心焉.

補註 鄭註: "天子諸侯變服而葬, 冠素弁, 以葛爲環経, 旣虞卒哭, 乃服受服. 蓋踰時哀衰而敬生, 敬則服有飾, 大夫士三月而葬, 未踰時." 疏曰: "以大夫士三月而葬, 敬心未生, 故知天子諸侯也."

번역 정현의 주에서 말하길, "천자와 제후는 복식을 바꿔서 장례를 치르니, 관(冠)은 흰색의 변(弁)을 쓰고, 갈(葛)로 환질(環経)을 만들며, 우제(虞祭)를 치르고 졸곡(卒哭)을 하게 되면, 새로 받은 복장을 착용하게 된다. 한 계절을 지나게 되면 애통함이 감소하고 공경하는 마음이 생겨나며, 공경하게 된다면 복장에 꾸밈이 있게 되는데, 대부와 사는 3개월이 지난 뒤에 장례를 치르니, 한 계절을 넘긴 것이 아니다."라고 했다. 소에서 말하길, "대부와 사의 경우에는 3개월이 지난 뒤에 장례를 치르게 되므로, 아직까지는 공경하는 마음이 생겨나지 않는다. 그렇기 때문에 이 내용이 천자와 제후에게 해당한다는 사실을 알 수 있다."라고 했다.

補註 ○按: 大夫以下, 弁経葛而葬, 禮無所據. 註疏以此條爲天子諸侯之事, 恐得之. 陳註似以爲上下通行之禮, 與下文魯莊公之喪, 旣葬経不入庫門, 註諸侯弁経葛而葬云者, 不相照顧. 且以神爲山川之神, 亦未知

其何據.

번역 ○살펴보니, 대부 이하의 계층이 변(弁)과 갈(葛)로 된 환질(環絰)을 두르고 장례를 치른다는 것은 『예』의 기록에 근거할 자료가 없다. 주와 소에서는 이곳 조목을 천자와 제후에 대한 사안으로 여겼는데, 아마도 그 말은 옳은 것 같다. 진호의 주에서는 아마도 상하 계층에게 통행되는 예법으로 여긴 것 같은데, 아래문장에서 "노나라 장공(莊公)의 상이 발생했을 때, 장례를 끝내자 민공(閔公)은 질(絰)을 두른 상태로 고문(庫門)으로 들어가지 않았다."[1]라고 했고, 그 문장의 주에서 "제후는 변(弁)을 쓰고 갈(葛)로 만든 질(絰)을 두르고서 장례를 치른다."라고 했으니, 상호 대조해보지 않은 것이다. 또 신(神)을 산천의 신으로 여겼는데, 이 또한 어떤 기록에 근거해서 한 말인지 모르겠다.

補註 ○楊梧曰: 環絰用葛在首, 腰帶仍用麻也. 陳註以神爲山川不可從.

번역 ○양오가 말하길, 환질(環絰)은 갈(葛)을 이용해서 만들며 머리에 두르게 되고, 요대(要帶)는 마(麻)를 이용해서 만들게 된다. 진호의 주에서 신(神)을 산천의 신으로 여긴 주장은 따를 수 없다.

補註 ○沙溪曰: 周曰弁, 商曰冔, 夏曰收, 皆以三十升布爲之. 又曰: 雜記小斂環絰, 親始[2]死, 孝子去冠, 至小斂不可無飾, 士素委貌, 大夫以上素弁, 而貴賤悉得加環絰. [疏說止此.] 襲絰乃去, 至啓殯, 幷白巾復用之, 以至卒哭. 此註所謂以禮敬之心, 接於山川之神者, 恐不然.

번역 ○사계가 말하길, 주나라의 것은 변(弁)이라 부르고 은나라의 것은 후(冔)라 부르며 하나라의 것은 수(收)라 부른다고 했는데, 이 모두는 30승(升)의 포를 이용해서 만든다. 또 말하길, 『예기』「잡기(雜記)」편에서는 "소

---

1) 『예기』「단궁하(檀弓下)」: <u>魯莊公之喪, 旣葬, 而絰不入庫門</u>. 士大夫旣卒哭, 麻不入.

2) '친시(親始)'는 본래 '소친(疏親)'으로 기록되어 있었는데, 『예기정의(禮記正義)』의 기록에 따라 글자를 수정하였다.

렴(小斂)을 치를 때 환질(環絰)을 두른다."³⁾라고 했는데, 부모가 이제 막 돌아가셨을 때, 자식은 관(冠)을 제거하지만, 소렴을 치르게 되면 장식이 없을 수 없으니, 사는 흰색의 위모(委貌)를 착용하고, 대부로부터 그 이상의 계급은 흰색의 변(弁)을 착용하는데, 신분의 차이에 상관없이 모두 그 위에 환질(環絰)을 두를 수 있다. [소의 설명은 여기까지이다.] 그런데 수질과 요대를 다시 차게 되면 제거하게 되고, 계빈(啓殯)에 이르게 되면 백색의 포를 이용해서 다시 만들게 되며 졸곡(卒哭)까지 지속한다. 이곳 주에서 "예법에 따른 공경하는 마음으로, 산천(山川)의 신들과 교감해야만 한다."라고 말한 것은 아마도 잘못된 설명인 것 같다.

補註 ○按: 沙溪以弁絰葛而葬, 爲啓殯後還服初喪服. 然據士喪禮 · 喪服圖式 · 喪服變除等篇, 啓殯變服, 只是免髽散帶垂而已, 元無素弁環絰復用之文. 且初終環絰, 以麻爲之, 葛絰乃卒哭, 受服時, 漸吉之服, 豈有還服初喪服, 而乃反用葛爲絰之理乎? 況與神交有敬心等語, 終不襯於還服初喪服之義. 恐沙溪未之察也.

번역 ○살펴보니, 사계는 변(弁)에 갈(葛)로 된 질(絰)을 두르고 장례를 치른다는 것을 계빈(啓殯)을 한 이후에 다시 초상 때의 복장으로 갈아입는다는 뜻으로 여겼다. 그런데 『의례』「사상례(士喪禮)」 및 「상복도식(喪服圖式)」과 「상복변제(喪服變除)」 등의 편에서 계빈을 하고 복장을 바꾼다고 했을 때, 이것은 단지 문(免)을 하고 좌(髽)의 방식으로 머리를 틀며 대의 끝을 흩트려 늘어뜨리는 것일 뿐이니, 애초부터 소변에 환질을 두르는 것을 다시 착용한다는 기록이 없다. 또한 환질이라는 것은 시종일관 마(麻)를 이용해서 만들며, 갈(葛)로 만든 질(絰)은 졸곡(卒哭)을 하고 새로운 상복을 받았을 때, 점차 길한 복장으로 넘어가는 복식에 해당하는데, 어떻게 다시 초상 때의 복장으로 갈아입는다고 하며 도리어 갈(葛)로 된 질(絰)을 이용한다는 이치가 있겠는가? 하물며 신과 교감하며 공경하는 마음을 갖는다는 말 등에는 애초부터 초상 때의 복장으로 다시 갈아입는다는 뜻이 나타나지 않

---

3) 『예기』「잡기상(雜記上)」: 小斂環絰, 公大夫士一也.

는다. 따라서 사계가 제대로 살펴보지 않은 것 같다.

② 周人[止]而葬.

補註 鄭註: 俱象祭冠, 而素禮同也.
번역 정현의 주에서 말하길, 모두 제사 때 쓰는 관(冠)을 본뜬 것이니, 평소에 따르는 예와 동일한 것이다.

補註 ○楊梧曰: 引二代之禮以證之, 摠是以神道敬親意.
번역 ○양오가 말하길, 은나라와 주나라 때의 예법을 인용하여 증명을 했으니, 이것은 신에 대한 도리로 부모를 공경한다는 뜻에 해당한다.

참고-經文

歠, 主人・主婦・室老, ①爲其病也, 君命食之也.

번역 죽을 마시게 될 때, 상을 치르는 주요 대상들인 주인(主人)・주부(主婦)・실로(室老)들은 자칫 몸이 쇠약해져서 병에 걸릴 수가 있으므로, 군주는 명령을 내려서, 그들에게 밥을 먹도록 시킨다.[1]

① ○爲其病也.

補註 爲, 去聲.

번역 '위(爲)'자는 거성으로 읽는다.

참고-集說

疏曰: ①親喪歠粥之時, 主人, 亡者之子; 主婦, 亡者之妻, 無則主人之妻也; 室老, 家之長相; 此三人並是大夫之家貴者, 爲其歠粥病困之故, 君必命之食疏飯也. 若士喪, 君不命也. ②喪大記言主婦食疏食, 謂旣殯之後; 此主婦歠者, 謂未殯前.

번역 소에서 말하길, 이 시기는 부모의 상례를 치르며, 죽을 마시게 될 때를 뜻하는데, '주인(主人)'은 죽은 자의 아들을 뜻하고, '주부(主婦)'는 죽은 자의 처를 뜻한다. 죽은 자의 처가 없다면, 상주의 처를 뜻하게 된다. '실로(室老)'는 가신(家臣)들의 우두머리이다. 이 세 사람은 모두 대부의 집에서 가장 존귀한 자가 되니, 그들

---

1) 이 문장은 "주인(主人)・주부(主婦)・실로(室老)에게 죽을 먹이는 것은 그들이 몸이 쇠약해져서 병에 걸리게 될 수도 있기 때문이니, 군주는 그들에게 죽을 먹도록 명령을 내린다."는 뜻으로 해석할 수도 있다.

이 죽을 마시며 쇠약해져서, 병에 걸리게 될까를 염려하기 때문에, 군주는 반드시 그들에게 명령을 내려서, 거친 밥이라도 먹게 한다. 만약 사의 상인 경우라면, 군주는 명령을 내리지 않는다. 『예기』「상대기(喪大記)」편에서 주부(主婦)가 거친 밥을 먹는다고 한 말2)은 빈(殯)을 한 이후의 시기를 뜻하고, 이곳에서 주부가 죽을 마신다고 한 말은 아직 빈(殯)을 하기 이전의 시기를 뜻한다.

① 親喪歠粥.

補註 疏本文曰: 歠者, 親喪三日之後, 歠粥之時.

번역 소의 본문에서 말하길, '철(歠)'이라는 것은 부모의 상을 치를 때, 3일이 지난 이후에 죽을 마시는 시기를 뜻한다.

② 喪大記[止]未殯前.

補註 喪大記: "大夫之喪, 三日之後, 主人·室老·子姓, 皆食粥. 妻·妾疏食水飲." 疏曰: "婦人質弱, 恐食粥傷性, 故疏食水飲也."

번역 『예기』「상대기(喪大記)」편에서 말하길, "대부의 상에서, 3일이 지난 후에 상주·실로·자손들은 모두 죽을 먹는다. 처와 첩들은 거친 밥을 먹고 물을 마신다."3)라고 했다. 소에서 말하길, "부인은 유약하여 죽을 먹게 되면 생명을 해치게 될까 염려되기 때문에, 거친 밥을 먹고 물을 마신다."라고 했다.

補註 ○按: 禮, 父母之喪, 三日不擧火, 雖婦人, 豈忍於未殯之前, 勸以疏食? 況主人未命食, 而先命主婦, 宜無是理. 此蓋謂旣殯之後, 主人主婦同命之食也.

---

2) 『예기』「상대기(喪大記)」: 君之喪, 子大夫公子衆士皆三日不食. 子大夫公子食粥, 納財朝一溢米, 莫一溢米, 食之無算. 士疏食水飲, 食之無算. <u>夫人世婦諸妻皆疏食水飲</u>, 食之無算.

3) 『예기』「상대기(喪大記)」: <u>大夫之喪, 主人·室老·子姓皆食粥</u>, 衆士疏食水飲, <u>妻·妾疏食水飲</u>. 士亦如之.

번역 ○살펴보니, 예법에 따르면 부모의 상에서는 3일 동안 밥 짓는 불을 때지 않는다고 했으니,[4] 비록 부인들이라 하더라도 어떻게 빈소를 마련하기 이전에 거친 밥을 먹으라고 권유할 수 있겠는가? 하물며 상주에게 아직 밥을 먹으라는 명령을 내리지 않았는데, 주부에게 먼저 명령을 내린다고 하니, 이러한 이치는 없다. 이것은 아마도 빈소를 이미 차린 이후 주인과 주부에게 동일하게 밥을 먹도록 명령하는 내용에 해당하는 것 같다.

---

4) 『예기』「문상(問喪)」: 親始死, 雞斯徒跣, 扱上衽, 交手哭. 惻怛之心, 痛疾之意, 傷腎乾肝焦肺, 水漿不入口. 三日不擧火, 故鄰里爲之糜粥以飮食之. 夫悲哀在中, 故形變於外也. 痛疾在心, 故口不甘味, 身不安美也.

「단궁하」 32장

①<u>此堂與室,</u> 皆謂廟中也. 卒窆而歸, 乃反哭於祖廟. 其二廟者,
則②<u>先祖後禰.</u> 所作者, 平生祭祀冠昏所行禮之處也. 所養者,
所饋食供養之處也.

번역 여기에서 말한 당(堂)과 실(室)은 모두 묘(廟)에 있는 것들이다. 봉분 쌓는
일을 끝내고 되돌아오면, 곧 조묘(祖廟)에서 반곡(反哭)을 하게 된다. 두 개의 묘
(廟)가 있는 경우에는 먼저 조부의 묘(廟)에서 하고, 그 이후에 부친의 묘(廟)에서
한다. '소작(所作)'이라는 말은 평상시 제사를 지내고, 관례(冠禮)나 혼례(昏禮)
등의 예법을 치르던 장소를 뜻한다. '소양(所養)'이라는 말은 음식을 바쳐서 봉양
을 하던 장소를 뜻한다.

① ○此堂與室皆謂廟中.

補註 疏曰: 升堂·入室, 皆謂在廟也. 旣夕禮, 主人反哭, 升自西階, 主
婦入于室. 下始云"遂適殯宮", 故知初反哭在廟, 反哭之弔, 亦在廟也.
번역 소에서 말하길, 당에 올라가고 방으로 들어간다고 했는데, 이 장소들은
모두 묘(廟)에 포함되어 있다. 『의례』「기석례(旣夕禮)」편에서는 "상주는 반
곡(反哭)을 할 때, 들어가서 서쪽 계단을 통해 올라가고, 주부는 실(室)에
들어간다."[1]라고 했다. 그 아래문장에서 비로소 "마침내 빈소로 간다."[2]라고
했다. 그렇기 때문에 최초 반곡을 할 때에는 묘(廟)에서 시행한다는 사실을
알 수 있고, 반곡을 할 때 조문을 하게 되면, 이 또한 묘(廟)에서 시행한다.

---

1) 『의례』「기석례(旣夕禮)」: <u>乃反哭.</u> 入, <u>升自西階</u>, 東面. 衆主人堂下, 東面, 北上.
   婦人入, 大夫踊, 升自阼階, <u>主婦入于室</u>, 踊, 出, 卽位, 及丈夫拾踊三.
2) 『의례』「기석례(旣夕禮)」: 主人拜稽顙. 賓降出, 主人送于門外, 拜稽顙. <u>遂適殯
   宮</u>, 皆如啓位.

② 先祖後禰.

補註 旣夕禮: "乃反哭入", 疏曰: "下士祖禰共廟, 故下經賓出, 主人送于門外, 遂適殯宮. 適士二廟者, 反哭先于祖後于禰, 遂適殯宮也."

번역 『의례』「기석례(旣夕禮)」편에서 말하길, "반곡(反哭)을 하게 되면 들어간다."라고 했고, 소에서는 "하사(下士)의 경우 조부와 부친에 대해서 하나의 묘(廟)에 모시게 된다. 그렇기 때문에 아래 경문에서 빈객이 나가면 주인은 문밖에서 전송하고, 마침내 빈소로 간다고 한 것이다. 적사(適士)3)는 2개의 묘(廟)를 세우게 되니, 반곡을 할 때에는 먼저 조부의 묘에서 하고 이후에 부친의 묘에서 하며, 그것이 끝나면 마침내 빈소로 간다."라고 했다.

---

3) 적사(適士)는 상사(上士)를 가리킨다. 사(士)라는 계급은 3단계로 세분되는데, 상사, 중사(中士), 하사(下士)가 그것이다. 『예기』「제법(祭法)」편의 경문에는 "適士二廟, 一壇, 曰考廟, 曰王考廟, 享嘗乃止."라는 기록이 있다. 이에 대한 정현의 주에서는 "適士, 上士也."라고 풀이했다.

「단궁하」 34장

참고-經文

> ① 殷旣封而弔, 周反哭而弔, 孔子曰: "殷已慤, 吾從周."

번역 은나라의 예법에 따르면, 흙으로 묻는 일이 끝나게 되면, 묘(墓)에서 직접 조문을 했다. 반면 주나라의 예법에 따르면, 상주가 반곡(反哭)을 끝낼 때까지 기다린 뒤에 조문을 했다. 공자는 이 두 가지 사안을 평가하며, "은나라는 너무 질박하고 정성스러운 마음에만 치중했으니, 나는 감정과 예법을 모두 충실히 발휘한 주나라의 예법에 따르겠다."라고 했다.

① 殷旣封而弔.

補註 鄭註: "封, 當爲窆, 下棺也." 疏曰: "知非封土爲墳者, 以旣夕禮實土三, 主人拜鄉人, 乃反哭. 且殷旣不爲墳, 故知當爲窆."

번역 정현의 주에서 말하길, "'봉(封)'자는 마땅히 '폄(窆)'자가 되어야 하니, 하관을 한다는 뜻이다."라고 했다. 소에서 말하길, "흙을 쌓아서 봉분을 만드는 것이 아님을 알 수 있는 이유는 『의례』「기석례(旣夕禮)」편에서 '흙을 떠서 세 차례 부으면, 상주는 마을 사람들에게 절을 하고, 곧 반곡(反哭)을 한다.'[1]라고 했기 때문이다. 또한 은나라 때에는 이미 봉분 자체를 쌓지 않았기 때문에, '봉(封)'자는 마땅히 '폄(窆)'자가 되어야 함을 알 수 있다."라고 했다.

---

1) 『의례』「기석례(旣夕禮)」: <u>實土三, 主人拜鄉人</u>. 卽位. 踊, 襲, 如初. <u>乃反哭</u>. 入, 升自西階, 東面.

「단궁하」35장

葬於北方北首, 三代之達禮也, ①之幽之故也.

번역 북쪽 땅에서 장례를 치르고, 장례를 치를 때 시신의 머리를 북쪽으로 두는 것은 삼대(三代)가 모두 따랐던 예법이니, 그가 그윽한 세상으로 가게 되기 때문이다.

① ○之幽之故也.

補註 疏曰: 上之訓往, 下之語助.
번역 소에서 말하길, 앞의 '지(之)'자는 "간다[往]."는 뜻이며, 뒤의 '지(之)'자는 어조사이다.

「단궁하」 36장

①旣封, 主人贈, 而祝②宿虞尸.

번역 무덤에 흙을 뿌리는 일이 끝나면, 상주는 죽은 자에게 폐백을 드리고, 축관(祝官)은 그보다 먼저 되돌아와서, 우제(虞祭)를 지낼 때 세우게 되는 시동을 준비시킨다.

① ○旣封主人贈.

補註 疏曰: 旣封, 謂葬已下棺. 鄭不破窆字者, 從上可知也.

번역 소에서 말하길, '기봉(旣封)'은 장례를 치르며, 이미 하관을 했다는 뜻이다. 정현이 이곳 문장에 나온 '봉(封)'자를 폄(窆)자로 풀이하지 않은 이유는 앞의 문장을 통해서 이곳의 '봉(封)'자도 폄(窆)자가 된다는 사실을 알 수 있기 때문이다.

補註 ○按: 贈玄纁在於下棺之後, 而不在封墳之後. 陳註亦曰, 旣窆用此玄纁贈死者云, 則封, 當讀作窆.

번역 ○살펴보니, 현색과 훈색의 비단을 보내는 것은 하관을 한 이후가 되며 흙을 묻어 무덤을 만든 이후가 아니다. 진호의 주에서도 현색과 훈색의 비단을 죽은 자에게 바친다고 했으니, '봉(封)'자는 마땅히 폄(窆)자로 풀이해야 한다.

② 宿虞尸.

補註 按: 此與士冠禮宿賓之宿同, 讀爲肅戒也.

번역 살펴보니, 이것은 『의례』 「사관례(士冠禮)」에서 빈객에게 관례 때 찾아오도록 알린다고 했을 때의 '숙(宿)'자와 같은 뜻이니, 경계시킨다는 의미로 풀이한다.

①柩行至城門, 公使宰夫贈玄纁束, 旣窆, 則用此玄纁贈死者
於墓之野. 此時祝先歸, 而肅虞祭之尸矣. 宿, 讀爲肅, 進也.
虞, 猶安也. 葬畢, 迎精而反, 日中祭之於殯宮, 以安之也. 男則
男子爲尸, 女則女子爲尸. 尸之爲言主也, 不見親之形容, 心無
所係, 故立尸使之②著死者之服, 所以使孝子之心主於此也.
禫祭以前③男女異尸異几, 祭於廟, 則無女尸, 而几亦同矣. 少
牢禮云, "某妃配", 是男女共尸.

번역 영구(靈柩)가 성문(城門)에 당도하게 되면, 군주는 재부(宰夫)를 시켜서, 현색과 훈색의 비단 1속(束)[1]을 부의로 보내고, 흙을 덮는 일이 끝나게 되면, 이러한 현훈을 이용하여, 무덤이 있는 들판에서 죽은 자에게 바치게 된다. 이 시기에 축관은 먼저 되돌아와서, 우제(虞祭)를 지낼 때 세우게 되는 시동을 오도록 한다. '숙(宿)'자는 '숙(肅)'자로 해석하니, '숙(肅)'자는 "나아간다[進]."는 뜻이다. '우(虞)'자는 "안정을 시킨다[安]."는 뜻이다. 장례를 끝내게 되면, 정기를 맞이하여 되돌아오고, 그날 정오에 빈소에서 제사를 지내서, 신령을 안심시키는 것이다. 남자가 죽었을 때에는 남자를 시동으로 세우고, 여자가 죽었을 때에는 여자를 시동으로 세운다. '시(尸)'자는 "위주가 된다[主]."는 뜻이니, 부모의 모습을 직접 볼 수 없어서, 마음을 다잡을 수 없게 된다. 그렇기 때문에 시동을 세우고, 그 자로 하여금 죽은 자가 입었던 옷을 입도록 하여, 자식의 마음을 이곳에 집중하도록 만드는 것이다. 담제(禫祭) 이전에는 남녀에 대해서 시동도 달리 하고, 궤(几)도 달리하게 되는데, 묘(廟)에서 제사를 지내게 되면, 여자 시동은 없게 되고, 궤 또한 동일하게 사용한다. 『의례』「소뢰궤식례(少牢饋食禮)」편에서는 "아무개 비(妃)를 배향한다."[2]라고 했으니, 이 말은 곧 남녀에 대해서 모두 남자 시동을 사용한다는 뜻을 나타낸다.

---

1) 속(束)은 견직물을 헤아리는 단위이다. 1'속'은 10단(端)을 뜻하는데, 1단의 길이는 1장(丈) 8척(尺)이 되며, 2단이 합쳐서 1권(卷)이 되므로, 10단은 총 5필이 된다. 『주례』「춘관(春官)·대종백(大宗伯)」편에는 "孤執皮帛."이라는 기록이 있고, 이에 대한 가공언(賈公彦)의 소(疏)에서는 "束者十端, 每端丈八尺, 皆兩端合卷, 總爲五匹, 故云束帛也."라고 풀이했다.

2) 『의례』「소뢰궤식례(少牢饋食禮)」: 主人曰, "孝孫某, 來日丁亥, 用薦歲事于皇祖伯某, 以某妃配某氏, 尚饗."

① 柩行[止]玄纁束.

補註 按: 此旣夕禮文. 本文, 城門作邦門.
번역 살펴보니, 이것은 『의례』「기석례(旣夕禮)」편의 기록이다.3) 「기석례」
편에서는 '성문(城門)'을 방문(邦門)으로 기록했다.

補註 ○又按: 十箇爲束, 詳見上篇伯高之喪註.
번역 ○또 살펴보니, 10개는 1속(束)이 되니, 『예기』「단궁상(檀弓上)」편의
백고(伯高)에 대한 상 기록의 주에 자세히 나온다.

② 著死者之服.

補註 士虞記: 尸服卒者之上服.
번역 『의례』「사우례(士虞禮)」편의 기문에서 말하길, 시동은 죽은 자가 입
었던 가장 상등의 복장을 착용한다.4)

③ 男女異尸.

補註 士虞記: 男男尸, 女女尸.
번역 『의례』「사우례(士虞禮)」편의 기문에서 말하길, 죽은 자가 남자라면
남자 시동을 세우고, 여자라면 여자 시동을 세운다.5)

---

3) 『의례』「기석례(旣夕禮)」: 至于邦門, 公使宰夫贈玄纁束.
4) 『의례』「사우례(士虞禮)」: 尸服卒者之上服.
5) 『의례』「사우례(士虞禮)」: 男, 男尸, 女, 女尸, 必使異姓, 不使賤者.

「단궁하」 37장

참고—經文

旣反哭, 主人與有司視虞牲. 有司以几筵①舍奠於墓左, 反, 日中而虞.

번역 반곡(反哭)을 끝내게 되면, 상주는 유사(有司)[1]와 함께 우제(虞祭) 때 쓸 희생물을 살펴보게 된다. 그리고 또한 별도의 유사를 묘(墓)에 남겨두게 되는데, 그 자는 안석과 자리를 펴두고, 음식을 차려서 묘(墓)의 좌측에 놓아두게 된다. 그리고 이 자가 되돌아오면, 상주는 곧 그 날 정오에 우제를 치르게 된다.

① 舍奠於墓左.

補註 沙溪曰: 儀禮成墳後, 無祭土神之禮, 與此不同. 家禮祠后土, 其本於此乎. 或曰周禮小宗伯成葬而祭墓, 成葬祭墓, 豈王家之禮歟?

번역 사계가 말하길, 『의례』에는 무덤을 만든 이후 토지신에게 제사를 지내는 예가 없으니 이곳의 내용과 차이를 보인다. 『가례』에서 후토에게 제사를 지낸다고 한 말도 여기에 근본을 둔 말일 것이다. 혹자는 『주례』「소종백(小宗伯)」편에서 장례를 마치고 묘(墓)에서 제사를 지낸다고 했는데,[2] 장례를 마치고 묘에서 제사를 지내는 것이 어찌 천자의 예법이겠는가?

---

1) 유사(有司)는 관리를 뜻하는 용어이다. '사(司)'자는 담당한다는 뜻이다. 관리들은 각자 담당하고 있는 업무가 있었으므로, 관리를 '유사'라고 불렀던 것이다. 일반적으로 하위관료들을 지칭하여, 실무자를 뜻하는 용어로 많이 사용된다. 그러나 때로는 고위관료까지도 지칭하는 용어로 사용되기도 한다.

2) 『주례』「춘관(春官)・소종백(小宗伯)」: 成葬而祭墓爲位.

「단궁하」 39장

①始死·小斂·大斂·朝夕·朔月·朝祖·贈遣之類, 皆喪奠
也. 此日以虞祭代去喪奠, 故曰, "以虞易奠"也. 卒哭曰成事者,
蓋祝辭曰, "哀薦成事"也. 祭以吉爲成, 卒哭之祭, 乃吉祭故也.

번역 어떤 자가 이제 막 죽었을 때 음식을 차려내고, 소렴(小斂)과 대렴(大斂)을
하면서 음식을 차려내며, 아침저녁으로 음식을 차려내고, 매월 초하루에 성대한 음
식을 차려내며, 영구를 조묘(祖廟)에 들일 때 음식을 차려내고, 부의를 보내고 영
구를 실은 수레를 떠나보낼 때 음식을 차려내는 것들은 모두 상전(喪奠)[1]이 된다.
장례를 치른 날에는 우제(虞祭)를 지냄으로써, 상전을 대체한다. 그렇기 때문에
"우제로써 전(奠)을 바꾼다."라고 말한 것이다. '졸곡왈성사(卒哭曰成事)'라는 말
은 아마도 축사(祝辭)에서, "슬퍼하며 음식을 올리는 일이 이제 완성이 되었습니다
[哀薦成事]."라고 하는 말과 같다. 제사에서는 길제(吉祭)를 완성된 것으로 여기
니, 졸곡(卒哭)을 하며 지내는 제사는 곧 길제에 해당하기 때문이다.

① ○始死小斂[止]之類.

補註 按: 始死, 謂始死奠. 古禮有始死奠, 而無襲奠. 小斂, 謂小斂奠.
大斂, 謂大斂奠. 朝夕, 謂朝奠·夕奠. 朔月, 謂朔月奠. 士無望奠. 朝
祖, 謂朝廟奠與祖奠. 贈, 所以助主人送葬之物, 不可謂之奠. 士喪禮,
兄弟贈奠可也, 所知則贈而不奠. 然則此所謂贈, 無乃指贈時兼奠者歟.
遣, 謂遣奠.

번역 살펴보니, '시사(始死)'는 어떤 자가 이제 막 죽었을 때 음식을 차려내
는 것을 뜻한다. 옛 예법에는 어떤 자가 이제 막 죽었을 때 음식을 차려내는
일은 있어도 습(襲)을 할 때 음식을 차려내는 일은 없었다. '소렴(小斂)'은

---

1) 상전(喪奠)은 상례(喪禮)를 시행하는 도중 아직 장례(葬禮)를 치르지 않은 상태에
   서, 음식물들을 진설하며 지내는 전(奠)제사를 뜻한다.

소렴을 지내며 음식을 차려내는 것을 뜻한다. '대렴(大斂)'은 대렴을 지내며 음식을 차려내는 것을 뜻한다. '조석(朝夕)'은 아침에 음식을 차려내고 저녁에 음식을 차려내는 것을 뜻한다. '삭월(朔月)'은 매월 초하루에 성대한 음식을 차려내는 것을 뜻한다. 사에게는 매달 보름에도 성대한 음식을 차려내는 법도가 없다. '조조(朝祖)'는 조묘(朝廟)를 할 때 음식을 차려내는 것과 조전(祖奠)을 뜻한다. '봉(賵)'은 상주가 장례를 전송하는 일을 돕기 위한 물건이니, 이것들에 대해서는 '전(奠)'이라고 부를 수 없다. 『의례』「사상례(士喪禮)」편에서는 형제라면 봉(賵)과 전(奠)을 해도 괜찮지만, 알고 지내는 사이라면 봉(賵)은 하지만 전(奠)을 하지 않는다고 했다.[2] 그렇다면 여기에서 말한 '봉(賵)'은 봉(賵)을 할 때 함께 차려내는 음식을 뜻할 것이다. '견(遣)'은 견전(遣奠)을 뜻한다.

---

2) 『의례』「기석례(旣夕禮)」: 兄弟, 賵·奠可也. 所知, 則賵而不奠.

참고-經文

是日也, 以吉祭易喪祭, 明日①祔于祖父.

번역 졸곡(卒哭)을 치른 날에는 길제(吉祭)로써 상제(喪祭)를 대체하게 되고, 그 다음날에는 조부의 묘(廟)에 부제(祔祭)를 지낸다.

① 祔于祖父.

補註 按: 祖父, 亡者之祖父也.

번역 살펴보니, '조부(祖父)'는 죽은 자의 조부를 뜻한다.

참고-集說

吉祭, 卒哭之祭也. 喪祭, 虞祭也. 卒哭在虞之後, 故云"以吉祭易喪祭"也. 祔之爲言附也. 祔祭者, ①告其祖父以當遷他廟, 而告新死者以當入此廟也. 禮云, "②明日以其班祔", 明日者, 卒哭之次日也. 卒哭時告于新主曰, "哀子某來日隮祔爾于爾皇祖某甫", 及時, 則奉新主入祖之廟而幷告之曰, "適爾皇祖某甫, 以隮祔爾孫某甫." 孫必祔祖者, 昭穆之位同, 所謂以其班也. 畢事, 虞主復于寢. 三年喪畢, 遇四時之吉祭, 而後奉新主入廟也. ③虞祭間一日, 而卒哭與祔則不間日.

번역 '길제(吉祭)'는 졸곡(卒哭)을 하며 지내는 제사를 뜻한다. '상제(喪祭)'는 우제(虞祭)를 뜻한다. 졸곡을 치르는 시기는 우제 다음에 놓이기 때문에, "길제로써 상제를 바꾼다."라고 말한 것이다. '부(祔)'자는 "붙이다[附]."는 뜻이다. '부제(祔祭)'라는 것은 조부에게 다른 묘(廟)로 신주를 옮겨야만 한다는 사실을 아뢰고, 이제 막 죽은 자의 신주를 이곳 묘(廟)로 들여야만 한다는 사실을 아뢰는 것이다. 『예』에서는 "다음날 그 순서에 따라서 부제(祔祭)를 한다."라고 했는데, '명일(明日)'이라는 말은 졸곡(卒哭)을 치른 다음날을 뜻한다. 졸곡을 치를 때에는 새로운 신주에게 아뢰며, "애자(哀子) 아무개가 내일 그대를 그대의 황조(皇祖)이신 아무개 보(甫)께 합사를 하려고 합니다."라고 아뢴다. 그리고 그 시기가 되면, 새로운 신주를 받들어서, 조부(祖父)의 묘(廟)로 가지고 들어가고, 함께 아뢰길, "그대 황조 아무개 보(甫)께 와서, 그대의 손(孫) 아무개 보(甫)를 함께 합사합니다."라고 아뢴다. 손자 항렬의 사람을 반드시 조부의 묘(廟)에서 합사하는 이유는 소목(昭穆)의 차례가 동일하기 때문이니, 이것이 이른바 "그 순서에 따라서 한다."라는 뜻에 해당한다. 그 일이 모두 끝나면, 우제를 지낼 때 세웠던 신주는 침(寢)으로 되돌려 놓는다. 삼년상을 모두 끝내게 되었을 때, 사계절마다 지내는 길제(吉祭)의 시기를 만나게 된다면, 그 이후에는 새로운 신주를 받들어서 묘(廟)로 들인다. 우제를 치를 때에는 그 제사마다 하루의 간격이 있지만, 졸곡과 부제를 치를 때에는 하루의 간격을 두지 않는다.

① 告其祖父[止]此廟也.

補註 按: 古者每世各一廟, 廟有昭穆, 左爲昭, 右爲穆. 昭廟二, 穆廟二, 如高祖爲昭, 則曾祖爲穆, 祖還是昭, 父還是穆. 此所謂孫祔于祖, 以昭穆同也. 易世則向之曾祖爲高祖向之父爲祖, 而此一邊, 則無所遷改. 向之高祖爲五代而祧出, 向之祖爲曾祖而遷居高祖之廟, 新死之父代入此祖廟. 然則向之高與祖之昭廟, 今爲曾與父之昭廟, 向之曾與父之穆廟, 今爲高與祖之穆廟, 是所遷者, 自下廟遷上廟而已. 所變者, 或昭是高與祖, 穆是曾與父, 或穆是高與祖, 昭是曾與父而已. 永無自昭遷穆, 自穆遷昭之理. 朱子所謂昭常爲昭, 穆常爲穆者, 此也. 朱子說, 見王制小註.

번역 살펴보니, 고대에는 세대마다 각각 1개의 묘(廟)를 두어 묘에는 소목(昭穆)의 순서가 있었으니, 좌측은 소묘(昭廟)가 되고 우측은 목묘(穆廟)가 된다. 소묘는 2개이고 목묘는 2개인데, 만약 고조부가 소묘에 해당하면 증조부는 목묘에 해당하고, 조부는 다시 소묘에 해당하고 부친은 다시 목묘에 해당하게 된다. 이것이 바로 손자를 조부에 부제(祔祭)한다는 뜻으로 소목의 배열이 동일하기 때문이다. 세대가 바뀌게 되면 이전의 증조부는 고조부가 되고, 이전의 부친은 조부가 되는데, 이러한 측면에서는 옮기거나 바꾸는 것이 없다. 이전의 고조는 5세대의 대수를 채워 조묘(祧廟)[1]로 나오게 되고, 이전의 조부는 증조부가 되어 고조부의 묘로 옮기게 되고, 최근에 죽은 부친은 대신하여 이곳 조부의 묘로 들어가게 된다. 그렇다면 이전에 고조부와 조부의 소묘는 지금은 증조부와 부친의 소묘가 되고, 이전에 증조부와 부친의 목묘는 지금은 고조부와 조부의 목묘가 되니, 이것은 옮긴다는 것이 밑의 묘에서 위의 묘로 옮기는 것일 뿐임을 나타낸다. 또 바뀌는 것은 소묘가 고조부와 조부에 해당하고 목묘가 증조부와 부친에 해당하거나 또 목묘가 고조부와 조부에 해당하고 소묘가 증조부와 부친에 해당하는 것일 뿐이다. 따라서 소묘에서 목묘로 옮기거나 목묘에서 소묘로 옮기는 이치는 결코 없다. 주자가 소묘는 항상 소묘가 되고 목묘는 항상 목묘가 된다고 한 것은 바로 이러한 이유 때문이다. 주자의 주장은 『예기』「왕제(王制)」편의 소주에 나온다.

② 明日以其班祔.

補註 士虞記文.

번역 『의례』「사우례(士虞禮)」편의 기문 기록이다.[2]

---

1) 조묘(祧廟)는 천묘(遷廟)와 같은 뜻이다. '천묘'는 대수(代數)가 다한 신주(神主)를 모시는 묘(廟)를 뜻한다. 예를 들어 天子의 경우, 7개의 묘(廟)를 설치하는데, 가운데의 묘에는 시조(始祖) 혹은 태조(太祖)의 신주(神主)를 모시며, 이곳의 신주는 다른 곳으로 옮기지 않는 불천위(不遷位)에 해당한다. 그리고 좌우에는 각각 3개의 묘(廟)를 설치하여, 소목(昭穆)의 순서에 따라 6대(代)의 신주를 모신다. 현재의 천자가 죽게 되어, 그의 신주를 묘에 모실 때에는 소목의 순서에 따라 가장 끝 부분에 있는 묘로 신주가 들어가게 된다. 만약 소(昭) 계열의 가장 끝 묘에 새로운 신주가 들어서게 되면, 밀려나게 된 신주는 바로 위의 소 계열 묘로 들어가게 되고, 최종적으로 밀려나서 더 이상 갈 곳이 없는 신주는 '천묘'로 들어가게 된다. 또한 '천묘'는 위에서 서술한 것처럼 신구(新舊)의 신주가 옮겨지게 되는 의식 자체를 지칭하기도 하며, '천묘'된 신주 자체를 가리키기도 한다. 주(周)나라 때에는 문왕(文王)과 무왕(武王)의 묘를 '천묘'로 사용하였다.
2) 『의례』「사우례(士虞禮)」: 明日以其班祔.

③ 虞祭間一日.

補註 按: 此恐謂三虞與卒哭間一日, 若虞祭則再虞用柔日, 三虞用剛日,
不必間日. 若以五虞・七虞・九虞者言之, 則可云間日.

번역 살펴보니, 이것은 아마도 세 차례의 우제와 졸곡은 하루의 간격을 둔다
는 뜻인 것 같다. 우제의 경우 두 번째의 우제는 유일(柔日)에 따르고 세
번째의 우제는 강일(剛日)에 따르게 되니 하루의 간격을 둘 필요가 없다. 만
약 다섯 차례 우제를 지내거나 일곱 차례 우제를 지내거나 아홉 차례 우제를
지내는 경우로 언급한다면 하루의 간격을 둔다고 말할 수 있다.

「단궁하」 41장

①其變而之吉祭也, 比至於祔, 必於是日也接, 不忍一日② 末
有所歸也.

번역 일상적인 예법을 따르는 것이 아니라, 특별한 이유로 변례(變禮)를 따르게 될
때에는 길제(吉祭)로 접어들 때까지 그 사이에 걸리는 강일(剛日)에는 반드시 날
마다 제사를 지내야 한다. 이처럼 하는 이유는 차마 자신의 부모로 하여금 귀의할
곳 없이 이리저리 떠돌게 할 수 없기 때문이다.

① 其變而之吉祭章.

補註 沙溪曰: 所謂變者, 非速葬之謂也. 自喪祭變而爲吉祭也. 且喪服
小記云, 報葬報虞, 卒哭必三月而行. 若如此註, 則速葬者, 自三虞至卒
哭三月之間, 遇剛日必祭, 豈非煩瀆乎?

번역 사계가 말하길, 이른바 '변(變)'이라는 것은 신속하게 장례를 치른다는
뜻이 아니다. 상제(喪祭)로부터 변화하여 길제(吉祭)가 된다는 뜻이다. 또
『예기』「상복소기(喪服小記)」편에서는 죽자마자 신속히 장례를 치르는 경
우에는 우제 또한 신속히 치른다. 졸곡의 경우에는 반드시 3개월이 지난 뒤
에 치른다고 했다.[1] 만약 이곳 주석의 내용대로라면, 신속히 장례를 치른
자는 세 차례 우제를 지내고 졸곡(卒哭)에 이르는 3개월 동안 강일(剛日)
이 되면 반드시 제사를 지내야 하는데 어찌 번거롭고 너저분한 일이 아니겠
는가?

補註 ○陽村曰: 此所謂變, 是自喪奠之凶禮變, 而至於卒哭與祔之吉祭
也, 卽指上文所言而申其說, 非有異也.

---

1)『예기』「상복소기(喪服小記)」: 報葬者報虞, 三月而後卒哭.

번역 ○양촌이 말하길, 이곳에서 변(變)이라고 한 것은 상전(喪奠)과 같은 흉례(凶禮)로부터 변화하여 졸곡(卒哭)과 부제(祔祭)와 같은 길제(吉祭)에 이르렀다는 뜻이니, 곧 앞 문장에서 언급한 내용을 거듭 설명한 것으로, 앞 문장과 다른 뜻이 있는 것이 아니다.

補註 ○楊梧曰: 其變之變, 承上文易字而言. 吉祭, 亦謂卒哭之祭. 虞祭間一日而卒哭祔, 則不間日, 故曰是日也. 接, 接卒哭之日也. 不忍句, 正釋明日祔于祖父之義. 又曰: 前言不忍一日離, 蓋言孝子送形而往, 旣窆而返, 則已與親之體魄離矣. 迎精而返於家急, 宜聚親之神魂相與交際. 若待明日而虞, 則是此葬之日與親相離, 孝子不忍, 故于葬日虞也. 此言不忍一日末有所歸者, 若用虞祭之例, 相隔一日, 而始祔, 則卒哭後祔祭, 前此一日親無所依歸, 孝子不忍, 故祔祭, 必與卒哭之日相連接也.

번역 ○양오가 말하길, '기변(其變)'의 변(變)자는 앞 문장에 나온 역(易)[2]자의 뜻을 이어 말한 것이다. '길제(吉祭)'는 또한 졸곡(卒哭) 때의 제사를 뜻한다. 우제(虞祭)는 하루의 간격을 두지만 졸곡과 부제(祔祭)는 간격을 두지 않는다. 그렇기 때문에 '시일(是日)'이라고 했다. '접(接)'자는 졸곡을 치르는 날에 연접하다는 뜻이다. '불인(不忍)'으로 시작하는 구문은 다음날 조부의 묘에 부제를 치른다는 뜻을 풀이한 것이다. 또 말하길, 앞에서는 "단 하루라도 회귀할 곳 없이 떠돌도록 함을 차마 할 수 없기 때문이다."[3]라고 했는데, 자식이 부모의 시신을 전송하며 묘지로 가서 하관을 하고 되돌아오면, 이미 부친의 혼백과는 떨어지게 된다. 정기를 맞이하여 자신의 집으로 황급히 되돌아오는 것은 마땅히 부모의 혼백을 모아 서로 붙잡도록 해야 하기 때문이다. 만약 다음날까지 기다려서 우제를 치른다면 이것은 장례를 치른 날 부모와 서로 떨어지게 되는데, 이것은 자식의 입장에서는 차마 할 수 없다. 그렇기 때문에 장례를 치른 날 우제를 지내는 것이다. 이곳에서는 "차마 자신의 부모로 하여금 귀의할 곳 없이 이리저리 떠돌게 할 수 없기 때문

---

2) 『예기』「단궁하(檀弓下)」: 是日也, 以吉祭易喪祭, 明日祔于祖父.

3) 『예기』「단궁하(檀弓下)」: 葬日虞, <u>弗忍一日離</u>也.

이다."라고 했는데, 우제를 치르는 법칙에 따르면 서로 하루의 간격을 벌리고 비로소 부제를 치르게 되니, 졸곡을 한 이후 부제를 치르는 사이 이전의 하루 동안 부모는 회귀할 곳이 없게 되어 자식의 입장에서는 차마 할 수 없다. 그렇기 때문에 부제는 반드시 졸곡을 치르는 날과 서로 연접하게 된다.

補註 ○按: 已上諸說俱精切可從. 然此註本出古註疏, 而勉齋收入於續通解. 且士虞記三虞卒哭他用剛日, 鄭註, 他謂不及時而葬者. 虞卒哭之間有祭者, 亦用剛日, 其祭無名, 故謂之他. 此說亦入續通解. 速葬者, 姑依此禮, 或不妨. 但恐嫌偪於大夫五虞・諸侯七虞・天子九虞之禮耳.

번역 ○살펴보니, 앞에 제시한 여러 주장들은 모두 정밀하게 설명하고 있는데 따를만하다. 그런데 이곳의 주는 본래 옛 주와 소에서 도출된 것이며, 황간은 이를 『속통해』에 기재하였다. 또 『의례』「사우례(士虞禮)」편의 기문에서는 세 차례의 우제(虞祭)와 졸곡(卒哭)과 타(他)는 강일(剛日)에 지낸다고 했고,4) 정현의 주에서는 타(他)는 정해진 시기가 되지 않았는데 장례를 치르는 경우라고 했다. 우제와 졸곡 사이에 제사를 지내는 경우에도 강일에 따르게 되는데, 그 제사는 명칭이 없기 때문에 '타(他)'라고 부른 것이다. 이러한 주장 또한 『속통해』에 기재되어 있다. 신속히 장례를 치른다는 것은 이러한 예법에 의거하면 무방하기도 한 것 같다. 다만 대부가 지내는 다섯 차례의 우제, 제후가 지내는 일곱 차례의 우제, 천자가 지내는 아홉 차례의 우제에 대한 예법보다 너무 급박하게 지낸다는 혐의가 생길까 염려될 따름이다.

② 末有所歸.

補註 鄭註: 末, 無也.

번역 정현의 주에서 말하길, '말(末)'자는 "없다[無]."는 뜻이다.

---

4) 『의례』「사우례(士虞禮)」: <u>三虞・卒哭・他, 用剛日</u>, 亦如初, 曰"哀薦成事".

上文所言皆據正禮, 此言變者, 以其變易常禮也. 所以有變者, 以有他故, 未及葬期而卽葬也. 據士禮, ①速葬速虞之後, 卒哭 之前, 其日尙賒, 不可無祭. 之, 往也. 虞往, 至吉祭, 其禮如何? 曰, 虞後比至於祔, 遇剛日而連接其祭. 若丁日葬, 則己日再虞, 後虞改用剛日, 則庚日三虞也. 此後遇剛日則祭, 至祔而後止, 此 孝子不忍使其親一日無所依歸也.

번역 앞 문장의 내용은 모두 정규 예법에 근거한 기록인데, 이곳 문장에서 '변(變)' 이라고 언급한 이유는 정규 예법을 변화시키기 때문이다. 변화되는 점이 발생한 이 유는 다른 연유가 있어서, 장례의 기일에 도달하지도 않았는데, 곧바로 장례를 치러 야 했기 때문이다. 사 계층에게 적용되는 예법을 기준으로 삼는다면, 신속히 장례를 치르고 신속히 우제(虞祭)까지 치른 뒤에는 졸곡(卒哭)을 지내기 전까지, 그 날짜 가 여전히 많이 남게 되어, 제사를 지내지 않을 수가 없다. '지(之)'자는 "가다 [往].''는 뜻이다. 우제를 지낸 이후로 시간이 흘러서, 길제(吉祭)로 접어들게 되면, 그 예법을 어떻게 적용해야 하는가? 대답해보자면, 우제를 지낸 이후로부터 부제 (祔祭)를 지내는 것에 이르기까지, 강일(剛日)이 걸리게 되면, 그 제사를 잇달아 지내게 된다. 만약 정일(丁日)에 장례를 치렀다면, 그날 바로 첫 번째 우제를 지내 고, 기일(己日)에 두 번째 우제를 지내며, 마지막 우제는 날짜 방식을 고쳐서 강일 을 사용하게 되니, 경일(庚日)에 세 번째 우제를 지내게 된다. 이후 강일이 걸리게 되면, 또한 제사를 지내고, 부제(祔祭)를 지낼 때에 이르게 되면, 그 이후에는 이처 럼 강일마다 지내는 제사를 멈추게 된다. 이것은 자식된 자가 차마 하루라도 자신 의 부모로 하여금 귀의할 곳 없이 떠돌게 할 수 없기 때문이다.

① 速葬速虞[止]其日尙賒.

補註 喪服小記: "報葬者報虞, 三月而後卒哭." 鄭註: "報, 讀爲赴疾之赴, 謂不及期而葬."

번역 『예기』「상복소기(喪服小記)」편에서 말하길, "죽자마자 신속히 장례를 치르는 경우에는 우제 또한 신속히 치른다. 졸곡의 경우에는 반드시 3개월 이 지난 뒤에 치른다.''[5]라고 했다. 정현의 주에서 말하길, "'보(報)'자는 '부질(赴疾)'이라고 할 때의 부(赴)자로 풀이하니, 그 기한이 되지도 않았는데 장례를 치른다는 뜻이다."라고 했다.

補註 ○按: 卒哭必俟三月, 故其前日子尙賒遠也. 陳註不言卒哭俟三月, 而泛言其日尙賒, 殊未瑩.

번역 ○살펴보니, 졸곡(卒哭)은 반드시 3개월이 지날 때까지 기다리게 된다. 그렇기 때문에 그 이전의 날짜는 여전히 많이 남게 된다. 진호의 주에서는 졸곡을 지낼 때 3개월이 지날 때까지 기다린다고 말하지 않고 범범하게 그 날짜가 여전히 많이 남았다고 했는데, 분명하지 못하다.

---

5) 『예기』「상복소기(喪服小記)」: 報葬者報虞, 三月而後卒哭.

「단궁하」 42장

①殷練而祔, 周卒哭而祔. 孔子善殷.

번역 은나라 때에는 소상(小祥)을 치르고 부제(祔祭)를 지냈으며, 주나라 때에는 졸곡(卒哭)을 끝내고 부제를 지냈다. 공자는 두 제도를 평가하며, 은나라 때의 예법이 좋다고 칭찬했다.

① 殷練而祔[止]善殷.

補註 鄭註: 朞而神之, 人情.

번역 정현의 주에서 말하길, 1년의 시간이 경과하여 신으로 대하는 것은 사람의 정감에 따른 것이다.

補註 ○程子曰: 喪須三年而祔, 若卒哭而祔, 則三年都無事. 禮卒哭猶存朝夕哭, 若無祭於殯宮, 哭於何處? 國語言日祭月享, 禮中豈有日祭? 此正謂三年之中, 不徹几筵, 故有日祭朝夕之饋, 猶之省之禮, 如其親之存也.

번역 ○정자가 말하길, 상례를 치를 때에는 삼년이 경과해야만 부제(祔祭)를 치르니, 만약 졸곡(卒哭)을 지내고서 부제를 치른다면 삼년상 기간 동안 할 일이 없게 된다. 예법에 따르면 졸곡을 치르고도 여전히 아침저녁으로 곡을 하게 되는데, 만약 빈소에서 제사를 지내는 일이 없다면 어느 곳에서 곡을 한단 말인가? 『국어』에서는 날마다 지내는 제사와 달마다 지내는 제사를 말했는데,[1] 『예』의 기록에 어찌 날마다 지내는 제사가 있단 말인가? 이것은 바로 삼년상을 치르는 중에 안석과 자리를 치우지 않는다는 뜻이다. 그렇기 때문에 날마다 제사를 지내며 아침저녁으로 음식을 바치게 되는데, 이것은

---

1) 『국어』「주어상(周語上)」: <u>日祭·月祀</u>·時享·歲貢·終王, 先王之訓也.

저녁에 잠자리를 살피고 새벽에 안부를 여쭙는 일과 같은 것이니, 마치 부모가 생존해 계실 때처럼 섬기는 것이다.

補註 ○續通解朱先生曰: 衆言淆亂則折諸聖, 孔子之言, 萬世不可易. 況碁而神之, 揆之人情, 亦爲允愜. 但其節文次第, 今不可考. 而周禮則有儀禮之書, 自始死至祥禫, 節文度數詳焉. 故溫公書儀, 雖記孔子之言, 卒從儀禮之制. 蓋其意謹於闕疑, 以爲旣不得節文之詳, 則雖孔子之言, 亦有所不敢從者矣. 程子之說, 意亦甚善. 然鄭氏說, 凡祔已, 反于寢, 練而後遷廟, 左氏春秋傳亦有特祀于主之文, 則是古人之祔, 固非遂徹几筵. 程子於此, 恐考之有所未詳也.

번역 ○『속통해』에서 주선생이 말하길, 여러 사람들의 의견이 혼잡스럽다면 성인의 말을 통해 절충하는데, 공자의 말은 영원토록 바꿀 수 없는 진리이다. 하물며 1년의 시간이 되어 신으로 대한다는 것을 인정으로 헤아려보면 또한 믿을만한 주장이다. 다만 그 형식과 순서에 대해서는 현재로서는 고찰해볼 수 없다. 그런데 주나라의 예법과 같은 경우 『의례』라는 서적이 남아 있고, 초상으로부터 대상(大祥)과 담제(禫祭)에 이르기까지 그 절차와 형식이 상세히 기록되어 있다. 그렇기 때문에 『사마온공서의』는 비록 공자의 말을 기록한 것이지만 결국 『의례』의 제도를 따르고 있다. 아마도 그 의도는 의심할 만한 것들에 대해 신중을 기하여, 이미 상세한 제도를 찾을 수 없다고 여긴 것이니, 비록 공자의 말이라 하더라도 감히 따를 수 없는 점이 있었기 때문일 것이다. 정자의 주장은 그 뜻이 매우 옳다. 그런데 정현의 주장은 부제(祔祭)를 마치게 되면 침(寢)으로 되돌리고, 소상(小祥)을 치른 이후에 묘(廟)를 옮긴다는 것인데, 『춘추좌씨전』에도 신주에만 제사를 지낸다는 기록[2]이 있다면, 이것은 옛 사람들의 부제에서는 안석과 자리를 치우지 않았다는 것을 나타낸다. 정자는 이러한 점들에 대해서 아마도 상세히 살펴보지 못한 점이 있는 것 같다.

---

2) 『춘추좌씨전』「희공(僖公) 33년」: 凡君薨, 卒哭而祔, 祔而作主, <u>特祀於主</u>, 烝·嘗·禘於廟.

補註 ○按: 陳註引孝經, 有若仍祔於廟, 而不復于寢, 與上文明日祔于祖父章註, 畢事虞主復于寢者不同, 可疑. 小註呂說亦然.

번역 ○살펴보니, 진호의 주에서는 『효경』을 인용하고 있는데, 만약 묘(廟)에서 부제(祔祭)를 치르고 침(寢)에 되돌려 놓지 않는다면, 앞에서 "그 다음날에는 조부의 묘(廟)에 부제를 지낸다."[3]라고 한 문장의 주에서 "모두 끝나면, 우제를 지낼 때 세웠던 신주는 침으로 되돌려 놓는다."라고 한 말과 차이가 나니 의심스러운 부분이다. 소주에 나온 여씨의 주장 또한 이러하다.

참고-大全 藍田呂氏曰: 禮之祔祭, 各以昭穆之班, 祔于其祖. 主人未除喪, 主未遷於新廟, 故以其主附藏于祖廟, 有祭卽而祭之. 既除喪而後, 主遷於新廟, 故謂之祔. 左氏傳曰, "君薨, 祔而作主, 特祀于主, 烝嘗禘于廟." 周人未葬, 奠於殯, 虞則立尸, 有几筵, 卒哭而祔, 祔始作主. 既祔之祭, 有練·有祥·有禫, 皆特祀其主於祔之廟, 至除喪然後, 主遷新廟, 以時而烝嘗禘焉. 不立主者, 祔亦然. 士虞禮及雜記所載祔祭, 皆是. 殷人練而祔, 則未練以前, 猶祭于寢, 有未忍遽改之心. 此孔子所以善殷.

번역 남전여씨가 말하길, 예법에 따르면 부제(祔祭)를 지낼 때에는 각각 소목(昭穆)의 질서에 따라서, 그를 조부에게 합사하게 된다. 상주가 아직 상을 끝내지 못했다면, 신주는 새로 만든 묘(廟)로 옮길 수 없다. 그렇기 때문에 그의 신주를 조부의 묘에 함께 합사하여, 보관하게 되는 것이고, 제사를 지내야 할 때가 되면, 곧 그곳에 나아가 제사를 지내게 된다. 상(喪)을 끝내게 되면, 그 이후에는 신주를 새로 만든 묘로 옮기게 된다. 그렇기 때문에 그 제사를 '부(祔)'라고 부르는 것이다. 『좌전』에서는 "제후가 죽게 되면, 부제를 지내고서 신주를 만들며, 신주에게는 특사(特祀)를 지내고, 묘에서는 증(烝)·상(嘗)·체(禘)제사를 지낸다."라고 했다. 주나라 때에는 아직 장례를 치르지 않았다면, 빈소에서 전(奠)제사를 올렸고, 우제(虞祭)를 지내게 되면, 시동을 세웠으며, 안석과 자리를 두었고, 졸곡(卒哭)을 치르고 부제를 지냈는데, 부제를 지낼 때가 되어서야 비로소 신주를 만들었다. 그런데 부제

---

3) 『예기』「단궁하(檀弓下)」: 是日也, 以吉祭易喪祭, 明日祔于祖父.

를 지낸 이후에 지내게 되는 제사에는 소상(小祥)·대상(大祥)·담(禫) 등의 제사가 있는데, 이 모두에 대해서는 합사한 묘에서 신주에게 특사(特祀)를 지내는 것이고, 상을 끝내게 된 이후에야, 신주를 새로 만든 묘로 옮겼으니, 각 계절마다 증(烝)·상(嘗)·체(禘) 등의 제사를 지냈다. 신주를 세우지 않는 경우에는 부제를 지낼 때에도 또한 이처럼 했다. 『의례』「사우례(士虞禮)」편과 『예기』「잡기(雜記)」편에서 기록하고 있는 부제는 모두 이것을 가리킨다. 은나라 때에는 소상을 끝내고서 부제를 지냈으니, 아직 소상을 치르기 이전에는 여전히 침(寢)에서 제사를 지낸 것으로, 차마 급작스럽게 그 방법을 바꿀 수 없는 마음이 있었기 때문이다. 이것이 바로 공자가 은나라 때의 예법을 칭찬한 이유이다.

「단궁하」 43장

> 君臨臣喪, 以①<u>巫祝桃茢</u>, 執戈, 惡之也, 所以異於生也. ②<u>喪
> 有死之道焉</u>, 先王之所難言也.

번역 군주가 신하의 상에 임하게 되면, 무(巫)와 축관(祝官)은 복숭아나무 가지와 갈대로 엮은 빗자루를 들고, 소신(小臣)들은 창을 들게 된다. 이것은 사악한 기운을 꺼려하기 때문이니, 이처럼 대하는 것은 살아있는 자들을 대함과 달리 하기 위해서이다. 상에는 죽은 자를 꺼려하는 도리가 포함되어 있으니, 이것은 선왕도 말하기를 꺼려했던 부분이다.

① ○巫祝桃茢.

補註 鄭註: 未襲也. 已襲則止巫, 去桃茢.

번역 정현의 주에서 말하길, 이 시기는 아직 습(襲)을 하지 않았을 때이다. 이미 습을 했다면, 무(巫)를 대동하지 않고, 복숭아나무 가지와 갈대로 엮은 빗자루를 제거하게 된다.

② 喪有死之道焉.

補註 鄭註: 言人之死, 有如鳥獸死之狀. 鳥獸之死, 人賤之.

번역 정현의 주에서 말하길, 사람이 죽게 되면 마치 짐승이 죽을 때의 모습과 같은 점이 있다는 뜻이다. 즉 짐승들이 죽게 되면 사람들은 그것을 천대하게 된다.

補註 ○按: 此與陳註異, 而兩說皆不甚通.

번역 ○살펴보니, 이것은 진호의 주와 차이를 보이는데, 두 주장 모두 매우 이해할 수 없다.

「단궁하」 47장

참고-經文

①“其曰明器, 神明之也.” 塗車·芻靈, 自古有之, 明器之道也.
孔子謂: “爲芻靈者善”, 謂: “爲俑者不仁”, 不殆於用人乎哉!

번역 공자는 “그 기물들을 ‘명기(明器)’라고 부르는 이유는 신명의 도리에 따라 대하기 때문이다.”[1]라고 했다. 진흙을 빚어서 만든 수레와 풀을 엮어서 만든 인형은 고대 때부터 있어왔던 것으로, 명기(明器)를 사용하는 도리에 해당한다. 공자는 “풀을 엮어 인형을 만든 자는 선한 자이다.”라고 했고, 또 “나무인형을 만들어서, 그 모습을 사람과 매우 흡사하게 했던 자는 불인하다.”라고 평가했으니,[2] 나무인형을 사용하는 것은 살아있는 사람을 죽은 자와 함께 매장하는 일과 유사하기 때문이다!

① ○其曰明器章.

補註 疏曰: 將言周代用偶人爲非禮, 故先言明器芻靈, 後論偶人之事. 記者旣錄孔子之言, 以其語更端, 故重言孔子.

번역 소에서 말하길, 주나라 때 나무인형을 이용했던 것이 비례가 됨을 언급하려고 했다. 그렇기 때문에 그보다 먼저 명기(明器)인 추령(芻靈)에 대해 언급하고, 이후 우인(偶人)에 대한 사안을 논의한 것이다. 『예기』를 기록한 자는 이미 공자의 말을 기록하였는데, 그 말이 단락을 새롭게 시작하여 거듭 ‘공자(孔子)’라고 기록한 것이다.

---

1) 『예기』 「단궁상(檀弓上)」 : 孔子曰: “之死而致死之, 不仁而不可爲也; 之死而致生之, 不知而不可爲也. 是故竹不成用, 瓦不成味, 木不成斲, 琴瑟張而不平, 竽笙備而不和, 有鐘磬而無簨簴. 其曰明器, 神明之也.”
2) 『맹자』 「양혜왕상(梁惠王上)」 : 仲尼曰, ‘始作俑者, 其無後乎!’ 爲其象人而用之也. 如之何其使斯民飢而死也?”

「단궁하」 48장

①穆公問於子思曰: "爲舊君反服, 古與?" 子思曰: "古之君子, 進人以禮, 退人以禮, 故有舊君反服之禮也. 今之君子, 進人若將加諸膝, 退人若將隊諸淵, 毋爲戎首, 不亦善乎! 又何反服之禮之有?"

번역 목공(穆公)이 자사(子思)에게 "옛 군주를 위해서, 되돌아와서 상복을 착용한다는 것은 고대의 예법입니까?"라고 물었다. 그러자 자사는 "고대의 군주는 사람을 등용할 때 예법에 따라서 했으며, 불가피하게 그 사람을 사임시킬 때에도 예법에 따라서 했습니다. 그렇기 때문에 옛 군주를 위해서, 되돌아와 상복을 착용하는 예가 있었던 것입니다. 그런데 오늘날의 군주는 사람을 등용할 때 마치 무릎이라도 맞대는 것처럼 환영을 하지만, 그 사람을 내칠 때에는 마치 사지로 내몰듯이 하고 있습니다. 그러므로 그 자가 도적의 괴수가 되지 않은 것만도 또한 다행이라고 해야 하지 않겠습니까! 그런데 어떻게 되돌아와서 상복을 착용하는 예가 지켜질 수 있겠습니까?"라고 대답했다.

① ○穆公問於子思章.

補註 按: 此當與孟子告齊宣, 寇讎何服之有之說, 參看. 本註楊氏說, 若君子之自處, 豈處其薄云者, 甚好.

번역 살펴보니, 이 문장에 대해서는 맹자가 제선왕에게 원수에 대해 무슨 복이 있겠냐고 말한 기록을 함께 참고해야 한다. 『맹자집주』에 나온 양씨의 주장에서 군자의 자처로 말하면 어찌 박함에 처하겠냐고 한 말이 있는데, 매우 옳다.

穆公, 魯君, 哀公之曾孫. 爲舊君服, 見①儀禮齊衰章. 孟子言
"三有禮則爲之服, 寇讐何復之有", 與此章意似. 隊諸淵, 言置
之死地也. 戎首, 爲寇亂之首也.

번역 '목공(穆公)'은 노나라의 군주로, 애공(哀公)의 증손자이다. 옛 군주를 위해
서 상복을 입는다는 규정은 『의례』 '자최장(齊衰章)'에 나온다.[1] 『맹자』에서는
"세 차례 예우함이 있다면, 그를 위해서 상복을 입지만, 원수를 위해서 어찌 상복을
입는 일이 있겠습니까?"[2]라고 했는데, 이곳 문장의 뜻과 유사하다. '대저연(隊諸
淵)'이라는 말은 사지로 내몬다는 뜻이다. '융수(戎首)'는 도적의 괴수가 되었다는
뜻이다.

① 儀禮齊衰章.

補註 喪服: 齊衰三月, 爲舊君 · 君之母妻.

번역 『의례』 「상복(喪服)」편에서 자최복(齊衰服)을 입고 3개월 상을 치르는
것은 옛 군주 및 군주의 모친과 처를 위해서 한다고 했다.

---

1) 『의례』 「상복(喪服)」: 傳曰, 大夫爲舊君何以服齊衰三月也? 大夫去, 君掃其宗
廟, 故服齊衰三月也, 言與民同也.

2) 『맹자』 「이루하(離婁下)」: 王曰, "禮, 爲舊君有服, 何如斯可爲服矣?" 曰, "諫行言
聽, 膏澤下於民, 有故而去, 則君使人導之出疆, 又先於其所往, 去三年不反, 然
後收其田里. 此之謂三有禮焉, 如此, 則爲之服矣. 今也爲臣, 諫則不行, 言則不聽,
膏澤不下於民, 有故而去, 則君搏執之, 又極之於其所往, 去之日, 遂收其田里. 此之謂
寇讐. 寇讐, 何服之有?"

「단궁하」 50장

①三臣, 仲孫・叔孫・季孫之三家也. 敬子言我三家不能居公
室而以臣禮事君者, 四方皆知之矣, 勉强食粥而爲毁瘠之貌,
我雖能之, 然豈不使人疑我非以哀戚之眞情而處此瘠乎? 不若
違禮而食食也.

번역 '삼신(三臣)'은 중손(仲孫)・숙손(叔孫)・계손(季孫)의 세 가문을 뜻한다.
맹경자는 "우리 세 가문이 군주에 대해서, 신하가 따르는 예법으로써 군주를 섬기
는 일을 제대로 하지 못했는데, 이러한 사실은 천하의 모든 사람들이 알고 있소.
억지로 죽을 먹어서, 몸을 초췌하게 만드는 것을 나는 비록 할 수는 있지만, 어찌
다른 사람들로 하여금 내가 슬퍼하는 진실된 감정으로, 이처럼 몸을 초췌하게 만든
것이 아니라고 의심하지 않게 할 수 있겠는가? 예법에 위배되지 않는다면, 나는 밥
을 먹겠소."라고 말한 것이다.

① ○三臣仲孫・叔孫・季孫.

補註 按: 仲孫卽孟孫, 或稱孟, 或稱仲.
번역 살펴보니, '중손(仲孫)'은 맹손(孟孫)에 해당하니, '맹(孟)'이라 칭하기
도 하고 '중(仲)'이라 칭하기도 한다.

「단궁하」 51장

참고-經文

①衛司徒敬子死, 子夏弔焉, 主人未小斂, 経而往. 子游弔焉,
主人既小斂, 子游出経, 反哭. 子夏曰: "聞之也與?" 曰: "聞諸夫
子, 主人未改服, 則不経."

번역 위나라 사도경자(司徒敬子)가 죽었는데, 자하(子夏)가 조문을 했다. 그런데
조문을 갔을 때, 상주가 아직 소렴(小斂)을 끝내지 않은 상태인데도, 자하는 질
(経)을 두르고 찾아가서 조문을 했다. 한편 자유(子游) 또한 조문을 갔었는데, 상
주가 소렴을 끝낼 때까지 기다린 다음, 자유는 밖으로 나가서 질(経)을 두르고, 다
시 안으로 들어가서 곡을 했다. 그 모습을 본 자하는 "그대는 이처럼 하는 방법을
들은 적이 있는가?"라고 물어보았다. 그러자 자유는 "선생님께 들었네. 상주가 아
직 복장을 바꾸지 않았다면, 조문객은 질(経)을 두르지 않는다고 하셨네."라고 대
답해주었다.

① 衛司徒敬子死章.

補註 按: 此章當與上篇曾子裼裘而弔章參看.
번역 살펴보니, 이 문장은 마땅히 『예기』「단궁상(檀弓上)」편에서 증자가
갖옷을 석(裼)하고 조문을 했다는 문장[1]과 함께 살펴보아야 한다.

---

1) 『예기』「단궁상(檀弓上)」: 曾子襲裘而弔, 子游裼裘而弔. 曾子指子游而示人曰:
"夫夫也, 爲習於禮者, 如之何其裼裘而弔也?" 主人既小斂, 袒·括髮, 子游趨而
出, 襲裘·帶·経而入. 曾子曰: "我過矣! 我過矣! 夫夫是也."

「단궁하」 52장

참고─經文

曾子曰: "晏子可謂知禮也已, 恭敬之有焉." 有若曰: "晏子一狐 裘三十年, ①遣車一乘, 及墓而反."

번역 증자(曾子)가 말하길, "안자(晏子)는 예를 안다고 평가할 수 있겠소. 그는 공경함을 갖추고 있기 때문이오."라고 했다. 유약(有若)이 말하길, "안자는 한 벌의 갓옷을 30년 동안이나 입었고, 견거(遣車)를 1대만 사용했으며, 묘(墓)에 이르러서는 하관을 끝내자 곧바로 되돌아왔다."라고 부인했다.

① ○遣車一乘.

補註 疏曰: 晏子父桓子, 是大夫. 一乘, 儉失禮也.

번역 소에서 말하길, 안자(晏子)의 부친은 환자(桓子)인데, 그는 대부의 신분이었다. 1대의 수레만 사용했으니, 너무 검소하게 처리하여 실례를 범한 것이다.

「단궁하」 53장

遺車之數, 天子九乘, 諸侯七乘, 大夫五乘, 天子之士三乘, 諸
侯之士無遺車也. 大夫以上皆太牢, 士少牢. 个, 包也. 凡包牲
皆取下體, 每一牲取三體, 前脛①折取臂臑, 後脛折取骼. 少牢
二牲則六體, 分爲三个; 太牢三牲則九體, 大夫九體②分爲十
五段, 三段爲一包, 凡五包; 諸侯分爲二十一段, 凡七包; 天子
分爲二十七段, 凡九包. 每遺車一乘, 則載一包也.

번역 견거(遺車)의 수에 대해서 말해보자면, 천자는 9대를 사용하고, 제후는 7대를 사용하며, 대부는 5대를 사용하고, 천자에게 소속된 사는 3대를 사용하며, 제후에게 소속된 사는 견거를 사용하지 못한다. 대부 이상의 계급들은 모두 태뢰(太牢)[1]를 사용하고, 사는 소뢰(少牢)를 사용한다. '개(个)'자는 포장[包]을 뜻한다. 무릇 희생물을 포장할 때에는 모두 하체의 고기를 가져다가 포장하고, 한 마리의 희생물에서 세 덩이를 포장하게 되니, 앞쪽에서 비(臂)와 노(臑) 부위를 잘라서 취하게 되고, 뒤쪽에서 격(骼) 부위를 잘라서 취하게 된다. 소뢰에서는 2마리의 희생물을 사용하게 되므로, 6덩이의 고기를 취하고, 이것들을 나눠서 3덩이로 포장하게 된다. 태뢰에서는 3마리의 희생물을 사용하게 되므로, 9덩이의 고기를 취하고, 대부의 경우에는 9덩이의 고기를 나눠서 15개의 단(段)으로 만드는데, 3단(段)을 1개로 포장하게 된다. 따라서 총 5개를 포장하게 된다. 제후의 경우에는 이것을 나눠서 21단으로 만들게 되니, 총 7개를 포장하게 된다. 천자의 경우에는 이것을 나눠서 27단으로 만들게 되니, 총 9개를 포장하게 된다. 그리고 매 견거 1대마다 1개의 포장한 고기를 싣게 된다.

---

1) 태뢰(太牢)는 제사에서 쇠[牛], 양(羊), 돼지[豕] 3가지 희생물을 갖춘 것을 뜻한다. 『장자』「지악(至樂)」편에는 "其太牢以爲膳."이라는 기록이 있는데, 이에 대한 성현영(成玄英)의 소(疏)에서는 "太牢, 牛羊豕也."라고 풀이하였다.

① ○折取臂臑[止]折取骼.

補註 沙溪曰: 韻會, "臑, 臂節, 音猱. 骼, 禽獸之骨, 音格." 詳見儀禮·旁通圖.
번역 사계가 말하길, 『운회』에서는 "'臑'는 팔의 마디이니, 그 음은 '猱(노)'이다. '骼'은 짐승의 뼈이니, 그 음은 '格(격)'이다."라고 했다. 자세한 내용은 『의례』「방통도(旁通圖)」에 나온다.

② 分爲十五段[又]分爲二十七段.

補註 疏曰: 尊者所取三體, 其肉多. 卑者雖取三體, 其肉少.
번역 소에서 말하길, 존귀한 자의 경우, 그에게 사용될 고기를 채취할 때에는 세 부위에서 취하게 되지만, 그 고기가 많다. 신분이 낮은 자의 경우에도 비록 세 부위에서 고기를 채취하게 되지만, 그 고기의 양이 적다.

補註 ○按: 同是太牢, 而分段有多少者.
번역 ○살펴보니, 모두 태뢰(太牢)를 사용하지만, 마디를 나눈 것에 많고 적은 차이가 있다.

「단궁하」 56장

曰: "噫! 毋!" 曰: "我喪也①斯沾, 爾專之. 賓爲賓焉, 主爲主焉." 婦人從男子皆西鄕.

번역 국소자(國昭子)는 자장(子張)의 말을 듣고, "아! 그처럼 하는 것을 그만두시오!"라고 말했다. 그리고 재차 "우리 집안은 명성이 높은 가문인데, 현재 장례를 치르고 있으니, 반드시 나라 사람들이 모두 찾아와서 우리가 시행하는 예법을 살펴볼 것이오. 그러니 반드시 옛 규범에서 바꾸는 점이 있어야만 하오. 따라서 그대가 이 일을 전적으로 맡아서 처리하시오. 다만 빈객들은 빈객들끼리 위치하도록 만들고, 주인들은 주인들끼리 위치하도록 만드시오."라고 했다. 이러한 이유로 국소자 가문의 부인들은 남자 주인들을 뒤따라 서서, 모두 서쪽을 바라보는 곳에 위치하게 되었다.

① 斯沾.

補註 類編曰: 一云沾, 當爲沽字之誤, 言我家喪禮如是疏略也. 若作斯覘, 則毋曰, 當連讀.

번역 『유편』에서 말하길, 한편에서는 '첨(沾)'자는 고(沽)자의 오자에 해당한다고 한다. 즉 우리 가문에서 치르는 상례가 이와 같이 소략하다는 뜻이다. 만약 사첨(斯覘)으로 해석한다면 무왈(毋曰)을 붙여서 풀이해야 한다.

昭子聞子張之言, 歎息而止之, 言我爲大夫, 齊之顯家, 今行喪禮, 人必盡來覘視, 當有所更改以示人, 豈宜一循舊禮? 爾當專主其事, 使賓自爲賓, 主自爲主, 可也. 於是昭子家婦人, 旣與男子同居主位而西鄕, 而女賓亦與男賓同居賓位而東鄕矣. ①斯, 盡也. 沾, 讀爲覘. 此記禮之變.

번역 국소자(國昭子)는 자장(子張)의 말을 듣고, 탄식을 하며 자장이 말해준 방법대로 서는 것을 그치게 했고, "나는 대부의 신분이며, 제나라에서도 명성이 높은 가문인데, 현재 상례를 시행하고 있으니, 사람들이 반드시 모두들 찾아와서, 이러한 것들을 관찰할 것이다. 따라서 마땅히 변경시키는 점을 두어서, 사람들에게 보여주어야 하는데, 어떻게 옛날의 예법에만 따를 수 있겠는가? 그대는 마땅히 이 일을 주관하여, 빈객들로 하여금 제 스스로 빈객들끼리 위치하도록 하고, 주인들은 제 스스로 주인들끼리 위치하도록 하는 것이 옳다."라고 했다. 이때 국소자 가문의 부인들은 남자들과 함께 주인이 서는 위치에 정렬하여, 서쪽을 바라보게 되었고, 여자 빈객들 또한 남자 빈객들과 함께 빈객들이 서는 위치에 정렬하여, 동쪽을 바라보게 되었다. '사(斯)'자는 모두[盡]라는 뜻이다. '첨(沾)'자는 엿보다는 뜻의 '첨(覘)'자로 해석한다. 이것은 예법이 변화하게 된 점을 기록한 것이다.

① 斯盡也.

補註 按: 此本鄭註, 而恐未分曉.
번역 살펴보니, 이것은 정현의 주에 근거한 말인데, 아마도 잘 이해하지 못한 것 같다.

「단궁하」 57장

참고-大全

嚴陵方氏曰: 經曰, "①寡婦不夜哭", 蓋其遠嫌之道, 不得不然爾. 穆伯之於敬姜, 夫也, 故居其喪, 止於晝哭, 而不嫌於薄. 文伯之於敬姜, 子也, 故居其喪, 晝夜哭, 而不嫌於厚. 此孔子所以謂之知禮也.

번역 엄릉방씨가 말하길, 경문에서는 "과부가 된 여인은 밤에 곡을 하지 않는다."라고 했으니, 아마도 혐의를 멀리하기 위한 도리 때문에, 부득이하게 이처럼 할 수밖에 없었던 것이다. 목백(穆伯)은 경강(敬姜)의 남편이 된다. 그렇기 때문에 경강은 목백의 상에 임해서 낮에만 곡을 했지만, 너무 야박하게 대한다는 혐의를 받지 않았다. 문백(文伯)은 경강의 자식이 된다. 그렇기 때문에 경강은 문백의 상에 임해서 밤낮으로 곡을 했지만 너무 후하게 대한다는 혐의를 받지 않았다. 이것이 바로 공자가 그녀를 평가하며, 예를 안다고 했던 이유이다.

① 寡婦不夜哭.

補註 坊記文.

번역 『예기』「방기(坊記)」편의 기록이다.[1]

---

[1] 『예기』「방기(坊記)」: 諸侯不下漁色, 故君子遠色, 以爲民紀. 故男女授受不親, 御婦人, 則進左手, 姑姊妹女子子已嫁而反, 男子不與同席而坐, 寡婦不夜哭, 婦人疾, 問之, 不問其疾. 以此坊民, 民猶淫泆而亂於族.

「단궁하」 58장

참고―經文

文伯之喪, 敬姜①據其牀而不哭, 曰: "昔者吾有斯子也, 吾以將爲賢人也, 吾未嘗以就公室. 今及其死也, 朋友諸臣未有出涕者, 而②內人皆行哭失聲. 斯子也, 必多③曠於禮矣夫!"

번역 문백(文伯)의 상에서, 그의 모친 경강(敬姜)은 침상에 앉아서 곡을 하지 않았다. 그리고는 곧 "예전에 내 자식이 살아있을 때, 나는 내 자식이 현명한 사람이라고 생각했다. 그래서 나는 일찍이 공실(公室)에 가서도 그가 어떻게 행동하는지 관찰하지 않았다. 그런데 현재 아들이 죽었는데도, 그의 벗과 여러 신하들 중에 눈물을 흘리지 않는 자가 있고, 내인(內人)만이 모두 곡을 하며 목이 쉬었다. 이것은 내 아들이 살아있을 때, 반드시 예에 대해서 소홀하게 행동했던 점이 많았기 때문일 것이다!"라고 했다.

① 據其牀而不哭.

補註 疏曰: 此不哭者, 謂暫時不哭, 上云晝夜哭.

번역 소에서 말하길, 이곳에서 곡을 하지 않았다는 말은 잠시 곡을 하지 않았다는 뜻이다. 앞에서는 "밤낮으로 곡을 했다."[1]라고 했다.

補註 ○家語·曲禮篇: 文伯歜卒, 其妻妾皆行哭失聲, 敬姜戒之曰: "吾聞好外者士死之, 好內者女死之, 今吾子早夭, 吾惡其以好內聞也, 二三婦人, 請無瘠色, 無揮涕, 無拊膺, 無加服, 有降服, 從禮而靜, 是昭吾子也." 孔子聞之曰: "女智無若婦, 男智莫若夫, 公父氏之婦智矣, 剖情損禮, 欲以明其子爲令德也."

---

1) 『예기』「단궁하(檀弓下)」: 穆伯之喪, 敬姜晝哭; 文伯之喪, 晝夜哭. 孔子曰: "知禮矣."

번역 ○『공자가어』「곡례(曲禮)」편에서 말하길, 문백촉(文伯歜)이 죽자 그의 처와 첩은 모두 곡을 하며 목이 쉬었다. 경강(敬姜)이 주의를 주며, "내가 들기로 외적으로 활동을 잘 한 사람은 사들이 그의 죽음을 애도하고, 내적으로 활동을 잘 한 사람은 여인들이 그의 죽음을 애도한다고 했다. 현재 내 자식이 이른 나이에 요절을 했지만, 나는 그가 집에서만 잘 하였던 자로 소문이 나기를 바라지 않는다. 그대 여인들은 수척해진 기색을 드러내지 말아야 하고, 눈물을 계속 흘려서는 안 되며, 가슴을 심하게 두들겨서는 안 되고, 복식을 더하지 말고, 복식의 단계를 낮춰서 예법에 따라 차분히 치르기를 청하니, 이것이 바로 내 자식의 덕을 드러내는 일이다."라고 했다. 공자가 그 소식을 듣고는 "여자들의 지혜는 부인만한 것이 없고 남자들의 지혜는 남편만한 것이 없는데, 공보씨(公父氏)의 부인은 참으로 지혜롭구나, 감정을 끊어내고 예를 줄여서 자식의 훌륭한 덕을 드러내고자 했구나."라고 했다.[2]

② 內人皆行哭失聲.

補註 鄭註: 內人, 妻·妾.
번역 정현의 주에서 말하길, '내인(內人)'은 처와 첩을 뜻한다.

補註 ○按: 行哭, 小註以爲行哭泣之禮, 而類編解以奔走號哭, 似長.
번역 ○살펴보니, '행곡(行哭)'에 대해 소주에서는 곡을 하며 눈물을 흘리는 예를 시행했다는 뜻으로 여겼다. 그런데 『유편』에서는 분주히 달려와서 부르짖으며 곡을 한다고 풀이했는데, 아마도 이 해석이 더 나은 것 같다.

---

[2] 『공자가어』「곡례자하문(曲禮子夏問)」: 公父文伯卒, 其妻妾皆行哭失聲, 敬姜戒之曰, "吾聞好外者士死之, 好內者女死之, 今吾子早殀, 吾惡其以好內聞也, 二三婦人之欲供先祀者, 請無瘠色, 無揮涕, 無拊膺, 無哀容, 無加服, 有降從禮而靜, 是昭吾子也." 孔子聞之曰, "女智無若婦, 男智莫若夫, 公文氏之婦智矣, 剖情損禮, 欲以明其子爲令德也."

③ 曠於禮.

補註 疏曰: 疎薄於賓客朋友之禮.

번역 소에서 말하길, 빈객 및 벗에 대한 예법에 대해 소원하고 야박하게 대했다는 뜻이다.

①鄭氏曰: 季氏, 魯之宗卿, 敬姜有會見之禮.

번역 정현이 말하길, 계씨(季氏)는 노나라의 종경(宗卿)³⁾이었으므로, 경강(敬姜)에게도 회동을 하거나 알현하는 예법이 적용되었던 것이다.

① 鄭氏曰[止]之禮.

補註 按: 此釋以就公室.

번역 살펴보니, 이것은 경문의 '이취공실(以就公室)'이라는 말을 풀이한 것이다.

---

3) 종경(宗卿)은 군주와 같은 종인(宗人) 중 대신(大臣)에 오른 자를 뜻한다. 『춘추좌씨전』「성공(成公) 14년」편에는 "是先君宗卿之嗣也, 大國又以爲請, 不許, 將亡."이라는 기록이 있는데, 이에 대한 두예(杜預)의 주에서는 "同姓之卿."이라고 풀이했다. 한편 '종경'은 조정의 신하들 중 의례(儀禮)·제사(祭祀) 및 종묘(宗廟)와 관련된 일들을 전담하는 관리들의 수장을 범칭하는 용어로도 사용된다.

「단궁하」 59장

참고―經文

季康子之母死, ①陳褻衣. 敬姜曰: "婦人不飾不敢見舅姑. ②將有四方之賓來, 褻衣何爲陳於斯?" 命徹之.

번역 계강자(季康子)의 모친이 죽었을 때, 모친의 속옷을 펼쳐두었다. 계강자의 종조모(從祖母)인 경강(敬姜)이 그 모습을 보고, "부인들은 치장을 하지 않으면, 감히 시부모를 뵙지 않는 것이다. 그런데 현재 사방에서 빈객들이 찾아오게 될 것인데, 그녀의 속옷을 어찌하여 이곳에 펼쳐두었는가?"라고 말하고는 곧 명령을 하여 속옷을 치우도록 하였다.

① 陳褻衣.

補註 鄭註: 陳之, 將以斂.

번역 정현의 주에서 말하길, 그것을 펼쳐둔 이유는 장차 염(斂)을 하기 위해서이다.

② 將有四方之賓.

補註 鄭註: 言四方之賓, 嚴於舅姑.

번역 정현의 주에서 말하길, 사방에서 빈객들이 찾아오게 되므로, 시부모를 대하는 것보다도 엄격히 해야 한다는 뜻이다.

「단궁하」 60장

有子與子游立, 見孺子慕者. 有子謂子游曰: "予壹不知夫喪之踊也, 予欲去之久矣. ①情在於斯, 其是也夫!"

번역 유자(有子)가 자유(子游)와 함께 서 있었는데, 그때 마침 어린아이가 부모를 그리워하며 울부짖는 모습을 보게 되었다. 유자가 자유에게 말하길, "나는 항상 상례에서 용(踊)을 왜 하는지 깨닫지 못하여, 오래전부터 이것을 규정에서 제거하고자 했었다. 그런데 저 어린아이가 울부짖는 것처럼, 용(踊)에도 그 애통한 마음이 나타나는 것이로구나!"라고 했다.

---

① ○情在於斯其是也夫.

補註 疏曰: 情在於斯, 言孝子之情在於此, 小兒直號慕而已. 其是也夫, 言但如小兒, 其事卽是, 何須爲哭踊之有節.

번역 소에서 말하길, 정감이 여기에 있다는 것은 자식의 정감이 여기에 드러나게 된다는 의미로, 어린아이는 단지 그리워하며 울부짖을 따름이라는 뜻이다. '기시야부(其是也夫)'는 단지 이러한 어린아이와 같다면, 그 사안은 곧 옳은 것이 되는데, 어째서 곡과 용(踊)을 하는 절도를 만들어야 하느냐는 뜻이다.

補註 ○陽村曰: 有子之意以爲喪與其易寧戚, 故曰哀情只在此孺子之慕, 而不在於踊. 蓋以孺子慕爲是而欲從之, 以踊爲非而欲去之也. 故子游言禮之當有品節者以答之.

번역 ○양촌이 말하길, 유자의 의도는 상은 수월하게 치르기보다는 차라리 슬퍼해야 한다[1]고 여긴 것이다. 그렇기 때문에 애통해하는 정감은 단지 이

---

1) 『논어』「팔일(八佾)」: 林放問禮之本. 子曰, "大哉問! 禮, 與其奢也寧儉, 喪, 與其

러한 어린아이의 그리워하는 마음에 있으며 용(踊)을 하는데 있지 않다고 말한 것이다. 아마도 어린아이가 그리워하는 것을 옳다고 여겨 그것을 따르고자 했고, 용을 하는 것은 잘못되었다고 여겨 없애고자 한 것 같다. 그렇기 때문에 자유는 예에는 마땅히 등급에 따른 조절이 있어야 한다고 대답한 것이다.

補註 ○按: 若如陳註, 有子果以踊爲是, 而欲存之, 則子游何乃費辭辨破, 至以非禮之訾爲言乎? 陳註誤矣.

번역 ○살펴보니, 만약 진호의 주장대로라면 유자는 결국 용(踊)을 옳은 것으로 여겨 그것을 보존하고자 한 것이 되는데, 그렇다면 자유는 어찌 쓸데없이 이런저런 말을 하여 그것을 논파하고, 예의 허물이 아니라는 말을 하게 되었단 말인가? 따라서 진호의 주는 잘못되었다.

補註 ○又按: 此章當與上篇弁人其母死章, 參看.

번역 ○또 살펴보니, 이 문장은 마땅히 「단궁상」편에서 변(弁) 땅의 사람이 모친의 상을 당했다고 한 문장[2]과 함께 살펴보아야 한다.

易也寧戚."
2) 『예기』「단궁상(檀弓上)」: 弁人有其母死而孺子泣者, 孔子曰: "哀則哀矣, 而難爲繼也. 夫禮, 爲可傳也, 爲可繼也, 故哭踊有節."

「단궁하」61장

子游曰: "禮有微情者, ①有以故興物者, 有直情而徑行者, 戎狄之道也. 禮道則不然."

번역 자유(子游)가 말하길, "예에는 그 과도한 감정을 줄이는 경우도 있고, 반대로 일부러 어떤 사물들을 만들어서, 이것을 통해 감정을 북돋는 경우도 있는 것이다. 따라서 단지 감정에만 내맡겨서 경솔하게 행동하는 것이 있다면, 이것은 오랑캐들이나 따르는 도리에 해당한다. 선왕이 제정한 예의 도리에서는 그렇지 않다."라고 했다.

① ○有以故興物者.

補註 按: 以故二字, 古今註終不明釋, 而故, 恐是故爲之意.

번역 살펴보니, '이고(以故)'라는 두 글자에 대해서 옛 주석이나 진호의 주에서도 명확하게 풀이하지 못했는데, '고(故)'자는 아마도 "일부러 행하다[故爲]."는 뜻인 것 같다.

「단궁하」 62장

참고─經文

人喜則斯陶, 陶斯咏, ①咏斯猶, 猶斯舞, 舞斯慍, 慍斯戚, 戚斯歎, ②歎斯辟, 辟斯踊矣. 品節斯, 斯之謂禮.

번역 계속하여 자유(子游)가 말하길, "사람이 기뻐하게 되면, 이에 갑갑한 마음이 일어나게 되고, 마음이 갑갑하게 되면 기쁜 감정을 표출하기 위해, 입으로 노래를 읊조리게 되며, 입으로 노래를 읊조리다보면 분에 차지 않아서, 이에 몸을 움직이게 되고, 몸을 움직이게 되면, 이에 춤을 추게 된다. 그런데 춤을 추다보면, 거기에서는 기쁜 마음과 상반되는 성난 감정이 생겨나게 되고, 성난 감정이 일어나게 되면, 이에 슬퍼하는 감정이 일어나게 되며, 슬퍼하게 되면, 이에 탄식이 나오고, 탄식을 내뱉게 된 마음을 씻어내지 못하면, 그 울분으로 인해 가슴을 치게 되며, 가슴을 쳐도 씻어내지 못하면, 발을 구르게 된다. 이러한 감정의 갈래를 조절하게 되니, 이것을 바로 예라고 부른다."라고 했다.

① ○咏斯猶.

補註 類編曰: 猶, 卽夷猶, 不必改作搖.

번역 『유편』에서 말하길, '유(猶)'자는 "머뭇거리다[夷猶]."는 뜻이니, 요(搖)자로 고칠 필요는 없다.

② 歎斯辟.

補註 辟, 與擗通.

번역 '벽(辟)'자는 벽(擗)자와 통용된다.

此言樂極生哀之情. 但"舞斯慍"一句, 終是可疑. 今且據疏. ①劉氏
欲於"猶斯舞"之下增一"矣"字, 而刪"舞斯慍"三字, 今亦未敢從.

번역 이것은 즐거움이 지극해지면, 거기에서 슬픈 감정이 생겨난다는 뜻이다. 다만
'무사온(舞斯慍)'이라는 한 구문은 아무래도 의심스러운데, 이곳에서는 소의 해석
에 따른다. 유씨는 '유사무(猶斯舞)'라는 구문 뒤에 '의(矣)'라는 한 글자를 덧붙이
고자 하였고, '무사온(舞斯慍)'이라는 세 글자를 삭제하려고 하였는데, 여기에서는
그 주장에 따르지 않는다.

① 劉氏欲於[止]未敢從.

補註 按: 疏曰, "鄭諸本亦有無'舞斯慍'一句者." 陸曰, "或於慍斯戚上有
'舞斯慍'一句, 衍文." 以此觀之, 劉氏之欲刪, 儘有據.

번역 살펴보니, 소에서는 "정현은 여러 판본들 중에는 또한 '무사온(舞斯慍)'
이라는 한 구문이 없는 기록도 있다."라고 했다. 육덕명이 말하길, "판본에
따라서는 '온사척(慍斯戚)'이라는 구문 앞에 '무사온(舞斯慍)'이라는 한 구
문이 더 기록되어 있는 기록도 있는데, 연문(衍文)에 해당한다."라고 했다.
이를 통해 살펴보면 유씨가 이를 삭제하고자 했던 것에는 모두 근거가 있는
것이다.

「단궁하」 63장

참고-經文

①人死, 斯惡之矣; 無能也, 斯倍之矣. 是故制絞·衾, 設②蔞·
翣, 爲使人勿惡也.

번역 계속하여 자유(子游)가 말하길, "사람이 죽게 되면, 다른 사람들은 그를 꺼려
하게 된다. 사람이 무능하게 된다면, 다른 사람들은 그를 등지게 된다. 이러한 까닭
으로 성인은 시신을 치장하는 교(絞)와 금(衾)을 제정하였고, 또 관(棺)을 치장하
는 누(蔞)와 삽(翣)을 제정하여, 사람들로 하여금 죽은 자를 꺼려하지 않게끔 했던
것이다."라고 했다.

① 人死斯惡[止]倍之矣.

補註 鄭註: 無能, 心謂之無所復能.
번역 정현의 주에서 말하길, '무능(無能)'은 마음속으로 그에 대해서 다시 회
복할 수 있는 능력이 없다고 평가한다는 뜻이다.

補註 ○按, 下文爲使人勿惡, 應斯惡, 爲使人勿倍, 應斯倍.
번역 ○살펴보니, 뒤의 문장에서 사람들로 하여금 꺼려하지 않게끔 한다고
한 말은 '사오(斯惡)'에 호응하고, 사람들로 하여금 등지지 않게끔 한다고 한
말1)은 '사배(斯倍)'에 호응한다.

② 蔞翣.

補註 按: 蔞, 音柳, 見上篇柳翣補註.

---

1) 『예기』「단궁하(檀弓下)」: 始死, 脯·醢之奠, 將行, 遣而行之, 旣葬而食之. 未有
見其饗之者也. 自上世以來, 未之有舍也, <u>爲使人勿倍</u>也. 故子之所刺於禮者, 亦
非禮之眥也.

번역 살펴보니, '簍'자의 음은 '柳(류)'이니, 「단궁상」편의 류삽(柳翣)에 대한 보주에 나온다.

「단궁하」 64장

참고-經文

始死, 脯·醢之奠, 將行, 遣而行之, 旣葬而食之. 未有見其饗
之者也. 自上世以來, 未之有舍也, ①爲使人勿倍也. 故子之所
刺於禮者, 亦非禮之訾也.

번역 계속하여 자유(子游)가 말하길, "어떤 자가 이제 막 죽었을 때에는 포(脯)와
젓갈 등을 차려서 음식을 진설하게 되고, 장례를 치르려고 할 때에는 견전(遣奠)을
지낸 뒤에 그 희생물의 고기를 포장하여, 견거(遣車)에 실려 함께 보내게 되고, 장
례를 끝내게 되면 우제(虞祭)를 치르면서 음식을 대접하게 된다. 그러나 일찍이 신
들이 직접 찾아와서 이러한 음식들을 흠향하는 것을 보았던 자는 없었다. 그런데도
상고시대에 예를 제정했을 때부터 그 이후로 이러한 예법을 내버리고 시행하지 않
았던 자가 없다. 그 이유는 이러한 예법 절차를 시행하게 되면, 근본에 보답하고
시초를 반추하는 생각을 그만둘 수 없기 때문이다. 따라서 성인이 이러한 예법을
제정하여, 사람들로 하여금 죽은 자를 등지지 않게끔 했던 것이다. 그러므로 그대가
상례의 절차 중 용(踊)에 대해서 비판하며, 그 규정을 제거하려고 했지만, 용은 또
한 예의 잘못된 허물이 아니다."라고 했다.

① ○爲使人勿倍也.

補註 按: 若如有子之言, 其過之者, 直情徑行, 似此孺子之慕, 則不及者
亦必有直情徑行, 斯惡斯倍之患, 故遂說及此.

번역 살펴보니, 만약 유자의 설명대로라면, 이를 지나치게 시행하는 자는 단
지 감정에 따라 경솔하게 행동하여 이처럼 어린아이가 그리워하는 것처럼
하게 되니, 여기에 미치지 못하는 자 또한 분명 감정에만 따라 경솔하게 행
동하여 꺼려하거나 등진다는 우려가 생긴다. 그렇기 때문에 결국 이러한 말
까지 하게 된 것이다.

補註 ○陽村曰: 哭踊之節, 聖人所以爲之中制也. 自古賢者恒少, 不肖

者恒多. 苟無禮制爲之節, 則哀情若孺子慕者, 雖過而猶可也. 不肖而忘哀者, 斯惡斯倍而人理滅矣. 故聖人制爲禮, 使賢者不敢過, 不肖者企而及. 因其哀戚之情, 而爲踊以節之也.

번역 ○양촌이 말하길, 곡과 용(踊)을 하는 절도는 성인이 중도에 맞게끔 하기 위해 제정한 것이다. 예로부터 현명한 자는 항상 적었고 불초한 자는 항상 많았다. 만약 예법을 제정하여 절도를 맞추지 않았다면, 애통한 정감이 어린아이가 그리워하는 것과 같은 경우 비록 지나치더라도 오히려 괜찮다고 여긴다. 반면 불초하여 애통한 마음을 잊어버리는 경우에는 꺼려하거나 등지게 되니 인도의 이치가 없어지게 된다. 그렇기 때문에 성인이 예법을 제정하여 현명한 자는 감히 지나치지 못하게 했고 불초한 자에게는 발돋움하여 이르도록 한 것이다. 따라서 애통하고 슬퍼하는 정감에 따라 용(踊)을 하여 절도를 맞추는 것이다.

「단궁하」 66장

참고—經文

大宰嚭曰: "古之侵伐者, 不斬祀, 不殺厲, 不獲二毛. ①今斯師
也, 殺厲與? 其不謂之殺厲之師與?" 曰: "反爾地, 歸爾子, 則謂
之何?" 曰: "君王討敝邑之罪, 又矜而赦之, ②師與有無名乎?"

번역 행인(行人)인 의(儀)가 부차(夫差)의 말을 대재(大宰)인 비(嚭)에게 전달했
다. 그러자 대재인 비(嚭)는 "고대에 침략을 하고 정벌을 했던 자들은 사당의 나무
를 베지 않았고, 역병에 걸린 자를 죽이지 않았으며, 머리카락이 반백인 노인들을
포로로 잡지 않았습니다. 그런데 현재 오나라 군대는 역병에 걸린 자들까지 죽이지
않았습니까? 그러므로 사람들이 역병에 걸린 자들까지 죽인 군대라고 부르지 않겠
습니까?"라고 대답했다. 행인인 의(儀)가 이 말을 부차에게 전달하니, 부차는 "너희
에게서 빼앗은 땅을 되돌려주고, 너희 나라에서 잡은 포로를 되돌려준다면, 뭐라고
칭하겠는가?"라고 하며, 이 말을 전하라고 명했다. 행인인 의(儀)가 이 말을 대재인
비(嚭)에게 전달하자, 대재인 비(嚭)는 "군왕께서 우리나라가 범한 죄를 토벌하시
고도 다시금 불쌍하게 여기셔서 용서를 해주신다면, 군왕께서 일으키신 군대에 대
해서 명성이 없을 수 있겠습니까?"라고 했다.

① ○今斯師[止]之師與.

補註 鄭註: 欲微切之, 故其言似若不審然, 正言殺厲, 重人.
번역 정현의 주에서 말하길, 넌지시 잘못을 바로잡고자 했기 때문에 그의
말이 매우 심하지 않은 것처럼 보인 것이다. 그런데 단지 역병에 걸린 자
를 죽였다고만 말한 이유는 다른 일보다도 사람에 대한 일을 중시했기 때
문이다.

② 師與有無名乎.

補註 疏曰: 言必有善名.

번역 소에서 말하길, 반드시 좋은 명성을 얻게 된다는 뜻이다.

補註 ○類編曰: 註與平聲. 按, 與, 如字. 左傳, 其與幾何, 其人能靖者與
有幾, 皆如字.

번역 ○『유편』에서 말하길, 주에서는 '여(與)'자를 평성으로 풀이했다. 살펴
보니, '여(與)'자는 글자대로 읽어야 한다. 『좌전』에서는 "이것이 얼마나 가
겠는가?"¹⁾라고 했고, "국가를 안정시킬 수 있는 자는 몇이나 되겠는가?"²⁾라
고 했는데, 이 기록들에서는 모두 글자대로 풀이했다.

---

1) 『춘추좌씨전』「양공(襄公) 29년」: 裨諶曰, "是盟也, 其與幾何? 詩曰, '君子屢盟,
   亂是用長.' 今是長亂之道也, 禍未歇也, 必三年而後能紓."
2) 『춘추좌씨전』「희공(僖公) 23년」: 對曰, "吾以靖國也. 夫有大功而無貴仕, 其人
   能靖者與有幾?"

「단궁하」 67장

참고─集說

顔丁, 魯人. 皇皇, 猶栖栖也. 望望, 往而不顧之貌. 慨, 感悵之
意. 始死, 形可見也; 旣殯, 柩可見也; 葬則無所見矣. 如有從而
弗及, 似有可及之處也. 葬後則不復如有所從矣, 故但言"如不
及其反." 又云"而息"者, 息, 猶待也, 不忍決忘其親, 猶①且行
且止, 以待其親之反也. 蓋葬者往而不反, 然孝子於迎精而反
之時, 猶如有所疑也.

번역 '안정(顔丁)'은 노나라 사람이다. '황황(皇皇)'은 "몹시 분주하다[栖栖]."라는
뜻이다. '망망(望望)'은 길을 떠나며 뒤돌아보지 않는 모양을 뜻한다. '개(慨)'자는
슬픔을 느낀다는 뜻이다. 어떤 자가 이제 막 죽게 되면, 그 형체를 볼 수 있고, 빈소
를 차리게 되면, 시신을 싣고 있는 영구를 볼 수 있다. 그러나 장례를 치르고 나면,
부모의 모습을 확인할 수 있는 것이 없어진다. "쫓음이 있으나 미치지 못하는 것과
같다."는 말은 마치 도달할 수 있는 곳이 있는 것 같다는 뜻이다. 장례를 치른 뒤라
면, 다시는 쫓을 수 있는 것이 있는 것처럼 할 수 없다. 그렇기 때문에 단지 "그
되돌아옴에 미치지 못한 것처럼 했다."라고 말한 것이다. 또 '이식(而息)'이라고 했
는데, '식(息)'자는 "기다린다[待]."는 뜻이니, 차마 그 부모를 완전히 잊어버릴 수
가 없으니, 여전히 길을 가다가도 멈추는 것 을 반복하며, 자신의 부모가 되돌아오
기를 기다린다는 뜻이다. 무릇 장례에서는 가기만 하고, 되돌아오지는 않는다. 그러
나 자식은 부모의 정기를 맞이하여 되돌아올 때, 여전히 되돌아오지는 않을까라는
의문을 품은 것처럼 행동하게 된다.

① ○且行且止.

補註 按: 此亦以譬諭言. 且行, 釋不及其反, 且止, 釋而息.
번역 살펴보니, 이 또한 비유로 한 말이다. '차행(且行)'은 불급기반(不及其
反)을 풀이한 것이고, '차지(且止)'는 이식(而息)을 풀이한 말이다.

「단궁하」 68장

子張問曰: "書云, '高宗三年不言, ①言乃讙', 有諸?" 仲尼曰: "胡爲其不然也! 古者②天子崩, 王世子聽於冢宰三年."

번역 자장(子張)이 "『서』에서는 '고종(高宗)은 3년 동안 말을 하지 않았고, 말을 하게 되자 신하들이 기뻐했다.'[1]라고 했는데, 실제로 이러한 일이 있었습니까?"라고 물었다. 그러자 공자는 "어찌 그렇지 않았겠는가! 옛날에는 천자가 붕어하면, 왕세자(王世子)는 삼년상을 치르게 되므로, 3년 동안 총재(冢宰)에게 정사를 맡기고, 보고만 받았다."라고 대답해주었다.

① 言乃讙.

補註 疏曰: 書·無逸云, "言乃雍", 雍·讙字相近, 義得兩通.

번역 소에서 말하길, 『서』「무일(無逸)」편에서는 '언내옹(言乃雍)'이라고 기록했는데, '옹(雍)'자와 '환(讙)'자는 그 의미가 비슷하므로, 의미상 통용해서 사용할 수 있다.

② 天子崩[止]三年.

補註 楊梧曰: 論語云君薨, 蓋兼諸侯言, 此云天子崩, 專主高宗而答. 論語云百官總己, 而此云王世子, 見非特群臣, 王世子亦委之代己聽朝也.

---

1) 『서』「주서(周書)·무일(無逸)」: 其在高宗時, 舊勞于外, 爰曁小人, 作其卽位, 乃或亮陰, <u>三年不言, 其惟不言, 言乃雍</u>, 不敢荒寧, 嘉靖殷邦.

번역 양오가 말하길, 『논어』에서 "군주가 죽었다[君薨]."²⁾라고 말한 것은 아마도 제후까지도 포함해서 말한 것이고, 이곳에서 "천자가 죽어다[天子崩]." 라고 말한 것은 전적으로 고종에 대한 경우를 위주로 답변한 것이다. 『논어』에서는 "모든 관리들이 자신의 직무를 총괄한다[百官總己]."라고 했고, 이곳에서 '왕세자(王世子)'라고 했으니, 뭇 신하들만 하는 것이 아니라 왕세자 또한 그에게 위임하여 자신을 대신해 조정의 일을 처리하도록 한다는 뜻을 드러낸 것이다.

---

2) 『논어』 「헌문(憲問)」: 子張曰, "書云, '高宗諒陰, 三年不言.' 何謂也?" 子曰, "何必高宗, 古之人皆然. <u>君薨</u>, 百官總己以聽於冢宰三年."

「단궁하」 69장

참고—經文

①知悼子卒, 未葬. 平公飲酒, 師曠·李調侍, 鼓鐘. 杜蕢自外來, 聞鐘聲, 曰: "安在?" 曰: "在寢." 杜蕢入寢, 歷階而升, 酌曰: "曠飲斯!" 又酌曰: "調飲斯!" 又酌, 堂上北面坐飲之, 降, 趨而出.

번역 진(晉)나라 대부인 지도자(知悼子)가 죽었는데, 아직 장례를 치르지 않은 상태였다. 그런데 진나라 평공(平公)은 술을 마셨고, 그때 사광(師曠)과 이조(李調)가 시중을 들었으며, 음악까지 연주하였다. 두괴(杜蕢)는 밖에 있다가 들어왔는데, 종을 울리는 소리를 들었다. 그래서 "이 소리는 어디에서 나는 것인가?"라고 물었다. 그러자 옆에 있던 자가 "침(寢)에서 연주하는 것입니다."라고 대답했다. 두괴가 침으로 들어가서, 계단을 통해 당상으로 올라갔다. 그리고는 곧 술을 따라서 "사광아! 이 술을 마셔라!"라고 했고, 재차 술을 따라서 "이조야! 이 술을 마셔라!"라고 했으며, 또한 술을 따라서, 당상에서 북쪽을 바라보며 앉았고, 그 술을 마셨다. 그리고는 곧 당하(堂下)로 내려가서 빠른 걸음으로 빠져나가려고 했다.

① ○知悼子卒章.

補註 按: 此事又見左傳昭九年, 而文多異.

번역 살펴보니, 이 일화는 또한 『좌전』 소공 9년 기사에도 나오는데, 문장에는 다소 차이가 있다.

참고—集說

①知悼子, 晉大夫, 名罃. 平公, 晉侯彪也. 凡三酌者, 既罰二子, 又自罰也.

번역 '지도자(知悼子)'는 진(晉)나라의 대부로, 이름은 앵(罃)이다. '평공(平公)'은 진나라 후작인 표(彪)이다. 모두 세 차례 술잔을 따른 것은 두 사람에 대해서 책망을 한 것이고, 또한 제 스스로 자책을 한 것이다.

① 知悼子[止]名罃.

補註 鄭註: 悼子, 晉大夫荀盈.

번역 정현의 주에서 말하길, '도자(悼子)'는 진나라의 대부인 순영(荀盈)이다.

補註 ○按: 悼子名盈, 罃之子. 罃卽知武子. 陳註書以其父之名, 誤矣.

번역 ○살펴보니, 도자(悼子)의 이름은 영(盈)으로, 앵(罃)의 아들이다. 앵(罃)은 지무자(知武子)에 해당한다. 진호의 주에서 그의 부친 이름으로 기록한 것은 잘못된 해석이다.

言爾之初入, 我意爾必有所諫敎開發於我, 我是以不先與爾言. 乃三酌之後, 竟不言而出, 爾之飮曠何說也? 蕢言桀以乙卯日死, 紂以甲子日死, 謂之疾日, 故君不擧樂. 在堂, 在殯也. 況 ①君於卿大夫, 比葬不食肉, 比卒哭不擧樂. 悼子在殯, 而可作樂燕飮乎? 桀紂異代之君, 悼子同體之臣, 故以爲大於子卯也. 詔, 告也. 罰其不告之罪也.

번역 즉 "네가 처음 들어왔을 때, 나는 네가 반드시 간언을 올려서, 나를 깨우쳐 줄 것이 있으리라 생각하여, 나는 너에게 먼저 말을 하지 않았던 것이다. 그런데 세 차례 술잔을 따른 이후에, 끝내 말을 하지 않고 나가니, 네가 사광(師曠)에게 술을 마시게 한 것은 무엇을 말하려고 함인가?"라고 말한 것이다. 그러자 두괴(杜蕢)는 "걸(桀)임금은 을묘일(乙卯日)에 죽었고, 주(紂)임금은 갑자일(甲子日)에 죽었는데, 이 두 날을 불길한 날이라고 말합니다. 그렇기 때문에 군주는 그날에 음악을 연주하지 않는 것입니다."라고 했다. 여기에서 '재당(在堂)'은 시신이 빈소에 있다는 뜻이다. 즉 "하물며 군주는 경과 대부의 상에 대해서, 장례를 치를 때까지 고기도 먹지 않고, 또 졸곡(卒哭)을 할 때까지 음악을 연주하지 않습니다. 현재 지도자(知悼子)의 시신이 빈소에 있는데, 음악을 연주하며 연회를 베풀어서 술을 마실 수 있겠습니까?"라고 한 것이다. 걸과 주는 이전 왕조의 군주이고, 지도자는 군주와 생사를 함께 한 신하이다. 그렇기 때문에 그의 죽음을 걸주가 죽은 갑자일(甲子日)이나 을묘일(乙卯日)보다도 중대한 것으로 여긴 것이다. '조(詔)'자는 "아뢰다[告]."는 뜻이다. 군주에게 아뢰지 않은 죄에 대해서 벌을 준 것이다.

① ○君於卿大夫[止]不擧樂.

補註 雜記文.

번역 『예기』「잡기(雜記)」편의 기록이다.[1]

---

1) 『예기』「잡기상(雜記上)」: 卿大夫疾, 君問之無算, 士壹問之. <u>君於卿大夫, 比葬不食肉, 比卒哭不擧樂.</u> 爲士, 比殯不擧樂.

「단궁하」 73장

참고-經文

> 平公曰: "寡人亦有過焉. 酌而飲寡人!" 杜蕢洗而揚觶. 公謂侍
> 者曰: "如我死, 則必毋廢斯爵也." 至於今, 旣畢獻, ①斯揚觶,
> 謂之杜擧.

번역 진(晉)나라 평공(平公)은 두괴(杜蕢)의 말을 듣고, 곧 자신의 잘못을 깨달았
다. 그래서 "과인도 죄가 있다. 그러니 너는 나에게 술을 따라서, 내가 벌주를 마시
도록 하라!"라고 명령했다. 두괴가 그 명령을 받들어, 술잔을 씻은 뒤에 그 잔을
들어 올렸다. 평공은 술을 마신 뒤, 시중을 드는 자에게, "만일 내가 죽게 되더라도,
반드시 이 술잔을 버리지 말도록 하라."라고 명령했다. 오늘날 진나라에서는 연례
(燕禮)를 시행할 때, 술을 바치는 절차가 모두 끝나게 되면, 이 술잔을 들어 올렸으
며, 이 술잔을 '두거(杜擧)'라고 불렀다.

① **斯揚觶.**

補註 按: 燕禮 · 大射禮, 獻後, 有媵爵擧觶之禮. 此言自是以後, 每當畢
獻揚觶之時, 必用此觶揚之, 而名觶曰杜擧也.

번역 살펴보니, 『의례』「연례(燕禮)」편과 「대사례(大射禮)」편에서는 헌(獻)
을 한 이후 잉작(媵爵)[1]으로 술잔인 치(觶)를 드는 예법이 있다. 이곳의 내
용은 바로 이 시점 이후로 매번 헌(獻)을 끝내고 치(觶)를 드는 시기에는 반
드시 이러한 치(觶)를 이용해서 들어 올려야 한다는 뜻이고, 치(觶)에 대해
서 두거(杜擧)라고 불렀다는 의미이다.

---

1) 잉작(媵爵)은 술을 따라주는 예법 절차 중 하나이다. 연례(燕禮)를 실시할 때, 술을
따라주는 절차가 끝나면, 재차 명령을 하여, 군주에게 술을 따르도록 시키는데, 이것
을 '잉작'이라고 부른다. 또한 '잉작'의 시점을 서로 술을 따라서 주고받는 절차의
시작으로 삼기도 한다. 『의례』「연례(燕禮)」편에는 "小臣自阼階下, 請媵爵者, 公
命長."이라는 기록이 있고, 호배휘(胡培翬)의 『정의(正義)』에서는 "李氏如圭云:
媵爵者, 獻酬禮成, 更擧酒於公, 以爲旅酬之始"라고 풀이했다.

長樂陳氏曰: 先王制爲喪臣之禮, 於服則衰絰, 於膳則不擧, 於樂則弛縣, 以至與斂往弔, 莫不盡禮. 是以柳莊之卒, 衛獻公不釋祭服而往襚, 叔弓之卒, 隱公不與斂, 仲遂之卒, 宣公猶繹而萬入, 君子非之, 然則悼子之未葬, 平公飮酒至於鼓鐘, 其可乎? 此杜蕢所以升酌而譏之也. 非杜蕢不能改平公之過於群臣不言之際, 非平公不能彰杜蕢之善於後世矣. 蓋杜蕢之所存者, 忠也, 所敢爲者, 勇也, 平公之知悔者, 智也, 不掩人者, 義也, 皆禮之所與也. 然①平公賢孟子而終於不可見, 尊亥唐而終於不共治, 則所謂智而且義者, 蓋亦勉强之而已. 左傳謂屠蕢責樂工以不聰, 責嬖叔以不明, 責己以不善味, 其言雖不同, 其實一也. 噫! 三代之季, 賢者陸沉多矣, 及不得已然後, 出而見於世, 故讓爵見於屠羊, 非書見於斲輪, 守官見於虞人, 商歌見於飯牛, 則善諫見於宰夫, 不爲過矣.

번역 장락진씨가 말하길, 선왕은 신하의 상을 치르는 예를 제정함에, 복장에 있어서는 최복(衰服)과 질(絰)을 두르게 하였고, 음식에 있어서는 성찬을 들지 못하도록 했으며, 음악에 있어서는 현악기의 줄을 풀어두도록 했고, 이로부터 염(斂)에 참여하여, 직접 찾아가서 조문을 하는 것에 이르기까지, 그 예를 다하지 않음이 없었다. 이러한 까닭으로 유장(柳莊)이 죽었을 때, 위나라 헌공(獻公)은 상복을 벗지 않고 찾아가서 부의를 전했다고 했고,[2] 숙궁(叔弓)이 죽었을 때, 은공(隱公)은 염(斂)에 참석하지 않았으며,[3] 중수(仲遂)가 죽었을 때, 선공(宣公)은 여전히 역제(繹祭)[4]를 지내고 있어서, 만무(萬舞)는 그대로 추도록 하여 군자는 그 사실을 비

---

2) 『예기』「단궁하(檀弓下)」: 衛有大史曰柳莊, 寢疾公曰, "若疾革, 雖當祭必告." 公再拜稽首請於尸, 曰, "有臣柳莊也者, 非寡人之臣, 社稷之臣也. 聞之死, 請往." 不釋服而往, 遂以襚之, 與之邑裘氏與縣潘氏, 書而納諸棺, 曰, "世世萬子孫無變也."

3) 『춘추공양전』「소공(昭公) 15년」: 二月, 癸酉, 有事于武宮, 籥入, 叔弓卒, 去樂卒事, 其言去樂卒事何? 禮也. 君有事于廟, 聞大夫之喪, 去樂. 卒事. 大夫聞君之喪, 攝主而往. 大夫聞大夫之喪, 尸事畢而往.

판하였는데,5) 지도자(知悼子)가 죽었을 때, 아직 장례를 치르지 않았는데도, 평공(平公)은 술을 마시고, 또 음악까지도 연주를 하였으니, 이것이 옳은 일이겠는가? 이것이 바로 두괴(杜蕢)가 당상에 올라가서, 술을 따라서 기롱을 하게 된 이유이다. 그런데 두괴가 아니었다면, 뭇 신하들이 말을 하지 않는 상황에서, 평공의 잘못을 바로잡지 못했을 것이고, 또 평공이 아니었다면, 후세에 두괴의 올바름을 드높일 수가 없었다. 무릇 두괴가 지니고 있었던 마음은 충(忠)에 해당하고, 과감히 행동으로 옮긴 것은 용(勇)에 해당하며, 평공이 잘못을 뉘우친 것은 지(智)에 해당하고, 그 잘못을 남이 보지 못하도록 가리지 않았던 것은 의(義)에 해당하니, 이 모두는 예(禮)와 짝을 이루는 것들이다. 그러나 평공은 맹자(孟子)를 현명하게 여겼음에도, 끝내 그를 만나보지 못했고,6) 해당(亥唐)을 존귀하게 높였음에도, 끝내 함께 정사를 다스리지 못했으니,7) 이른바 그를 지혜롭고 또 의롭다고 하는 것들은 또한 억지로 이처럼 따랐던 것일 뿐이다. 『좌전』에서는 도괴(屠蕢)가 악공(樂工)이 군주가 잘 듣지 못하도록 했던 일을 책망했고, 폐숙(嬖叔)이 군주가 잘 보지 못하도록 했던 일을 책망했으며, 자신에게 있어서는 맛을 잘 보지 못하도록 했던 일을 책망했다고 하여,8) 그 기록들이 비록 다르지만, 실제로는 같은 뜻이다. 아! 삼대의

---

4) 역제(繹祭)는 일종의 제례 의식 중 하나이다. 정규 제사를 지낸 다음날 지내는 제사이다.

5) 『예기』「단궁하(檀弓下)」: 仲遂卒于垂, 壬午猶繹, 萬入去籥, 仲尼曰, "非禮也. 卿卒不繹."

6) 『맹자』「양혜왕하(梁惠王下)」: 魯平公將出, 嬖人臧倉者請曰, "他日君出, 則必命有司所之. 今乘輿已駕矣, 有司未知所之, 敢請." 公曰, "將見孟子." 曰, "何哉, 君所謂輕身以先於匹夫者? 以爲賢乎? 禮義由賢者出, 而孟子之後喪踰前喪. 君無見焉!" 公曰, "諾."

7) 『맹자』「만장하(萬章下)」: 晉平公之於亥唐也, 入云則入, 坐云則坐, 食云則食, 雖蔬食菜羹, 未嘗不飽, 蓋不敢不飽也. 然終於此而已矣. 弗與共天位也, 弗與治天職也, 弗與食天祿也, 士之尊賢者也, 非王公之尊賢.

8) 『춘추좌씨전』「소공(昭公) 9년」: 晉侯飮酒, 樂. 膳宰屠蕢趨入, 請佐公使尊, 許之. 而遂酌以飮工, 曰, "女爲君耳, 將司聰也. 辰在子·卯, 謂之疾日, 君徹宴樂, 學人舍業, 爲疾故也. 君之卿佐, 是謂股肱. 股肱或虧, 何痛如之? 女弗聞而樂, 是不聰也." 又飮外嬖嬖叔, 曰, "女爲君目, 將司明也. 服以旌禮, 禮以行事, 事有其物, 物有其容. 今君之容, 非其物也; 而女不見, 是不明也." 亦自飮也, 曰, "味以行氣, 氣以實志, 志以定言, 言以出令. 臣實司味, 二御失官, 而君弗命, 臣之罪也."

말엽이라고 하더라도, 숨어있던 현자가 이처럼 많았던 것인데, 부득이한 상황이 되어서야, 밖으로 나와서, 세상에 그 모습을 드러냈던 것이다. 그러므로 작위를 사양한 일이 양을 도축했던 자의 일화 속에 나타나는 것이고,[9] 옛 기록이 찌꺼기에 불과하다고 비판한 일이 수레바퀴를 만드는 자의 일화 속에 나타나는 것이며,[10] 관리의 임무를 준수했던 일은 우인(虞人)의 일화 속에 나타나는 것이고,[11] 슬프고 처량한 노래는 소를 키우던 자의 일화 속에 나타나는 것이니,[12] 이처럼 올바른 간언이 미천한 재부(宰夫)를 맡고 있던 자의 입에서 나온 것을 과장된 것이라고 여길 수 없는 것이다.

① 平公賢孟[止]不可見.

補註 按: 晉平公卒之年, 孔子纔年二十, 則於孟子世代絶遠, 此註可疑.
無乃是錯記魯平公不見孟子事, 而有此誤歟.

번역 살펴보니, 진나라 평공이 죽었던 해에 공자의 나이는 겨우 20세였으니, 맹자와는 세대가 현격하게 멀다. 따라서 이 주석은 의문스럽다. 그것이 아니라면 노나라 평공이 맹자를 만나보지 않았던 일화를 뒤섞어 기록하여 이러한 오류가 발생했을 것이다.

---

9) 『장자』「양왕(讓王)」: 楚昭王失國, 屠羊說走而從於昭王. 昭王反國, 將賞從者. 及屠羊說. 屠羊說曰, "大王失國, 說失屠羊; 大王反國, 說亦反屠羊. 臣之爵祿已復矣, 又何賞之有?"

10) 『장자』「천도(天道)」: 桓公讀書於堂上, 輪扁斲輪於堂下, 釋椎鑿而上, 問桓公曰, "敢問, '公之所讀者, 何言邪?" 公曰, "聖人之言也." 曰, "聖人在乎?" 公曰, "已死矣." 曰, "然則君之所讀者, 古人之糟魄已夫!" 桓公, "寡人讀書, 輪人安得議乎! 有說則可, 無說則死!" 輪扁曰, "臣也以臣之事觀之. 斲輪, 徐則甘而不固, 疾則苦而不入, 不徐不疾, 得之於手而應於心, 口不能言, 有數存焉於其間. 臣不能以喩臣之子, 臣之子亦不能受之於臣, 是以行年七十而老斲輪. 古之人與其不可傳也死矣, 然則君之所讀者, 古人之糟魄已夫."

11) 『장자』「산목(山木)」: 且吾聞諸夫子曰, "入其俗, 從其俗." 今吾游於雕陵而忘吾身, 異鵲感吾顙, 游於栗林而忘眞. 栗林虞人以吾爲戮, 吾所以不庭也.

12) 『회남자』「도응훈(道應訓)」: 甯越飯牛車下, 望見桓公而悲, 擊牛角而疾商歌. 桓公聞之, 撫其僕之手曰, "異哉, 歌者非常人也."

「단궁하」 74장

참고-集說

①文子, 衛大夫, 名拔. 君, 靈公也. 大夫·士三月而葬. 有時,
猶言有數也. 死則諱其名, 故爲之諡, 所以代其名也.

번역 '문자(文子)'는 위나라의 대부로, 이름은 발(拔)이다. '군(君)'은 영공(靈公)
을 가리킨다. 대부와 사는 3개월째에 장례를 치른다. '유시(有時)'는 정해진 기한이
있다는 뜻이다. 그 자가 죽게 되면, 그의 이름을 피휘한다. 그렇기 때문에 시호(諡
號)를 지어서, 이름 대신 부르게 하는 것이다.

① ○文子衛大夫名拔.

補註 沙溪曰: 論語註, 作枝, 非也.

번역 사계가 말하길, 『논어』의 주에서 '지(枝)'로 기록한 것은 잘못된 기록이다.

「단궁하」 75장

魯昭公二十年, ①盜殺衛侯之兄縶, 時齊豹作亂, 公如②死鳥, 此衛國之亂也. 班者, 尊卑之次. 制者, 多寡之節. 因舊典而修擧之也. 據先後則惠在前, 論小大則貞爲重, 故不曰"惠貞", 而曰"貞惠"也. 此三字爲諡, 而惟稱文子者, 鄭云, "文足以兼之."

번역 노나라 소공(昭公) 20년에, 도적이 위나라 후작의 형 집(縶)을 죽였고, 당시 제표(齊豹)가 난리를 일으켰는데, 위나라 군주는 사조(死鳥) 땅으로 갔으니, 이것이 위나라에서 일어난 난리이다. '반(班)'이라는 것은 신분에 따른 서열을 뜻한다. '제(制)'라는 것은 절차에 따른 많고 적은 차이를 뜻한다. 옛 전적에 따라서, 정비를 하여 시행했던 것이다. 선후의 순서로 따지자면, '혜(惠)'에 해당하는 일이 앞에 놓이지만, 그 공적의 크기로 따지자면, '정(貞)'에 해당하는 일이 더 중대하다. 그렇기 때문에 '혜정(惠貞)'이라고 짓지 않고, '정혜(貞惠)'라고 지은 것이다. '혜(惠)', '정(貞)', '문(文)'이라는 세 글자는 모두 시호(諡號)가 되는데, 단지 '문자(文子)'라고만 지칭하는 이유에 대해서, 정현은 "'문(文)'이라고만 해도, 나머지 두 사안까지 통괄하기에 충분하기 때문이다."라고 했다.

① ○盜殺衛侯之兄縶.

補註 按: 左傳盜, 卽齊豹也.

번역 살펴보니, 『좌전』에서 말한 '도(盜)'는 곧 제표(齊豹)에 해당한다.

② 死鳥.

補註 左傳註: 死鳥, 衛地.

번역 『좌전』의 주에서 말하길, '사조(死鳥)'는 위나라 땅이다.

「단궁하」 77장

참고-經文

陳子車死於衛, 其妻與其家大夫謀以殉葬, 定而后陳子亢至.
以告曰: "①夫子疾, 莫養於下, 請以殉葬."

번역 제(齊)나라 대부인 진자거(陳子車)가 위나라에서 죽었다. 그의 처는 그 집의
가신(家臣)과 함께 의논하여, 진자거가 죽었을 때, 그 밑에서 봉양의 도리를 못했
으니, 순장을 하자고 했다. 그런 이후 순장할 사람을 선택했는데, 그 이후에 진자거
의 형제인 진자항(陳子亢)이 도착했다. 그래서 순장을 하기로 한 사실을 알리며,
"부자께서 위독하셨을 때, 그 밑에서 봉양의 도리를 다하지 못했으니, 청컨대 순장
을 하려고 합니다."라고 했다.

① 夫子疾莫養於下.

補註 鄭註: 下, 地下.
번역 정현의 주에서 말하길, '하(下)'자는 땅속을 뜻한다.

補註 ○按: 疾, 如上篇如至乎大病之謂. 不敢斥言之辭謂死也. 陳註恐
未然.
번역 ○살펴보니, '질(疾)'자는 「단궁상」편에서 '만약 죽음에 이르게 된다
면'[1]이라고 했던 말과 같다. 직접적으로 "죽었다[死]."라고 가리킬 수 없기
때문이다. 따라서 진호의 주는 아마도 잘못된 것 같다.

참고-集說 子車, 齊大夫. 子亢, 其兄弟, 卽孔子弟子子禽也. 疾時不在家,
家人不得以致其養, 故云"莫養於下"也, 於是欲殺人以殉葬. 定, 謂已議

---

1) 『예기』「단궁상(檀弓上)」: 成子高寢疾, 慶遺入, 請曰: "子之病革矣, <u>如至乎大病</u>, 則如
之何?"

定所殺之人也.

번역 '자거(子車)'는 제나라의 대부이다. '자항(子亢)'은 그의 형제로, 곧 공자의 제자인 자금(子禽)을 가리킨다. 병에 걸려 위독했을 때, 집에 있지 않았으니, 집안 사람들이 그에 대한 봉양의 도리를 다할 수 없었다. 그렇기 때문에 "그 밑에서 봉양을 못했다."라고 말한 것이니, 이때 사람을 죽여서, 함께 순장하고자 했던 것이다. '정(定)'자는 이미 의논을 해서, 죽여서 순장할 사람을 정했다는 뜻이다.

「단궁하」 81장

衛有太史曰柳莊, 寢疾. 公曰: "①君疾革, 雖當祭必告." 公再拜
稽首請於尸曰: "有臣柳莊也者, ②非寡人之臣, 社稷之臣也.
聞之死, 請往." 不釋服而往, 遂以襚之, 與之邑裘氏與縣潘氏,
書而納諸棺曰: "世世③萬子孫毋變也."

번역 위나라 태사(太史) 중 유장(柳莊)이라는 자가 있었다. 그가 병에 걸려 자리에
눕게 되자, 군주는 그의 집 사람들에게 명령하여, "만약 유장의 병이 위독해지면,
비록 내가 제사를 지내고 있더라도, 반드시 알려야 한다."라고 하였다. 그런데 실제
로 유장은 군주가 제사를 지내고 있을 때 죽었다. 그래서 그의 집 사람들이 부고를
알려오자, 군주는 재배를 하고 머리를 조아리며, 시동에게 청원하길, "신하 중 유장
이라는 자가 있습니다만, 그 자는 제 신하가 아니라, 사직(社稷)을 수호하는 신하
입니다. 그런데 현재 그가 죽었다는 부고를 알려왔습니다. 그러니 청컨대 그에게
조문을 가고자 합니다."라고 했다. 그리고는 제복(祭服)도 벗지 않은 상태로 그의
집으로 찾아갔고, 그곳에서 그 옷을 벗어 부의로 삼았다. 그리고 또한 구씨(裘氏)
와 현반씨(縣潘氏)라는 두 읍(邑)을 하사하고, 이 두 땅을 하사한다는 기록을 작성
하여 관(棺)에 넣어주며, "대대로 그대 후손들에게도 이 땅의 주인은 바뀌지 않을
것이다."라고 하였다.

① ○君疾革.

補註 君, 唐本作若.

번역 '군(君)'자를 『당본』에서는 약(若)자로 기록했다.

② 非寡人之臣.

補註 疏曰: 案禮, 君入廟門, 全爲臣, 請尸得言寡人, 是後人記者之言也.

번역 소에서 말하길, 예법을 살펴보면, 군주가 묘문(廟門) 안으로 들어서게

되면, 전적으로 신하의 신분이 되는데, 시동에게 청원을 할 때, '과인(寡人)'
이라는 칭호를 쓸 수 있었던 것은 후대에 『예기』를 기록한 자가 쓴 말이기
때문이다.

③ 萬子孫母變也.

補註 疏曰: 言世世恒受此邑, 至萬世子孫, 母有改變.

번역 소에서 말하길, 대대로 이 읍을 항상 지니게 될 것이니, 만세가 흘러
그대의 자손들에게 있어서도 변함이 없을 것이라는 뜻이다.

補註 ○按: 萬子孫, 以公之子孫看, 似長.

번역 ○살펴보니, '만자손(萬子孫)'은 '공지자손(公之子孫)'으로 풀이하는
것이 더 나을 것 같다.

「단궁하」 82장

陳乾昔寢疾, ①屬其兄弟而命其子尊己曰: "如我死, 則必大爲
我棺, 使吾②二婢子夾我." 陳乾昔死, 其子曰: "以殉葬, 非禮
也, 況又同棺乎!" 弗果殺.

번역 진간석(陳乾昔)이 병으로 누웠다. 그래서 그의 형제들을 불러 모으고, 그 자리에서 자신의 아들인 존기(尊己)에게 명령하길, "만일 내가 죽게 된다면, 반드시 내가 들어갈 관(棺)은 크게 만들어서, 내가 총애했던 소첩 2명을 죽여서, 내 몸의 양쪽 옆에 넣어 순장(殉葬)해라."라고 했다. 진간석이 죽자, 그의 아들은 "순장으로 장례를 치르는 것은 비례가 되는데, 하물며 같은 관(棺)에 넣을 수가 있겠는가!"라고 했다. 그리고는 결국 부친의 두 소첩을 죽이지 않았다.

① ○屬其兄弟[止]尊己.

補註 疏曰: 兄弟言屬, 子云命, 輕重之義也.
번역 소에서 말하길, 형제들에 대해서는 '속(屬)'이라고 했고, 아들에 대해서는 '명(命)'이라고 했는데, 이것은 경중의 뜻에 따른 차등이다.

補註 ○按: 疏說, 似訓屬以屬託之義.
번역 ○살펴보니, 소의 설명은 아마도 '속(屬)'자를 부탁한다는 뜻으로 풀이한 것 같다.

② 二婢子.

補註 鄭註: 婢子, 妾也.
번역 정현의 주에서 말하길, '비자(婢子)'는 첩을 뜻한다.

屬, 如周禮"屬民讀法"之屬, 猶合也, 聚也. 記者①善尊己守正,
而不從其父之亂命.

번역 '속(屬)'자는 『주례』에서 "백성들을 모아서 법령을 읽어준다."[1]라고 할 때의
'속(屬)'자이니, "모으다[合].'라는 뜻이며, "취합한다[聚].'는 뜻이다. 『예기』를 기
록한 자는 존기(尊己)가 올바른 법도를 지키고, 그의 부친이 잘못 내린 명령을 따
르지 않은 것에 대해서 칭찬한 것이다.

① 善尊己[止]亂命.

補註 鄭註: 善尊己不陷父於不義.

번역 정현의 주에서 말하길, 존기(尊己)가 부친을 불의에 빠지도록 방치하
지 않았던 것을 칭찬한 것이다.

長樂陳氏曰: 君子將死, 不忘乎利人, 小人將死, 不忘乎利己,
故成子高之寢疾, 則擇不食之地, 以自葬, 孟僖子之將死, 則明
仲尼之道, 以敎子, 曾子之將死, 則稱君子之道, 以敎人, 此不
忘乎利人者也. ①魏顆之病, 欲以妾爲殉, 陳乾昔之病, 欲以婢
夾己, 此不忘乎利己者也. 乾昔之子, 終不從其亂命, 其過秦康
公遠矣.

번역 장락진씨가 말하길, 군자는 자신이 죽을 때, 남을 이롭게 하는 것을 잊지 않
고, 소인은 자신이 죽을 때, 자신을 이롭게 하는 것을 잊지 않는다. 그렇기 때문에
성자고(成子高)가 병으로 누웠을 때, 농사를 지을 수 없는 땅을 골라서, 자신에 대

---

1) 『주례』「지관(地官)·당정(黨正)」: 正歲, 屬民讀法而書其德行道藝.

한 장례를 치르도록 했던 것이고,[2] 맹희자(孟僖子)는 자신의 죽음을 맞이할 때, 공자의 도를 드러내어, 자신의 자식들을 교육했던 것이며,[3] 증자(曾子)는 자신의 죽음을 맞이할 때, 군자의 도리를 일컬으며, 사람들을 가르쳤던 것인데,[4] 이것은 남을 이롭게 하는 것을 잊지 못한 자를 가리킨다. 위과(魏顆)는 병으로 늙게 되자, 자신의 첩을 순장(殉葬)시키고자 했고, 진간석(陳乾昔)은 병으로 늙게 되자, 자신의 소첩을 순장하여, 자기의 시신 양옆에 두고자 했으니, 이것은 자신을 이롭게 하는 것을 잊지 못한 자를 가리킨다. 간석의 아들은 끝내 잘못된 명령을 따르지 않았으니, 그의 과실은 부친 목공(穆公)의 장례를 치르며, 순장을 했던 진강공(秦康公)의 잘못과는 거리가 먼 것이다.

① 魏顆之病.

補註 按: 此非魏顆, 乃顆之父魏武子事也. 見左傳宣十五年.

번역 살펴보니, 이것은 위과(魏顆)에 대한 것이 아니니, 곧 위과의 부친인 위무자(魏武子)의 일화이다. 『좌전』 선공 15년 기록에 나온다.[5]

---

2) 『예기』「단궁상(檀弓上)」: 子高曰: "吾聞之也; 生有益於人, 死不害於人. 吾縱生無益於人, 吾可以死害於人乎哉! 我死, 則擇不食之地而葬我焉."

3) 『춘추좌씨전』「소공(昭公) 7년」: 九月, 公至自楚. 孟僖子病不能相禮, 乃講學之, 苟能禮者從之. 及其將死也, 召其大夫, 曰, "禮, 人之幹也. 無禮, 無以立. 吾聞將有達者曰孔丘, 聖人之後也, 而滅於宋. 其祖弗父何以有宋而授厲公. 及正考父, 佐戴·武·宣, 三命玆益共, 故其鼎銘云, '一命而僂, 再命而傴, 三命而俯, 循牆而走, 亦莫余敢侮. 饘於是, 鬻於是, 以餬余口.' 其共也如是. 臧孫紇有言曰, '聖人有明德者, 若不當世, 其後必有達人.' 今其將在孔丘乎! 我若獲沒, 必屬說與何忌於夫子, 使事之, 而學禮焉, 以定其位."

4) 『예기』「단궁상(檀弓上)」: 童子曰: "華而睆, 大夫之簀與?" 子春曰: "止!" 曾子聞之, 瞿然曰: "呼!" 曰: "華而睆, 大夫之簀與?" 曾子曰: "然. 斯季孫之賜也. 我未之能易也, 元起易簀." 曾元曰: "夫子之病革矣, 不可以變. 幸而至於旦, 請敬易之." 曾子曰: "爾之愛我也不如彼. 君子之愛人也以德, 細人之愛人也以姑息. 吾何求哉? 吾得正而斃焉, 斯已矣." 舉扶而易之, 反席未安而沒.

5) 『춘추좌씨전』「선공(宣公) 15년」: 初, 魏武子有嬖妾, 無子. 武子疾, 命顆曰, "必嫁是." 疾病, 則曰, "必以爲殉!" 及卒, 顆嫁之, 曰, "疾病則亂, 吾從其治也." 及輔氏之役, 顆見老人結草以亢杜回.

「단궁하」 83장

참고-經文

仲遂卒于垂, 壬午猶繹, ①<u>萬入去籥</u>. 仲尼曰: "非禮也. 卿卒不繹."

번역 노(魯)나라 장공(莊公)의 아들이자 경의 지위에 있는 중수(仲遂)가 제(齊)나라 수(垂) 땅에서 죽었다.[1] 당시 노나라 선공(宣公)은 종묘에서 제사를 지내고 있었는데, 그 소식을 들었음에도 계속해서 제사를 지냈고, 그 다음날인 임오일(壬午日)에도 역(繹)제사를 지냈다. 다만 중수의 죽음으로 인해 만무(萬舞)만 추게 하고, 약무(籥舞)는 추게 하지 않았다.[2] 이 모습을 본 공자는 "이처럼 하는 것은 비례이다. 경이 죽었을 때, 그 시기가 군주의 제삿날에 해당한다면, 군주는 음악을 사용하지 않는 것이고, 또 그 다음날 지내는 역(繹)제사도 지내지 않는 것이다."라고 평가했다.

① 萬入去籥

補註 內則: "十有三年, 學樂·誦詩·舞勺." 疏曰: "熊氏云: '勺, 籥也.' 言十三之時, 學此舞籥之文舞也."

번역 『예기』「내칙(內則)」편에서 말하길, "남자아이의 나이가 13세가 되면, 음악을 익히고, 시를 암송하며, 작(勺)이라는 춤을 추게 한다."[3]라고 했다. 소에서 말하길, "웅안생은 '작(勺)은 약(籥)이라는 춤을 뜻한다.'고 했다. 즉 13세가 되면, 문무(文舞)에 해당하는 작(勺) 춤을 익힌다는 뜻이다."라고 했다.

---

1) 『춘추』「선공(宣公) 8년」: 仲遂卒于垂.

2) 『『춘추』「선공(宣公) 8년」: 壬午, 猶繹, 萬入去籥.

3) 『예기』「내칙(內則)」: <u>十有三年, 學樂, 誦詩, 舞勺</u>. 成童, 舞象, 學射御.

①詩記曰: "萬舞, 二舞之總名也. 干舞者, 武舞之別名. 籥舞者, 文舞之別名. 文舞, 又謂之羽舞. 鄭氏據公羊以萬舞爲干舞, 誤也. 春秋書'萬入去籥', 言文武二舞皆入, 去其有聲者, 故去籥焉. 公羊乃以萬舞爲武舞, 與籥舞對言之, 失經意矣. 若萬舞止爲武舞, 則此詩何爲獨言萬舞而不及文舞; 左傳'孝仲子之宮, 將萬焉', 婦人之廟, 亦不應獨用武舞也, 然則萬舞爲二舞之總名, 明矣." ②出詩緝簡兮註.

번역 『시기』에서 말하길, "만무(萬舞)는 두 춤을 총칭하는 말이다. 간무(干舞)라는 것은 무무(武舞)의 별칭이다. 약무(籥舞)라는 것은 문무(文舞)의 별칭이다. 문무(文舞)는 또한 우무(羽舞)라고도 부른다. 정현은 『공양전』의 기록에 근거해서, 만무(萬舞)를 간무(干舞)라고 여겼는데, 이것은 잘못된 주장이다. 『춘추』에서는 '만입거약(萬入去籥)'이라고 기록했는데,[4] 이것은 문무(文舞)와 무무(武舞)의 무용수들을 모두 들어오게 했지만, 그 중 소리를 내는 요소는 제거했다는 뜻이다. 그렇기 때문에 '거약(去籥)'이라고 말한 것이다. 『공양전』에서는 만무(萬舞)를 무무(武舞)라고 여겨서, 약무(籥舞)와 대비시켜 말을 했으니, 경문의 본래 의미를 놓친 것이다. 만약 만무(萬舞)가 단지 무무(武舞)에만 그친다면, 이곳 시(詩)에서는 어떻게 만무(萬舞)라고만 말하고, 문무(文舞)에 대해서는 언급하지 않았단 말인가? 그리고 『좌전』에서는 '효중자(孝仲子)의 궁(宮)에서 장차 만(萬)을 하려고 했다.'[5]라고 했는데, 부인의 묘(廟)에서는 또한 유독 무무(武舞)만을 사용할 수 없는 것이다. 그러므로 만무(萬舞)라는 것은 두 춤을 총칭하는 명칭이 확실하다."라고 했다. 이 기록의 출전은 『시집(詩緝)』「간혜(簡兮)」편의 주(注)이다.

---

4) 『춘추』「선공(宣公) 8년」: 壬午, 猶繹, 萬入去籥.

5) 『춘추좌씨전』「은공(隱公) 5년」: 九月, 考仲子之宮, 將萬焉. 公問羽數於衆仲. 對曰, "天子用八, 諸侯用六, 大夫用四, 士二. 夫舞, 所以節八音以行八風, 故自八以下." 公從之. 於是初獻六羽, 始用六佾也.

① 詩記曰.

補註 按: 首卷援用書目, 有呂氏詩記, 而據朱子大全, 則是東萊所作, 而詩·簡兮小註, 有東萊說, 卽此所引詩記也.

번역 살펴보니, 1권에서 인용한 서적의 목록에는 『여씨시기(呂氏詩記)』라는 책이 있는데, 『주자대전』에 따르면 이것은 동래6)가 작성한 것이고, 『시』「간혜(簡兮)」편의 소주에는 동래의 주장이 수록되어 있는데, 바로 이곳에서 인용하고 있는 『시기』의 내용에 해당한다.

② 出詩緝·簡兮註.

補註 按: 首卷援用書目, 有嚴氏詩緝, 恐詩緝中, 引此詩記說也.

번역 살펴보니, 1권에서 인용한 서적의 목록에는 『엄씨시집』이라는 책이 있는데, 아마도 『엄씨시집』의 기록 중에서 이곳의 『시기』 주장을 인용했던 것 같다.

참고─集說

愚按: 左傳楚令尹子元①欲蠱文夫人, 爲館於其宮側而振萬焉, 夫人聞之泣曰: "先君以是舞也, 習戎備也. 今令尹不尋諸仇讐, 而於未亡人之側, 不亦異乎?" 據此則②萬舞信爲武舞矣, 呂氏豈偶忘之耶!

번역 내가 생각하기에, 『좌전』에서는 초나라 영윤(令尹)인 왕자 원(元)이 문부인(文夫人)을 유혹하려고 하여, 문부인이 거처하는 궁의 옆에 숙소를 마련하고, 만

---

6) 여조겸(呂祖謙, A.D.1137~A.D.1181): =동래여씨(東萊呂氏)·여동래(呂東萊). 남송(南宋) 때의 학자이다. 자(字)는 백공(伯恭)이고, 호(號)는 동래(東萊)이다. 주자(朱子)와 함께 『근사록(近思錄)』을 편찬하였다.

(萬)을 추게 했는데, 문부인은 그 소리를 듣고, 울면서 "선군께서 이 춤을 추게 했던 것은 무예와 관련된 일을 습득하기 위해서였다. 그런데 현재 영윤은 원수에 대해서는 신경을 쓰지 않고, 남편을 잃은 여인네 옆에서 이러한 춤을 추게 했으니, 이상하지 않은가?"라고 했다. 이러한 기록에 따르면, 만무(萬舞)가 무무(武舞)에 해당한다는 사실은 믿을 수가 있는데, 여조겸은 어떻게 이러한 사실을 잊었던 말인가!

① 欲蠱.

補註 沙溪曰: 蠱, 惑也.

번역 사계가 말하길, '고(蠱)'자는 유혹하다는 뜻이다.

② 萬舞信爲武舞矣.

補註 按: 詩·簡兮朱子註曰, "萬者, 舞之總名. 武用干戚, 文用羽籥." 朱子之言, 亦從詩記矣. 且簡兮詩, 又曰: "左手執籥, 右手秉翟", 若萬是武舞, 則何得有羽籥之文舞乎?

번역 살펴보니, 『시』「간혜(簡兮)」편에 대한 주자의 주에서는 "'만(萬)'이라는 것은 춤을 총칭하는 말이다. 무무(武舞)에서는 방패와 창을 이용하고, 문무(文舞)에서는 깃털과 피리를 이용한다."라고 했다. 주자의 말은 또한 『시기』의 기록에 따른 것이다. 또 「간혜」편의 시에서는 "왼손으로는 피리를 잡고, 오른손으로는 꿩의 깃털을 잡는다."[7]라고 했으니, 만약 만(萬)이 무무를 뜻한다면, 어떻게 깃털과 피리를 잡는 문무를 출 수 있겠는가?

補註 ○又按: 詩記所引公羊說, 卽宣八年傳本文云: "萬者何? 干舞也. 籥者何? 籥舞也." 左傳楚文夫人事, 見莊二十八年. 文夫人與公羊去古未遠, 亦似知之, 可疑.

---

7) 『시』「패풍(邶風)·간혜(簡兮)」: 有力如虎, 執轡如組. 左手執籥, 右手秉翟. 赫如渥赭, 公言錫爵.

번역 ○또 살펴보니, 『시기』에서 인용한 『공양전』의 주장은 곧 선공 8년의 전문에서 "만(萬)이란 무엇인가? 방패를 들고 추는 춤이다. 약(籥)이란 무엇인가? 피리를 들고 추는 춤이다."[8)]라고 한 말에 해당한다. 『좌전』에는 초나라 문부인의 일화가 장공(莊公) 28년 기록에 나온다.[9)] 문부인과 공양고는 옛날의 시대와 세대 차이가 많이 나지 않았으니, 또한 아마도 이러한 사실을 알고 있었던 것이 아닌가 의문스럽다.

---

8) 『춘추공양전』「선공(宣公) 8년」: 萬者何? 干舞也. 籥者何? 籥舞也.

9) 『춘추좌씨전』「장공(莊公) 28년」: 楚令尹子元欲蠱文夫人, 爲館於其宮側, 而振萬焉. 夫人聞之, 泣曰, "先君以是舞也, 習戎備也. 今令尹不尋諸仇讎, 而於未亡人之側, 不亦異乎!"

公輸, 氏; 若, 名; ①爲匠師. 方小, 年尚幼也. 斂, 下棺於槨也. 般, 若之族, 素多技巧, 見若掌斂事而年幼, 欲代之而試用其技巧也. 機窆, 謂以機關轉動之器下棺, 不用碑與綍也. 魯有初, 言魯國自有故事也.

번역 '공수(公輸)'는 씨(氏)에 해당하고, '약(若)'은 이름에 해당하는데, 장인(匠人)들을 다스리는 수장이 되었다. '방소(方小)'는 나이가 여전히 어렸다는 뜻이다. '염(斂)'이라는 말은 관(棺)을 곽(槨)에 안치한다는 뜻이다. 반(般)은 약(若)의 족인으로, 평소부터 재주가 많았다. 약(若)이 염(斂)하는 일을 담당해야 하는데, 나이가 어린 것을 보고, 그것을 대체하고자 하여, 시험 삼아 자신의 재주로 만든 기구를 사용하려고 했던 것이다. '기폄(機窆)'이라는 말은 기관이 움직이는 기물을 이용해서 하관을 하고, 비(碑)와 율(綍)을 사용하지 않는다는 뜻이다. '노유초(魯有初)'라는 말은 노(魯)나라에는 예로부터 지켜오던 일이 있었다는 뜻이다.

① ○爲匠師.

補註 疏曰: 匠師主窆, 周禮・鄕師云: 執斧以涖匠師."
번역 소에서 말하길, 장인(匠人)들의 수장이 하관하는 일을 담당한다. 『주례』「향사(鄕師)」편에서는 "도끼를 들고 그곳에 임하여, 장인(匠人)들의 수장이 하는 일들을 감독한다."[1]라고 했다.

---

1) 『주례』「지관(地官)・향사(鄕師)」: 及窆, 執斧以涖匠師.

①公室視豐碑, 三家視桓楹.

번역 계속하여 공견가(公肩假)가 말하길, "공실(公室)에서는 풍비(豐碑)에 견주어서, 그에 합당한 것을 사용하고, 삼가(三家)에서는 환영(桓楹)에 견주어서, 그에 합당한 것을 사용한다."라고 했다.

① 公室[止]桓楹.

補註 鄭註: 天子六綍四碑, 前後各重鹿盧. 諸侯四綍二碑, 大夫二綍二碑, 士二綍無碑.

번역 정현의 주에서 말하길, 천자는 도르래와 연결하는 줄을 6개 사용하고 4개의 비(碑)를 설치하니, 앞뒤로 각각 도르래가 겹쳐지도록 설치한다. 제후는 도르래와 연결하는 줄을 4개 사용하고 2개의 비(碑)를 설치하고, 대부는 도르래와 연결하는 줄을 2개 사용하고 2개의 비(碑)를 설치하며, 사는 도르래와 연결하는 줄을 2개 사용하지만, 비(碑)는 없다.

補註 ○按: 桓楹, 通謂之碑, 故諸侯以下, 皆謂之碑.

번역 ○살펴보니, '환영(桓楹)'은 통괄적으로 비(碑)라고 부른다. 그렇기 때문에 제후 이하의 계층에 대해서 해당 기물을 모두 비(碑)라고 부른 것이다.

補註 ○聘禮當碑南陳註: "凡碑, 引物者, 宗廟則麗牲焉, 其材, 宮廟以石, 窆用木." 疏曰: "葬碑取縣繩綍暫時之用, 當用木而已. 宮廟之碑, 取其久長, 用石爲之."

번역 ○『의례』「빙례(聘禮)」편에서 "비(碑)가 있는 지점이 되며 그 남쪽으로 진열한다."[1]라고 한 기록의 주에서 말하길, "비(碑)라는 것은 사물을 끌 때 사용하는 것인데, 종묘의 경우에는 희생물을 매어두며, 사용되는 재료는

궁묘에 하는 것은 돌로 만들고 하관할 때 사용하는 것은 나무로 만든다."라고 했고, 소에서는 "장례를 치를 때의 비(碑)는 상여에 매단 줄을 거는 잠깐의 틈에 사용하는 것으로, 마땅히 나무를 이용해서 만들어야 한다. 궁묘의 비(碑)는 오랜 기간 사용해야하니 돌을 이용해서 만든다."라고 했다.

補註 ○通解曰: 今禹墓窆石尙存, 高五六尺, 廣二尺, 厚一尺, 許其中有竅以受綍引棺者也. 然則窆亦用石矣. 檀弓公室視豐碑, 三家視桓楹, 豈天子諸侯以石, 故謂之碑, 大夫以下用木, 故謂之楹歟? 廟中同謂之碑, 固皆謂石也.

번역 ○『통해』에서 말하길, 현재 우임금의 묘에는 하관할 때 사용한 돌이 여전히 남아있는데, 그 높이는 5~6척 정도 되고 너비는 2척이며 두께는 1척으로, 그 안에 구멍이 있어 상여 줄을 넣어 관을 끌도록 했다. 그렇다면 하관할 때에도 돌로 된 것을 사용했던 것이다. 「단궁」편에서는 "공실(公室)에서는 풍비(豐碑)에 견주고, 삼가(三家)에서는 환영(桓楹)에 견준다."라고 했는데, 어찌 천자와 제후는 돌로 된 것을 사용했기 때문에 비(碑)라고 부르고 대부로부터 그 이하의 계층은 나무로 된 것을 사용했기 때문에 영(楹)이라고 부른 것이겠는가? 묘 안에 설치한 것도 동일하게 비(碑)라고 불렀으니, 진실로 이들 모두는 돌로 된 것을 가리킨다.

---

1) 『의례』「빙례(聘禮)」: 飪一牢, 鼎九, 設于西階前, 陪鼎當內廉, 東面, 北上, 上<u>當碑, 南陳</u>; 牛·羊·豕·魚·腊·腸胃同鼎, 膚·鮮魚·鮮腊, 設扄鼏. 腷·臐·膮, 蓋陪牛·羊·豕.

「단궁하」 86장

참고—經文

“般! 爾以人之母嘗巧, ①則豈不得以? ②其毋以嘗巧者乎? 則
病者乎? 噫!” 弗果從.

번역 계속하여 공견가(公肩假)가 말하길, “공수반(公輸般)이여! 너는 남의 모친을
이용해서 자신의 기교를 시험하려고 하는데, 누가 강제로 그처럼 시켰느냐? 어찌
부득이해서 이처럼 시행한단 말인가? 어찌 남의 부모를 이용해서 네 기교를 시험하
려고 하느냐? 만약 네 기교를 시험하지 못한다면, 네 마음에 응어리라도 진단 말인
가? 아! 안타깝도다.”라고 탄식했다. 그러자 과연 공수반의 의견을 따르지 않게 되
었다.

① ○則豈不得以.

補註 鄭註: 以, 與已字本同.
번역 정현의 주에서 말하길, ‘이(以)’자와 ‘이(已)’자는 본래 같은 글자이다.

② 其毋以嘗巧者乎.

補註 鄭註: 毋, 無也.
번역 정현의 주에서 말하길, ‘무(毋)’자는 무(無)자의 뜻이다.

補註 ○按: 此段文義終涉艱晦. 陳註上一說出於古註疏, 而沙溪曰: “下
說稍勝.” 類編, 亦從下一說. 但其論以其毋以嘗巧, 曰上以字用也, 下以
字虛, 其論則病者乎, 曰病於巧也, 皆可取.
번역 ○살펴보니, 이 단락은 문장의 뜻을 이해하기 어렵다. 진호의 주에서
앞의 설명은 옛 주와 소에서 도출된 것인데, 사계는 “뒤의 설명이 보다 낫
다.”라고 했다. 『유편』에서도 뒤의 설명을 따르고 있다. 다만 ‘이기무이상교
(以其毋以嘗巧)’에 대해 논의하며, 앞의 ‘이(以)’자는 용(用)자의 뜻이며, 뒤

의 '이(以)'자는 허사라고 했고, '즉병자호(則病者乎)'에 대해 논의하며, 기교를 병통으로 여긴다고 했는데, 이 모두는 취할 만한 주장이다.

①應氏曰: 周衰禮廢, 而諸侯僭天子, 故公室之窆棺視豐碑; 大夫僭諸侯, 故三家之窆棺視桓楹. 其陵替承襲之弊, 有自來矣.

번역 응씨가 말하길, 주나라가 쇠약해지자 예법 또한 폐지되어서, 제후(諸侯)들은 참람되게 천자의 예법을 사용했다. 그렇기 때문에 공실(公室)에서 하관을 하며, 풍비(豐碑)에 견주어서 해당 기물을 사용했고, 대부들은 참람되게 제후의 예법을 사용했기 때문에, 삼가(三家)에서 하관을 하며, 환영(桓楹)에 견주어서 해당 기물을 사용했던 것이다. 상하 계층의 신분질서를 잃고 서로 답습했던 폐단은 이로부터 시작된 것이다.

① 應氏曰[止]自來矣.

補註 按: 楊梧引用此說, 而足以數句, 曰公肩假徒知機窆之爲非, 而不知魯之君臣越禮犯分更非也.

번역 살펴보니, 양오는 이 주장을 인용하였고, 몇 구절을 보충하여, "공견가(公肩假)는 기구를 이용해서 하관하는 일이 잘못되었다는 것은 알았지만, 노나라 군주와 신하가 자신의 예를 뛰어넘어 상급자의 본분을 침범하는 것이 또한 잘못된 일임은 알지 못했다."고 했다.

참고-經文

戰于郎, ①公叔禺人遇負杖②入保者息, ③曰: "使之雖病也, 任
之雖重也, 君子不能爲謀也, 士弗能死也, 不可. 我則旣言矣."
與其鄰重汪踦往, 皆死焉. 魯人欲勿殤重汪踦, 問於仲尼. 仲尼
曰: "能執干戈以衛社稷, 雖欲勿殤也, 不亦可乎!"

번역 제(齊)나라가 침범을 하여 노(魯)나라와 함께 낭(郎) 땅에서 전쟁을 하였다.
소공(昭公)의 아들이었던 공숙우인(公叔禺人)은 백성들이 피신을 하여 보성(保
城)으로 들어가는 행렬을 보았는데, 그들은 너무도 지친 나머지 지팡이를 짚어지
고 길가에서 휴식을 취하기도 하였다. 그러자 공숙우인은 "백성들에게 지나친 부
역을 시켜서 피곤하게 만들고, 또 과중한 세금을 부여하여 부담을 주더라도, 위정
자들이 협심을 하여, 외적을 막는 방책을 만들게 된다면, 백성들은 피곤하고 부담
스러워 하더라도, 자신의 책무를 다할 수 있다. 그런데 현재 신하들은 마음을 모아
서 방책을 만들어내지도 못하고, 사들은 목숨을 바쳐 국가를 수호하려고 하지 않
으니, 이것은 매우 잘못된 일이다. 나는 이미 나 스스로 이러한 말을 했으니, 실천
하지 않으면 안 된다."라고 했다. 그리고는 곧 그 이웃에 살고 있던 동자(童子)
왕기(汪踦)와 함께 전쟁터로 달려갔지만, 둘 모두 전사하였다. 노나라 사람들은
동자인 왕기를 가상하게 여겨서, 그에 대한 장례를 요절한 자에 대한 예법이 아닌,
성인에 대한 예법을 따르고자 하였다. 그래서 이처럼 치러도 되는지를 공자에게
물었는데, 공자는 "창과 방패를 잡고 사직을 수호할 수 있었으니, 비록 요절한 자
에 대한 예법을 적용하고자 하지 않더라도, 또한 어찌 불가능한 일이겠는가!"라고
칭찬을 하였다.

① 公叔禺人.

補註 按: 春秋傳·家語, 皆作公叔務人.
번역 살펴보니, 『춘추전』[1]과 『공자가어』[2]에서는 모두 '공숙무인(公叔務
人)'이라고 기록했다.

② 入保.

補註 鄭註: 保, 縣邑小城.

번역 정현의 주에서 말하길, '보(保)'는 현(縣)과 읍(邑)에 있는 작은 성이다.

③ 曰使之[止]旣言矣.

補註 按: 左傳及家語, 務人見負杖者而泣, 而言之如此.

번역 살펴보니, 『좌전』 및 『공자가어』에서는 공숙무인이 지팡이를 짊어지고 있는 자를 보고서 눈물을 흘리며 이와 같이 말했다고 했다.

참고-大全

長樂陳氏曰: 君子之於人, 視其行, 不視其年. 年雖壯而無成, 處之以童, 可也. ①鄭忽之狡童, 昭公之童心, 是也. 年雖穉而有成, 處之以成人, 可也. 汪踦之勿殤, 是也.

번역 장락진씨가 말하길, 군자는 사람에 대해서, 그 행동을 살펴보는 것이지, 그 나이를 따지는 것이 아니다. 나이가 비록 장성한 나이에 해당하더라도, 품행을 이룸이 없다면, 아이처럼 대해도 괜찮은 것이다. 정홀(鄭忽)을 교활한 어린이라고 했고,3) 소공(昭公)은 어린아이의 마음을 가지고 있다고 했는데,4) 이것이 바로 이러한 경우에 해당한다. 반면 나이가 비록 어리다고 하더라도, 품행을 이루게 된다면, 성인(成人)으로 대우를 해도 괜찮은 것이다. 왕기(汪踦)에 대해서 요절한 자로 대하지 않았던 것이 바로 이러한 경우에 해당한다.

---

1) 『춘추좌씨전』「애공(哀公) 11년」: 公叔務人見保者而泣, 曰, "事充, 政重, 上不能謀, 士不能死, 何以治民? 吾旣言之矣, 敢不勉乎!" 師及齊師戰于郊.

2) 『공자가어』「곡례자공문(曲禮子貢問)」: 齊師侵魯, 公叔務人, 遇人入保, 負杖而息.

3) 이것은 『시』「정풍(鄭風)·교동(狡童)」이라는 시(詩)의 내용을 뜻한다.

4) 『춘추좌씨전』「양공(襄公) 31년」: 武子不聽, 卒立之. 比及葬, 三易衰, 衰衽如故衰. 於是昭公十九年矣, 猶有童心, 君子是以知其不能終也.

① 鄭忽.

補註 忽, 當作忽.

번역 '총(忽)'자는 마땅히 홀(忽)자로 기록해야 한다.

「단궁하」 88장

참고―經文

子路去魯, 謂顔淵曰: "何以贈我?" 曰: "吾聞之也, 去國則哭于
墓而后行, 反其國不哭, 展墓而入." 謂子路曰: "何以處我?" 子
路曰: "吾聞之也, ①過墓則式, 過祀則下."

번역 자로(子路)가 노나라를 떠나게 되었다. 자로는 전송을 나온 안연(顔淵)에게,
"그대는 이제 길을 떠나는 나에게 어떤 말을 해주겠는가?"라고 하였다. 그러자 안
연은 "내가 듣기로, 나라를 떠나는 사람은 묘(墓)에서 곡을 한 이후에 떠나간다고
했으며, 다시 되돌아올 때에는 곡을 하지 않고, 묘(墓)를 살펴본 이후에야 들어온다
고 했네."라고 했다. 그리고는 곧 자로에게 "그대는 남아있는 나에게 어떤 말을 해
주겠는가?"라고 하였다. 그러자 자로는 "내가 듣기로, 묘(墓)를 지나치게 되면, 수
레에서 식(式)을 하여 공경의 뜻을 표하고, 사당을 지나치게 되면, 수레에서 내려서
공경을 뜻을 표한다고 했네."라고 했다.

① 過墓則式過祀則下.

補註 疏曰: 墓謂他家墳壠, 祀謂神位有屋樹者.
번역 소에서 말하길, '묘(墓)'는 다른 집의 무덤을 뜻하며, '사(祀)'는 신위를
모시고 있으며, 지붕과 담장을 두르고 있는 곳이다.

補註 ○楊梧曰: 所哭之墓, 謂祖考之墓, 所過之墓, 謂古帝王聖賢忠臣孝
子之墓.
번역 ○양오가 말하길, 곡을 하는 묘(墓)는 조상의 묘를 뜻하고, 지나치는
묘는 고대 제왕 및 성현·충신·효자의 묘를 뜻한다.

「단궁하」 89장

참고-經文

工尹商陽與①陳棄疾追吳師, 及之. 陳棄疾謂工尹商陽曰: "王事也, 子手弓而可." 手弓. "子射諸!" 射之, 斃一人, 韔弓. 又及, 謂之, 又斃二人. 每斃一人, 掩其目. 止其御曰: "朝不坐, 燕不與, 殺三人, 亦足以反命矣." 孔子曰: "②殺人之中, 又有禮焉."

번역 오(吳)나라가 초(楚)나라를 공격했다가 패배하여 달아나고 있었다. 초나라의 공윤(工尹)인 상양(商陽)은 진기질(陳棄疾)과 함께 군주의 명령에 따라, 패배하여 달아나는 오나라 군대를 쫓게 되었다. 그 후미에 당도하게 되었는데, 진기질은 공윤인 상양에게, "우리가 하는 일은 초왕(楚王)의 명령에 따른 일이다. 그러니 그대는 활을 손에 드는 것이 좋소."라고 말했다. 그래서 손으로 활을 들었다. 진기질은 상양에게 "그대는 활을 쏘시오!"라고 말했다. 그래서 활을 쏘아 한 사람을 죽였고, 다시 활을 활집에 넣었다. 재차 뒤쫓아서 그 후미에 당도했는데, 진기질은 앞서와 같이 말을 하여, 상양은 두 사람을 쏘아서 죽였다. 상양은 매 사람을 죽일 때마다 자신의 눈을 가렸다. 그리고 세 사람을 죽이고 난 뒤, 수레를 모는 자에게 수레를 멈추게 하며, "나는 말단 관리이니, 조정에 참여할 때에도 자리에 앉지 못하고, 연회가 열릴 때에도 참여를 못하는 신분인데, 세 사람을 쏘아서 죽였으니, 이것은 또한 군주의 명령에 따른 것이라 할 수 있다."라고 말하고, 자신의 나라로 되돌아갔다. 공자는 그 일화를 전해 듣고, "사람을 죽이는 일에 있어서도 또한 예가 있구나."라고 평가했다.

① ○陳棄疾.

補註 鄭註: "楚公子棄疾也. 以魯昭八年帥師滅陳, 楚人善之, 因號焉." 疏曰: "後爲平王."

번역 정현의 주에서 말하길, "초나라 공자인 기질(棄疾)이다. 노나라 소공(昭公) 8년에 기질은 군대를 이끌고 진(陳)나라를 멸망시켰는데,[1] 초나라 사람들은 그 일을 좋게 여겨서, '진(陳)'자를 붙여 그를 불렀다."라고 했다.

소에서 말하길, "후에 제위에 올라서 평왕(平王)이 된 자이다."라고 했다.

② 殺人之中又有禮焉.

補註 家語此下, 子路怫然進曰: "人臣之節, 當君大事, 唯力所及, 死而後已. 夫子何善此?" 子曰: "然, 如汝言也, 吾取其有不忍殺人之心而已."

번역 『공자가어』에서는 이 구문 뒤에 자로는 화를 내며 앞으로 나와 "신하의 절개는 군주의 중대한 일을 당해 단지 자신의 힘으로 할 수 있는 일을 다하고 죽은 이후에야 그만둡니다. 그런데 선생님께서는 무엇을 두고 이들을 칭찬한 것입니까?"라고 했다. 공자는 "그렇다, 네가 말한 대로이다. 나는 단지 그가 차마 사람을 죽이지 못했던 마음을 칭찬한 것일 뿐이다."라고 했다.

---

1) 『춘추좌씨전』「소공(昭公) 8년」: 陳公子招歸罪於公子過而殺之. 九月, 楚公子棄疾帥師奉孫吳圍陳, 宋戴惡會之. 冬十一月壬午, 滅陳. 輿嬖袁克殺馬毀玉以葬. 楚人將殺之, 請寘之, 旣又請私. 私於幄, 加絰於顙而逃. 使穿封戌爲陳公

「단궁하」 90장

참고-經文

諸侯伐秦, ①**曹桓公卒于會**. 諸侯請含, 使之襲.

번역 제후들이 진(秦)나라를 공격하기로 모의했다. 그래서 회맹을 했었는데, 조(曹)나라 선공(宣公)이 회맹의 장소에서 죽었다. 제후들은 함(含)을 해주기를 청했는데, 그에게 습(襲)을 하도록 시켰다.

① ○**曹桓公卒于會**.

補註 鄭註: 魯成十三年, 曹伯廬卒於師, 是也. 廬諡宣, 言桓, 聲之誤也.

번역 정현의 주에서 말하길, 노나라 성공 13년에, "조나라 백작 여(廬)가 군대 안에서 죽었다."[1]라고 한 말이 바로 이 사건을 가리킨다. '여(廬)'에 대해서는 시호를 '선(宣)'이라고 했으니, '환(桓)'이라고 기록한 것은 소리가 비슷해서 잘못 기록한 것이다.

---

1) 『춘추』「성공(成公) 13년」: 曹伯廬卒于師.

참고―集說

> 滕成公之喪, 在魯昭公之三年. 敬叔, 魯桓公七世孫, 惠伯, 則桓公六世孫也. 於世次, 敬叔稱惠伯爲叔父; 懿伯則惠伯之叔父, 而①敬叔之五從祖. 進書, 奉進魯君之弔書也. 介, 副也.

번역 등나라 성공(成公)의 상은 노나라 소공(昭公) 3년에 일어난 일이다. '경숙(敬叔)'은 노나라 환공(桓公)의 7세손이며, 혜백(惠伯)은 환공의 6세손이다. 세대의 순차에 따르면, 경숙은 혜백에 대해서, 숙부(叔父)라고 부르게 되며, 의백(懿伯)은 곧 혜백의 숙부(叔父)이니, 경숙에게 있어서는 5대의 종조(從祖)가 된다. '진서(進書)'는 노나라 군주가 조문하는 말을 기록하여, 그 문서를 받들어서 가져간다는 뜻이다. '개(介)'자는 부관[副]을 뜻한다.

① ○敬叔之五從祖.

補註 疏曰: 惠伯, 是敬叔之父六從兄弟, 則敬叔呼惠伯爲叔父, 敬叔呼懿伯爲五從祖.

번역 소에서 말하길, 혜백(惠伯)은 경숙(敬叔)의 부친에게 있어 6종(從) 형제가 되므로, 경숙은 혜백을 숙부(叔父)라 부르게 되고, 경숙은 의백(懿伯)에 대해서 5대 종조(從祖)라 부르게 된다.

참고―集說

> ①劉氏曰: 左傳註云, 忌, 怨也. 敬叔先有怨於懿伯, 故不欲入滕; 以惠伯之言而入, 傳言叔弓之有禮也. 此疏云, 敬叔嘗殺懿伯, 爲其家所怨, 恐惠伯殺己, 故不敢先入. 惠伯知其意而開釋之, 記惠伯之知禮也. 二說不同, 而皆可疑. 如彼註言, 禮椒爲

之避仇怨, 則當自受命之日辭行以禮之, 不當及郊而後辭入也.
如此疏言, 恐惠伯殺己而難之, 則魯之遣使而使其仇爲之副,
不恤其相仇以棄命害事, 亦非善處也. 且叔弓爲正使, 得仇怨
爲介而不請易之, 非計之得也. 又同使共事, 而常以仇敵備之,
而往反於魯滕之路, 亦難言也. 使椒果欲報仇, 則其言雖善, 安
知非誘我耶? 而遂入, 又非通論也. 按左傳云, "及郊遇懿伯之
忌", 此作"爲", 二字雖異, 而皆先言及郊而後言忌, 可見是及郊
方遇忌也. ②或者忌字只是忌日, 懿伯是敬叔從祖, 適及滕郊
而遇此日, 故欲緩至次日乃入. 故惠伯以禮曉之曰, ③公事有
公利, 無私忌, 乃先入, 而叔弓亦遂入焉. 此說固可通, 然亦未
知然否, 闕之可也.

번역 유씨가 말하길, 『좌전』의 주에서는 '기(忌)'자를 "원망하다[怨]."는 뜻이라고
했다. 경숙(敬叔)은 이전에 의백(懿伯)에 대해서 원망을 샀기 때문에, 등(滕)나
라로 들어가려고 하지 않았는데, 혜백(惠伯)의 말에 따라 들어간 것이다. 『좌전』에
서는 숙궁(叔弓: =경숙)은 예를 알고 있다고 평가했다. 이곳 『예기』 기록에 대한
소에서는 경숙은 일찍이 의백을 피살했으므로, 그의 가문에게 원망을 사게 되었으
며, 혜백이 자신을 죽이지 않을까 걱정하였다. 그렇기 때문에 감히 먼저 들어가지
않았던 것이다. 혜백은 그의 뜻을 알아채고, 의심을 풀어주었으므로, 혜백에 대해서
예를 안다고 기록한 것이라고 했다. 이처럼 두 주장이 다르지만, 둘 모두 의심스러
운 기록이다. 만약 『좌전』의 주에서 말한 내용에 따른다면, 초(椒: =혜백)를 예우
하여, 그로 하여금 원수를 피하게끔 했다고 했으니, 마땅히 명령을 받은 날 함께
가는 것을 사양하여, 예우를 해야 하는 것이지, 교외에 도착한 이후에야 들어가는
것을 사양해서는 안 된다. 한편 이곳 문장에 대한 소의 내용에 따른다면, 혜백은
본인을 죽일까 염려하여, 그를 꺼려했던 것인데, 노나라에서 사신을 파견할 때, 원
수로 하여금 그의 부관이 되도록 하였으니, 서로 원수임을 살피지 않아서, 명령을
저버리고 그 일이 제대로 시행되지 못하도록 했으니, 이 또한 올바른 처사가 아니
다. 또 경숙은 정사(正使)가 되었는데, 원수가 부관이 되는 상황에서도 부관을 바
꿔달라고 청원하지 않았으니, 올바르게 계획한 것이 아니다. 또 함께 파견되어, 같
은 일을 하게 되었고, 항상 원수로 대하게 되었는데도, 노나라와 등나라의 길을 왕
복했다는 것 또한 이해하기 어려운 말이다. 또 혜백으로 하여금 결과적으로 원수를

갚도록 했다면, 그 말이 비록 합리적인 것 같지만, 상대방인 경숙이 어떻게 자신을 유인하는 일이 아님을 안단 말인가? 그런데도 결국 들어갔다고 했으니, 이 또한 원만한 해석이 아니다. 『좌전』을 살펴보면 '급교우의백지기(及郊遇懿伯之忌)'라고 기록하였고, 이곳 문장에서는 '우(遇)'자 대신 '위(爲)'자로 기록하여, 두 글자가 서로 다르지만, 둘 모두 앞서 "교외에 이르렀다."라고 말했고, 그 이후에야 '기(忌)'를 언급했으니, 이러한 기록의 순서를 통해서, 교외에 이르러서야 기(忌)를 접하게 된 것임을 확인할 수 있다. 혹자는 '기(忌)'자를 단지 기일(忌日)을 뜻하는 것으로 풀이하고, 의백이 경숙의 종조(從祖)가 된다고 설명한다. 즉 등나라의 교외에 이르렀을 때, 때마침 그 기일이 되었기 때문에, 하루를 늦춰서 다음 날에야 들어가고자 했다는 뜻이 된다. 그래서 혜백은 예의 규정에 따라 그를 깨우쳐주며, 공적인 일에는 공적인 이로움을 따지는 것이며, 사직인 기일은 관여시키지 않는다고 하고, 곧 먼저 들어간 것이며, 숙궁 또한 그 말에 따라 뒤따라 들어간 것이다. 이러한 해석이 진실로 상황과 문맥에 맞는다. 그러나 이 또한 정말로 그러했는지 아닌지를 알 수 없으니, 이곳 기록은 빼버리는 것이 좋을 것 같다.

① **劉氏曰左傳註云云**.

補註 按: 左傳林註, 忌, 怨也. 懿伯, 椒之叔父. 叔弓遇懿伯之怨不入, 禮椒爲之避叔父仇怨. 傳言叔弓之有禮也, 考杜註, 亦與林註略同, 而今此劉氏所引左傳註, 敬叔先有怨於懿伯云者, 乃是檀弓鄭註, 而劉氏誤以爲左傳註也. 以左傳註觀之, 則似是及滕之郊, 遇他人爲懿伯之怨者, 恐惠伯欲避之, 故不入, 以禮惠伯也. 叔弓, 敬叔名, 椒, 惠伯名.

번역 살펴보니, 『좌전』에 대한 임씨의 주에서는 "기(忌)는 원수를 뜻한다. 의백(懿伯)은 초(椒)의 숙부이다. 숙궁(叔弓)은 의백의 원수를 만나 들어가지 않았으니 초를 예우하여 그를 위해 숙부의 원수를 피하게끔 한 것이다."라고 했다. 『좌전』에서는 숙궁(叔弓)은 예를 알고 있다고 평가했다고 했는데, 두예의 주를 살펴보니 또한 임씨의 주와 대략적으로 동일하다. 그런데 이곳 주석에서 유씨는 『좌전』의 주를 인용하며, 경숙은 이전에 의백에게 원망을 샀다고 말했으니, 「단궁」편에 대한 정현의 주에 해당한다. 따라서 유씨는 이것을 『좌전』의 주로 잘못 파악한 것이다. 『좌전』의 주를 통해 살펴보면, 아마도 등나라의 교외에 이르렀을 때, 의백의 원수가 되는 사람을 만났는데, 아마도 혜백이 그를 피하고자 했기 때문에 들어가지 않음으로써 혜백을 예우한 것이다. '숙궁(叔弓)'은 경숙(敬叔)의 이름이고, 초(椒)는 혜백(惠伯)의 이름이다.

② 或者忌字只是忌日.

補註 按: 此於文義最順, 但其爲說有若敬叔爲己之五從祖忌日而不入者, 然則誤矣. 觀下文惠伯之答, 則明是爲惠伯而不入也. 蓋懿伯, 是惠伯叔父, 而適遇其忌日, 敬叔意惠伯私情難於將事, 故欲姑緩其日. 不入, 所以禮副介也. 忌字毋論仇怨與忌日, 其爲惠伯不卽入, 以禮惠伯則無疑, 故惠伯曰不可以我叔父之私, 不將公事.

번역 살펴보니, 이러한 해석이 문장의 의미상 가장 순탄하다. 다만 그 설명에 있어서 경숙은 자신의 오종조 기일로 인해 들어가지 않았다고 하는 것은 잘못된 주장이다. 아래문장에 나온 혜백의 답변을 살펴보면 이것은 혜백을 위해서 들어가지 않았다는 사실을 나타낸다. 아마도 의백은 혜백의 숙부이고, 때마침 그의 기일을 접하게 되어 경숙은 혜백이 개인적 정감으로 인해 일을 치르는데 곤란함을 느낄 것을 생각하였다. 그렇기 때문에 잠시 날짜를 늦추려고 했다. 따라서 들어가지 않았던 것은 부관을 예우하기 위한 것이다. 기(忌)자가 원수를 뜻하거나 기일을 뜻하는 것에 상관없이, 그가 혜박을 위해 곧바로 들어가지 않음으로써 혜백을 예우했다는 것은 의심할 것이 없다. 그렇기 때문에 혜백은 나의 숙부에 대한 사사로운 일로 공적인 일을 그르쳐서는 안 된다고 말한 것이다.

③ 公事有公利[止]先入.

補註 左傳昭三年文.
번역 『좌전』 소공 3년의 기록이다.[1]

---

[1] 『춘추좌씨전』「소공(昭公) 3년」: 五月, 叔弓如滕, 葬滕成公, 子服椒爲介. 及郊, 遇懿伯之忌, 敬子不入. 惠伯曰, "<u>公事有公利, 無私忌, 椒請先入.</u>" 乃先受館. 敬子從之.

「단궁하」 93장

참고-經文

哀公使人弔蕢尙, 遇諸道, ①辟於路, 畫宮而受弔焉.

번역 애공(哀公)은 사람을 보내서, 괴상(蕢尙)에게 조문을 하도록 시켰다. 그런데 사신이 괴상의 집에 당도하기 이전에, 길에서 괴상을 만나게 되었다. 그러자 괴상은 길을 깨끗하게 쓸어내고서, 그곳에 궁실에서의 위치를 그리고, 조문을 받았다.

① 辟於路.

補註 陸曰: 辟, 音避, 又婢亦反.

번역 육덕명이 말하길, '辟'자의 음은 '避(피)'이며, 또한 '婢(비)'자와 '亦(역)' 자의 반절음도 된다.

「단궁하」 94장

참고-集說

魯襄公二十三年, 齊侯襲莒. 襲者, 以輕兵掩其不備而攻之也. 左傳言, "杞殖·華還載甲, 夜入且于之隧." 且于, 莒邑名. 隧, 狹路也. ①鄭云"或爲兌", 故讀奪爲兌. ②梁卽殖, 以戰死, 故妻迎其柩.

번역 노나라 양공(襄公) 23년에, 제나라 후작은 거나라를 습격하였다. '습(襲)'이라는 말은 재빠른 군사를 이용해서, 대비하지 못한 상태의 적을 엄습하여 공격한다는 뜻이다. 『좌전』에서는 "기식(杞殖)과 화환(華還)이 무기들을 싣고, 야밤에 거나라 차우(且于)의 좁은 길목으로 들어갔다."[1]라고 했는데, '차우(且于)'는 거나라에 소속된 읍(邑)의 이름이다. '수(隧)'는 협소한 길을 뜻한다. 정현은 "다른 판본에서는 '태(兌)'자로도 기록한다."라고 했다. 그렇기 때문에 '탈(奪)'자를 '태(兌)'자로 해석한 것이다. '기량(杞梁)'은 곧 '기식(杞殖)'을 가리키니, 전사를 했기 때문에, 그의 처가 그 영구(靈柩)를 맞이했던 것이다.

① ○鄭云或爲兌.

補註 鄭註: 杞殖·華還夜入且于之隧. 隧·奪聲相近, 或爲兌.

번역 정현의 주에서 말하길, 기식(杞殖)과 화환(華還)이 야밤에 거나라 차우(且于)의 좁은 길목으로 들어갔다. '수(隧)'자와 '탈(奪)'자는 소리가 서로 비슷하고, 다른 판본에서는 '태(兌)'자로도 기록한다.

補註 ○陸音: 奪, 徒外反.

---

1) 『춘추좌씨전』「양공(襄公) 23년」: 齊侯還自晉, 不入, 遂襲莒. 門于且于, 傷股而退. 明日, 將復戰, 期于壽舒. 杞殖·華還載甲夜入且于之隧, 宿於莒郊. 明日, 先遇莒子於蒲侯氏. 莒子重賂之, 使無死, 曰, "請有盟." 華周對曰, "貪貨棄命, 亦君所惡也. 昏而受命, 日未中而棄之, 何以事君?"

번역 ○육덕명의 『음의』에서 말하길, '奪'자는 '徒(도)'자와 '外(외)'자의 반절음이다.

② 梁卽殖.

補註 按: 華還卽華周, 見左傳襄二十三年. 孟子所謂華周·杞梁之妻善哭其夫者, 此也.

번역 살펴보니, 화환(華還)은 화주(華周)에 해당하니, 『좌전』 양공 23년 기록에 나온다. 『맹자』에서 "화주와 기량의 처가 남편에 대해 곡을 잘했다."[2]고 한 말이 바로 이것을 가리킨다.

---

2) 『맹자』 「고자하(告子下)」: 者王豹處於淇, 而河西善謳, 緜駒處於高唐, 而齊右善歌, 華周杞梁之妻善哭其夫而變國俗.

참고-經文

孺子𥙰之喪, 哀公①欲設撥, 問於有若. 有若曰: "其可也. 君之
三臣猶設之." 顔柳曰: "天子龍輴而槨幬, 諸侯輴而設幬, ②爲
楡沈, 故設撥. 三臣者廢輴而設撥, 竊禮之不中者也, ③而君何
學焉?"

번역 애공(哀公)에게는 돈(𥙰)이라는 어린 아들이 있었는데, 그가 죽었다. 애공은
그를 위해서 발(撥)을 설치하려고 하여, 유약(有若)에게 자문을 구했다. 유약은
"괜찮습니다. 군주에게 소속된 세 가문의 신하들도 오히려 발(撥)을 설치하고 있습
니다."라고 대답해주었다. 그러나 안류(顔柳)는 반대를 하며, "천자의 경우에는 용
(龍)의 그림이 그려진 순거(輴車)를 사용하고, 그 주위에 나무를 쌓아서 곽(槨)처
럼 만들고, 또 그 위를 휘장으로 덮게 됩니다. 제후의 경우에는 순거는 사용하지만,
용의 그림이 없게 되고, 나무를 쌓아서 곽(槨)처럼 만들지 않으며, 휘장으로만 그
위를 덮게 되고, 대신 유침(楡沈)을 만들어두기 때문에, 발(撥)을 설치하는 것입니
다. 그런데 현재 세 가문의 신하들은 순거를 사용하지 않으면서도 발(撥)만을 설치
하였으니, 예법 중에서도 합당하지 못한 것을 훔쳐서 사용하는 것인데, 군주께서는
어찌 그것을 배우고자 하십니까?"라고 했다.

① 欲設撥.

補註 鄭註: 撥, 可撥引輴車, 所謂綍.

번역 정현의 주에서 말하길, '발(撥)'은 순거(輴車)[1]를 당길 수 있는 것으로,
이른바 '불(綍)'이라는 것에 해당한다.

---

1) 순거(輴車)는 빈소를 설치할 때 영구를 싣는 수레를 뜻한다.

② 爲楡沉故設撥.

補註 鄭註: "以水澆楡白皮之汁, 有急以播地, 於引輔車滑." 疏曰: "以其有輔, 須設楡沉, 備擬牽引. 爲有楡沉, 故須設撥. 撥, 謂紼也."

번역 정현의 주에서 말하길, "느릅나무의 흰 껍질을 물에 끓여서 나온 즙을 재빨리 땅에 뿌리게 되면, 순거를 끌어당길 때 매끄럽게 움직이게 된다."라고 했다. 소에서 말하길, "이처럼 순거를 사용하는 경우에는 유침(楡沈)을 설치해야만 하니, 수레를 당겨야 할 때를 대비하기 위해서이다. 유침이 포함되기 때문에, 발(撥)을 설치해야만 한다. '발(撥)'이라는 것은 불(紼)을 뜻한다."라고 했다.

補註 ○按: 此蓋以備火灾也, 見王制註.

번역 ○살펴보니, 이것은 아마도 화재를 대비하기 위한 것이니, 『예기』「왕제(王制)」편의 주에 나온다.

③ 而君何學焉.

補註 楊梧曰: 有若謂撥可設也. 三家猶設, 況君之子乎? 婉其辭以悟君也. 顔柳以有若對非其實, 恐哀公從之, 故以正禮而言.

번역 양오가 말하길, 유약은 "발(撥)은 설치할 수 있습니다. 즉 삼가(三家)에서도 오히려 설치하고 있는데 하물며 군주의 자식에 대해서는 어떠하겠습니까?"라고 말했다. 그 말을 순화시켜 군주를 깨우쳐준 것이다. 안류는 유약의 대답이 사실이 아니라고 했는데, 애공이 그 말에 따르게 될까 염려했기 때문에, 올바른 예법을 알려준 것이다.

①方氏曰: 爲輴之重也, 故爲楡沈以滑之; 欲楡沈之散也, 故設撥以發之. 無輴則無所用沈; 無所用沈, 則無所用撥. 三臣旣知輴之可廢, 而不知撥之不必設, 是竊禮之不中者也. 撥雖無所經見, 然以文考之, 爲楡沈故設撥, 則是以手撥楡沈而灑於道也. 先儒以爲紼, 失之矣.

번역 방씨가 말하길, 순거(輴車)는 무겁기 때문에, 유침(楡沈)을 만들어서 그 바닥을 미끄럽게 만드는 것이며, 유침을 뿌리고자 하였기 때문에, 발(撥)을 설치하여 흩뿌리는 것이다. 순거가 없다면, 유침을 사용할 곳이 없게 되고, 유침을 사용할 곳이 없다면, 발도 사용할 곳이 없게 된다. 세 가문의 신하들은 순거를 폐지할 수 있다는 사실은 알았지만, 발을 설치할 필요가 없다는 사실은 몰랐으니, 이것은 예 중에서도 적절하지 못한 것을 훔친 것이다. '발(撥)'에 대해서는 비록 경문에 그 설명이 나타나지 않지만, 문맥을 통해 고찰해보면, 유침을 위해서 발을 설치하므로, 이것은 손으로 발을 잡고, 유침을 적셔서 도로에 뿌리는 것이 된다. 선대 유학자들은 발(撥)을 '불(紼)'이라고 여겼는데, 이것은 잘못된 주장이다.

① 方氏曰[止]失之矣.

補註 陽村曰: 紼則無貴賤, 皆用之, 撥之非紼, 明矣.
번역 양촌이 말하길, 불(紼)의 경우 신분에 따른 차등이 없어, 모든 계층이 이것을 사용한다. 따라서 발(撥)이 불(紼)이 아니라는 것이 명백하다.

補註 ○按: 設紼, 卽殯時輴車之紼, 非若引葬之車貴賤皆有紼也. 陽村恐未察舊註爲勝.
번역 ○살펴보니, 불(紼)을 설치한다는 것은 빈소를 차릴 때 순거(輴車)에 다는 불(紼)을 뜻하니, 장례를 치를 때 사용하는 수레에 신분의 차등에 상관없이 모두 불(紼)을 달았던 것과는 다르다. 양촌은 아마도 옛 주의 내용이 더 낫다는 사실을 살펴보지 못한 것 같다.

「단궁하」 97장

悼公之母死, 哀公爲之齊衰. 有若曰: "爲妾齊衰, 禮與?" 公曰: "吾得已乎哉! ①魯人以妻我."

번역 도공(悼公)의 모친은 애공(哀公)의 첩(妾)이었다. 그런데 그녀가 죽게 되자, 애공은 그녀를 위해서 자최복(齊衰服)을 착용하였다. 유약(有若)이 말하길, "첩을 위해서 자최복을 입는 규정이 예법에 있습니까?"라고 했다. 그러자 애공은 "내가 그만 둘 수 있겠는가! 노나라 사람들이 그녀를 나의 본처라고 부르고 있다."라고 했다.

① 魯人以妻我.

補註 疏曰: 雖是其妾, 魯人以我無夫人, 皆以爲我妻.

번역 소에서 말하길, 비록 그녀가 첩의 신분이었지만, 노나라 사람들은 나에게 부인이 없으므로, 모두들 그녀를 나의 처로 생각하고 있다.

「단궁하」 98장

①季子皐葬其妻, 犯人之禾. 申祥以告, 曰: "②請庚之." 子皐曰: "③孟氏不以是罪予, 朋友不以是棄予, ④以吾爲邑長於斯也. 買道而葬, 後難繼也."

번역 공자의 제자인 계자고(季子皐)가 성(成) 땅의 읍재(邑宰)로 있을 때, 자신의 부인에 대한 장례를 치렀는데, 잘못하여 남의 경작지를 침범하게 되었다. 신상(申祥)은 이러한 실수를 아뢰며, "청컨대 그 부분을 변상해주십시오."라고 했다. 그러자 자고는 "맹씨(孟氏)는 이 일로 나를 벌주지 못할 것이고, 내 벗들 또한 이 일을 가지고 나를 저버리지 않을 것이니, 나는 이곳의 읍재로 있기 때문이다. 만약 내가 길을 사서 장례를 치르게 된다면, 이후에는 이처럼 따르기가 어렵게 될 것이다."라고 대답했다.

① ○季子皐.

補註 疏曰: 弟子傳及論語作子羔, 古字通用.
번역 소에서 말하길, 「제자전」[1]과 『논어』[2]에서는 '자고(子羔)'라고 기록했는데, '고(羔)'자와 '고(皐)'자는 고대의 글자에서는 통용해서 사용했다.

② 請庚之.

補註 鄭註: 庚, 償也.
번역 정현의 주에서 말하길, '경(庚)'자는 "보상하다[償]."는 뜻이다.

---

1) 『사기』「중니제자열전(仲尼弟子列傳)」: 高柴字子羔. 少孔子三十歲.
2) 『논어』「선진(先進)」: 子路使子羔爲費宰. 子曰, "賊夫人之子." 子路曰, "有民人焉, 有社稷焉, 何必讀書, 然後爲學?" 子曰, "是故惡夫佞者."

③ 孟子不以是罪予.

補註 按: 古註疏, 子皐時爲成宰, 而成, 孟氏之邑, 故云然.

번역 살펴보니, 옛 주와 소를 살펴보면 자고는 당시 성 땅의 재(宰)로 있었고, 성(成)은 맹씨(孟氏)가 소유한 읍이었기 때문에 이처럼 말한 것이다.

④ 以吾[止]斯也.

補註 按: 此句諺讀, 則連上爲義, 本註則連下爲義. 恐本註義長.

번역 살펴보니, 이 구문에 대해 『언독』에서는 앞의 문장과 연결해서 의미를 풀이했는데, 본래의 주에서는 뒤의 구문과 연결해서 의미를 풀이했다. 아마도 본래의 주에 따른 해석이 나은 것 같다.

참고−集說

劉氏曰: 季子皐, 孔子弟子高柴也. 夫子嘗曰"柴也愚", 觀家語所稱, 及此經所記"泣血三年"及"成人爲衰"之事觀之, 賢可知矣. 此葬妻犯禾, 亦爲成宰時事, 有無固不可知. 然曰"孟氏不以是罪予, 朋友不以是棄予"者, 以犯禾之失小, 而買道之害大也. 何也? 以我爲邑宰, 尙買道而葬, 則後必爲例, 而難乎爲繼者矣. 此亦愚而過慮之一端, 然出於誠心, 非文飾之辭也. 鄭註謂其①恃寵虐民, 而方氏又加以不仁不恕之說, 則甚矣, ②豈有賢如子皐而有是哉!

번역 유씨가 말하길, '계자고(季子皐)'는 공자의 제자인 고시(高柴)를 가리킨다. 공자는 일찍이 "시(柴)는 어리석다."[3]라고 했는데, 『공자가어』에서 언급한 일들을

---

3) 『논어』「선진(先進)」: 柴也愚, 參也魯, 師也辟, 由也喭. 子曰, "回也其庶乎, 屢空. 賜不受命, 而貨殖焉, 億則屢中."

살펴보고, 또 이곳 경문의 기록 속에서 "3년 동안 마치 피를 흘리듯 소리도 내지 않고 눈물을 흘렸다."[4]라고 한 것과 "성(成) 땅의 사람들이 그 때문에 상복을 입었다."[5]라고 했던 일들을 살펴보면, 그가 현명했다는 사실을 알 수 있다. 이곳 문장에서는 그가 처에 대한 장례를 치르며, 남의 경작지를 침범하였다고 했고, 그 일은 또한 그가 성(成) 땅의 읍재(邑宰)가 되었을 때의 일이니, 이러한 일이 실제로 있었는지 또는 없었는지에 대해서는 진실로 알 수가 없다. 그러나 "맹씨(孟氏)는 이 일로 나를 벌주지 못하고, 벗들도 이 일로 나를 버리지 못한다."라고 말한 것은 남의 경작지를 침범한 실수는 작지만, 길을 샀을 때의 해로움은 크기 때문이다. 어째서인가? 본인이 읍재가 되었는데, 일찍이 길을 사서 장례를 치렀다고 한다면, 이후에는 반드시 그것을 전거로 삼을 것이므로, 계속되기가 어렵게 된다. 이것은 또한 어리석고 지나치게 걱정을 했던 한 측면을 나타내지만, 진실된 마음에서 도출된 것이지, 문식을 꾸미고자 한 말이 아니다. 정현의 주에서는 총애하는 것을 믿고서, 백성들에게 잔악하게 굴었다고 평가했고, 방씨 또한 불인(不仁)함과 서(恕)를 이루지 못했다는 말로 설명했는데, 이것은 너무 지나친 평가이다. 어찌 자고(子皐)처럼 현명한 자가 이와 같은 일을 했겠는가!

① 恃寵虐民.

補註 疏曰: 以孟子不罪, 故云恃寵, 以不肯償禾, 故云虐民.

번역 소에서 말하길, 맹씨가 벌을 주지 못한다고 했기 때문에, "총애함을 믿었다."라고 말한 것이고, 경작지를 침범한 것에 대해 변상하는 것을 수긍하지 않았으므로, "백성들에게 잔악하게 대했다."라고 말한 것이다.

② 豈有賢如[止]是哉.

補註 陽村曰: 此非高柴之事也. 以家語觀之, 則方長不折, 豈犯人禾? 啓蟄不殺, 豈忍虐民? 避難尙且不徑, 豈其葬妻而犯人之田乎? 且所謂孟

---

4) 『예기』 「단궁상(檀弓上)」 : 高子皐之執親之喪也, <u>泣血三年</u>, 未嘗見齒, 君子以爲難.

5) 『예기』 「단궁하(檀弓下)」 : 成人有其兄死而不爲衰者, 聞子皐將爲成宰, 遂爲衰. 成人曰, "蠶則績而蟹有匡, 范則冠而蟬有緌, 兄則死而子皐爲之衰."

氏不以罪, 朋友不以棄者, 誠諂邪無耻之言, 古之愚也直, 豈有計其毀
譽, 迂曲不直如此哉? 抑爲邑長買道而葬, 後難繼也, 則爲邑長犯其禾而
不庚者, 爲可繼耶? 劉氏謂犯禾之失小, 買道之害大者, 何也? 若謂非高
柴之事而記者之誤則可, 謂爲高柴之事而違護其短則過矣.

번역 양촌이 말하길, 이것은 고시의 일화가 아니다. 『공자가어』의 기록을 통
해 보면 초목이 자라나려고 할 때에는 자르지 않는다고 했는데 어찌 남의
농작물을 침범하겠는가? 계칩(啓蟄)6)에는 살생을 하지 않는데, 어찌 백성들
에게 잔학하게 구는 짓을 용인하겠는가? 환란을 피할 때에도 오히려 지름길
로 가지 않는데, 어찌 처의 장례를 치르면서 남의 경작지를 침범하겠는가?
또한 "맹씨는 이 일로 나를 벌주지 못할 것이고, 내 벗들 또한 이 일을 가지
고 나를 저버리지 않을 것이다."라는 것은 아양을 떨고 사악하며 부끄러움도
느낄 줄 모르는 말인데, 옛날의 어리석은 자는 정직하기라도 했다고 하니,7)
어찌 비방이나 칭찬할 것을 미리 계산하여 이처럼 왜곡하고 정직하지 못하
게 한단 말인가? 또 읍의 수장이 되어 길을 사서 장례를 치르는 것을 이후에
따르기가 어렵기 때문이라고 한다면, 읍의 수장이 되어 남의 농작물을 침범
하고도 배상을 하지 않는 것은 따를 수 있단 말인가? 유씨가 농작물을 침범
한 일은 잘못이 적은 것이고 길을 사는 것은 해악이 큰 것이라고 한 말은
무슨 뜻인가? 만약 이것을 고시의 일화가 아니라 『예기』를 기록한 자가 착
오를 일으킨 것이라면 괜찮지만, 고시의 일화라고 여기고 그의 단점을 변호
하려고 한다면 잘못된 일이다.

---

6) 계칩(啓蟄)은 경칩(驚蟄)이라고도 부른다. 24절기 중 하나이다. 동물 및 곤충들은
   겨울 동안 숨죽여 지내거나 겨울잠을 자게 되는데, 봄이 도래하게 되면, 다시 활동을
   시작한다. 그렇기 때문에 깨운다는 의미에서 '계(啓)'자나 '경(驚)'자를 붙여서 '계칩'
   또는 '경칩'이라고 부르는 것이다. 한편 한(漢)나라 때에는 태초력(太初曆)이 시행
   되면서, '경칩'을 우수(雨水)라는 절기 뒤에 두어서, 하(夏)나라 때의 역법으로는
   2월에 놓이는 절기가 되었지만, 고대의 '경칩'은 우수 전에 위치하여, 하나라 때의
   역법으로는 1월에 놓이는 절기였다.
7) 『논어』 「양화(陽貨)」: 子曰, "古者民有三疾, 今也或是之亡也. 古之狂也肆, 今之
   狂也蕩, 古之矜也廉, 今之矜也忿戾, <u>古之愚也直</u>, 今之愚也詐而已矣."

「단궁하」 99장

참고－集說

①王制云, "位定然後祿之", 此蓋初試爲士, 未賦廩祿者. 有饋
於君則稱獻, 出使他國則稱寡君, 此二事皆與群臣同; 獨違離
之後而君薨則不爲舊君服, 此則與群臣異. 所以然者, 以其未
嘗食君之祿也.

번역 『예기』「왕제(王制)」편에서는 "작위(爵位)가 확정된 이후에야 녹봉을 준다."[1]
라고 했으니, 이곳 문장에서 언급하는 대상은 최초 시험을 쳐서 사가 되었으므로,
아직 녹봉을 하사받지 못한 자일 것이다. 군주에게서 음식을 받게 된다면, 그것을
'헌(獻)'이라고 부르며, 국경을 벗어나 다른 나라로 사신으로 가게 된다면, 자신의
군주를 가리켜서, '과군(寡君)'이라고 지칭하게 되니, 이러한 두 사안들은 모두 뭇
신하들이 따르는 규정과 같은 것이다. 다만 서로 도리가 어긋나서 떠나게 된 이후
에, 군주가 죽게 된다면, 옛 군주를 위해서는 상복을 입지 않는데, 이것만이 뭇 신
하들과 다른 점이다. 이처럼 하는 이유는 일찍이 군주로부터 녹봉을 하사받지 못했
기 때문이다.

참고－集說

①方氏曰: 湯之於伊尹, 學焉而後臣之. 方其學也, 賓之而弗臣,
此所謂仕而未有祿者, 若孟子之在齊是也. 惟其賓之而弗臣,
故有饋焉, 不曰"賜"而曰"獻", 將命之使不曰"君"而曰"寡君", 蓋
"獻"爲貢上之辭, 而"寡"則自謙之辭故也. 以其有賓主之道, 而
無君臣之禮, 故違而君薨, 弗爲服也. 其曰違, 則居其國之時,
固服之矣.

---

1) 『예기』「왕제(王制)」: 凡官民材, 必先論之, 論辨然後, 使之, 任事然後, 爵之, 位
定然後, 祿之. 爵人於朝, 與士共之, 刑人於市, 與衆棄之.

번역 방씨가 말하길, 탕임금은 이윤(伊尹)에 대해서, 학문을 익히고 난 뒤에 그를 신하로 삼았으니, 학문을 익힐 때에는 빈객으로 대했던 것이며, 신하로 대했던 것이 아니다. 이곳에서 이른바 벼슬살이를 했지만, 아직 녹봉을 받지 못한 자라고 한 경우는 마치 맹자가 제나라에 머물러 있었던 경우와 같다. 단지 빈객으로만 대하고, 신하로 여기지 않았기 때문에, 군주가 음식을 보내게 될 때에도, '사(賜)'라고 부르지 않고, '헌(獻)'이라고 불렀던 것이며, 명령을 받들어 사신으로 가게 될 때에도, 자신의 군주를 가리켜서, '군(君)'이라고 지칭하지 않고, '과군(寡君)'이라고 불렀던 것이니, 무릇 '헌(獻)'은 윗사람에게 무언가를 바칠 때 쓰는 말이며, '과(寡)'는 제 스스로 겸손하게 낮추는 말이기 때문이다. 둘 사이에 빈객과 주인이 따르는 도리가 포함되어 있고, 군주와 신하가 따르는 예가 적용되지 않기 때문에, 떠나게 되면, 그 군주가 죽게 되더라도, 그를 위해서 상복을 착용하지 않는다. "떠난다[違]." 라고 했으므로, 그 나라에 머물러 있을 때에는 진실로 상복을 착용하는 것이다.

① ○王制云[止]祿也[又]方氏曰[止]服之矣.

補註 楊梧曰: 二說俱通, 而後者較優. 玉府之職, 掌王之獻金玉, 是王有獻賢之禮也.

번역 양오가 말하길, 두 주장 모두 통하는데, 후자의 주장이 비교적 더 뛰어나다. 『주례』「옥부(玉府)」편의 직무기록에서는 천자가 헌(獻)을 하는 금과 옥에 대해서 담당한다고 했는데, 이것은 천자가 현명한 자에게 헌(獻)을 하는 예법이 있었음을 나타낸다.

補註 ○周禮 · 天官 · 玉府: "凡王之獻金玉 · 兵器 · 文織 · 良貨賄之物, 受而藏之." 註: "百工爲王所作, 可以獻遺諸侯. 古者致物於人, 尊之則曰獻, 通行曰饋." 疏曰: "上於下曰饋, 下於上曰獻. 若尊敬之人, 雖上於下亦曰獻, 是以天子於諸侯云獻."

번역 ○『주례』「천관(天官) · 옥부(玉府)」편에서 말하길, "천자가 헌(獻)을 하는 금과 옥, 병장기, 그림과 비단, 좋은 재화에 해당하는 사물들에 대해서는 그것을 받아다가 보관한다."2)라고 했다. 주에서 말하길, "백공(百工)3)이

---

2) 『주례』「천관(天官) · 옥부(玉府)」: 凡王之獻金玉 · 兵器 · 文織 · 良貨賄之物, 受而

천자를 위해 제작한 것들은 제후에게 줄 수 있다. 고대에는 남에게 물건을 줄 때, 그것을 존귀하게 높이면 헌(獻)이라고 했고, 일상적으로는 궤(饋)라고 했다."라고 했다. 소에서 말하길, "윗사람이 아랫사람에게 주는 것을 궤(饋)라고 부르고, 아랫사람이 윗사람에게 바치는 것을 헌(獻)이라고 부른다. 만약 존경하는 대상이라면 비록 윗사람이 아랫사람에게 주는 경우에도 헌(獻)이라고 부르니, 이러한 까닭으로 천자가 제후에게 물건을 줄 때에도 헌(獻)이라고 부른 것이다."라고 했다.

補註 ○類編曰: 言仕之時, 雖執臣禮, 違則不反服也. 當從前一說.
번역 ○『유편』에서 말하길, 벼슬살이를 했을 때에는 비록 신하의 예법에 따르지만, 도리가 어긋나 떠나게 되면 되돌아와서 상복을 착용하지 않는다는 뜻이다. 따라서 앞의 주장에 따라야만 한다.

補註 ○玄石曰: 以孟子仕而不受祿之義質之, 方說恐長.
번역 ○현석이 말하길, 맹자가 벼슬을 하면서 녹봉을 받지 않았던 도의로 질정을 해보면, 방씨의 주장이 아마도 더 나은 것 같다.

藏之.

3) 백공(百工)은 각종 장인(匠人)들을 총칭하는 말이다. 『묵자(墨子)』「절용중(節用中)」편에는 "凡天下群百工, 輪車鞼匏, 陶冶梓匠, 使各從事其所能."이라는 용례가 있다. 또한 '백공'은 모든 관리들을 뜻하는 백관(百官)의 뜻으로도 사용된다. 『서』「우서(虞書)・요전(堯典)」편에도 "允釐百工, 庶績咸熙."이라는 기록이 나오고, 『춘추좌씨전』「소공(昭公) 22년」편에도 "王子朝因舊官百工之喪職秩者, 與靈景之族以作亂."이라는 기록이 나온다.

「단궁하」 104장

方氏曰: 戰勝而還謂之愷, 則敗謂之憂, 宜矣. 素服哭, 以喪禮處之也. 必於庫門之外者, 以近廟也. 師出, 受命于祖; 無功, 則①於祖命辱矣. 赴車, 告赴于國之車. 凡②告喪曰赴車, 以告敗爲名, 與素服同義.

번역 방씨가 말하길, 전쟁에서 승리하고 되돌아오는 것을 '개(愷)'라고 부르니, 패배했을 때, '우(憂)'라고 부르는 것은 마땅한 일이다. 소복(素服)을 착용하고, 곡을 하는 이유는 상례에 따라 대처하기 때문이다. 반드시 고문(庫門) 밖에서 실시하는 이유는 종묘와 가까운 위치이기 때문이다. 군대가 출동할 때에는 조묘(祖廟)에서 명령을 받들고 가게 되며, 공적을 세움이 없다면, 조상이 내려준 명령에 대해서 욕보인 꼴이 된다. '부거(赴車)'는 그 소식을 알리기 위해, 국성으로 가는 수레를 뜻한다. 무릇 상의 소식을 알릴 때 사용하는 수레도 '부거(赴車)'라고 부르니, 패전을 알린다는 뜻에서 이러한 명칭을 정한 것으로, 소복(素服)을 착용하는 것과 같은 이치이다.

① 〇於祖命辱矣.

補註 楊梧曰: 故哭於近祖廟之處.

번역 양오가 말하길, 그러므로 조묘(祖廟)와 가까운 곳에서 곡을 하는 것이다.

② 告喪曰赴.

補註 按: 當句.

번역 살펴보니, 여기에서 구문을 끊어야 한다.

「단궁하」 106장

嚴陵方氏曰: 虎之害人也, 機罟檻穽, 所能制之, 政之害人也,
無可制之械焉. 虎之害人也, 深宮固門, 所能逃之, 政之害人
也, 無可逃之地焉. 此泰山婦人, 所以寧遭虎之①累傷, 而不忍
舍其政之無苛也. 揚雄之論酷吏曰, "虎哉, 虎哉, 角而翼者也",
與此同意.

번역 엄릉방씨가 말하길, 호랑이가 사람을 해치는 것은 그물을 설치하고, 함정을
파게 되면, 제지를 할 수 있지만, 정치가 사람에게 해악을 끼치는 것은 제어할 수
있는 기구가 없다. 호랑이가 사람을 해치는 것은 집을 단단히 짓고, 문을 굳건하게
지키면, 피할 수 있지만, 정치가 사람에게 해악을 끼칠 때에는 피할 수 있는 곳이
없다. 이것이 바로 태산(泰山)에 살고 있던 부인이 차라리 호랑이에게 거듭 상해를
당하더라도, 차마 정치의 가혹함이 없는 그 땅을 버릴 수 없었던 이유이다. 양웅(揚
雄)이 혹리(酷吏)를 비평하며, "호랑이로구나, 호랑이로구나, 뿔도 달려 있고, 날개
도 달려 있구나."라고 했던 것도 이곳의 문장 내용과 같은 의미이다.

① 累傷而不忍舍.

補註 舍, 當作舍.
번역 '함(舍)'자는 마땅히 사(舍)자가 되어야 한다.

「단궁하」 107장

참고─經文

魯人有周豐也者, 哀公執贄1)請見之, 而曰: "不可." 公曰: "我其
已夫!" 使人問焉, 曰: "有虞氏未施信於民, 而民信之; 夏后氏未
施敬於民, 而民敬之. 何施而得斯於民也?" 對曰: "①墟墓之間,
未施哀於民而民哀; 社稷宗廟之中, 未施敬於民而民敬. 殷人
作誓而民始畔, 周人作會而民始疑. 苟無禮義・忠信・誠慤之
心以涖之, 雖固結之, 民其不解乎!"

번역 노나라 사람 중에 주풍(周豐)이라는 자가 있었는데, 그는 현명함으로 명성이
높았다. 그래서 애공(哀公)은 폐물을 보내서 만나보기를 청했다. 그러나 주풍은
"안 됩니다."라고 거절했다. 애공은 그 말을 전해 듣고, "그를 강제로 만나보는 것은
도리가 아니니, 나는 그와 만나보고자 했던 마음을 접겠다!"라고 했다. 그러나 궁금
한 점이 있었으므로, 사람을 시켜서 그에게 자문을 구했으니, "유우씨는 백성들에
게 믿음을 강요하지도 않았는데, 백성들이 그를 믿었고, 하후씨는 백성들에게 공경
을 강요하지도 않았는데, 백성들이 그를 공경했습니다. 도대체 어떻게 해야만 백성
들에게 이러한 것들을 얻을 수 있습니까?"라고 했다. 그러자 주풍은 "무덤가에서는
백성들에게 슬퍼하도록 강요하지 않아도, 백성들은 저절로 슬퍼하게 되며, 사직과
종묘 안에서는 백성들에게 공경함을 나타내도록 강요하지 않아도, 백성들이 저절로
공경함을 나타냅니다. 반대로 은나라 때에는 맹세를 했지만, 백성들이 배반하는 일
이 나타나기 시작했고, 주나라 때에는 회합을 가졌지만, 백성들이 의심하는 일이
나타나기 시작했습니다. 따라서 군주가 예의(禮義)・충신(忠信)・성각(誠慤)의
마음도 없이 백성들에게 임한다면, 비록 그들을 단단히 결속시키려고 하더라도, 백
성들이 그것을 풀어내지 못하겠습니까!"라고 대답해주었다.

---

1) '지(贄)'자에 대하여. 『십삼경주소(十三經注疏)』 북경대 출판본에서는 "『민본(閩本)』・『감
본(監本)』・『모본(毛本)』・『악본(岳本)』・『가정본(嘉靖本)』에도 이처럼 기록되
어 있으며, 위씨(衛氏)의 『집설(集說)』에도 동일하게 기록되어 있는데, 『석경(石
經)』에는 이 글자가 누락되어 있고, 『경전석문』에서는 '지(贄)'자로 기록했다."라고
했다.

① 墟墓之間.

補註 鄭註: 墟, 毀滅無後之地.
번역 정현의 주에서 말하길, '허(墟)'자는 폐허가 되어, 후손이 없는 땅을 뜻한다.

참고-經文

> 喪不①慮居, 毁不危身. 喪不慮居, 爲無廟也. 毁不危身, 爲無後也.

번역 상을 치르더라도 가산의 정도에 맞춰서 해야 하니, 너무 지나치게 치러서, 가계가 기울게 되는 근심을 끼쳐서는 안 된다. 또 상을 치르며 몸이 수척해지더라도, 너무 과도하게 하여, 생명을 위태롭게 만들어서는 안 된다. 상을 치르며, 가계를 기울게 해서는 안 되는 이유는 집이 없어지면, 종묘 또한 없어지기 때문이다. 또 상을 치르며, 생명을 위태롭게 만들어서는 안 되는 이유는 자신이 죽으면, 후손을 낳을 수 없기 때문이다.

① ○慮居.

補註 鄭註: 謂賣舍宅以奉喪.
번역 정현의 주에서 말하길, 집을 팔아서 상을 치른다는 뜻이다.

「단궁하」 109장

延陵季子適齊, 於其反也, 其長子死, 葬於①嬴·博之間. 孔子曰: "延陵季子, 吳之習於禮者也." 往而觀其葬焉.

번역 연릉계자(延陵季子)가 제나라에 간 적이 있었는데, 돌아오는 길에 그의 큰 아들이 죽었다. 그래서 그는 제나라의 영읍(嬴邑)과 박읍(博邑) 사이에서, 큰 아들에 대한 장례를 치렀다. 공자는 그 이야기를 전해 듣고, "연릉계자는 오나라에서 예에 밝은 자로구나."라고 칭찬했다. 그리고는 그 장소로 찾아가서, 장례를 치르는 모습을 살펴보았다.

① ○嬴·博.

補註 鄭註: 嬴·博, 齊地, 今泰山縣.

번역 정현의 주에서 말하길, 영(嬴)과 박(博)은 제나라 땅으로, 현재의 태산현(泰山縣)이 여기에 해당한다.

補註 ○按, 陳註以爲二邑名, 以間字生義歟.

번역 ○살펴보니, 진호의 주에서는 두 읍(邑)의 이름으로 여겼는데, 간(間) 자를 통해 이러한 의미를 도출한 것 같다.

참고-經文

其坎深不至於泉, 其斂以時服, 旣葬而封, ①廣輪揜坎, ②其高可隱也. 旣封, ③左袒, 右還其封且號④者三, 曰: "骨肉歸復于土, 命也! 若魂氣則無不之也, 無不之也." 而遂行. 孔子曰: "延陵季子之於禮也, ⑤其合矣乎!"

번역 공자가 그곳에 가서 살펴보니, 그 구덩이는 너무 깊지도 또 너무 얕지도 않게 하여, 적절한 깊이로 팠고, 염(斂)을 할 때에도 당시 계절에 따른 옷을 이용했으며, 하관을 끝내고 봉분을 쌓아올렸는데, 가로와 세로의 치수가 겨우 구덩이를 가릴 정도였고, 그 높이 또한 간신히 구덩이를 가릴 정도였다. 또 봉분을 쌓는 일이 끝나자, 연릉계자(延陵季子)는 복식을 바꿔서, 좌측 어깨를 드러냈고, 우측으로 봉분을 선회하며, 부르짖기를 세 차례 했는데, 부르짖을 때에는 "뼈와 살이 흙으로 되돌아가는 것은 명(命)이로다! 혼기(魂氣)는 가지 못할 곳이 없구나, 가지 못할 곳이 없구나."라고 했다. 그리고는 곧 출발을 했다. 공자는 "연릉계자는 예에 대해서 합당하게 시행하는 것 같구나!"라고 칭찬했다.

① ○廣輪揜坎.

補註 周禮 · 大司徒: "以天下土地之圖, 周知九州之地域廣輪之數." 疏曰: "東西爲廣, 南北爲輪."

번역 『주례』「대사도(大司徒)」편에서 말하길, "천하의 토지에 대한 지도를 통해 구주(九州)[1]의 면적을 두루 파악한다."[2]라고 했다. 소에서 말하길, "동

---

1) 구주(九州)는 9개의 주(州)를 뜻한다. 고대 중국에서는 중원 지역을 9개의 주로 구분하여, 다스렸다. 따라서 '구주'는 오랑캐 지역과 대비되는 중국 땅을 지칭하는 용어로 사용되었다. '구주'의 포함되는 '주'의 이름들은 각 기록마다 차이를 보인다. 『서』「우서(虞書) · 우공(禹貢)」편에는 "禹敷土, 隨山刊木, 奠高山大川. 冀州旣載. …… 濟河惟兗州. 九河旣道. …… 海岱惟靑州. 嵎夷旣略, 濰淄其道. ……

서 방향의 길이는 광(廣)이 되고 남북 방향의 길이는 윤(輪)이 된다."라고
했다.

② 其高可隱.

補註 鄭註: 隱, 據也, 封可手據, 謂高四尺所.
번역 정현의 주에서 말하길, '은(隱)'자는 '거(據)'자의 뜻이니, 봉분의 윗면을
손으로 댈 수 있는 높이로, 그 높이가 4척(尺) 정도 됨을 뜻한다.

③ 左袒右還.

補註 語類: 延陵季子左袒而旋其封, 曰: "便有老·莊之意."
번역 『어류』에서 말하길, 연릉계자가 좌측을 단(袒)하고 봉분을 선회했다는
것을 두고 "여기에는 노장의 뜻이 포함되어 있다."라고 했다.

海岱及淮惟徐州, 淮沂其乂, 蒙羽其藝. …… 淮海惟揚州, 彭蠡其豬, 陽鳥攸居.
…… 荊及衡陽惟荊州. 江漢朝宗于海. …… 荊河惟豫州, 伊洛瀍澗, 旣入于河.
…… 華陽黑水惟梁州. 岷嶓旣藝, 沱潛旣道. …… 黑水西河惟雍州. 弱水旣西."
라는 기록이 있다. 즉 『서』에 기록된 '구주'는 기주(冀州)·연주(兗州)·청주(靑
州)·서주(徐州)·양주(揚州)·형주(荊州)·예주(豫州)·양주(梁州)·옹주(雍州)
이다. 한편 『이아』「석지(釋地)」편에는 " 兩河間曰冀州. 河南曰豫州. 河西曰雝
州. 漢南曰荊州. 江南曰楊州. 濟河間曰兗州. 濟東曰徐州. 燕曰幽州. 齊曰營
州."라는 기록이 있다. 즉 『이아』에 기록된 '구주'는 『서』의 기록과 달리, '청주'와
'양주'에 대한 기록이 없고, 대신 유주(幽州)와 영주(營州)가 기록되어 있다. 또 『주
례』「하관(夏官)·직방씨(職方氏)」편에는 "乃辨九州之國使同貫利. 東南曰揚州.
…… 正南曰荊州. …… 河南曰豫州. …… 正東曰靑州. …… 河東曰兗州. ……
正西曰雍州. …… 東北曰幽州. …… 河內曰冀州. …… 正北曰幷州."라는 기록
이 있다. 즉 『주례』에 기록된 '구주'는 『서』의 기록과 달리, '서주'와 '양주'에 대한
기록이 없고, 대신 '유주'와 병주(幷州)에 대한 기록이 있다. 이외에도 일부 차이를
보이는 기록들이 있다.
2) 『주례』「지관(地官)·대사도(大司徒)」: <u>以天下土地之圖, 周知九州之地域廣輪
之數</u>, 辨其山林·川澤·丘陵·墳衍·原隰之名物.

補註 ○按: 語類還作旋, 以旋音讀似好.

번역 ○살펴보니, 『어류』에서는 '환(還)'자를 선(旋)자로 기록했는데, '선(旋)'자로 읽는 풀이가 더 나은 것 같다.

④ 者三.

補註 疏曰: 繞墳三匝.

번역 소에서 말하길, 세 차례 봉분을 선회했다는 뜻이다.

⑤ 其合矣乎.

補註 語類: 問, "延陵季氏之禮, 其合矣乎? 不知聖人何以取之." 曰, "旅中之禮, 只得如此."

번역 『어류』에서 말하길, "연릉계자가 시행하는 예는 합당한 것입니까? 성인께서 어떠한 이유로 이것을 인정하셨는지 모르겠습니다."라고 물으니, "여정중에 시행하는 예법이 단지 이와 같을 수 있다는 뜻이다."라고 대답했다.

不至於泉, 謂得淺深之宜也. 時服, 隨死時之寒暑所衣也. 封, 築土爲墳也. 橫曰廣, 直曰輪. 下則僅足以掩坎, 上則纔至於可隱, 皆儉制也. 左袒, 以示陽之變; 右還, 以示陰之歸. 骨肉之歸土, 陰之降也; 魂氣之無不之, 陽之升也. 陰陽, 氣也; 命者, 氣之所鍾也. 季子以骨肉歸復于土爲命者, 此①精氣爲物之有盡; 謂魂氣則無不之者, 此①遊魂爲變之無方也. 壽夭得於有生之初, 可以言命; 魂氣散於旣死之後, 不可以言命也. 再言無不之也者, 恐傷離訣之至情, 而冀其魂之隨己以歸也. 不惟適旅葬之節, 而又且通幽明之故, 宜夫

子之善之也. 然爲疑辭而不爲決辭者, 蓋季子乃隨時處中之道,
稱其有無而不盡拘乎禮者也. 故夫子不直曰, "季子之於禮也合矣",
而必加"其乎"二字, 使人由辭以得意也. 讀者詳之.

번역 "천(泉)에 이르지 않았다."는 뜻은 깊이가 알맞았다는 뜻이다. '시복(時服)'은 아들이 죽었을 때의 기후에 따라 착용하던 옷을 이용했다는 뜻이다. '봉(封)'자는 흙을 쌓아올려서, 봉분을 만든다는 뜻이다. 가로[橫]를 '광(廣)'이라 부르고, 세로[直]를 '윤(輪)'이라 부른다. 밑으로는 겨우 구덩이를 가릴 수 있었고, 위로는 겨우 가릴 수 있는 높이까지만 만들었으니, 이 모두는 검소한 예제(禮制)에 해당한다. '좌측 어깨를 드러냄[左袒]'은 양(陽)이 변화되었음을 나타내기 위해서이며, '우측으로 선회함[右還]'은 음(陰)으로 회귀함을 나타내기 위해서이다. 뼈와 살이 흙으로 되돌아간 것은 음(陰)이 하강한 것이며, 혼기(魂氣)가 가지 못하는 곳이 없게 된 것은 양(陽)이 상승한 것이다. 음양(陰陽)은 기운[氣]이고, '명(命)'이라는 것은 기운이 모여진 것이다. 계자(季子)가 아들의 뼈와 살이 흙으로 되돌아가는 것을 명(命)으로 여긴 이유는 그 정기(精氣)는 사물이 소진된 것이기 때문이며, 혼기(魂氣)는 가지 못할 곳이 없다고 했는데, 혼기가 유행(遊行)하는 것은 변화무쌍하여 특별히 정해진 장소가 없기 때문이다. 장수를 하거나 요절을 하는 것은 태어날 때 얻게 되는 수명에 따른 일이니, '명(命)'이라 부를 수 있고, 죽은 이후에는 혼기가 흩어지게 되니, '명(命)'이라 부를 수 없다. 재차 가지 못할 곳이 없다고 말한 것은 자식과 이별하는 것에 대해, 상심하고 슬퍼하는 지극한 감정을 드러내어, 그 혼기가 자신을 따라서 되돌아오기를 기대했기 때문이다. 이처럼 하는 것은 단지 여정 중에 장례를 치르는 절차에만 적합했던 것이 아니라, 또한 유명(幽明)의 이치에도 통달한 것이었기 때문에, 공자가 그를 칭찬했던 것은 마땅한 일이다. 그런데 확정적으로 말을 하지 않고, 다소 의문스럽게 표현한 이유는 아마도 계자는 당시의 상황에 따라 합당함으로 처신하는 도리를 따랐으니, 가산의 유무에 맞춰서, 예에 따른 절차들을 다한 것이 아니기 때문이다. 그래서 공자는 직접적으로 "계자는 예에 대해서 합당하게 했다."라고 말하지 않고, 기어코 '기호(其乎)'라는 두 글자를 첨가하게 된 것이니, 사람들로 하여금 그 말을 통해서, 그 속뜻을 이해하게끔 했던 것이다. 그러므로 학자들은 상세히 살펴야 하는 것이다.

① 精氣爲物遊魂爲變.

補註 易·繫辭文.

번역 『역』「계사전(繫辭傳)」의 기록이다.[3]

---

3) 『역』「계사상(繫辭上)」: 仰以觀於天文, 俯以察於地理, 是故知幽明之故, 原始反
  終, 故知死生之說, <u>精氣爲物, 遊魂爲變</u>, 是故知鬼神之情狀.

「단궁하」 111장

참고-經文

①邾婁考公之喪, 徐君使容居來②弔·含, 曰: "寡君使容居坐含, 進侯玉, ③其使容居以含¹⁾."

번역 주루(邾婁)의 고공(考公)이 죽었는데, 서(徐)나라의 제후는 자신이 마치 천자인 것처럼 흉내를 내고, 고공을 자신의 제후처럼 여겨서, 신하인 용거(容居)를 시켜 찾아가서 조문을 하고, 반함(飯含)을 하도록 시켰다. 용거는 곧 그 나라에 찾아가서, "저희 군주께서 저로 하여금 직접 앉아서 고공께 반함을 하여, 후옥(侯玉)을 바치도록 시키셨으니, 사신으로 찾아온 저로 하여금 반함을 할 수 있도록 해주시오."라고 했다.

① 邾婁.

補註 按: 邾婁之義, 已見上篇.
번역 살펴보니, '주루(邾婁)'의 뜻에 대해서는 이미 「단궁상」편에서 설명했다.

② 弔含.

補註 鄭註: 弔且含.
번역 정현의 주에서 말하길, 조문을 하고 또 함(含)을 하려고 했다.

③ 其使容居以含.

補註 鄭註: "欲親含, 非也. 君行則親含, 大夫歸含耳." 疏曰: "諸侯使大夫

---

1) '기사용거이함(其使容居以含)'이라는 말을 용거(容居)의 말이 아닌, 행동을 묘사하는 기록으로도 풀이한다. 즉 "사신으로 찾아온 용거를 시켜서 함(含)을 하게 했다."는 뜻이 된다.

親含諸侯, 則不可. 若天子使大夫敵諸侯, 則得親含. 徐欲自比天子, 故有
司拒之."

번역 정현의 주에서 말하길, "직접 함(含)²⁾을 하려고 한 것은 잘못된 일이
다. 군주가 직접 찾아가게 되면 직접 함(含)을 하며, 대부의 경우라면 함(含)
에 사용되는 기물을 보내기만 따름이다."라고 했다. 소에서 말하길, "제후가
대부를 시켜서 상대방 제후에 대해 직접 함(含)을 하게 했다면 불가한 일이
다. 만약 천자가 자신의 대부를 시켜서 제후에게 가게 했다면, 그 대부는 직
접 함(含)을 할 수 있다. 서나라는 제 스스로 천자에 비견하고 있었기 때문
에, 유사(有司)가 그를 제지했던 것이다."라고 했다.

補註 ○按: 鄭註之意, 謂君自往則親含, 使大夫往則歸含而已也.

번역 ○살펴보니, 정현의 주에 나타난 의미는 군주가 직접 찾아가게 되면 직
접 함(含)을 하는데, 대부를 시켜 찾아가게 한다면 함(含)에 사용될 기물을
보내기만 할 따름이라는 뜻이다.

補註 ○又按: 此句以諺讀, 則使謂使者, 以含謂仍行含禮, 而或曰, 容居
之言止此, 其令我行含請之之辭也. 陳註求行之云, 與或說相近.

번역 ○또 살펴보니, 이 구문을 『언독』에 따라 풀이하면 '사(使)'자는 사신으
로 찾아간 자를 뜻하고, '이함(以含)'은 함(含)의 예법을 시행한다는 뜻이 되
는데, 혹자는 용거의 말은 여기에서 끝나니, 나로 하여금 함(含)을 시행시켜
달라고 청원하는 말에 해당한다고 했다. 진호의 주에서는 시행하길 원했다
는 등의 말을 하고 있으니, 혹자의 견해와 비슷하다.

---

2) 함(含)은 부의를 보낸다는 뜻이며, 또한 부의로 보내는 특정 물건을 가리키기도
   하다. '함'은 시신과 함께 매장하게 될 주옥(珠玉)을 부의로 보내는 것이다. 『예기』
   「문왕세자(文王世子)」편에는 "族之相爲也, 宜弔不弔, 宜免不免, 有司罰之. 至于
   賵賻承含, 皆有正焉."이라는 기록이 있는데, 이에 대한 진호(陳澔)의 『집설(集說)』
   에서는 "含以珠玉."이라고 풀이했다. 또 '함'은 시신의 입에 곡식이나 화패 등을
   넣는 것을 의미하기도 한다.

考公之喪, 徐國君使其臣容居者來弔, 且致珠玉之含, 言寡君使我親坐而行含, 以進侯玉於邾君. 侯玉者, ①徐自擬天子, 以邾君爲己之諸侯, 言進侯氏以玉也. 其使容居以含者, 容居求卽行含禮也.

번역 고공(考公)의 상에 대해서, 서(徐)나라의 제후는 그의 신하 용거(容居)라는 자로 하여금, 찾아가서 조문을 하게 했고, 또 반함(飯含)에 사용할 주옥(珠玉)을 전하게 하여, "저희 군주께서 저로 하여금 직접 앉아서 반함을 시행하여, 주(邾)나라의 군주에게 후옥(侯玉)을 바치도록 했습니다."라고 말한 것이다. '후옥(侯玉)'을 보낸 것은 서나라에서 스스로를 천자처럼 흉내 내어, 주나라의 군주를 자신의 제후처럼 여긴 것으로, 제후에게 옥(玉)을 보냈다는 뜻이다. '기사용거이함(其使容居以含)'이라는 말은 용거가 곧바로 함(含)의 예를 시행하기를 원했다는 뜻이다.

① 徐自擬天子.

補註 鄭註: 時徐僭稱王.
번역 정현의 주에서 말하길, 당시 서(徐)나라에서는 참람되게 왕(王)이라고 지칭하였다.

「단궁하」 114장

子思之母死於衛, 赴于子思, 子思哭于廟. ①門人至, 曰: "庶氏之母死, 何爲哭于孔氏之廟乎?" 子思曰: "吾過矣! 吾過矣!" 遂哭于他室.

번역 자사(子思)의 모친은 남편인 백어(伯魚)가 죽자, 위나라 서씨(庶氏)에게 개가(改嫁)를 했다. 그런데 그녀가 위나라에서 죽자, 자사에게 부고를 알려 왔다. 그래서 자사는 자신의 종묘에 가서, 그녀를 위해 곡을 했다. 그 소리를 들은 문인들은 그곳으로 찾아가서, 자사에게 "서씨 집안의 모친이 된 여인이 죽었는데, 어떻게 공씨(孔氏) 집안의 묘(廟)에서 곡을 할 수 있습니까?"라고 말했다. 그 말을 들은 자사는 "이것은 나의 잘못이다! 나의 잘못이다!"라고 말하고, 다른 방으로 가서 곡을 했다.

① 門人至曰.

補註 鄭註: 門人, 弟子也.

번역 정현의 주에서 말하길, '문인(門人)'은 제자들을 뜻한다.

「단궁하」 115장

참고-經文

天子崩, 三日, 祝先服; 五日, 官長服; ①七日, 國中男女服; 三月, 天下服.

번역 천자가 죽게 되면, 3일째에, 천자의 후계자와 축관(祝官)이 가장 먼저 상복을 입을 때 짚게 되는 지팡이를 짚는다. 그리고 5일째가 되면, 천자에게 소속된 대부와 사들이 모두 지팡이를 짚게 된다. 7일째가 되면, 천자의 수도에 살고 있는 모든 백성들이 자최복(齊衰服)을 착용하게 된다. 3개월째가 되면, 각 제후국들에 있는 대부들이 모두 세최(總衰)를 착용하게 된다.

① ○七日[止]天下服.

補註 疏曰: 其七日及三月者, 唯服而已, 無杖.

번역 소에서 말하길, 7일째 및 3개월째에 해당하는 자들은 오직 상복만 착용할 따름이며, 지팡이는 없게 된다.

참고-集說

疏曰: 祝, 大祝·商祝也. 服, 服杖也. 是喪服之數, 故呼杖爲服. 祝佐含斂, 先病, 故先杖也, 故子亦三日而杖. 官長, 大夫·士也, 病在祝後, 故五日. 國中男女, 謂畿內民及庶人在官者. 服齊衰三月而除, 必待七日者, 天子七日而殯, 殯後嗣王成服, 故民得成服也. 三月天下服者, 謂諸侯之大夫爲王總衰. 旣葬而除, 近者亦不待三月, 今據遠者爲言耳, 何以知其或杖服或衰服? 按①喪大記及喪服四制云云. 然四制云七日授士杖, 此云五日士杖者, 崔氏云, 此據朝廷之士, 四制言邑宰之士也.

번역 소에서 말하길, '축(祝)'은 대축(大祝)1)과 상축(商祝)을 가리킨다. '복(服)' 자는 상복(喪服)에 짚게 되는 지팡이를 짚는다는 뜻이다. 지팡이 또한 상복(喪服) 의 제도에 해당한다. 그렇기 때문에 지팡이에 대해서, '복(服)'이라고 부른 것이다. 축(祝)은 함(含)과 염(斂)을 돕게 되어, 가장 먼저 피로해진다. 그렇기 때문에 우선 적으로 지팡이를 짚게 되는 것이고, 따라서 자식 또한 3일째에 지팡이를 짚는 것이 다. '관장(官長)'은 대부와 사들을 뜻하니, 그들은 축(祝) 다음으로 피로해진다. 그렇기 때문에 5일째에 지팡이를 짚는 것이다. '국중남녀(國中男女)'라는 말은 천자 의 수도 안에 살고 있는 백성들 및 서인들 중 말단 관리에 있는 자들을 뜻한다. 자 최복(齊衰服)을 착용하고 3개월간 복상을 한 뒤에 상복을 벗게 되는데, 반드시 7일 째까지 기다린 다음에 시행하는 것은 천자에 대해서는 7일째에 빈소를 마련하고, 빈소를 마련한 이후에, 천자의 지위를 계승하는 자가 성복(成服)을 하기 때문에, 백성들도 그 이후에야 성복을 할 수 있는 것이다. '삼월천하복(三月天下服)'이라는 말은 제후에게 소속된 대부는 천자를 위해서 세최(繐衰)를 착용한다. 장례를 끝내 게 되면, 상복을 벗게 되는데, 가까운 곳에 살고 있는 자라면, 또한 3개월까지 기다 리지 않지만, 현재 이곳 문장은 멀리 떨어져 살고 있는 자를 기준으로 말을 했기 때문에, 이처럼 표현한 것일 뿐이다. 그런데 어떻게 어떤 경우의 복(服)자는 지팡이 를 짚는 것이고, 또 어떤 경우에는 세최(繐衰)를 착용한다는 사실을 알 수 있는가? 『예기』「상대기(喪大記)」편 및 「상복사제(喪服四制)」편에서 이러한 내용들을 언급 했기 때문이다. 그러나 「상복사제」편에서는 7일째에 사에게 지팡이를 지급한다고 했고, 이곳 문장에서는 5일째에 사에게 지팡이를 지급한다고 해서, 차이를 보인다. 이러한 문제에 대해서 최영은은 이곳 문장은 조정에 소속된 사들을 기준으로 한 기

---

1) 대축(大祝)은 제사와 관련된 관직이다. 『예기』「곡례하(曲禮下)」편에는 "天子建天 官, 先六大, 曰大宰, 大宗, 大史, 大祝, 大士, 大卜, 典司六典."이라고 하여, 대재 (大宰)와 함께 천관(天官)에 소속된 관리로 기술되어 있다. 한편 『주례』「춘관종백 (春官宗伯)」편에는 "大祝, 下大夫二人, 上士四人, 小祝, 中士八人, 下士十有六 人, 府二人, 史四人, 胥四人, 徒四十人."이라고 하여, '대축'은 하대부(下大夫) 2명 이 담당하고, 그 직속 휘하에는 상사(上士) 4명이 배속되어 있으며, '대축'을 돕는 소축(小祝) 관직에는 중사(中士) 4명이 담당하고, 그 휘하에는 하사(下士) 16명, 부(府) 2명, 사(史) 4명, 서(胥) 4명, 도(徒) 40명이 배속되어 있다고 기록되어 있다. 또 『주례』「춘관(春官)·대축(大祝)」편에는 "掌六祝之辭, 以事鬼神示, 祈福祥求 永貞."이라고 하여, '대축'은 여섯 가지 축문에 관한 일을 담당하여, 이것으로써 귀신 을 섬겨 복을 기원하는 일을 했다고 기록되어 있다.

록이고, 「상복사제」편의 내용은 읍재(邑宰)로 있는 사들에 대해 언급한 것이라고
풀이했다.

① 喪大記[止]四制云云.

補註 喪大記: 君喪, 三日太子夫人杖, 五日旣殯, 大夫世婦杖.

번역 『예기』「상대기(喪大記)」편에서 말하길, 군주의 상이 발생하면 3일째
에 자식과 부인이 지팡이를 잡고, 5일째에 빈소를 차리게 되면 대부와 세부
에게 지팡이를 지급한다.[2]

補註 ○喪服四制: 三日授子杖, 五日授大夫杖, 七日授士杖.

번역 ○『예기』「상복사제(喪服四制)」편에서 말하길, 3일째에 자식에게 지팡
이를 주고, 5일째에 대부에게 지팡이를 주며, 7일째에 사에게 지팡이를 준다.[3]

補註 ○按: 四制七日授士杖, 而此但云五日官長服, 則恐官長, 只指大
夫, 而七日士則杖, 男女則服, 不必分朝廷與邑宰之士也.

번역 ○살펴보니, 「상복사제」편에서 7일째에 사에게 지팡이를 준다고 했고,
이곳에서는 단지 5일째에 관장(官長)이 복(服)을 한다고 했으니, 아마도 '관
장(官長)'은 대부만을 가리키는 것 같고, 7일째에 사에게 지팡이를 주고 남
녀 모두 복(服)을 하니, 조정에 속한 사나 읍재에 해당하는 사를 구분할 필
요가 없다.

---

2) 『예기』「상대기(喪大記)」: 君之喪三日, 子夫人杖; 五日旣殯, 授大夫世婦杖. 子
大夫寢門之外杖, 寢門之內輯之; 夫人世婦在其次則杖, 卽位則使人執之. 子有
王命則去杖, 國君之命則輯杖. 聽卜有事於尸則去杖. 大夫於君所則輯杖, 於大
夫所則杖.

3) 『예기』「상복사제(喪服四制)」: 杖者, 何也? 爵也. <u>三日授子杖, 五日授大夫杖, 七
日授士杖.</u> 或曰擔主, 或曰輔病. 婦人・童子不杖, 不能病也. 百官備, 百物具, 不
言而事行者, 扶而起. 言而后事行者, 杖而起. 身自執事而后行者, 面垢而已. 禿
者不髽, 傴者不袒, 跛者不踊, 老病不止酒肉. 凡此八者, 以權制者也.

「단궁하」116장

①虞人致百祀之木, 可以爲棺槨者斬之. 不至者, 廢其祀, 刿其人.

번역 천자가 죽었을 경우, 산림(山林)과 천택(川澤)을 담당하는 우인(虞人)에게는 명령을 내려서, 수도 안에 있는 사당의 나무들 중 천자의 장례 때 사용될 관(棺)과 곽(槨)의 재료로 쓸 수 있는 좋은 재목을 골라서 베고, 그 목재를 공급하도록 시킨다. 그런데 만약 목재가 도착하지 않는다면, 그 사당을 없애버리고, 그 사람의 목을 벤다.

① 虞人致百祀之木章.

補註 疏曰: 必取祀木者, 賀瑒云: "君者德著幽顯, 存則人神均其慶, 沒則靈祇等其哀傷也."

번역 소에서 말하길, 반드시 사당에 있는 나무를 이용하는 이유에 대해서, 하창은 "군주의 덕이 은미하면서도 밝게 드러난다는 사실을 나타낸 것으로, 만약 그가 생존해 있게 된다면 사람과 귀신이 모두 그 축복을 함께 나누게 되고, 그가 죽게 되면 신령들이 그 슬픔을 함께 느끼기 때문이다."라고 했다.

補註 ○按: 陳註疑致木之太多·用法之太峻, 竊恐未察百祀云者, 謂百祀之中, 隨其有大木可合棺槨者, 命致之, 非謂一一皆命之也. 致謂先書其木品尺度, 而致之可合, 然後斬之. 陳註悉斬而致之者, 殊不然. 文勢亦倒天子之槨材. 命之而不至, 則用法安得不峻也? 但廢其祀, 未曉其義, 豈以其有大木而不致諸君喪, 則神亦有責云歟?

번역 ○살펴보니, 진호의 주에서는 공급하는 나무가 너무 많고 적용하는 법이 너무 혹독한 것이 아니냐고 의심을 했는데, 내가 생각하기에 백사(百祀)에 대해서 자세히 살펴보지 않았기 때문에 이처럼 생각한 것 같으니, 백사

(百祀) 중에서도 큰 목재를 가지고 있어 관과 곽을 만드는데 적합한 것이 있을 때 명령을 내려 공급하도록 한다는 뜻이지, 일일이 모두에 대해 명령을 한다는 뜻이 아니다. 치(致)라는 것은 먼저 그 목재의 품급과 치수를 기록하고 그것을 보내서 관과 곽을 만들기에 적합한 것이라야 벤다는 뜻이다. 진호의 주에서는 모두 베어 보낸다고 했는데, 아마도 그렇지 않았을 것이다. 문장의 흐름에 있어서도 천자의 곽을 만드는 목재에 대해 도치시키고 있다. 그리고 명령을 내렸는데도 도착하지 않는다면, 법을 집행함에 어찌 준엄하게 하지 않을 수 있겠는가? 다만 사당을 없앤다는 것에 대해서는 그 의미를 분명하게 이해할 수 없는데, 어찌 큰 목재를 보유하고 있음에도 군주의 상에 공급하지 못했다고 하여 신에게도 책임이 있다고 말할 수 있겠는가?

「단궁하」 118장

참고—經文

邾婁定公之時, 有弑其父者, 有司以告. 公瞿然失席曰: "是寡
人之罪也." 曰: "寡人嘗學斷斯獄矣. 臣弑君, 凡在官者, 殺無
赦. 子弑父, 凡在宮¹⁾者, 殺無赦. 殺其人, 壞其室, ①洿其宮而
豬焉." 蓋君踰月而後擧爵.

번역 주루(邾婁)의 정공(定公)이 통치하던 시기에, 어떤 자가 자신의 부친을 살해
한 사건이 발생하였다. 유사(有司)가 이러한 사실을 정공에게 아뢰자, 정공은 깜짝
놀라서 몸 둘 바를 몰라 하며, "이것은 나의 잘못이다."라고 했다. 그리고는 "나는
일찍이 이러한 옥사(獄事)에 대해 판결하는 방법을 배운 적이 있었다. 신하가 그의
군주를 시해하면, 관직에 있는 모든 자들은 그를 죽이고 용서함이 없게 된다. 자식
이 그의 부친을 살해하면, 집안에 있는 모든 자들은 그를 죽이고 용서함이 없게 된
다. 이러한 경우 그 자를 죽이고, 그의 집을 무너트리며, 그의 집이 있던 땅을 파서,
웅덩이로 만들어버린다."라고 했다. 무릇 군주도 그 날을 넘길 때까지 술을 마시지
않게 된다.

① ○洿其宮而豬焉.

補註 疏曰: 言掘洿其宮, 使水聚積焉.

번역 소에서 말하길, 그 집터에 큰 웅덩이를 파서 물이 모이도록 한다는 뜻이다.

---

1) '궁(宮)'자에 대하여. 『십삼경주소(十三經注疏)』 북경대 출판본에서는 "『민본(閩
本)』·『감본(監本)』·『모본(毛本)』·『석경(石經)』 및 위씨(衛氏)의 『집설(集說)』
에서는 동일하게 기록하고 있고, 『악본(岳本)』·『가정본(嘉靖本)』 및 『고문(考文)』
에서 인용하고 있는 『고본(古本)』과 『족리본(足利本)』에는 '관(官)'자로 기록하고
있다. 완원(阮元)의 『교감기(校勘記)』에서는 "『정의』에서는 재궁(在宮)이라고 기
록하고 있으니, 여러 판본에서 간혹 재관(在官)이라고 기록한 것은 아마도 앞에
기록된 재관(在官)이라는 기록으로 인해 잘못 기록된 것이다."라고 했다.

補註 ○陸音: 豬, 音誅.

번역 ○육덕명의 『음의』에서 말하길, '豬'자의 음은 '誅(주)'이다.

補註 ○按: 字書, 豬, 後人加水爲瀦.

번역 ○살펴보니, 『자서』에서는 '저(豬)'자는 후대 사람들이 수(水)자 변을 붙여 저(瀦)라고 했다고 했다.

참고−集說

① 石梁王氏曰: 註疏本作"子弑父凡在宮者殺無赦", 爲是.

번역 석량왕씨가 말하길, 『주소본』에는 '자시부범재궁자살무사(子弑父凡在宮者殺無赦)'라고 기록되어 있었는데, 이 기록이 옳다.

① 石梁王氏曰[止]爲是.

補註 按: 疏曰, "凡在宮者, 諸本或爲在官, 恐與上在官者相涉而誤." 陳註引王說, 蓋以此也.

번역 살펴보니, 소에서 말하길, "'재궁(在宮)'이라는 글자를 다른 판본들 중에서는 '재관(在官)'으로 기록한 것도 있는데, 아마도 앞에 기록된 '재관(在官)'이라는 기록과 연관되어 잘못 표기된 것 같다."라고 했다. 진호의 주에서 왕씨의 주장을 인용한 것은 아마도 이러한 이유 때문인 것 같다.

「단궁하」 119장

①晉獻文子成室, 晉大夫②發焉. ③張老曰: "④美哉輪焉! 美哉
奐焉! ⑤歌於斯, 哭於斯, 聚國族於斯." 文子曰: "武也得歌於
斯, 哭於斯, 聚國族於斯, 是全要領以從先大夫於⑥九京也." ⑦
北面再拜稽首. 君子謂之善頌・善禱.

번역 진나라 헌문자(獻文子)가 집을 새로 지었다. 그래서 완공이 된 날 진나라의
대부들은 헌문자에게 예물을 보내며, 그곳에 찾아가서 축하를 하였다. 그 중 장로
(張老)는 "아름답구나! 집의 웅장함이여! 아름답구나! 집의 화려함이여! 앞으로 이
곳에서 제사를 지내며 음악을 연주하고, 또 이곳에서 상례를 치르며 곡을 하고, 또
이곳에서 연회를 하며 빈객들과 종족들을 불러 모으겠구나."라고 했다. 그 말을 들
은 헌문자는 "제가 만약 이곳에서 제사를 지내며 음악을 연주할 수 있고, 또 이곳에
서 상례를 치르며 곡을 할 수 있고, 또 이곳에서 연회를 하며 빈객들과 종족들을
불러 모을 수 있게 된다면, 이로써 제 천수를 다하고, 그런 뒤에는 구원(九京)에
묻혀서 선조들을 따르겠습니다."라고 대답했다. 그리고는 북쪽을 바라보고 재배를
하며 머리를 땅에 조아렸다. 군자는 이 일을 두고, 장로는 송(頌)을 잘했고, 헌문자
는 도(禱)를 잘했다고 평가했다.

① 晉獻文子成室.

補註 楊梧曰: 獻爲慶賀, 出於註疏. 陳註疑獻文二字爲謚, 殊無引據.
번역 양오가 말하길, 헌(獻)자를 축하의 뜻으로 여긴 것은 주와 소에서 도출
된 주장이다. 진호의 주에서는 헌문(獻文)이라는 두 글자를 시호로 의심하
였는데, 아마도 근거가 없는 말인 것 같다.

② 發焉.

補註 楊梧曰: 發, 謂以禮落成, 發與落, 皆有始意.
번역 양오가 말하길, '발(發)'자는 건물을 완성한 것에 대해 예물로 축하했다는 뜻이니, 발(發)자와 낙(落)자에는 모두 처음이라는 의미가 포함되어 있다.

③ 張老.

補註 按: 張老, 人姓名, 晉之賢大夫, 見左傳·國語.
번역 살펴보니, '장로(張老)'는 사람의 성과 이름에 해당하니, 진나라의 현명한 대부로 『좌전』과 『국어』에 나온다.

④ 美哉[止]奐焉.

補註 鄭註: "心譏其奢也." 疏曰: "張老亦往慶之一大夫也. 心譏其宮室飾麗, 故佯美之. 春秋外傳, '趙文子爲室, 斲其椽而礱之, 張老諫之, 是也.'"
번역 정현의 주에서 말하길, "속으로 그의 사치스러움에 대해서 기롱을 한 것이다."라고 했다. 소에서 말하길, "장로 또한 찾아가서 축하를 했던 대부 중 한 명에 해당한다. 문자가 자신의 집을 화려하게 지은 것에 대해 속으로 기롱을 한 것이다. 『춘추외전』에서 '조문자(趙文子)'가 집을 지을 때, 서까래를 깎고 가다듬었는데, 장로가 그것에 대해서 간언을 했다.'라고 한 말이 바로 위의 사건을 가리킨다."라고 했다.

⑤ 歌於斯[止]族於斯.

補註 鄭註: 祭祀·死喪·宴會於此足矣. 言此者, 欲防其後復爲.
번역 정현의 주에서 말하길, 제사·상례·연회 등을 이곳에서 치르기에 충분하다는 뜻이다. 이처럼 말했던 것은 그의 후손들이 재차 이처럼 행동하는 것을 막고자 했기 때문이다.

補註 ○類編曰: 此文勢, 但謂有慶則歌, 有哀則哭.

번역 ○『유편』에서 말하길, 문장의 흐름으로 보았을 때, 이것은 단지 경사스러운 일이 있으면 노래를 부르고 슬픈 일이 있으면 곡을 한다는 뜻이다.

⑥ 九京.

補註 楊梧曰: 九原, 文子家世舊葬, 指其冢之高曰京, 指其地之廣曰原.

번역 양오가 말하길, '구원(九原)'은 문자의 집안에서 대대로 장례를 지내던 장소인데, 그 무덤이 높다는 것을 가리킬 때에는 경(京)자를 붙여서 부르고, 그 묘지가 넓다는 것을 가리킬 때에는 원(原)자를 붙여서 부른다.

補註 ○按: 楊梧如字讀, 而恐本註作原者是.

번역 ○살펴보니, 양오는 글자대로 읽었지만, 아마도 본래의 주에서 원(原)자로 기록해야 한다고 한 말이 옳은 것 같다.

⑦ 北面.

補註 疏曰: 北面者, 在堂禮也. 故鄕飮酒禮賓主皆北面拜.

번역 소에서 말하길, '북면(北面)'이라고 말한 것은 당에 있을 때의 예법에 따른 것이다. 그렇기 때문에 『의례』「향음주례(鄕飮酒禮)」편에서는 빈객과 주인이 모두 북쪽을 바라보며 절을 했던 것이다.

晉獻, 舊說謂晉君獻之, 謂賀也. 然君有賜於臣, 豈得言獻? 疑 "獻文"二字, 皆趙武諡, 如貞惠文子之類. 諸大夫發禮往賀, 記者因述張老之言. 輪, 輪囷高大也. 奐, 奐爛衆多也. 歌, 祭祀作樂也. 哭, 死喪哭泣也. 聚國族, 燕集國賓聚會宗族也. 頌者, 美其事而祝其福. 禱者, 祈以免禍也. 張老之言善於頌, ①武子所答善於禱也.

번역 '진헌(晉獻)'에 대해서, 옛 학설에서는 진나라 군주가 헌(獻)을 했다고 풀이했으니, 곧 축하를 했다는 의미이다. 그러나 군주는 신하에게 하사를 해주는 경우가 있지만, 어찌 헌(獻)이라 할 수 있겠는가? 따라서 '헌문(獻文)'이라는 두 글자는 조무(趙武)의 시호(諡號)에 해당하는 것 같으니, 정혜문자(貞惠文子) 등으로 부르는 경우와 같다.[1] 여러 대부들이 예물을 보내고, 찾아가서 축하를 했는데, 『예기』를 기록한 자는 그에 따라 장로(張老)의 말을 기록하게 된 것이다. '윤(輪)'자는 으리으리하게 높고 크다는 뜻이다. '환(奐)'자는 화려하고 치장한 것들이 많다는 뜻이다. '가(歌)'자는 제사를 지내며 음악을 연주한다는 뜻이다. '곡(哭)'자는 상례를 치르며 곡을 하고 눈물을 흘린다는 뜻이다. '취국족(聚國族)'은 연회를 하여 국가의 빈객들을 모으고 종족들을 모은다는 뜻이다. '송(頌)'이라는 것은 그 사안을 아름답게 꾸며서, 복이 내려지기를 축원하는 것이다. '도(禱)'라는 것은 재앙이 내려지지 않도록 기원하는 것이다. 장로의 말은 송(頌)에 대해서 잘한 것이고, 무자(武子)가 대답한 말은 도(禱)에 대해서 잘한 것이다.

① 武子所答.

補註 按: 武是文子之名, 則武, 恐文之訛.

번역 살펴보니, '무(武)'는 문자의 이름이니, 무(武)라고 한 것은 아마도 문(文)자를 잘못 기록한 것 같다.

참고-集說

①石梁王氏曰: 歌於斯, 謂祭祀歌樂也. 大夫祭無樂, 春秋時或有之.

---

1) 『예기』「단궁하」: 君曰: "昔者衛國凶饑, 夫子爲粥與國之餓者, 是不亦惠乎! 昔者衛國有難, 夫子以其死衛寡人, 不亦貞乎! 夫子聽衛國之政, 修其班制, 以與四鄰交. 衛國之社稷不辱, 不亦文乎! 故謂夫子貞惠文子."

번역 석량왕씨가 말하길, '가어사(歌於斯)'라는 말은 제사를 지내며 노래를 부르고 음악을 연주한다는 뜻이다. 대부는 본래 제사를 지낼 때 음악을 사용하지 않는데, 춘추시대 때에는 간혹 사용하는 경우도 있었다.

① 石梁王氏曰[止]有之.

補註 按: 此用疏文, 何以稱石梁說可疑.

번역 살펴보니, 이것은 소의 문장에 따른 것인데, 어찌 석량왕씨의 주장이라고 지칭했는지 의문스럽다.

「단궁하」 120장

仲尼之畜狗死, 使子貢埋之, 曰: "吾聞之也, 敝帷不棄, 爲埋馬
也; 敝蓋不棄, 爲埋狗也. 丘也貧, 無蓋, 於其封也, 亦予之席,
①毋使其首陷焉."

번역 공자에게는 기르던 개가 있었는데, 어느 날 그 개가 죽었다. 그래서 공자는
자공(子貢)을 시켜서, 그 개를 묻어주게 하며, "내가 듣기로, 해진 휘장을 버리지
않는 것은 말을 매장할 때 사용하기 위해서이며, 해진 수레의 덮개를 버리지 않는
것은 개를 매장할 때 사용하기 위해서라고 했다. 그런데 나는 가난하여 수레의 덮
개가 없으니, 개를 묻어줄 때에는 또한 자리를 깔아주어서, 개의 머리가 땅으로 꺼
지는 일이 없도록 하라."라고 일러주었다.

① 毋使其首陷焉.

補註 鄭註: 陷, 謂沒於土.

번역 정현의 주에서 말하길, '함(陷)'자는 흙에 함몰된다는 뜻이다.

「단궁하」 122장

참고-經文

季孫之母死, 哀公弔焉. 曾子與子貢弔焉, 闇人爲君在, 弗內也. 曾子與子貢入於其廐而修容焉. 子貢先入, 闇人曰: "①鄕者已告矣." 曾子後入, 闇人②辟之.

번역 노(魯)나라 계손(季孫)의 모친이 돌아가셨는데, 애공(哀公)이 직접 찾아가서 조문을 했다. 당시 증자(曾子)와 자공(子貢)도 조문을 갔었는데, 문지기는 군주가 안에 계시므로, 그 둘을 안으로 들이지 않았다. 증자와 자공은 마구간으로 들어가서 용모를 단정히 고쳤다. 자공이 먼저 들어가려고 했는데, 문지기는 "앞서 이미 주인께 오셨다는 사실을 아뢰었습니다."라고 하며, 길을 열어주지 않았다. 증자가 뒤이어 들어가려고 했는데, 문지기는 그 자리를 피해주며, 안으로 들어가도록 했다.[1]

① ○鄕者已告矣.

補註 楊梧曰: 以文, 鄕者, 不納之過.

번역 양오가 말하길, 문장에 따르면 '향(鄕)'자는 안으로 들이지 않았던 이전 시기를 뜻한다.

② 辟之.

補註 楊梧曰: 辟, 如字, 屛斥他人也.

번역 양오가 말하길, '辟'자는 글자대로 풀이하니, 다른 사람을 밀친다는 뜻이다.

補註 ○按: 陸云, "辟, 音避, 下同." 然則下文辟位之辟, 雖不出音, 亦當音避.

---

1) 경문의 '혼인벽지(闇人辟之)'는 증자(曾子)에게만 길을 터주어서, 증자만 들어갔다는 뜻으로 해석할 수도 있고, 또 증자에게 길을 터주며 자공(子貢) 또한 뒤따라 들어갔다는 뜻으로 해석할 수도 있다.

번역 ○살펴보니, 육덕명은 "'辟'자의 음은 '避(피)'이며, 아래문장에 나오는 글자도 그 음이 이와 같다."라고 했다. 그렇다면 아래문장에 나온 辟位에서의 '辟'자도 비록 그 음이 나타나지 않지만, 이 또한 마땅히 '避(피)'자의 음이 된다.

「단궁하」 123장

①劉氏曰: 此章可疑. 二子弔卿母之喪, 必自盡禮以造門, 不當
待闇者拒而後修容盡飾也. 且旣飾而闇人辭, 或當再請於闇,
若終不得通, 退可也, 何必以威儀悚動之以求入耶? 其入而
君 · 卿 · 大夫敬之者, 以平日知其賢也. 非素不相知, 創見其
容飾之美而加敬也. 而君子乃曰盡飾之道, 斯其行者遠, 則是
二子之德行, 不足以行遠, 惟區區之外飾, 乃足以行遠耶?

번역 유씨가 말하길, 이곳 문장은 그 내용이 의심스럽다. 증자(曾子)와 자공(子貢)이 경의 모친 상에 대해 조문을 했을 때, 분명 제 스스로 그 예법을 다하여, 그 집의 문에 당도했을 것이니, 문지기가 거절한 이후에야 용모를 가다듬고 복식을 꾸미지는 않았을 것이다. 또 복식을 꾸민 이후에도 문지기가 들어가는 것을 사양했는데, 마땅히 문지기에게 재차 부탁을 했는데도, 만약 끝내 들여보내지 않으면, 물러가는 것이 옳다. 그런데 하필이면 위엄스럽게 행동하여, 들어가기를 요구한단 말인가? 그리고 들어갔을 때, 군주 · 경 · 대부들이 그에게 공경의 뜻을 나타냈는데, 그 이유는 평소에 그가 현명한 자라는 사실을 알고 있었기 때문이다. 그런데 평소에 서로 알고 있는 사이가 아니라면, 갑작스럽게 그 용모의 우아함을 보고서, 공경의 뜻을 나타낸 것이 된다. 그리고 군자는 평가를 하며, "용모를 지극히 꾸미는 도리이며, 이에 사람을 감동시키는 것이 크다."라고 했는데, 두 사람의 덕과 행실로는 크게 감동시키기에 부족하고, 오직 자질구레한 외적 치장을 통해서만 큰 감동을 줄 수 있단 말인가?

① ○劉氏曰[止]行遠也.

補註 語類: 問, "子貢 · 曾子修容事." 曰, "未必恁地."

번역 『어류』에서 말하길, "자공과 증자가 용모를 가다듬은 일이 사실입니까?"라고 묻자 "반드시 그렇지는 않았을 것이다."라고 대답했다.

「단궁하」 124장

참고–經文

陽門之介夫死, 司城子罕入而哭之哀. 晉人之覘宋者, 反報於晉侯曰: "陽門之介夫死, 而子罕哭之哀, 而民說, ①殆不可伐也."

번역 송(宋)나라 국성의 양문(陽門)을 지키던 병사가 죽었다. 그런데 사성(司城)의 관직을 맡고 있던 자한(子罕)은 그의 집에 찾아가서 슬프게 곡을 했다. 그 모습을 본 송나라의 백성들과 수비병들은 감동을 했다. 당시 진나라에서는 송나라를 공격하기 위해, 염탐꾼을 보냈었는데, 그 자가 되돌아가서 진나라 후작에게 보고하기를, "양문을 지키던 병사가 죽었는데, 자한은 그를 위해서 슬프게 곡을 하여, 백성들이 감동하였습니다. 따라서 다른 병사들도 감동을 하여, 자신의 임무에 충실할 것이니, 아마도 송나라를 공격할 수 없을 것 같습니다."라고 했다.

① 殆不可伐.

補註 疏曰: 以貴哭賤, 感動民心, 皆喜悅. 若有人伐, 民必致死, 故云不可伐.

번역 소에서 말하길, 존귀한 자가 미천한 자에 대해서도 곡을 하여 백성들의 마음을 감동시켰기 때문에, 모두들 기뻐하였다. 만약 어떤 사람이 공격을 하게 된다면, 백성들은 반드시 목숨을 바쳐서 그 일을 막게 될 것이다. 그렇기 때문에 "아마도 공격할 수 없을 것 같습니다."라고 말한 것이다.

「단궁하」 125장

孔子聞之曰: "善哉覘國乎! 詩云, '凡民有喪, 扶服救之.' ①<u>雖微晉而已, 天下其孰能當之?</u>"

번역 공자가 그 이야기를 전해 듣고, "송(宋)나라를 염탐한 자는 매우 옳구나! 『시』에서는 '무릇 백성들에게 상이 발생하면, 힘을 다해 그를 돕는다.'¹⁾라고 하였으니, 백성들의 마음을 얻었다면, 비록 진(晉)나라가 침공하리라는 근심이 없게 된다 하더라도, 천하의 그 어느 나라가 송나라를 당해낼 수 있겠는가?"라고 했다.

① ○雖微晉而已.

補註 鄭註: "微, 猶非也." 疏曰: "雖非晉之强, 天下更有强於晉者, 誰能當之? 而已, 是助語句也."

번역 정현의 주에서 말하길, "'미(微)'자는 '비(非)'자와 같은 뜻이다."라고 했다. 소에서 말하길, "비록 진나라의 강성함이 아니더라도, 천하에는 진나라보다 더 강성한 나라도 있지만, 그 누가 당해낼 수 있겠느냐는 뜻이다. '이이(而已)'는 어조사이다."라고 했다.

補註 ○按: 註疏說本自平順, 雖微晉而已, 猶言雖不止晉國, 家語作雖非晉國, 天下其孰能當之? 文義尤明. 陳註兩說皆誤.

번역 ○살펴보니, 주와 소의 설명은 본래 평범한 해석이며, '수미진이이(雖微晉而已)'라는 말은 '비록 진나라에 그치지 않지만[雖不止晉國]'이라는 뜻으로, 『공자가어』에서 "비록 진나라가 아니더라도, 천하에 그 누가 당해낼 수 있겠는가?"라고 기록했는데, 문장과 뜻이 더욱 분명하다. 진호의 주에 나온 두 설명은 모두 잘못되었다.

---

1) 『시』「패풍(邶風)·곡풍(谷風)」: 就其深矣, 方之舟之. 就其淺矣, 泳之游之. 何有何亡, 黽勉求之. <u>凡民有喪, 匍匐救之.</u>

長樂陳氏曰: 吳起吮一人之疽, 而隣敵莫抗, 段熲裹一人之瘡, 而西羌頓平. 然則司城子罕哭一介夫, 而民說, 其可以伺隙抵巇而伐之哉? 覘者, 所以知微也. 兵法曰, "用間有五", 是謂神紀, 又曰, "知彼知己, 百戰不殆." 古人之於兵, 未嘗不用間, 其知微如晉之覘者, 蓋亦鮮矣, 孔子所以善之也. 所謂雖微晉而已, 天下其孰能當之, 仁不可爲衆故也. 昔仲尼在衛, 趙鞅折謀, 干木處魏, 秦人罷兵, 謝安在晉, 王猛知其不可伐, ①<u>季梁在隋</u>, 楚子之兵不敢加, 則子罕在宋, 而天下不能當者, 信矣.

번역 장락진씨가 말하길, 오기(吳起)는 병사 한 사람의 고름을 입으로 빨아내어, 이웃의 적대국에서 대항할 수가 없었고, 단경(段熲)은 병사 한 사람의 종기를 감싸주어서, 서강(西羌)과 화평하게 되었다. 그렇다고 한다면 사성(司城)을 맡고 있던 자한(子罕)이 한 명의 수비병을 위해 곡(哭)을 하여, 백성들이 기뻐했는데, 그 빈틈을 엿보아서 공격을 할 수 있겠는가? 염탐했던 자는 그 기미를 알았던 것이다. 병법에서는 "첩자를 사용함에는 다섯 종류가 있다."라고 했는데, 이러한 경우를 '신묘한 법도[神紀]'라고 부른다고 했고,2) 또 "상대방을 알고 나를 알면, 백번을 싸워도 위태롭지 않다."3)라고 했다. 따라서 고대인들은 전쟁에 있어서, 일찍이 첩자를 사용하지 않은 적이 없었지만, 진(晉)나라의 염탐꾼처럼 그 기미를 알아챌 수 있는 자는 아마도 매우 적었을 것이다. 그래서 공자(孔子)가 그를 칭찬했던 것이다. 이른바 "비록 진나라가 아니더라도 천하에 그 어떤 자가 당해낼 수 있겠느냐!"고 한 말은 인(仁)함에는 많은 사람도 당해낼 수가 없기 때문이다.4) 옛날에 공자가 위(衛)나라에 머물러 있었을 때, 조앙(趙鞅)은 도모하던 일을 꺾어야만 했고, 간목(干木)이

---

2) 『손자』「용간(用間)」: 故用間有五. 有鄕間 · 有內間 · 有反間 · 有死間 · 有生間. 五間俱起, 莫知其道, 是謂神紀, 人君之寶也.

3) 『손자』「모공(謀攻)」: 故曰, <u>知彼知己, 百戰不殆</u>; 不知彼而知己, 一勝一負; 不知彼, 不知己, 每戰必敗.

4) 『맹자』「이루상(離婁上)」: 詩云, "商之孫子, 其麗不億. 上帝旣命, 侯于周服. 侯服于周, 天命靡常. 殷士膚敏, 祼將于京." 孔子曰, "<u>仁不可爲衆也</u>. 大國君好仁, 天下無敵."

위(魏)나라에 있었을 때, 진(秦)나라는 전쟁을 멈춰야만 했으며, 사안(謝安)이 진(晉)나라에 있었을 때, 왕맹(王猛)은 침공할 수 없음을 알았으며, 계량(季梁)이 수(隋)에 있었을 때, 초(楚)나라 자작은 병사를 더 늘릴 수가 없었으니, 자한(子罕)이 송(宋)에 있자, 천하의 그 어떤 나라도 당해낼 수 없다는 것은 진실로 믿을 수 있는 일이다.

① 季梁在隋.

補註 隋, 當作隨.

번역 '수(隋)'자는 마땅히 수(隨)자로 기록해야 한다.

「단궁하」 126장

①莊公爲子般所弒, 而慶父作亂, 閔公時年八歲. 絰, 葛絰也. 諸侯弁絰葛而葬, 葬畢, 閔公卽除凶服於庫門之外, 而以吉服嗣位, 故云"絰不入庫門"也. 士大夫則仍麻絰, 直俟卒哭, 乃不以麻絰入庫門. 蓋閔公旣吉服, 不與虞與卒哭之祭, 故群臣至卒哭而除. 記禍亂恐迫, 禮所由廢.

번역 장공(莊公)은 자반(子般)에게 시해를 당했고, 경보(慶父)가 반란을 일으켰는데, 민공(閔公)은 당시 나이가 8세였다. '질(絰)'은 갈(葛)로 만든 질(絰)을 뜻한다. 제후는 변(弁)을 쓰고, 거기에 갈(葛)로 만든 질(絰)을 두르고서, 장례를 치르는데, 장례가 모두 끝나자, 민공(閔公)은 곧바로 고문(庫門) 밖에서 흉복을 벗고서, 길복을 착용하고 지위를 계승하였다. 그렇기 때문에 "질(絰)을 두르고서 고문으로 들어가지 않았다."라고 말한 것이다. 사와 대부의 경우라면, 곧 마(麻)로 된 질(絰)을 두르게 되는데, 다만 졸곡(卒哭)을 할 때 까지 기다리게 되니, 마(麻)로 된 질(絰)을 두르고서는 고문으로 들어가지 않는다. 무릇 민공이 이미 길복으로 갈아입었고, 우제(虞祭)와 졸곡(卒哭)의 제사에 참여하지 않았기 때문에, 뭇 신하들은 졸곡에 이르러서야 상복을 벗었던 것이다. 이곳 기록에서는 환란으로 인해 상황이 급박해져서, 이로 인해 관련 예가 폐지되었다는 점을 기록한 것이다.

① ○莊公爲子般所弒.

補註 按, 春秋傳, 八月莊公薨, 子般立. 十月, 慶父弒子般, 立閔公. 此云爲子般所弒, 蓋由鄭註時子般弒慶父作亂之說, 而陳氏不察子般弒者, 乃子般被弒之謂, 而有此誤解, 可歎.

번역 살펴보니, 『춘추전』에서는 8월에 장공이 죽었고 자반이 제위에 올랐다고 했다. 또 10월에 경보가 자반을 시해하고 민공을 세웠다고 했다. 이곳에서는 자반에 의해 시해를 당했다고 했는데, 아마도 정현의 주에서 당시 자반은 시해를 당했고 경보는 반란을 일으켰다고 한 주장에 기인한 것 같다. 그러나 진호는 '자반시(子般弒)'라는 말이 자반이 시해를 당했다는 뜻임을 살펴보지 못하여, 이처럼 잘못된 해석을 하게 되었으니, 한탄할만한 일이다.

「단궁하」 127장

참고-經文

孔子之故人曰原壤, 其母死, 夫子①助之沐槨. 原壤登木曰: "②久矣予之不託於音也." ③歌曰: "狸首之斑然, ④執女手之卷然." 夫子爲弗聞也者而過之. 從者曰: "子⑤未可以已乎?" 夫子曰: "丘聞之, 親者毋失其爲親也, 故者毋失其爲故也."

번역 공자의 오래된 친구 중에 원양(原壤)이라는 자가 있었다. 그의 모친이 돌아가셨을 때, 공자는 그를 도와서 곽(槨)을 만들고 있었다. 원양이 다듬어둔 나무 위에 걸터앉아서, "오래되었구나! 내가 노래를 부르지 못한지가."라고 말하고는 곧 노래를 부르며, "나무의 무늬가 너구리의 머리처럼 아름답구나, 나무의 결이 여인의 손을 잡은 것처럼 매끄럽구나."라고 했다. 공자는 그가 노래 부르는 것을 들었음에도, 못들은 척하고 지나쳤다. 그러자 공자를 따르던 제자가 "선생님께서는 저처럼 예의 없이 구는 것을 보았으니, 그 자와 절교를 해야 하는 것이 아닙니까?"라고 물어보았다. 공자는 "내가 듣기로, 친족에 있어서는 설령 그가 비례를 저질렀다고 하더라도, 친족으로 맺어진 정을 버릴 수가 없다고 했고, 오래된 친구에 있어서는 설령 그가 비례를 저질렀다고 하더라도, 그와의 오래된 정을 버릴 수가 없다고 했다."라고 대답했다.

① 助之沐槨.

補註 鄭註: 沐, 治也.

번역 정현의 주에서 말하길, '목(沐)'자는 "다스린다[治]."는 뜻이다.

② 久矣.

補註 疏曰: 謂遭喪以來, 日月久矣.

번역 소에서 말하길, 상을 당한 이래로, 오랜 시간이 흘렀다는 의미이다.

③ 歌曰.

補註 按: 貍首逸詩篇名. 原壤所歌, 乃其詩中語, 見投壺小註及射義註.
번역 살펴보니, '이수(貍首)'는 일실된『시』의 편명이다. 원양이 노래한 것은 시에 나오는 일부 말인데,『예기』「투호(投壺)」편의 소주 및『예기』「사의(射義)」편의 주에 나온다.

④ 執女手之卷然.

補註 疏曰: 言孔子手執斤斧, 如女子之手, 卷卷然而柔弱.
번역 소에서 말하길, 공자가 손으로 도끼를 잡고 있었는데, 마치 여자의 손처럼 매끈하고 부드러워보였다는 뜻이다.

補註 ○按: 疏說未知其果然. 而陳註以卷作拳, 亦非.
번역 ○살펴보니, 소의 주장이 과연 그러한지 잘 모르겠다. 그런데 진호의 주에서 권(卷)자를 권(拳)자로 풀이한 것 또한 잘못된 설명이다.

⑤ 未可以已乎.

補註 鄭註: 已, 猶止也.
번역 정현의 주에서 말하길, '이(已)'자는 "끝내다[止]."는 뜻이다.

「단궁하」 128장

文子, 晉大夫, 名武. ①叔譽, 叔向也. 言卿大夫之死而葬於此者多矣, 假令可以再生而起, 吾於眾大夫誰從乎? 文子蓋設此說, 欲與叔向共論前人賢否也.

번역 '문자(文子)'는 진나라의 대부로, 이름은 무(武)이다. '숙예(叔譽)'는 숙향(叔向)을 가리킨다. 즉 "경과 대부였던 자들이 죽었을 때, 대부분 이곳에서 장례를 치르는데, 만일 다시 살아나는 자가 있다면, 나는 여러 대부들 중 누구를 따라야 하느냐?"라고 말한 것이다. 문자는 아마도 이러한 말을 하여, 숙향과 함께 이전 시대의 인물들이 현명했는지의 여부를 논의하고자 한 것이다.

① ○叔譽叔向也.

補註 按: 叔向, 羊舌氏, 名肹.

번역 살펴보니, '숙향(叔向)'은 씨는 양설(羊舌)이고 이름은 힐(肹)이다.

「단궁하」 129장

處父, 晉襄公之傅. 幷者, 兼衆事於己, 是專權也. 植者, 剛强自立
之意. 所行如此, 故①爲狐射姑所殺, 不得善終其身, 是不智也.

번역 '처보(處父)'는 진나라 양공(襄公)의 스승이다. '병(幷)'이라는 말은 여러 일
을 자신이 겸직했다는 의미로, 정권을 마음대로 부렸다는 뜻이다. '식(植)'이라는
것은 강건하게 제 스스로 우뚝 섰다는 뜻이다. 그가 시행했던 것이 이와 같았기 때
문에, 호역고(狐射姑)에게 피살을 당하여, 끝내 자신의 몸을 온전히 보전하지 못했
으니, 이것은 지혜롭지 못한 경우에 해당한다.

① ○爲狐射姑所殺.

補註 見文六年.
번역 문공 6년 기록에 나온다.[1]

補註 ○射, 音亦.
번역 ○'射'자의 음은 '亦(역)'이다.

---

1) 『춘추공양전』「문공(文公) 6년」: 晉狐射姑出奔狄, 晉殺其大夫陽處父, 則狐射姑曷
爲出奔.

「단궁하」 130장

참고-集說

叔譽又稱子犯可歸, 文子言子犯從文公十九年于外, 及反國危疑之時, 當輔之入以定其事, 乃①及河而授璧以辭, 此蓋爲他日高爵重祿之計, 故以此言要君求利也, 豈顧其君之安危哉? 是不仁也.

번역 숙예(叔譽)는 재차 자범(子犯)에게 정사를 맡길만하다고 말했는데, 문자(文子)는 자범은 문공(文公)을 따라서 외지에서 19년이나 보냈고, 본국으로 되돌아갔을 때에는 나라가 혼란스러운 시기였으므로, 이러한 시기에 이르러서는 마땅히 문공을 보좌하여, 본국으로 함께 들어가서, 그 일들을 안정시켜야 했다. 그러나 황하(黃河)에 도달하자 벽(璧)을 문공에게 건네며, 함께 들어가기를 사양하였으니, 이것은 아마도 다른 때 보다 높은 작위와 많은 녹봉을 받게 되리라는 계책을 새웠기 때문이다. 그래서 이처럼 사양하는 말을 하여, 군주에게 이익을 얻고자 요구를 하였으니, 어찌 그가 군주의 안위를 살폈다고 하겠는가? 따라서 이러한 경우는 불인(不仁)에 해당한다.

① ○及河而授璧.

補註 疏曰: 左傳云, "及河, 子犯以璧授公子曰: '臣負羈紲, 從君巡於天下, 臣之罪甚多. 臣猶知之, 而況君乎? 請由此亡.' 公子曰: '所反國不與舅氏同心者, 有如白水.'" 事見僖二十四年.

번역 소에서 말하길, 『좌전』에서는 "황하(黃河)에 이르러서, 자범(子犯)은 벽(璧)을 공자에게 건네며, '소신은 군주의 수레 고삐를 잡고서, 군주를 따라 천하를 두루 돌아다녔지만, 저의 죄는 매우 큽니다. 소신도 오히려 그 사실을 알고 있는데, 하물며 군주께서 그것을 모르시겠습니까? 따라서 저는 이러한 이유로 망명하길 청원합니다.'라고 했다. 그러자 공자는 '본국으로 되돌아감에 내가 아저씨와 같은 마음을 갖지 않겠다는 것은 저 변함없이 하얀 황하

의 물과 같을 것이오.'"라고 했다. 이 일화는 희공 24년 기록에 나온다.[1]

---

1) 『춘추좌씨전』「희공(僖公) 24년」: 二十四年春王正月, 秦伯納之. 不書, 不告入也. 及河, 子犯以璧授公子, 曰, "臣負羈紲從君巡於天下, 臣之罪甚多矣, 臣猶知之, 而況君乎? 請由此亡." 公子曰, "所不與舅氏同心者, 有如白水!" 投其璧于河.

참고─經文

"我則隨武子乎! ①利其君, 不忘其身; 謀其身, 不遺其友." 晉人
謂文子知人.

번역 조문자(趙文子)가 계속해서 말하길, "나는 수무자(隨武子)를 꼽겠소! 그는
자신의 군주를 이롭게 하면서도, 제 자신의 안존을 잊지 않았고, 자신을 위해 일을
도모하면서도, 그의 친구들을 버리지 않았기 때문이오."라고 했다. 그 말이 전해지
자 진나라 사람들은 조문자가 사람을 잘 알아본다고 칭찬했다.

① 利其君[止]不遺其友.

補註 疏曰: 凡人利君者, 多性行偏特, 不顧其身. 今武子旣能利君, 又能
不忘其身. 凡人謀身, 多獨善於己, 遺棄故舊. 今武子旣能謀身, 又能不
遺朋友.

번역 소에서 말하길, 일반인들은 군주를 이롭게 할 때, 대부분 제 홀로 나대
서 제 자신을 돌보지 않는다. 그런데 수무자는 군주를 이롭게 할 수 있으면
서도 또한 제 자신의 안존을 잊지 않을 수 있었다. 일반인들은 제 자신의
이익을 도모하게 되면, 대부분 좋은 것을 자신만 독차지하고 옛 친구들을 버
리게 된다. 그런데 수무자는 자신의 이익을 도모할 수 있으면서도 또한 자신
의 친구들을 버리지 않을 수 있었다.

참고─集說

文子自言我所願歸者, 惟隨武子乎! 武子, 士會也, 食邑於隨.
①左傳言夫子之家事治, 言於晉國無隱情. 蓋不忘其身而謀之,
知也; 利其君不遺其友, 皆仁也.

번역 문자(文子)는 제 스스로 "내가 따르고자 하는 자는 오직 수무자(隨武子)를 꼽겠다!"라고 말한 것이다. '무자(武子)'는 사회(士會)를 가리키니, 그의 식읍(食邑)은 수(隨) 땅에 있었다. 『좌전』에서는 "그분은 집안일을 잘 다스렸고, 진(晉)나라 조정에서 말을 할 때에는 사정을 숨기는 일이 없었다."고 했다. 무릇 제 자신의 안전을 잊지 않고 일을 도모하는 것은 지혜로움에 해당하며, 군주를 이롭게 만들고, 자신의 벗을 버리지 않았다는 것은 모두 인자함에 해당한다.

① **左傳言[止]隱情.**

補註 按: 此見襄二十七年. 疏引之曰: "無隱情則利君也, 家事治則不忘其身也."

번역 살펴보니, 이 일화는 양공 27년 기록에 나온다.[1] 소에서는 이 문장을 인용하며, "사정을 숨기는 일이 없다면 군주를 이롭게 만들고, 집안일을 잘 다스린다면 자신에 대해서 잊지 않게 된다."라고 했다.

---

1) 『춘추좌씨전』「양공(襄公) 27년」: 子木問於趙孟曰, "范武子之德何如?" 對曰, "夫子之家事治, 言於晉國無隱情, 其祝史陳信於鬼神無愧辭."

「단궁하」 132장

참고-經文

文子其中退然如不勝衣, ①其言吶吶然如不出諸其口.

번역 조문자(趙文子)는 그 몸을 움직임에 자신을 겸손하게 낮추고 연약한 것처럼 행동하여, 마치 옷의 무게조차 이기지 못하는 것처럼 했고, 말을 할 때에는 목소리도 낮고 말도 느려서, 마치 말을 하지 못하는 것처럼 했다.

① 其言吶吶然.

補註 按: 吶, 與訥, 音義皆差異. 韻會, 吶, 見屑韻, 註曰"言緩也." 引檀弓吶吶然爲證. 訥, 見月韻, 註曰"言難也, 或作吶." 引李廣傳口訥少言爲證. 以此觀之, 吶, 雖通作訥, 而非直是訥也.

번역 살펴보니, '눌(吶)'자는 눌(訥)자와 음과 뜻에서 모두 차이가 난다. 『운회』에서는 '눌(吶)'자가 「설운(屑韻)」에 나오며, 주에서는 "말이 느린 것이다."라고 했다. 그리고 「단궁」편에서 눌눌연(吶吶然)이라고 했던 말을 인용해서 증명하였다. 한편 '눌(訥)'자는 「월운(月韻)」에 나오며, 주에서는 "말을 잘 못하는 것이며 눌(吶)자로도 기록한다."라고 했다. 그리고 「이광전」에서 "말을 잘 못해서 말수가 적었다."라고 한 말을 인용해서 증명하였다. 이를 통해 살펴본다면 눌(吶)자는 비록 눌(訥)자와 통용되지만, 눌(訥)자에 해당하는 것은 아니다.

참고-集說

①中, 身也, 見儀禮鄕射記. 退然, 謙卑怯弱之貌. 吶吶, 聲低而語緩也. 如不出諸其口, 似不能言者.

번역 '중(中)'은 몸[身]을 뜻하니, 『의례』「향사례(鄕射禮)」편의 기문에 그 용례가 나온다. '퇴연(退然)'은 겸손하게 자신을 낮추는 연약한 모습을 뜻한다. '눌눌(吶吶)'은 목소리가 낮고 말이 느리다는 뜻이다. '여불출제기구(如不出諸其口)'는 말을 할 수 없는 것처럼 보인다는 뜻이다.

① **中身也[止]鄕射記.**

補註 鄕射記: "弓二寸以爲侯中." 註: "中, 謂身也."

번역 『의례』「향사례(鄕射禮)」편의 기문에서 말하길, "활마다 2촌으로 하여 과녁의 중으로 삼는다."[1]라고 했다. 주에서 말하길, "중(中)자는 몸체를 뜻한다."라고 했다.

補註 ○按: 此訓出於古註疏, 而或以中心謙退之意看亦通.

번역 ○살펴보니, 이러한 풀이는 옛 주와 소에서 도출된 것이며, 혹자는 속마음이 겸손하게 자신을 낮추고자 하는 뜻으로 보았는데, 이 또한 뜻이 통한다.

---

1) 『의례』「향사례(鄕射禮)」: 侯道五十弓, <u>弓二寸以爲侯中</u>.

「단궁하」 133장

①所擧於晉國管庫之士七十有餘家, 生不交利, 死不屬其子焉.

번역 조문자(趙文子)는 사람됨을 잘 알아보았으므로, 그가 진나라 조정에 천거했던 자는 창고지기였던 말단 관리로부터 70여 사람에 이르는데, 생전에는 그들을 통해서 이로움을 추구하지 않았고, 그가 죽을 때에도 자신의 아들에 대해 부탁하지 않았다.

① 所擧[止]管庫之士.

補註 鄭註: 管庫之士, 府史以下, 官長所置也. 擧之於君, 以爲大夫·士.

번역 정현의 주에서 말하길, '관고지사(管庫之士)'는 부사(府史)[1] 이하의 말단 관리들이며, 관부의 수장들이 직접 임명하는 자들이다. 군주에게 천거하여 대부 및 사 계층으로 삼은 것이다.

管, 鍵也, 卽今之鎖. 庫之藏物, 以管爲開閉之限, 管庫之士, 賤職也, ①知其賢而擧之, 卽不遺友之實. 雖有擧用之恩於其人, 而生則不與之交利, 將死亦不以其子屬託之, 廉潔之至.

---

1) 부사(府史)는 재화와 문서를 관리하는 말단직 관리를 말한다. 부(府)는 본래 창고를 관리하는 자이고, 사(史)는 문서 기록을 담당했던 자이다. 이 둘을 합쳐서 하급 관리들을 범칭하는 용어로도 사용한다. 『주례(周禮)』「천관(天官)·서관(序官)」편에는 "府六人, 史十有二人."라는 기록이 있는데, 이에 대한 정현 주에서는 "府, 治藏, 史, 掌書者. 凡府·史, 皆其官長所自辟除."라고 풀이했다.

번역 '관(管)'자는 '건(鍵)'자의 뜻이니, 곧 오늘날의 자물쇠[鎖]를 뜻한다. 창고에 물건을 보관할 때에는 자물쇠를 이용해서, 열고 닫는 것을 제한하고, 창고지기를 맡은 사는 매우 미천한 관직인데, 그의 현명함을 알아보고 천거를 하였으므로, 벗을 버리지 않았다는 실제적인 뜻이 된다. 비록 천거를 통해 등용을 시켜서, 그 사람들에게 은덕을 베풀었지만, 생전에는 그들과 함께 이로움을 나누지 않았고, 그가 죽게 될 때에도 또한 자신의 아들에 대해서 부탁을 하지 않았으니, 지극히 청렴하고 결백했다는 뜻이다.

① 知其賢[止]友之實.

補註 按: 不遺友, 卽隨武子, 而此註混稱於趙文子擧管庫事可疑. 無乃文子旣稱隨武之不遺友而願與歸, 則其自不遺友可知, 故云歟.

번역 살펴보니, 벗을 버리지 않았다는 것은 수무자(隨武子)에 해당하는데, 이곳 주에서는 조문자(趙文子)가 창고지기를 천거했던 사안에 대해 혼동하여 거론하고 있으니 의문스럽다. 그것이 아니라면 조문자는 이미 수무자가 벗을 버리지 않는다고 말했고 그와 함께 되돌아가고자 했으니, 본인도 벗을 버리지 않는다는 사실을 알 수 있다. 그렇기 때문에 이처럼 말했던 것이다.

「단궁하」134장

참고─經文

①叔仲皮學子柳. 叔仲皮死, 其妻魯人也, ②衣衰而繆絰. 叔仲
衍以告, 請③繐衰而環絰, 曰: “昔者吾喪姑‧姊妹亦如斯, 末
吾禁也.” 退, 使其妻繐衰而環絰.

번역 숙중피(叔仲皮)는 직접 자신의 아들인 자류(子柳)를 가르쳤는데, 자류는 예
를 제대로 알지 못했다. 숙중피가 죽었을 때, 자류의 아내는 비록 노둔한 여자였지
만, 시아비를 위해 자최복(齊衰服)을 착용하고, 무질(繆絰)을 둘렀으니, 이것은 예
법에 맞는 행동이었다. 그러나 자류의 숙부인 숙중연(叔仲衍)은 자류의 아내가 이
러한 복장을 착용한 것을 보고서, 그 복장이 비례가 됨을 자류에게 알리며, 세최(繐
衰)를 착용하고, 머리에는 환질(環絰)을 두르도록 권유하고, “예전에 내가 고모와
자매에 대한 상을 치를 때에도 또한 이와 같은 복장을 착용했는데, 이러한 복장에
대해서 지적을 하는 자가 없었으니, 이처럼 착용하는 것이 예법에 맞는 것이다.”라
고 했다. 그러자 자류는 물러나서, 그의 아내로 하여금 세최(繐衰)를 착용하고, 환
질(環絰)을 두르도록 시켰다.

① 叔仲皮學子柳章.

補註 類編曰: 學如字, 魯人, 是魯國之人, 其俗習於禮也. 子柳, 非皮之
子, 其妻, 卽皮之妻, 衍, 非皮之弟, 似是子姪. 蓋仲皮學於聞人, 其妻亦
習於禮, 而衍也狃於時俗, 請輕之, 而不許, 則令其妻從俗禮也. 子柳不
家於喪, 可見知禮, 豈從非禮之言乎? 大抵古註多臆斷, 其云某之子某之
弟, 多無可據.

번역 『유편』에서 말하길, ‘학(學)’자는 글자대로 풀이하며, ‘노인(魯人)’은 노
나라 사람으로, 풍속에 있어서 예법을 익히고 있었다. ‘자류(子柳)’는 피(皮)
의 아들이 아니며, ‘기처(其妻)’는 곧 피의 처를 뜻하고, ‘연(衍)’은 피의 동생
이 아니니 아마도 아들이나 조카에 해당할 것이다. 아마도 중피는 명망이 있

는 사람에게서 수학을 했을 것이고, 그의 아내 또한 예법을 익혔을 것인데, 연은 당시의 풍속에 익숙하여 수위를 가볍게 하기를 청했으나 허락하지 않으니 그의 처로 하여금 풍속에 따른 예법대로 착용하도록 했다. 자류는 상을 통해 가산을 증식하지 않았으니,[1] 그가 예법을 잘 알고 있었다는 사실을 확인할 수 있다. 그런데 어떻게 비례에 따른 말을 할 수 있겠는가? 옛 주의 내용은 대체로 억측에 따라 판단한 경우가 많은데, 아무개의 아들이라고 하거나 아무개의 동생이라고 설명하는 것들은 대부분 근거가 없는 말들이다.

補註 ○按: 類編說文義較長, 而其所謂柳非皮子, 妻卽皮妻, 衍似子姪等說, 不免臆斷, 當闕疑.
번역 ○살펴보니, 『유편』의 설명은 문장의 의미가 비교적 더 뛰어나긴 하지만, 그 설명에 있어서 자류가 피의 아들이 아니고, 처는 피의 처이며 연은 자식이나 조카라고 하는 등의 설명은 억측에 따른 판단을 면할 수 없으니, 이와 같이 의심스러운 부분은 제외해야 한다.

補註 ○更按: 疏曰, "叔仲皮等, 經傳無文." 類編說容或爲然.
번역 ○다시 생각해보니, 소에서는 "숙중피(叔仲皮) 등에 대해서 경문 및 전문에 관련된 기록이 없다."라고 했으니, 『유편』의 주장은 혹여 그러하기도 할 것 같다.

② **衣衰.**

補註 鄭註: "衣, 當爲齋, 壞字也." 疏曰: "齋字壞滅, 而有衣在."
번역 정현의 주에서 말하길, "'의(衣)'자는 마땅히 자(齊)자가 되어야 하니, 글자가 마모되어 이처럼 기록된 것이다."라고 했다. 소에서 말하길, "'자(齊)'자의 획들이 함몰되어서, 자형(字形)에 포함된 '의(衣)'자만 남게 된 것이

---

1) 『예기』「단궁상(檀弓上)」: 子柳之母死, 子碩請具. 子柳曰: "何以哉?" 子碩曰: "請
   粥庶弟之母." 子柳曰: "如之何其粥人之母以葬其母也? 不可." 旣葬, 子碩欲以賻
   布之餘具祭器. 子柳曰: "不可. 吾聞之也, 君子不家於喪. 請班諸兄弟之貧者."

다.”라고 했다.

補註 ○按: 陳註音吞者, 以此. 若從類編, 則當如字, 爲夫斬衰故也.

번역 ○살펴보니, 진호의 주에서 그 음을 '춤(자)'라고 한 것은 바로 이러한 이유 때문이다. 만약 『유편』의 주장에 따른다면 마땅히 글자대로 풀이해야 하니, 남편을 위해서는 참최복(斬衰服)을 착용하기 때문이다.

③ 繐衰而環絰.

補註 鄭註: 繐衰, 小功之縷, 而四升半之衰. 又曰: 繐衰, 諸侯之大夫爲天子之衰·環絰弔服之絰.

번역 정현의 주에서 말하길, '세최(繐衰)'는 소공복(小功服)을 만들 때의 재질을 이용해서 만들고, 4.5승(升)의 재질로 된 최(衰)를 단다. 또 말하길, '세최(繐衰)'는 제후에게 소속된 대부가 천자가 죽었을 때 착용하는 상복을 입고, 환질(環絰)은 조복에 착용하는 질(絰)을 두른 것이다.

참고─集說

疏曰: 言叔仲皮教訓其子子柳, 而子柳猶不知禮. 叔仲皮死, 子柳妻雖是魯鈍婦人, 猶知爲舅著齊衰, 而首服繆絰. 衍, 是皮之弟, 子柳之叔, 見①當時婦人好尙輕細, 告子柳云, 汝妻何以著非禮之服? 子柳見時皆如此, 亦以爲然, 乃請於衍, 令其妻身著繐衰, 首服環絰. 衍又答云, 昔者吾喪姑·姊妹亦如此, 繐衰環絰, 無人相禁止也. 子柳得衍此言, 退使其妻著繐衰而環絰.

번역 소에서 말하길, 숙중피(叔仲皮)는 자신의 아들인 자류(子柳)를 가르쳤지만, 자류는 오히려 예를 잘 알지 못했다는 의미이다. 숙중피가 죽었을 때, 자류의 아내는 비록 노둔한 부인이었지만, 오히려 시아버지를 위해서 자최복(齊衰服)을 입어야 하며, 머리에는 무질(繆絰)을 둘러야 한다는 사실을 알았다. '연(衍)'은 숙중피의 동생이니, 자류에게는 숙부가 되는데, 당시의 부인들이 가볍고 촘촘한 상복 재질을 선호한다는 것을 보고, 자류에게 알려주며, "너의 아내는 어찌하여 비례에 해당하는 상복을 착용하고 있는가?"라고 말했다. 자류도 당시 부인들이 모두 이처럼 착용한다는 것을 보았기 때문에, 또한 그 말이 옳다고 여겨서, 곧 연(衍)에게 부탁을 하였고, 그의 아내로 하여금 세최(繐衰)를 착용하고, 머리에는 환질(環絰)을 두르게 했다. 연(衍)은 또한 대답을 하며, "예전에 내가 고모와 자매에 대한 상을 치를 때에도, 또한 복장을 이처럼 하여, 세최(繐衰)와 환질(環絰)을 착용했는데, 사람들 중에 이러한 복장에 대해서 지적하는 자가 없었다."라고 했다. 자류는 연(衍)의 이러한 말을 들었으므로, 물러나서 그의 아내로 하여금 세최(繐衰)와 환질(環絰)을 착용하게 했다.

① 當時婦人好尚輕細.

補註 疏又曰: 子柳旣受學於父, 又不肯粥庶弟之母, 非是下愚而不知其非禮, 明當時皆著輕細故也.

번역 소에서 또 말하길, 자류(子柳)는 자신의 부친에게서 학문을 배웠고, 또 서제(庶弟)의 모친을 다른 집으로 시집보내는 것에 수긍하지 않았으므로,[2] 자류는 매우 어리석은 자가 아닌데도 비례가 됨을 알지 못했으니, 당시에 모두 가볍고 촘촘한 상복을 착용했음을 나타낸다.

---

2) 『예기』 「단궁상(檀弓上)」: 子柳之母死, 子碩請具. 子柳曰: "何以哉?" 子碩曰: "請粥庶弟之母." 子柳曰: "如之何其粥人之母以葬其母也? 不可." 旣葬, 子碩欲以賻布之餘具祭器. 子柳曰: "不可. 吾聞之也, 君子不家於喪. 請班諸兄弟之貧者."

成人有其兄死而不爲衰者, 聞子皋將爲成宰, 遂爲衰. 成人曰:
"蠶則績而蟹有匡, ①范則冠而②蟬有緌, 兄則死而③子皋爲之
衰."

번역 노(魯)나라 읍(邑) 중에는 성(成)이라는 곳이 있었는데, 그곳에 사는 어떤 사
람은 그의 형이 죽었음에도 상복을 착용하지 않았다. 그러나 얼마 뒤에 자고(子皋)
가 그곳의 읍재(邑宰)로 부임하게 될 것이라는 소식을 듣고는 자고가 문책할 것이
두려워, 결국 상복을 입었다. 그러자 성(成) 땅의 사람들은 그를 풍자하며, "누에는
실을 낳고, 게는 광주리와 같은 등껍질을 가지고 있으며, 벌의 더듬이는 관(冠)처럼
생겼고, 매미는 갓끈처럼 생긴 주둥이를 가지고 있는데, 형이 죽자 자고는 그에게
상복을 입도록 했구나."라고 했다.

① 范冠.

補註 疏曰: 蜂頭上有物似冠.
번역 소에서 말하길, 벌의 머리 위에는 툭 튀어나온 부위가 있는데, 그것은
마치 관(冠)처럼 생겼다.

② 蟬緌.

補註 疏曰: 蟬喙, 長在口下, 似冠之緌.
번역 소에서 말하길, 매미의 주둥이는 길게 내려와서 입 아래로 쳐져 있으
니, 마치 관(冠)에 있는 갓끈[緌]처럼 생겼다.

③ 子皋爲之衰.

補註 疏曰: 成人兄死, 初不作衰, 後畏於子皋, 方爲制服. 服是子皋爲之,

非爲兄施.

번역 소에서 말하길, 성(成)땅의 사람들 중 어떤 자는 형이 죽자 초반에는 상복을 만들어서 입지 않았다가 이후에 자고(子皐)를 두려워하여, 이제 막 상복을 제작해서 입었다. 즉 그 자가 상복을 입었던 것은 자고를 위해서 입었던 것이지, 형을 위해서 입었던 것이 아니다.

補註 ○按: 疏以爲字作平聲, 蓋使之之意歟.

번역 ○살펴보니, 소에서는 '위(爲)'자를 평성으로 풀이했는데, 아마도 시킨다는 뜻인 것 같다.

補註 ○楊梧曰: 蠶范是比成人, 蠏蟬是比子皐. 不曰子皐使之衰, 而直曰子皐爲之衰, 乃甚之之詞. 註卻以蠶范比兄, 蠏蟬比成人, 另添出背喙來比子皐, 至云爲子皐而衰, 又把子皐爲之衰, 倒解矣.

번역 ○양오가 말하길, 누에와 벌은 성(成)땅의 사람을 비유하며, 게와 매미는 자고(子皐)를 비유한다. "자고가 그로 하여금 상복을 입도록 시켰다[子皐使之衰]."고 말하지 않고, 단지 "자고가 그를 위해서 상복을 입었다[子皐爲之衰]."라고 했으니, 매우 혹독하게 비판한 말이다. 주에서는 도리어 누에와 벌이 형을 비유하고 게와 매미가 성땅의 사람을 비유한다고 여기고, 별도로 등과 주둥이를 가져와서 자고를 비유한다고 덧붙였으며, 그 결과 "자고를 위해서 상복을 착용한다."고 말했으니, 이것은 또한 '자고위지최(子皐爲之衰)'라는 문장을 도치시켜 풀이한 것이다.

補註 ○按: 此乃詩之興體也. 鄭註言其衰之不爲兄死, 如蠏有匡, 蟬有緌, 不爲蠶之績, 范之冠也. 只此數句簡而明. 朱氏爲背爲喙之說, 未免冗剩, 然其以蠶績范冠比兄之死, 以蠏匡蟬緌比其人之衰非爲兄死, 則恐不爲非. 且子皐爲之衰, 解以爲子皐而衰者, 雖似稍倒, 而古人用文字多如此處.

번역 ○살펴보니, 이것은 곧 『시』의 흥체(興體)에 해당한다. 정현의 주에서는 "그 자가 상복을 착용한 것은 형의 죽음 때문이 아닌데, 이것은 마치 게가 광주리처럼 생긴 등껍질을 가지고 있고, 매미가 갓끈처럼 생긴 주둥이를 가지고 있는 것이 누에가 실을 낳는 것을 위해서가 아니며, 벌이 관(冠)처럼 생긴 더듬이를 가지고 있는 것을 위해서가 아님과 같다."라고 했다. 몇 구문에 지나지 않지만 이 설명은 간단하면서도 명료하다. 주씨의 등껍질과 주둥이에 대한 설명은 번거로움과 장황함을 면하지 못한다. 그러나 누에에서 실을 뽑아내는 것과 벌이 관처럼 생긴 더듬이를 가진 것을 형의 죽음에 비유하고, 게가 광주리처럼 생긴 등껍질을 가지고 있고 매미가 갓끈과 같은 주둥이를 가진 것을 그 사람이 착용한 상복이 형의 죽음으로 인한 것이 아님을 비유하였는데 아마도 잘못된 설명은 아닌 것 같다. 또 '자고위지최(子皐爲之衰)'라는 구문에 대해서 자고를 위해서 상복을 착용한 것이라고 풀이하는 것은 다소 전도해서 풀이한 것 같지만, 옛 사람들이 문장을 기록할 때에는 이처럼 기록한 경우가 많다.

補註 ○又按: 若依楊說直解以子皐爲衰, 則兄則死之兄字無著落, 何以知其爲他人之兄, 而非子皐之兄也?

번역 ○또 살펴보니, 만약 양오의 주장에 따라 단순히 자고가 상복을 착용한 것이라고 풀이한다면, '형즉사(兄則死)'라는 구문의 형(兄)자는 붙일 곳이 없게 되는데, 어떻게 그가 다른 사람이 형이며 자고의 형이 아니라는 사실을 알 수 있는가?

「단궁하」 137장

歲旱, 穆公召縣子而①問然, 曰: "天久不雨, 吾欲暴尫而奚若?"

번역 목공(穆公)이 통치하던 어느 해에 큰 가뭄이 들었다. 그래서 목공은 현자(縣子)를 불러서 질문을 하며, "하늘이 오래도록 비를 내려주지 않으니, 나는 왕(尫)병에 걸린 자를 데려다가 난폭하게 대하여, 비를 내려달라고 기원을 하려고 하는데, 어떻소?"라고 하였다.

① ○問然.

補註 鄭註: 然之言焉也.

번역 정현의 주에서 말하길, '연(然)'자는 '언(焉)'자의 뜻이다.

「단궁하」 141장

참고-集說

徙, 移也. 言徙市又言巷市者, 謂徙交易之物於巷也. 此庶人爲國之大喪, 憂戚罷市, 而日用所須, 又不可缺, 故徙市於巷也. 今旱而欲徙市者, 行喪君之禮以自責也. 縣子以其求之己而不求諸人, 故可其說. 然豈不聞僖公以大旱欲焚巫尫, 聞①臧文仲之言而止? 縣子不能擧其說以對穆公, 而謂徙市爲可, 則亦已疏矣.

번역 ‘사(徙)’자는 “이동시킨다[移].”는 뜻이다. “시장을 이동시킨다[徙市].”라고 말하고, 또 ‘항시(巷市)’라고 말한 것은 교역하는 물건들을 마을 안의 거리로 옮긴다는 뜻이다. 이 내용은 서인들은 나라의 대상(大喪)에 대해서, 근심하고 슬퍼하여, 시장을 파하게 되지만, 날마다 필요하게 되는 생필품에 대해서는 또한 교역하는 일을 없앨 수가 없다. 그렇기 때문에 마을 안에 있는 거리로 시장을 옮긴다는 뜻이다. 현재 가뭄이 들었는데 시장을 옮기려고 하는 것은 군주에 대한 상을 치르는 예법을 시행하여, 스스로를 자책하는 행위가 된다. 현자(縣子)는 이러한 행위가 자신에게서 찾고 남에게서 찾지 않는 뜻으로 여겼기 때문에, 그 주장을 옳다고 한 것이다. 그러나 어떻게 희공(僖公)이 큰 가뭄이 들었을 때 무(巫)와 왕(尫)병에 걸린 자를 불태우려고 했다가 장문중(臧文仲)의 말을 듣고 멈췄던 일에 대해서 듣지 못했단 말인가? 현자는 그 내용을 제시하여 목공(穆公)에게 대답을 하지 못하고, 시장을 옮기는 것이 좋다고 하였으니, 이 또한 매우 우활한 행위이다.

① ○臧文仲之言.

補註 左傳僖二十一年, 夏大旱, 公欲焚巫尫. 臧文仲曰: “修城郭, 貶食省用, 務穡勸分, 此其務也, 巫尫何爲? 天欲殺之, 則如勿生, 若能爲旱, 焚之滋甚”, 公從之. 是歲也, 饑而不害.

번역 『좌전』 희공 21년 여름에 큰 가뭄이 들자 희공은 무(巫)와 왕(尫)을 태워 죽이려고 했다. 장문중이 “상곽을 수리하고 먹을 것과 쓰임새를 줄이며 농사에 힘쓰고 나눠주기를 권유하는 것이야말로 힘써야 할 일들인데, 무와 왕이 가뭄을 불러오는데 무엇을 했단 말입니까? 하늘이 죽이고자 했다면 애초에 생겨나게 하지 않았을 것이고, 만약 그가 가뭄을 일으킬 수 있다면 그를 죽이면 가뭄이 더 심해질 것입니다."라고 말하니, 희공이 그의 말에 따랐다. 이 해에는 기근이 들었지만 큰 피해를 입지 않았다.[1]

---

1) 『춘추좌씨전』「희공(僖公) 21년」: 夏, 大旱. 公欲焚巫·尫. 臧文仲曰, "非旱備也. 脩城郭·貶食·省用·務穡·勸分, 此其務也. 巫·尫何爲? 天欲殺之, 則如勿生; 若能爲旱, 焚之滋甚." 公從之. 是歲也, 饑而不害.

「단궁하」142장

참고─經文

孔子曰: "①衛人之祔也, 離之. 魯人之祔也, 合之. 善夫."

번역 공자가 말하길, "위나라의 예법에 따르면, 합장(合葬)을 할 때, 하나의 곽(槨) 속에 두 개의 관(棺)을 넣게 되지만, 그 사이에 다른 물건을 끼워 넣어서, 두 관(棺) 의 사이를 벌리게 된다. 그러나 노나라에서 합장을 하는 예법에 따른다면, 두 관 (棺) 사이에 다른 물건을 끼워 넣지 않아서, 나란히 붙여 놓으니, 노나라의 예법이 참으로 좋구나."라고 했다.

① 衛人[止]合之.

補註 疏曰: 離之, 猶生時男女須隔居處. 合之, 言異生不須復隔, 穀則異 室, 死則同穴, 故善魯.

번역 소에서 말하길, 떨어트린다는 것은 생전에 남녀가 서로 떨어져서 거처 해야 함과 같다. 합한다는 것은 생전의 모습과 달리하여 다시금 서로 떨어 트릴 필요가 없는 것이니, 생전에는 거주하는 집이 다르지만 죽어서는 무덤 을 함께 하는 것이다.[1] 그렇기 때문에 노나라의 합장하는 예법을 칭찬한 것이다.

補註 ○類編曰: 離之, 謂雙墳, 合之, 謂合窆. 註解離字, 恐未然. 禮離坐 離立, 春秋傳離盟, 可考.

번역 ○『유편』에서 말하길, 떨어트린다는 것은 봉분을 나란히 만든다는 뜻 이며, 합한다는 것은 같은 자리에 매장한다는 뜻이다. 주에서 이(離)자를 풀 이한 것은 아마도 잘못된 것 같다. 『예』에서 이좌(離坐)와 이립(離立)이라 고 한 말과 『춘추전』에서 이맹(離盟)이라고 한 말을 통해서 고찰할 수 있다.

---

1) 『시』「왕풍(王風)·대거(大車)」: 穀則異室, 死則同穴. 謂予不信, 有如曒日.

補註 ○按: 家語載此說, 而離之下有有以間焉四字, 與疏說相近.

번역 ○살펴보니, 『공자가어』에도 이러한 기록을 수록하고 있는데, 이(離) 자 뒤에 유이간언(有以間焉)이라는 네 글자가 더 기록되어 있으니, 그 내용 은 소의 주장과 가깝다.

| 저자 소개 |

김재로金在魯, 1682~1759

· 조선 후기 때의 학자
· 본관은 청풍(淸風)이고 자는 중례(仲禮)이며 호는 청사(淸沙) · 허주자(虛舟子)이
  고 시호는 충정(忠靖)이다.

| 역자 소개 |

정병섭鄭秉燮

· 1979년 출생
· 2002년 성균관대학교 유교철학과 졸업
· 2004년 성균관대학교 대학원 유학과 석사
· 2013년 성균관대학교 대학원 유학과 철학박사
· 『역주 예기집설대전』을 완역하였다.
· 『의례』,『주례』,『대대례기』 번역과 한국유학자들의 예학 관련 저작들의 번역을
  계획 중이다.

譯註
禮記補註 ❷ 檀弓上·檀弓下

초판 인쇄   2018년 1월 2일
초판 발행   2018년 1월 12일

저   자 | 김 재 로(金在魯)
역   자 | 정 병 섭(鄭秉燮)
펴 낸 이 | 하 운 근
펴 낸 곳 | 學古房

주   소 | 경기도 고양시 덕양구 통일로 140 삼송테크노밸리 A동 B224
전   화 | (02)353-9908   편집부(02)356-9903
팩   스 | (02)6959-8234
홈페이지 | hakgobang.co.kr
전자우편 | hakgobang@naver.com, hakgobang@chol.com
등록번호 | 제311-1994-000001호

ISBN   978-89-6071-721-3 94150
             978-89-6071-718-3 (세트)

값 : 33,000원

이 도서의 국립중앙도서관 출판예정도서목록(CIP)은 서지정보유통지원시스템 홈페이지
(http://seoji.nl.go.kr)와 국가자료공동목록시스템(http://www.nl.go.kr/kolisnet)에서 이용
하실 수 있습니다. (CIP제어번호 : CIP2017034275)

※ 파본은 교환해 드립니다.